DEUTSCH SII

Kompetenzen ▪ Themen ▪ Training

Einführungsphase
Nordrhein-Westfalen

Schroedel

DEUTSCH SII

Kompetenzen ▪ Themen ▪ Training

Einführungsphase
Nordrhein-Westfalen

Diese Ausgabe wurde erarbeitet von
Dr. Peter Bekes, Marina Dahmen,
Dr. Wolfgang Fehr, Katrin Jacobs,
Martin Kottkamp, Helmut Lindzus,
Ina Rogge

Diese Aufgaben dienen der Differenzierung. Sie können je nach Lerninteresse und Lernbedarf unter mehreren Aufgaben wählen.

Die Aufgaben helfen Ihnen, Ihren individuellen Lern- bzw. Kompetenzzuwachs festzustellen und zu reflektieren. Zugleich können Sie Ihren persönlichen Lernbedarf feststellen und entsprechende Lernaufgaben wählen.

INFO

Die Info-Kästen stellen zentrale Fachmethoden und Fachbegriffe vor. Sie können sie zum einen als Nachschlagewerk nutzen, um sich über wichtige Fachbegriffe und Fachmethoden zu informieren. Zum anderen dienen sie als Handlungsanweisung, um eine bestimmte Fachmethode zu erproben/einzuüben.

Druck A² / Jahr 2014
Alle Drucke der Serie A sind im Unterricht parallel verwendbar.

Redaktion: Sandra Wuttke-Baschek, Recklinghausen
Herstellung: Udo Sauter
Illustrationen: Christiane Grauert
Typografie und Layout: Farnschläder & Mahlstedt, Hamburg
Satz: KCS GmbH · Verlagsservice & Medienproduktion, Stelle/Hamburg
Umschlaggestaltung: Christiane Grauert
Druck und Bindung: westermann druck GmbH, Braunschweig

ISBN 978-3-507-**69920**-5

Inhalt

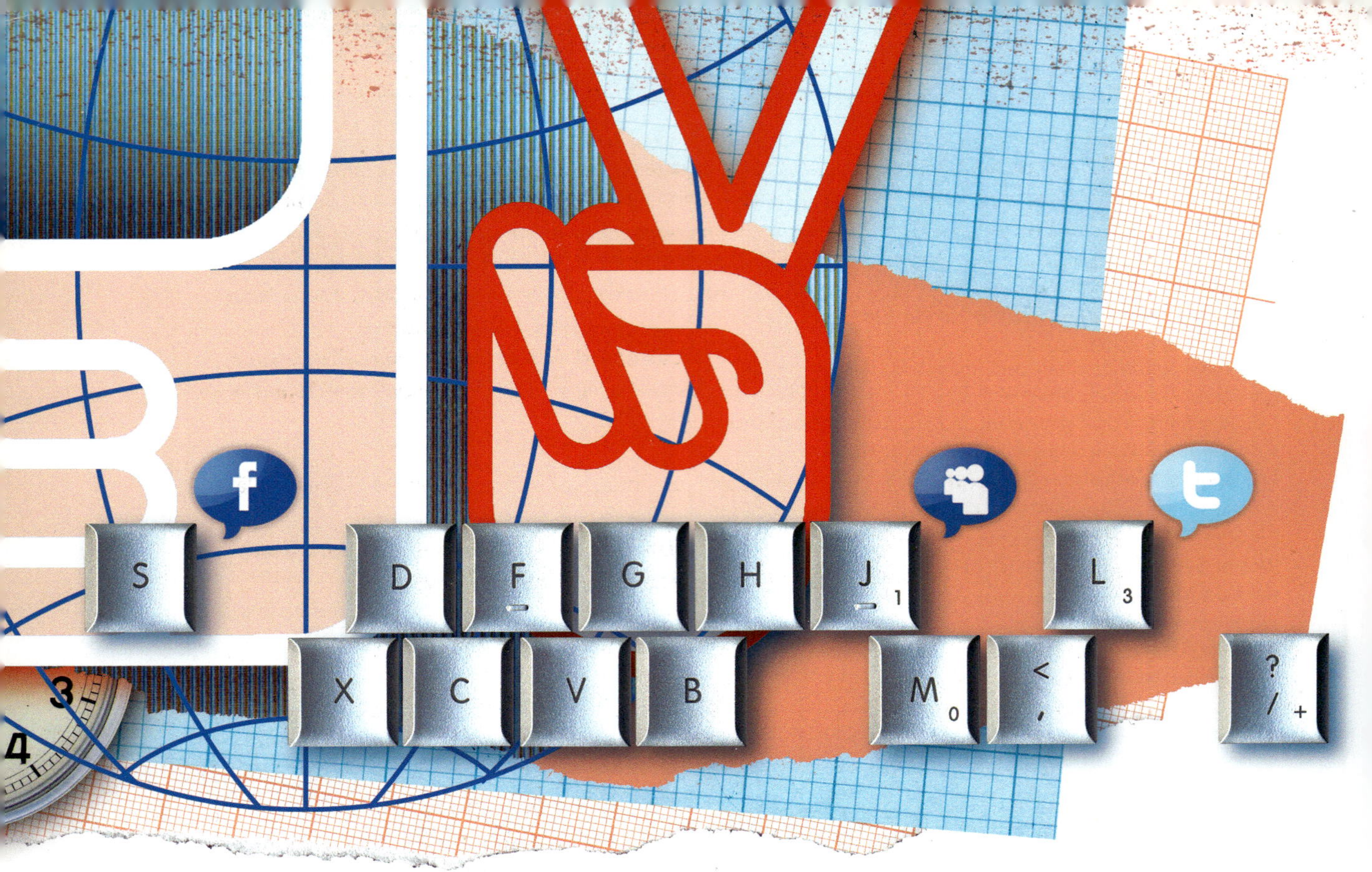

Kommunikative Strukturen verstehen – Kommunikation im Spannungsfeld unterschiedlicher Einflüsse

»Eine Viertelsekunde reicht, und der Mensch hat sein Vorurteil über den Mitmenschen gefällt.«
(Der Spiegel 50/1999, Ariane Barth)

»Körpersprache ist wie gesprochene Sprache, aber sie kann nicht lügen.«
(Pantomime Samy Molcho)

»Auch die Finger müssen ihre Vokabeln beherrschen. Sonst wird das ›Reden mit Händen und Füßen‹ leicht missverstanden.«
(Journalist Josef Tutsch, 2006)

A ▪ Alle Zitate beziehen sich auf nonverbale Kommunikation. Erläutern Sie, welcher Aspekt jeweils im Vordergrund steht und bewerten Sie die Gültigkeit vor dem Hintergrund der eigenen Erfahrungen.

B ▪ Welches Konfliktpotenzial birgt nonverbale Kommunikation?

Der amerikanische Kommunikationswissenschaftler, Psychotherapeut und Soziologe **Paul Watzlawick** (1921–2007) hat nebenstehende fünf Grundannahmen (Axiome) über das Gelingen bzw. über Störungen in der Kommunikation formuliert:

C ▪ Klären Sie gemeinsam Ihr Verständnis dieser Axiome Watzlawicks, indem Sie diese zur Verdeutlichung auf selbst gewählte Kommunikationssituationen anwenden.

D ▪ Prägen Sie sich Watzlawicks Axiome ein und überprüfen Sie im weiteren Verlauf immer wieder, in welchen Zusammenhängen sie von Bedeutung sind.

1. Axiom	»Man kann nicht nicht kommunizieren.« *Sobald Menschen sich gegenseitig wahrnehmen, kommunizieren sie, auch wenn sie sich nichts sagen oder gar nicht mit einem anderen kommunizieren wollen.*
2. Axiom	»Jede Kommunikation hat einen Inhalts- und einen Beziehungsaspekt, derart, dass letzterer den ersteren bestimmt und daher eine Metakommunikation ist.« *Neben der reinen Sachinformation (Inhaltsaspekt) enthält jede Kommunikation auch Hinweise darauf, wie der Sprecher den anderen einschätzt (Beziehungsaspekt) und meint, dass er die Sachinformation aufnehmen soll.*
3. Axiom	»Die Natur einer Beziehung ist durch die Interpunktion der Kommunikationsabläufe seitens der Partner bedingt.« *Sender und Empfänger gliedern den Verlauf einer Kommunikation unterschiedlich und deuten das eigene Verhalten häufig als Reaktion auf den anderen.*
4. Axiom	»Menschliche Kommunikation bedient sich digitaler (verbaler) und analoger (non-verbaler, nicht-sprachlicher) Modalitäten (Ausdrucksmittel). Digitale Kommunikationen haben eine komplexe und vielseitige logische Syntax aber eine auf dem Gebiet der Beziehungen unzulängliche Semantik (Bedeutungslehre). Analoge Kommunikationen hingegen besitzen dieses semantische Potenzial, ermangeln aber die für eindeutige Kommunikation erforderliche logische Syntax.« *Kommunikation gelingt im Allgemeinen, wenn digitale und analogen Kommunikation übereinstimmen, sie misslingt, wenn sie nicht übereinstimmen bzw. vom anderen unterschiedlich interpretiert werden.*
5. Axiom	»Zwischenmenschliche Kommunikationsabläufe sind entweder symmetrisch (gleichwertig) oder komplementär (ergänzend), je nachdem ob die Beziehung zwischen den Partnern auf Gleichheit oder Unterschiedlichkeit beruht.« *In symmetrischen Kommunikationsverläufen bemühen sich alle Beteiligten Ungleichheiten auszugleichen. Von einem komplementäre Kommunikationsverlauf ist zu sprechen, wenn sich das Kommunikationsverhalten ergänzt, indem zum Beispiel einer der Wortführer in einem Gespräch ist, während der andere sich dem unterordnet.*

In diesem Kapitel lernen Sie, …

- Kommunikationsprozesse aus Alltagssituationen und in literarischen Texten anhand verschiedener Kommunikationsmodelle zu erläutern,
- Kommunikationsstörungen bzw. die Voraussetzungen für gelingende Kommunikation zu identifizieren und mit Hilfe dieser Erkenntnisse das eigene Gesprächsverhalten zu reflektieren,
- Aspekte verbaler und nonverbaler Kommunikation differenziert zu klassifizieren und in ihrer gegenseitigen Beeinflussung und Wirkung zu beurteilen,
- verbale und nonverbale Strategien der Konfliktlösung kennen und diese gezielt einzusetzen,
- Besonderheiten der Internet-Kommunikation zu erläutern und im Rahmen der Analyse von Sachtexten zum Thema kritisch zu reflektieren.

Ebenen der Kommunikation –
Ein Kommunikationsmodell zur Analyse von Gesprächssituationen anwenden

Was kann ich nach der Bearbeitung dieses Unterkapitels?
- Kommunikationsprozesse auf der Grundlage eines Kommunikationsmodells (Nachrichten-Quadrat Schulz von Thuns) erläutern
- Die Voraussetzungen für gelingende Kommunikation bzw. die Ursachen für Kommunikationsstörungen vor dem Hintergrund eines Kommunikationsmodells reflektieren

A: „Er will einen Keks."
B: „Er hat sich gerade die Zähne geputzt."

A ■ Nähern Sie sich der Aussage dieses Kurzdialogs an, indem Sie alle Details (Inhalt, Satzbau, Wortwahl usw.) zusammentragen, die die beiden Sätze beinhalten.

Bei den beiden Sätzen dieses Kurzdialogs handelt es sich auf den ersten Blick um zwei einfache Informationen. Der deutsche Psychologe und Kommunikationswissenschaftler Schulz von Thun stellt in seinem Kommunikationsmodell 1981 heraus, dass jede Information bzw. Nachricht in einer Kommunikationssituation vier Seiten hat.

Das Nachrichten-Quadrat (= Vier-Seiten-Modell) nach F. Schulz von Thun

INFO

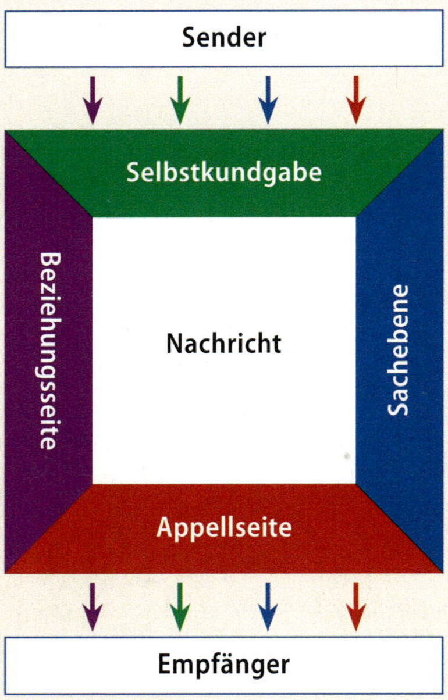

Sachebene – Die Information über eine Sache steht im Vordergrund. Es werden Fakten, Daten und Sachverhalte vermittelt. Oberstes Ziel des Senders ist die klare und verständliche Formulierung der Information.

Die Appellseite – Auf dieser Ebene geht es dem Sender um die (wenn auch nicht immer bewusste) Beeinflussung des Empfängers. Der Sender vermittelt Appelle, Ratschläge oder Handlungsanweisungen.

Die Beziehungsseite – Durch bestimmte Formulierungen oder durch den Tonfall seiner Äußerungen gibt der Sender zu erkennen, wie er zu dem Empfänger steht.

Die Selbstkundgabe – Alle Äußerungen des Senders beinhalten immer auch eine Information über den Sender selbst (gewollt oder nicht gewollt).

A ■ Erläutern Sie sich gegenseitig die grafische Darstellung des Modells, indem Sie es auf Beispiele der Alltagskommunikation anwenden.

B ■ Überprüfen Sie, inwieweit die fünf Axiome Watzlawicks (siehe S. 7) sich in diesem Modell wiederfinden bzw. welche anderen Akzente das Modell setzt.

C ▪ Sprechen Sie den auf Seite 8 abgedruckten Kurzdialog mehrfach mit verteilten Rollen und versuchen Sie dabei, die eine oder andere Seite des Nachrichtenquadrats stärker zu betonen.

D ▪ Beobachten Sie die zu Aufgabe C ausgeführten sprecherischen Gestaltungsversuchen und stellen Sie zusammen, durch welche Mittel Veränderungen in der Interpretation bewirkt werden.

Die beiden Sätze des Kurzdialogs, mit denen Sie sich bereits intensiv auseinandergesetzt haben, stammen aus dem Theaterstück »Drei Mal Leben« der französischen Autorin Yasmina Reza aus dem Jahr 2000 und stehen dort in folgendem Kontext:

»Arnaud, der sechsjährige Sohn, ist gerade vom Vater Henri im Nebenzimmer ins Bett gebracht worden, während Sonja, die Mutter Arnauds und Ehefrau Henris, im Morgenmantel im Wohnzimmer auf dem Sofa sitzt und Akten für die Aufsichtsratssitzung am nächsten Tag bearbeitet. Als Henri wenig später zurück in das Wohnzimmer kommt, beginnt der Dialog mit folgenden bereits bekannten beiden Sätzen:
Henri: Er will einen Keks.
Sonja: Er hat sich gerade die Zähne geputzt.«

A ▪ Sprechen Sie die beiden Sätze erneut unter Berücksichtigung dieses Kontextes. Diskutieren Sie, welche Interpretationsmöglichkeiten durch den Kontext nahegelegt werden bzw. welche Fragen zum Kontext noch beantwortet werden müssten, um eine eindeutige Sprechweise festzulegen.

B ▪ Schulz von Thun ergänzt das Nachrichten-Quadrat durch das Vier-Ohren-Modell, weil nicht nur die »Nachricht« des Senders vier Teilbotschaften enthält, sondern auch der Empfänger grundsätzlich darin frei ist, welchem Teil der Kommunikation er besonders Gewicht beimisst. Überprüfen Sie Ihre bisherigen Überlegungen zum Kurzdialog, indem Sie das Vier-Ohren-Modell mit einbeziehen.

Das Vier-Ohren-Modell nach F. Schulz von Thun

INFO

- **Das Inhaltsohr** – Wie ist der Sachverhalt zu verstehen? In der Regel sind wir als Empfänger besonders daran gewöhnt, unsere Aufmerksamkeit auf die **mitgeteilten Inhalte** zu lenken.
- **Das Appellohr** – Was soll ich tun, denken oder fühlen aufgrund der Mitteilung? Das Appellohr ist für die Wahrnehmung von Handlungsaufforderung zuständig. Von großer Bedeutung sind dabei die **körpersprachlichen Appelle.** Solche Appelle können durchaus in völligem Widerspruch zur Aussage auf der verbalen Ebene stehen.
- **Das Beziehungsohr** – Wie redet der Sender mit mir? Wen glaubt er vor sich zu haben? Das Beziehungsohr empfängt die in jeder Nachricht enthaltenen Mitteilungen über die **Art der Beziehung.** Bei dem mit einer Nachricht gesendeten »Beziehungsangebot« kommt es ganz we-sentlich auf den Klang der Stimme, die Mimik und Gestik an.
- **Das Selbstoffenbarungsohr** – Was ist das für einer? Was ist mit ihm? Das Selbstoffenbarungsohr empfängt die Teile einer »Nachricht«, die die **eigenen Befindlichkeiten, Gefühle und Wertungen** betreffen. Dies kann auf der verbalen Ebene stattfinden, aber für die Glaubwürdigkeit und damit die eigene Befindlichkeit entscheidender sind die Mitteilungen auf der nonverbalen Ebene (Tonfall, Mimik und Gestik).

C ▪ Fertigen Sie auf der Grundlage ihrer bisherigen Überlegungen zum Kurzdialog eine schriftliche Analyse an. Verwenden Sie dabei die Begrifflichkeit der beiden Kommunikationsmodelle Schulz von Thuns.

■ Text 1

Leonies Geburtstag

Leonies 13. Geburtstag steht unmittelbar bevor.

Vater Wen willst du denn zu deinem Geburtstag einladen?

Leonie Ja, einige aus der Klasse, meine Freundinnen aus der Ballettgruppe – na ja, und eben die übliche Verwandtschaft.

Vater Das sind ja mindestens 15 Kinder.

Leonie Mehr! Bestimmt 20.

Vater So viele? Wie soll das denn gehen?

Leonie Ich hab' schon einen coolen Plan: Wir übernachten bei uns im Garten. Die meisten haben Zelte. Nachmittags bauen wir auf. Und abends grillen wir dann. So ein richtiges Zeltlager mit Lagerfeuer.

Vater Das kommt überhaupt nicht Frage! Wir feiern deinen Geburtstag wie immer. Höchstens 7 – 8 Kinder. Wir feiern jedenfalls vernünftig. Drinnen, oder bei gutem Wetter auch auf der Terrasse. Mit Kaffee und Kuchen und Spielen.

A ■ Begründen Sie vor allem unter Bezug auf das Vier-Ohren-Modell, dass es sich bei der markierten Passage um die Schlüsselstelle für das Scheitern des Dialogs handelt.

B ■ Stellen Sie sich vor, Leonie hätte ihrem Vater im entscheidenden Augenblick aufmerksamer zugehört und die Intention seiner Äußerung (markierte Textstelle) wahrgenommen. Schreiben Sie den Dialog so um, wie er für Leonie hätte erfolgreicher verlaufen können.

C ■ Setzen Sie Ihre Dialoge in Spielszenen um und diskutieren sie unterschiedliche Ergebnisse vor den Hintergrund der Aufgabenstellung (vgl. Aufgabe B).

Anwendung der Kommunikationsmodelle

INFO

Die gründliche **Analyse eines längeren Gesprächs** ist sehr anspruchsvoll, da die kommunikativen Strukturen äußerst komplex sind, zumal die **Rolle von Sender und Empfänger** wechselt. Die Anwendung von Kommunikationsmodellen wie dem Nachrichten-Quadrat oder dem Vier-Ohren-Modell führt bei der Gesprächsanalyse vor allem dann zu greifbaren Ergebnissen, wenn **Einzelaussagen** in den Blick genommen werden, die für das Gesprächsverhalten symptomatisch bzw. für den Gesprächsverlauf von besonderer Bedeutung sind.

D ■ Reflektieren Sie den Nutzen, den die Kenntnis von Kommunikationsmodellen für die Gestaltung eigener Gesprächsbeiträge im Unterricht oder anderen Alltagssituationen haben kann.

Nonverbale Kommunikationsstrukturen durchschauen –
Konflikte und ihre Ursachen

Was kann ich nach der Bearbeitung dieses Unterkapitels?
- Nonverbale Elemente der Kommunikation bewusst wahrnehmen und beurteilen
- Bezüge zwischen der verbalen und nonverbalen Kommunikation herausstellen
- Standbilder zu Konfliktsituationen bauen
- Nonverbale Kommunikation in literarischen Texten untersuchen
- Gespräche analysieren
- Kommunikationsmodelle verstehen und entwickeln

A ▪ Problem oder Konflikt? – Welcher Begriff passt eher zu der im Bild zu erkennenden Situation? Begründe Sie Ihre Meinung, indem Sie das Bedeutungsspektrum der beiden Wörter miteinander vergleichen. Beziehen Sie sich bei Ihrer Antwort auch auf den folgenden Info-Kasten.

Konflikt

INFO

Folgende **Bedingungen** müssen erfüllt sein, damit von einem Konflikt gesprochen werden kann:
- mindestens zwei Parteien
- ein gemeinsames Konfliktfeld
- unterschiedliche Handlungsabsichten
- Gefühle
- gegenseitige Beeinflussungsabsichten

Konflikte **unterscheiden sich von Problemen** vor allem dadurch, dass sich die Parteien in der Bewältigung der Situation uneins sind und dabei negative **Gefühle** entwickeln. Da die Gefühle einen starken Handlungsantrieb verursachen, ist die **Aktionsbereitschaft** in Konflikten sehr hoch. Pauschal kann man sagen: je stärker das Gefühl, desto höher die Handlungsbereitschaft. Ein starkes Gefühl hat außerdem die Nebenwirkung, dass es die **kritische Urteilsbildung vermindert** oder sogar vollständig unterdrückt. Die Folge ist ein unreflektiertes Handeln, das man im Nachhinein oft selbst bereut.

Ausgehend vom Ursprung des Begriffs (lat. *communicare* = teilen, mitteilen, teilnehmen lassen) bedeutet **Kommunikation** Mitteilung, Verständigung. Im nachrichtentechnischen Sinn meint Kommunikation die Übertragung einer Botschaft von einem Sender zu einem Empfänger. Menschliche Kommunikation ist allerdings deutlich komplexer, da neben der inhaltlichen Botschaft (Inhaltsebene) immer auch Meinungen, Einstellungen, Gefühle usw. (Beziehungsebene) transportiert werden. Dies geschieht vor allem durch nonverbale Elemente der Kommunikation, die häufig unbewusst, aber dennoch sehr direkt und nachhaltig in der Wirkung sind.

Probleme werden im Allgemeinen auf der Inhaltsebene der Kommunikation, also mit Worten bearbeitet und im besten Fall auch gelöst. Konflikte dagegen werden vor allem auf der Beziehungsebene der Kommunikation ausgelöst und ausgetragen, da Gefühle, Meinungen und Einstellungen dabei eine wesentliche Rolle spielen. Für die Entstehung und den Verlauf kommunikativer Konflikte sind deshalb weniger die verbalen Elemente der Kommunikation, sondern in erster Linie nonverbale Elemente entscheidend.

A ▪ Fertigen Sie eine Mind-Map zum Begriff »nonverbale Kommunikation« an.

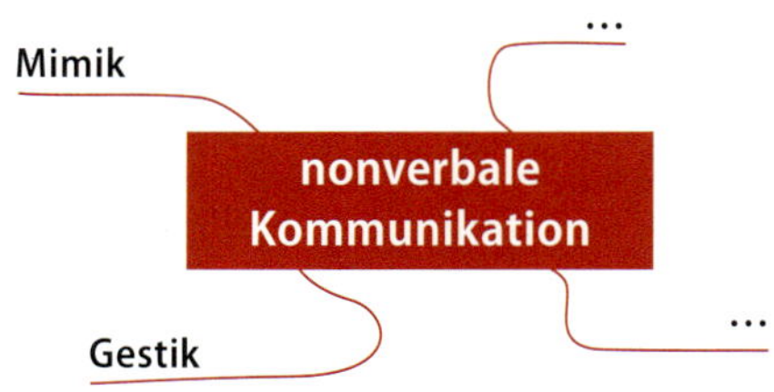

▪ Text 2

Nonverbale Kommunikation (2008) *Wise Guys*

Zu mancher Zeit an manchem Ort ist jegliches gesproch'ne Wort
je ein gesproch'nes Wort zuviel. Schweigen hat mehr Stil.

Lädt dich deine Traumfrau ein,
zum ersten Mal bei ihr zu sein
und zieht dich nach dem dritten Wein
am Hemd ins Schlafzimmer hinein,
dann kannst du große Reden schwingen,
kannst einen langen Vortrag bringen,
von Liebe und so schönen Dingen,
mit Worten, die fantastisch klingen.
Doch besser wär in diesem Falle schon
die Wahl von

Nonverbaler Kommunikation.
Nonverbale Kommunikation.

Willst du in 'ne Kneipe gehn,
in der nur Fans aus Schalke stehn,
empfehle ich dir ganz extrem
von manchen Dingen abzuseh'n:
Sage nie, auch wenn's so ist:
»Schalke spielt den letzten Mist!«
und dass du Fan von Dortmund bist.
Es sei denn, du bist Masochist.
Denn sonst bekommst du garantiert als Lohn
'ne Ladung

Nonverbale Kommunikation …
Ein Austausch ganz besondrer Sorte:
Gefühle zeigen ohne Worte!

Wenn du auf der Bühne bist
und denkst, dass es jetzt lässig ist,
aus Euphorie beim Singen
von vorn ins Publikum zu springen;
wenn dann die Leute, die da stehn,
plötzlich auseinandergehn,
und, anstatt schön mitzumachen,
laut über den Aufprall lachen.
Dann hast du Recht: Das ist 'ne Art von Hohn
in Form von

Nonverbaler Kommunikation …
Schmeißt jemand nach dir mit 'ner Torte,
ist das ein Statement ohne Worte.

A ▪ Stellen Sie heraus, welche Einschätzung der Bedeutung und Wirkung nonverbaler Kommunikation die Gruppe Wise Guys in den verschiedenen Strophen des Songs zum Ausdruck bringt.

»Eine Viertelsekunde reicht, und der Mensch hat sein Vorurteil über den Mitmenschen gefällt.« heißt es in einem Artikel des Spiegels aus dem Jahre 1999, in dem eine neue Studie zur Bedeutung der Körpersprache von Politikern bei Auftritten im Fernsehen vorgestellt wird.

In der Forschung, die sich mit Kommunikation beschäftigt, geht man heute davon aus, dass grundsätzlich – also nicht nur bei Politikern – der Eindruck, den eine unbekannte Person macht, nur zu einem sehr geringen Teil (ca. 7 %) von dem abhängt, was sie sagt. Das heißt, der Eindruck hängt zu mehr als 90 % von dem ab, was sie ohne Sprache durch Mimik, Gestik, Haltung, Kleidung, Parfüm etc. vermittelt. Selbst dann, wenn eine Person besser bekannt ist, bestimmen immer noch ca. 60 % die nonverbalen Signale den Eindruck, den sie hinterlässt. Von besonderer Bedeutung dabei ist, dass nonverbale Elemente der Kommunikation zum Großteil unbewusst eingesetzt werden.

A ▪ Überlegen Sie, welche Konsequenzen sich aus dieser Verteilung verbaler und nonverbaler Elemente an der Kommunikation ergeben. Beziehen Sie sich dabei auf Ihnen bekannte Standardsituationen der Kommunikation: Teilnahme am Unterricht, Gespräch mit einer Ihnen bekannten oder nicht bekannten Person, Halten eines Vortrags oder Referats, Teilnahme an einer Gesprächsrunde, erster Kontakt zu einer neuen Gruppe …

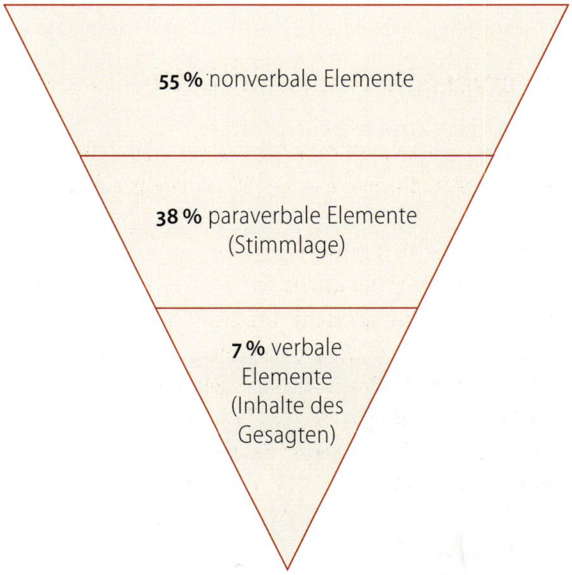

B ▪ Tauschen Sie sich mit Ihren Mitschülerinnen und Mitschülern über die in der Tabelle genannten Aspekte aus und recherchieren Sie eventuell zu einzelnen, Ihnen weniger vertrauten Begriffen.

Nonverbale Kommunikation

1. nonvokale nonverbale Kommunikation:
- Gestik
- Mimik
- Verhalten im Raum
- taktiles Verhalten
- olfaktorische Formen
- Blickverhalten
- Körperhaltung/-bewegung

2. vokale nonverbale Kommunikation:
- sprachbegleitende Formen: z. B. Betonung, Tempo, Lautstärke …
- selbstständige Formen: z. B. Lachen, Seufzen, Gähnen …

3. nonverbale Kommunikation im weiteren Sinne
(Artefakte: z. B. Kleidung, Frisur …)

Verhalten im Raum / Distanzregelung

INFO

Die Position, die eine Person zu anderen während der Kommunikation wählt (z. B. vor, neben oder hinter den anderen), ist ein nonverbales Element mit großer Wirkung. Beim Verhalten im Raum (Proxemik) besitzt vor allem die **Distanzregulierung** eine große Bedeutung:

- **weniger als 0,5 m – intime Distanz:**
  gewöhnlich nur zwischen sehr engen Freunden und Sexualpartnern; Berührungen finden statt, Körpergeruch und Atem werden deutlich wahrgenommen
- **0,5 bis 1,2 m – personale Distanz**
  enge Beziehung: zwischen Familienmitgliedern, Freunden und guten Bekannten; Berührungen sind möglich
- **2,5 bis 3,5 m – soziale Distanz**
  unpersönliche Beziehung für eher oberflächliche Kontakte: üblich zwischen Bekannten, Kollegen, Geschäftspartnern; manchmal trennt ein Tisch die Interaktionspartner; etwas lautere ›offizielle‹ Stimme
- **ab ca. 4 m – öffentliche Distanz**
  öffentliche Anlässe: z. B. Unterricht, gesellschaftlichen Veranstaltungen, Fernsehen usw.

Werden diese Distanzen willentlich oder unbewusst missachtet, kann es zu **Störungen** oder **Konflikten** in der Kommunikation kommen.

A ■ Beschreiben und deuten Sie die nonverbalen Zeichen der Personen auf den Bildern, indem Sie die Klassifizierungen und die Terminologie der Übersicht auf der vorigen Seite verwenden.

A ▪ Probieren Sie in der Gruppe die Wirkung nonverbaler Elemente der Kommunikation aus, indem Sie die in der Abbildung dargestellte Situation mehrfach spielen. Der gesprochene Text bleibt dabei identisch, aber die paraverbalen und körpersprachlichen Signale werden jeweils verändert. Notieren Sie während des Spielens durch welche Art von Signalen welche Wirkung erzeugt wird.

B ▪ Sie können auch andere Situationen aus Ihrer eigenen Erfahrung zum Gegenstand einer Spielszene wählen, um durch die Umsetzung die Wirkung der nonverbalen Elemente auszuprobieren.

C ▪ Betrachten Sie beide Fotos aufmerksam und erläutern Sie, warum in beiden dargestellten Fällen davon auszugehen ist, dass die nonverbalen Elemente der Kommunikation dazu beitragen könnten, dass ein Konflikt entsteht.

Bezug zwischen verbalen und nonverbalen Elementen

INFO

Kommunikation wird in ihrer Wirkung ganz wesentlich durch das **Verhältnis der verbalen und nonverbalen Elemente** beeinflusst. Grundsätzlich sind folgende Beziehungen zwischen verbalen und nonverbalen Elementen möglich:

- Verbale Aussagen werden durch nonverbale Elemente **unterstützt** und dadurch verstärkt.
- Verbale Aussagen stehen **im Kontrast** zu körpersprachlichen Elementen, sodass Spannungen und Konflikte sichtbar werden.
- Körpersprachliche Elemente **ersetzen** das gesprochene Wort.

Situation A

Ein Kurs der Oberstufe muss den planmäßigen Unterrichtsraum wechseln. Es kommt zum Streit zwischen zwei Schülerinnen bzw. Schülern um einen Tisch, den beide fast gleichzeitig in Anspruch nehmen wollen. Eine dritte Schülerin / ein dritter Schüler versucht, zwischen beiden zu vermitteln.

Situation B

Vier Personen diskutieren vor einem Kino, welchen Film sie sich an diesem Abend ansehen. Eine Person verlässt wortlos die Gruppe, da sie sich im Gespräch übergangen fühlt und glaubt, dass sich wieder einmal keiner für ihre Meinung interessiert.

Situation C

Eine Gruppe von Schülerinnen und Schüler sitzt nach Schulschluss auf dem Rückweg im Bus, als eine ältere Dame gestützt auf einem Stock den völlig überfüllten Bus betritt. Eine Schülerin aus der Gruppe bietet nach einiger Zeit der Dame ihren Sitzplatz an, obwohl sie ahnt, dass sie sich mit dieser Form der Höflichkeit bei den anderen eher unbeliebt macht.

A ▪ Setzen Sie in Gruppen die kommunikativen Konfliktsituationen A – C in **Standbilder** um, wobei der Einsatz nonverbaler Kommunikationselemente in das Zentrum der Beobachtung gestellt werden sollte. Diskutieren Sie die Lösungen im Plenum

B ▪ Überlegen Sie, was die jeweils Agierenden in den drei Szenen (A = Vermittlerin; B = Person, die die Gruppe verlässt; C = Schülerin, die ihren Platz anbietet) sagen könnten und in welchem Verhältnis verbale und nonverbale Elemente der Kommunikation stehen.

Standbilder

INFO

Die Methode des **Standbildbauens** wird bei der Auseinandersetzung mit literarischen Texten (vor allem Dramen) häufig verwendet, um **körpersprachliche Aspekte** der Kommunikation zu verdeutlichen. Da dazu in der Textvorlage häufig keine direkten Aussagen getroffen werden, handelt es sich bei den Standbildern um **Interpretationen**, die aus dem **Verständnis der verbalen Kommunikation** entwickelt werden. Von daher können die Ergebnisse sehr unterschiedlich sein und fordern zu einer vergleichenden Reflexion durch ein intensives Gespräch über die Textvorlage auf. Standbilder entstehen, wenn man quasi eine ausgewählte Stelle einer Spielszene einfriert, so als würde man die Taste Standbild beim DVD-Player drücken.

Es gibt **unterschiedliche Verfahren** zur Durchführung der Methode. Allen gemeinsam ist, dass ein Standbild in einer **Gruppe** »gebaut« wird; d. h., einige Gruppenmitglieder sind die Figuren, die von den anderen so lange arrangiert (Platzierung im Raum, Distanzregulierung) und geformt (Körperhaltung, Gestik und Mimik) werden, bis die »Baumeister« mit dem Ergebnis zufrieden sind. Auf das Kommando »Freeze« wird die Szene für ca. 20 Sekunden eingefroren und kann in dieser Form später im Plenum präsentiert werden. Der Wert der Methode hängt von der **Qualität des Auswertungsgesprächs** im Plenum ab, bei dem zunächst die Beobachter und dann die Figuren und die Baumeister zu Wort kommen.

Damit Körpersprache richtig verstanden wird, muss sie ebenso wie bei der verbalen Kommunikation richtig verstanden werden. In einem Kulturraum sind bestimmte körpersprachliche Zeichen ritualisiert, d. h., Sender und Empfänger verfügen über einen gemeinsamen Code. Die Gebärdensprache der Gehörlosen ist ein besonderes Beispiel für ein Lexikon nonverbaler Zeichen, die auf Konvention beruhen und gelernt werden müssen, um sich damit verständigen zu können.

Missverständnisse und Konflikte können leicht entstehen, wenn nonverbale Zeichen, die im heimischen Kulturraum bekannt und gängig sind, in einem fremden Kulturkreis verwendet werden, da eine bestimmte Geste dort eine völlig andere Bedeutung haben kann. Der nachfolgende Text (T3) nennt einige Beispiele.

A ▪ Ergänzen Sie die unten gezeigten Beispiele durch weitere, die in unserem Kulturraum allgemein verständlich sind.

B ▪ Gibt es nonverbale Zeichen, die in unserem Kulturraum nur von bestimmten Gruppierungen richtig verstanden werden?

C ▪ Welche Konsequenzen lassen sich aus diesen Beispielen ziehen?

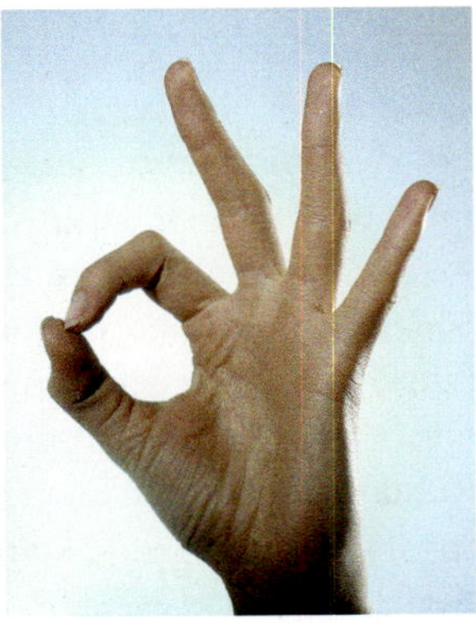

■ Text 3

Mit dem gereckten Daumen direkt in Teufels Küche (2006)

Kopfnicken, gespreizte Finger, erhobener Daumen: In Deutschland werden Gesten eindeutig erkannt. Doch schon in Südeuropa können diese Handzeichen zu brenzligen Situationen führen. Deshalb sollte man die wichtigsten Gesten im Urlaubsland kennen.

Frankfurt an der Oder – Fremde Länder sprechen nicht nur bei den Worten andere Sprachen. Auch Handbewegungen und Gesten können außerhalb des eigenen Kulturkreises zu Missverständnissen führen – und Touristen im Ausland in Teufels Küche bringen. Denn was in Mittel- und Westeuropa zum Beispiel Zustimmung oder Wohlwollen signalisiert, kann anderswo eine Beleidigung sein. »Probleme kann es immer dann geben, wenn dieselbe Geste unterschiedliche Bedeutungen hat«, sagt die Linguistin Cornelia Müller von der Internationalen Gesellschaft für Gestenforschung in Berlin. Vieles sei zwar gar nicht so unterschiedlich, wie häufig angenommen wird. Deutsche könnten aber vor allem in Ländern Südeuropas in unangenehmen Situationen hineingeraten. »Vor allem kann man damit Menschen beleidigen«, sagt die Professorin für Angewandte Sprachwissenschaft an der Europa-Universität Viadrina in Frankfurt (Oder). »Da können Sie schnell eine dicke Backe riskieren.«

Deshalb ist es gut, wenn man sich auskennt. Hier einige Beispiele für Gesten mit mehreren Bedeutungen:

Fingerkreis: Bei der so genannten Ringgeste formen Daumen und Zeigefinger in Kopfhöhe einen Kreis. »Super«, »Spitze« oder »Okay« heißt das in Europa und Nordamerika. In Frankreich und Südeuropa, etwa in Spanien, ist »der Ring« dagegen eine obszöne Geste, die dem westeuropäischen »Stinkefinger« gleichkommt. In Belgien, Frankreich und Tunesien kann die Geste auch so aufgefasst werden, dass das jeweilige Gegenüber als »Null« oder »Wertlos« beschimpft wird.

»Victory-Zeichen«: Unfreiwillig komisch war es, als Niedersachsens Ministerpräsident Christian Wulff (CDU) nach gewonnener Wahl seinen Sieg durch das »Victory-Zeichen« unterstreichen wollte. Denn wer die Hand dabei verkehrt herum hält, kann in Großbritannien, aber auch auf Malta oder in Australien Probleme bekommen. Zeigt die Handfläche beim V-Zeichen nach innen, heißen gespreizter Zeige- und Mittelfinger dort so viel wie »Steck Dir zwei Finger ins Gesäß«. Das kann unter Umständen sogar beleidigender sein als der gereckte Mittelfinger (»Stinkerfinger«).

Schlag in die Hand: Mit der Faust in die offene Handfläche zu schlagen, kann unter Umständen für Probleme sorgen. Während Menschen in weiten Teilen Europas und Nordamerikas damit Ärger ausdrücken, kann die Geste im Nahen Osten eine Aufforderung zum Sex signalisieren. In Westafrika bedeutet der Schlag in die Handfläche dagegen »Einverstanden«.

Daumen hoch: Der nach oben gereckte Daumen wird in Mitteleuropa weithin als Zeichen der Tramper benutzt. Wird er auf und ab bewegt, ist er allerdings in vielen Mittelmeerländern, aber auch in Russland, im Mittleren Osten sowie in Teilen von Afrika und Australien eine obszöne Beleidigung. Besonders in der Türkei gilt die Geste außerdem als Einladung zu homosexuellen Praktiken.

Hörner: In jedem Fall vermeiden sollten Touristen in Spanien gegenüber Männern die »Hörnergeste«, bei der Daumen, Zeigefinger und kleiner Finger von der Faust abgespreizt werden. Damit bezichtigt man sein Gegenüber als betrogenen (»gehörnten«) Ehemann.

Anders als in Deutschland signalisieren sich die Menschen in manchen Ländern außerdem Zustimmung und Ablehnung. Andere Gesten für das Verneinen gibt es etwa in Indien, Bulgarien, Griechenland und Süditalien. Ein »Ja« wird dort durch das Links-Rechts-Wackeln des Kopfes ausgedrückt. Das »Nein« dagegen ist kein Kopfschütteln, sondern eine Kopfbewegung aus der neutralen Position nach oben und hinten. Auch das kann für Missverständnisse mit Einheimischen sorgen. In den arabischen Ländern bedeutet Kopfwackeln »Ich verstehe nicht«, eine Verneinung wird dagegen nur durch ein kurzes Heben des Kopfes oder nur der Augenbrauen ausgedrückt.

D ■ Recherchieren Sie im Internet nach weiteren Gesten, die in anderen Ländern eine unterschiedliche Bedeutung haben und bei unreflektierter Anwendung zu Konflikten führen können.

Gesprächssituationen in literarischen Texten analysieren – kommunikationstheoretische Aspekte

A ▪ Bei dem Bild handelt es sich um ein Szenenfoto aus einem Theaterstück. Deuten Sie die nonverbalen Elemente der Kommunikation und versuchen Sie, das Konfliktpotenzial der Handlung zu antizipieren.

▪ Text 4

Drei Mal Leben (2000) *Yasmina Reza*

Abend.
Ein Wohnzimmer. So abstrakt wie möglich.
Weder Wände noch Türen: wie nach oben geöffnet.
Worauf es ankommt, ist die Vorstellung des Wohnzimmers.

Sonja sitzt im Morgenrock da. Sie liest Akten.
Henri erscheint.

Henri Er will einen Keks.
Sonja Er hat sich gerade die Zähne geputzt.
Henri Er verlangt einen Keks.
Sonja Er weiß genau, dass es im Bett keine Kekse gibt.
Henri Sag du ihm das.
Sonja Warum hast du's ihm nicht gesagt?
Henri Weil ich nicht weiß, dass es im Bett keine Kekse gibt.
Sonja Wieso weißt du nicht, dass es im Bett keine Kekse gibt? Es hat noch nie Kekse gegeben, es hat noch nie etwas Süßes im Bett gegeben.
Sie geht hinaus.
Kurze Pause.
Das Kind weint. Sie kommt zurück.
Henri Was hat er?
Sonja Er will einen Keks.
Henri Warum weint er?
Sonja Weil ich Nein gesagt habe. Er ist ein grässlicher Dickkopf.
Henri *(nach einer kurzen Pause)* Gib ihm einen halben Apfel.
Sonja Er will keinen halben Apfel, er will einen Keks, aber er bekommt sowieso nichts. Im Bett wird nicht gegessen, man isst bei Tisch und nicht im Bett, nach dem Zähneputzen, und jetzt möchte ich diese Akten durchsehen, ich habe morgen früh um zehn Uhr eine Aufsichtsratssitzung.
Das Kind weint immer noch.
Henri geht hinaus. Das Kind hört auf zu weinen.
Henri kommt zurück.
Henri Er ist einverstanden mit dem halben Apfel.
Sonja Er bekommt weder Apfel noch sonst was, im Bett wird nicht gegessen, und damit Schluss.
Henri Sag du ihm das.
Sonja Hör auf.
Henri Ich hab zum Apfel Ja gesagt, ich glaubte, der Apfel sei möglich. Wenn du Nein sagst, dann geh und sag ihm das.
Sonja *(nach einer Weile)* Bring ihm einen halben Apfel und sag ihm, dass du es ohne mein Wissen tust. Sag ihm, dass ich dagegen bin, und dass du es nur tust, weil du Ja gesagt hast, dass ich es aber nicht wissen darf, denn ich bin radikal dagegen, dass im Bett gegessen wird.
Henri Soll ich ihn schälen?
Sonja Ja.
Er geht hinaus.

A ▪ Der hier abgedruckte Szenenauszug ist der Anfang des Theaterstücks »Drei Mal Leben« von Yasmina Reza. Fertigen Sie in Gruppen ein Standbild (→ **Standbilder**, S. 16) zur markierten Stelle dieser Szene an. Vergleichen Sie die Ergebnisse.

Inhaltlicher Kontext: Bei dem Theaterstück »Drei Mal Leben«, das 2000 von der französischen Schriftstellerin Yasmina Reza geschrieben wurde, handelt es sich um ein 4-Personen-Stück. In drei nur in Details unterschiedlichen Variationen wird das Treffen zweier Paare (im Alter zwischen 40 und 50 Jahren) zum gemeinsamen Abendessen thematisiert. Sonja und Henri, die wegen der Einschlafschwierigkeiten ihres sechsjährigen Sohnes Arnaud in Streit geraten, werden vom Besuch Hubert und Ines Finidoris überrascht, da diese einen Tag zu früh zu einer Einladung zum Abendessen kommen.

B ▪ Das Szenenfoto auf der vorherigen Seite zeigt Henri und Sonja. Versuchen Sie, aus der Körpersprache der Figuren zu erschließen, zu welcher Stelle der abgedruckten Anfangsszene (**T 4**) das Szenenfoto passt. Begründen Sie Ihre Entscheidung.

C ▪ Erläutern Sie nach der Lektüre der Informationen zum inhaltlichen Kontext und des Info-Kastens das Regiekonzept, das für Sie bei der im Foto (vgl. S. 19) festgehaltenen Szene deutlich wird.

Nonverbale Elemente der Kommunikation in literarischen Texten

INFO

Bei der Darstellung von Kommunikationssituationen in literarischen Texte werden häufig nur wenige oder auch keine Informationen zu den nonverbalen Elementen gegeben. Während z. B. bei der Umsetzung eines dramatischen Textes in eine Spielszene der Regisseur eine Füllung entsprechender Leerstellen der Textvorlage und damit eine Interpretation vornimmt, muss der Leser eines epischen Textes dies durch eine **eigene Inszenierung** einer Szene in seinem Kopf leisten.

Die **szenische Ausgestaltung** von Passagen aus literarischen Texten (Standbilder, szenisches Spiel, szenische Interpretation) lässt Interpretationen, die sich aus dem Kontext des Gesamttextes ergeben, deutlich werden bzw. ist der Anlass, um sich bewusst damit auseinanderzusetzen.

▪ Text 5

Drei Mal Leben (2000) [Variante II] *Yasmina Reza*

Abend.
Dasselbe Wohnzimmer.

Sonja sitzt da im Morgenrock. Sie liest Akten.
Henri erscheint. Sanfter Ton.

Henri Er will einen Keks.
Sonja Er hat sich gerade die Zähne geputzt.
Henri Natürlich!
Pause.
Sie ist wieder in ihre Akten vertieft, er steht da, unentschlossen.
Henri Einen halben Apfel vielleicht?
Sonja Wo ist der Unterschied zwischen einem halben Apfel und einem Keks?
Henri ... Der Apfel ist nicht so süß.
Sonja Der Apfel ist sehr süß. Vielleicht noch süßer als der Keks.
Henri Er hat oft Hunger im Bett, ist dir das schon aufgefallen? Bekommt das Kind nicht zu früh zu essen?
Sonja Es bekommt um halb acht zu essen, wie ein Kind seines Alters.
Henri Und wenn man ihm die Zähne danach putzen würde?
Sonja Nach was?
Henri Nach dem Keks. Er könnte einen Keks essen und sich hinterher die Zähne putzen.
Sonja Er kann ja einen Keks essen, kurz bevor er zu Bett geht, das heißt, kurz bevor er sich die Zähne putzt.
Henri Ja.
Sonja Es war ein Fehler, dass du ihm den Keks gegeben hast.
Henri Ich habe ihm nichts gegeben.

Sonja Doch.

Henri Die Hälfte eines Fingers[1]. Mehr nicht. Ich bin drakonisch gewesen. *(kurze Pause)* Was soll ich ihm sagen?

Sonja Was du ihm sagen sollst?

Henri Soll ich sagen »kein Apfel«?

Sonja Du hast ihm gerade einen Fingers gegeben. Er wird doch nicht Fingers und Apfel bekommen.

Henri Ich sage ihm »kein Apfel«.

Sonja Du sagst ihm »kein Apfel«, du sagst ihm »mach heia«.

Henri Mach heia.

Er geht hinaus und kommt zurück.

1 Fingers = Name einer bekannten Firma, die Biskuit, Zwieback usw. herstellt

■ **Text 6**

Drei Mal Leben (2000) [Variante III] *Yasmina Reza*

Ines Ein richtiger Architekt, dieses Kind!

Henri Er will einen Keks.

Hubert *(greift nach der Schachtel Fingers)* Hier, hier, diese Fingers sind mein Tod!

Ines Aber Hubert, Sie werden ihm doch nicht eine ganze Schachtel Kekse ins Bett geben!

Henri Nicht einmal einen einzigen!

Sonja Gib ihm, was macht das schon, er wird nicht daran sterben.

Henri Soll ich ihm die ganze Packung geben?

Hubert Ich habe drei Viertel davon aufgegessen.

Ines *(zu Henri, der sich anschickt, mit der Packung hinauszugehen)* Sie machen einen Fehler, Henri.

Henri Was soll ich tun?!

Sonja Gib ihm einen Keks.

Henri Einen einzigen?

Hubert Es sind wohl höchstens zwei oder drei übrig geblieben.

Henri Was soll ich tun, Sonja, bevor ich durchdrehe?

Sonja Gib ihm den Rest, und sag ihm, dass es eine Ausnahme ist.

Henri geht hinaus.

Ines Er hat mir alles erklärt. In Wirklichkeit hat er einen Flughafenbahnhof gebaut …

Hubert Ein Terminal.

Ines Nein, nein, einen Flughafenbahnhof.

Hubert Das heißt Terminal.

Ines Ich weiß sehr gut, was ein Terminal ist, Hubert, der Kleine hat einen Flughafenbahnhof gebaut, einen Bahnhof in einem Flughafen, einen Bahnhof mit Zügen, Schienen, die von Landebahnen gekreuzt werden, es ist kein Terminal, es ist ein Flughafen mit Flugzeugen, kombiniert mit einem Bahnhof für Eisenbahnen, ein Flughafenbahnhof! …

Henri *(kommt zurück)* Es waren noch zwei Fingers übrig geblieben!

A ■ Vergleichen Sie das Gespräch zwischen Sonja und Henri (**T 4**) mit den beiden Varianten, die Yasmina Reza im weiteren Verlauf des Stücks anbietet (→ **Begriffe zur Beschreibung der Makrostruktur von Gesprächen**, S. 213). Die beiden Szenen sind auf der nachfolgenden Seite abgedruckt (**T 5** und **T 6**). Wie bei der als **T 4** abgedruckten Szene (Variante I) handelt es sich auch bei **T 5** um die Anfangsszene der Variante II. In Variante III (**T 6**) kommt die entsprechende Szene erst etwas später vor, als die Finidoris (die Besucher) bereits da sind. Arbeiten Sie heraus, wie sich das Konfliktpotenzial verändert.

B ■ Wählen Sie aus Variante II und III jeweils eine Stelle für das Bauen eines Standbildes (→ **Standbilder**, S. 16) aus, an der das jeweilige Konfliktpotenzial der Szene durch die nonverbalen Elemente der Kommunikation am besten zum Ausdruck kommt.

C ■ Vergleichen Sie Ihre Lösungen mit dem Standbild, das Sie bereits zur Anfangsszene des Stücks (Variante I) entwickelt haben, um zu klären, was die Autorin bezüglich der Ursachen von Konflikten durch die Variation der Szene zum Ausdruck bringt.

D ■ Können Sie sich eine weitere Variante der Szene vorstellen? Schreiben Sie eine weitere mögliche Fassung unter Berücksichtigung Ihrer Ergebnisse.

Gespräche führen – Konflikte lösen

Was kann ich nach der Bearbeitung dieses Unterkapitels?
- Konflikte erkennen und Konfliktpotenzale einschätzen
- Verschiedene Konfliktlösungsstrategien situationsgerecht und funktional anwenden
- Wirksamkeit und Grenzen von Methoden der Konfliktlösung beurteilen.

Günther kommt am Abend recht müde von der Arbeit nach Haus. Er hat nur noch das Bedürfnis, etwas zu essen und sich mit einem kühlen Bier vor den Fernseher zu setzen. Maik, sein Sohn, ist noch voller Elan und Tatendrang. Er will unbedingt seinem Vater die Besonderheiten seines neuen Computerspiels vorführen. Als er seinen Wunsch äußert, antwortet der Vater: »Siehst du nicht, dass ich völlig geschafft bin, du Quälgeist.«

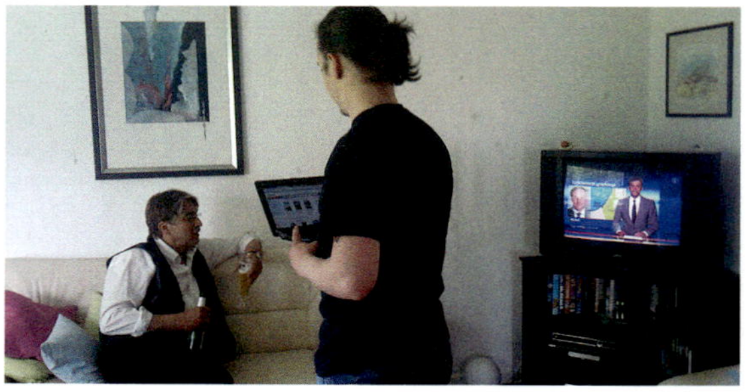

A ▪ In dieser Situation bahnt sich eindeutig ein Konflikt an. Beurteilen Sie die Antwort des Vaters vor diesem Hintergrund.

B ▪ Versetzen Sie sich in die Rolle des Vaters und überlegen Sie, durch welche Antwort ein Konflikt wahrscheinlich eher zu vermeiden wäre.
Probieren Sie Ihre Lösungen im Rollenspiel aus.

C ▪ Tauschen Sie sich über Strategien zur Konfliktvermeidung bzw. Konfliktlösung aus, die Sie selbst bereits mit Erfolg angewendet haben bzw. deren Anwendung nicht zum dem gewünschten Ergebnis geführt haben.

Gewaltfreie Kommunikation nach Marshall B. Rosenberg

Die **Gewaltfreie Kommunikation (GfK)** ist ein Konzept, das von Marshall B. Rosenberg entwickelt wurde. Es soll Menschen ermöglichen, so miteinander umzugehen, dass der Kommunikationsfluss zwischen ihnen verbessert wird. GfK kann sowohl beim Kommunizieren im Alltag als auch beim friedlichen Lösen von Konflikten im persönlichen, beruflichen oder politischen Bereich hilfreich sein. Sie versteht sich nicht als Technik, die andere Menschen zu einem bestimmten Handeln bewegen soll, sondern als Grundhaltung, bei der eine wertschätzende Beziehung im Vordergrund steht. Rosenberg unterscheidet bei der Analyse von Kommunikationssituationen zwischen Wolfs- und Giraffensprache. Die gewählten Tiere haben symbolischen Charakter (siehe dazu **T7**) und die Giraffe steht für die friedliche und einfühlsame Lösung.

■ Text 7

Wolfs- und Giraffensprache

Rosenberg nennt unseren »normalen« sozialen Umgangston »**Wolfssprache**«. Sie ist gekennzeichnet durch:

- Analyse: »Wenn du das beachtet hättest ...«
- Kritik: »So ist das falsch, das macht man so ...«
- Interpretationen: »Du machst das, weil ...«
- Wertungen: »Du bist klug, faul, richtig, falsch ...«
- Strafandrohungen: »Wenn du nicht sofort, dann ...«
- Regeln und Normen
- sich im Recht fühlen

Resultat der Wolfssprache ist in der Regel, dass der andere sich schlecht fühlt, sich wehrt oder ausweicht. In jedem Fall provoziert die Wolfssprache gegenseitige Aggressionen. Nach Rosenberg repräsentiert die Wolfssprache den eher missglückten Versuch, ein Bedürfnis auszudrücken.

Die »Giraffensprache« ...

... ist die Sprache des Herzens. Kennzeichen:

- auf Gefühle achten
- Versuch, die Bedürfnisse des anderen herauszufinden
- Trennung von Beobachtung und Bewertung
- Bitten statt Fordern
- Übersetzung von Angriffen, Vorwürfen, Beleidigungen und Forderungen in Gefühle und Bedürfnisse

A ■ Erscheint Ihnen die symbolische Zuordnung (Wolf und Giraffe) von der Sache her logisch? Recherchieren Sie gegebenenfalls zum typischen Verhalten der beiden Tierarten.

B ■ Verfassen Sie zu der auf der vorausgehenden Seite dargestellten Situation einen Dialog, in dem zumindest einer der beiden Gesprächspartner (Vater oder Sohn) deutlich erkennbar die Giraffensprache verwendet. Eine Übersicht zu typischen Formulierungen im Gespräch finden Sie auf der folgenden Seite.

C ■ Spielen und diskutieren Sie vergleichend die von Ihnen entwickelten Konzepte.

D ■ Diskutieren Sie, ob die Anwendung der Giraffensprache grundsätzlich ein probates Mittel zur Konfliktvermeidung bzw. Konfliktlösung ist oder ob es Konfliktsituationen gibt, bei denen sie nicht weiterhilft.

Die vier Schritte, nach denen Gespräche im Sinne der gewaltfreien Kommunikation nach Rosenberg ablaufen sollten, lassen sich folgendermaßen zusammenfassen:

Gespräche im Sinne der Gewaltfreien Kommunikation nach Rosenberg

INFO

1. Beobachtung oder Bewertung?
Genau beobachten, was geschieht. Die Beobachtung dem anderen ohne Bewertung mitteilen.

2. Gefühle ausdrücken
Was fühlen wir, wenn wir diese Handlung beobachten?

3. Bedürfnisse erkennen und akzeptieren
Welche Bedürfnisse stecken hinter diesen Gefühlen?

4. Bitten aussprechen
Was wollen wir vom anderen?

Bestimmte Formulierungen in Konfliktsituationen geben Aufschluss darüber, wer eher eine Wolfs- bzw. eine Giraffensprache verwendet. Die folgende Tabelle nennt eine Auswahl:

Wölfe …	Giraffen …
benutzen eine Sprache, die klassifiziert, bewertet, diagnostiziert und in Schubladen steckt.	benutzen eine Sprache, die es ermöglicht, klar auszudrücken, was in ihrem Herzen vorgeht.
halten ihre Urteile/Diagnosen für allgemeinverbindlich und objektiv, sie klingen unumstößlich: »Das ist falsch! Er ist ein Faulenzer.«	erkennen die Subjektivität der eigenen Urteile/Wahrnehmungen und drücken es als solche auch aus: »Ich glaube, dass … /Ich bewerte es als …«.
verwenden Diagnosen und Urteile als Tatsachen: »Du bist aggressiv …, du bist faul …, du bist unmöglich …«.	beschreiben, was sie wahrnehmen, ohne zu bewerten, trennen Wahrnehmungen von Interpretationen.
halten ihre Urteile und Diagnose für Beschreibungen von Gefühlen, z. B. »Ich fühle mich von dir ausgenutzt!« .	trennen die Beschreibung des Verhaltens von ihren Gefühlen.
kennen meist nur zwei Worte, um Gefühle zu beschreiben: »gut« und »schlecht«.	haben einen reichen Wortschatz, um auszudrücken, wie sie sich fühlen.
glauben, dass andere Menschen die Ursache ihrer Gefühle sind: »Ich fühle mich …, weil DU …«.	Meine Bedürfnisse sind die Ursache meiner Gefühle: »Ich fühle mich …, weil ICH …«.
haben so viel Angst, NEIN zu sagen, dass sie die Bedürfnisse anderer Menschen nicht wertschätzen können.	können die Bedürfnisse anderer wertschätzen, auch wenn sie NEIN sagen.
benutzen eine Sprache, die anderen keine Wahlmöglichkeiten lässt: »Du hast zu …, Du solltest …, Du musst …«.	sagen genau, was sie wollen und stellen klar, dass dies eine Bitte ist oder ein Wunsch; dabei lassen sie dem anderen die Verantwortung für seine Entscheidung.
übernehmen keine Verantwortung für das eigenen Handeln: »Ich kann nicht/Ich darf nicht/Das ist nicht erlaubt.«	übernehmen die Verantwortung für das eigene Handeln: »Ich möchte es nicht tun/Ich habe noch gelernt, das … zu tun.«
Sprache der Forderungen: »Bitte tu das und wenn du es nicht tust, dann sorge ich dafür, dass du es bereust.«	Sprache der Bitten: »Bitte tu das, aber nur, wenn du es mit Freude tun kannst, ohne Angst vor Bestrafung oder Schuld- und Schamgefühlen.«
stellen W-Fragen, offen oder geschlossen; wollen einen Sachverhalt verstehen oder selbst das Gespräch beeinflussen.	reden wenig, hören zu, stellen Fragen, um besser die Gefühle/Bedürfnisse zu verstehen: »Fühlst du …? Brauchst du …?«
leben in einer Welt der Konkurrenz und des Mangels: »Ich muss kämpfen, um meine Ziele zu erreichen!«	leben in einer Welt der Kooperation und des Überflusses: »Ich bin innerlich reich und es ist genug für alle da!«

Rosenberg legt Wert darauf, dass es sich bei der Gewaltfreien Kommunikation nicht um eine simple Technik, sondern um eine Kommunikationsform handelt, die auf Wertschätzung und Anerkennung des anderen beruht. Das heißt, es reicht nicht, eine bestimmte Technik der Gesprächsführung zu erlernen, sondern man muss sich eine entsprechende Haltung bzw. Einstellung gegenüber dem Gesprächspartner erarbeiten.

Schwierigkeiten der Methode »Gewaltfreie Kommunikation«

INFO

Ein **Problem** der Anwendung der »Gewaltfreien Kommunikation« nach Marshall B. Rosenberg besteht darin, dass die Methode **einen in sich ruhenden und gefestigten Gesprächsführer voraussetzt.** Aggressive Äußerungen des Gesprächspartners müssen zunächst immer im Sinne der Selbstkundgabe nach Schulz von Thun (siehe Info-Kasten S. 8) als Selbstoffenbarung des Sprechenden gewertet und nicht in Beziehung zu sich selbst gesetzt werden. Schwierig wird die Anwendung der Methode deshalb dann, wenn die **Konfliktsituation** für beide Gesprächspartner **emotional stark belastend** ist. Die Frage ist dann, wie weit es einem selbst gelingt, sich zu beherrschen und zurückzunehmen, ohne in Form eines Automatismus auf Aggression mit Gegenaggression zu reagieren. Von daher eignet sich die Methode vor allem dann, wenn man selbst eher als **Moderator** denn als unmittelbar Beteiligter in einer Konfliktsituation agiert.

Dennoch ist es in jeder Konfliktsituation wichtig zu wissen, dass das **Einnehmen innerer Distanz** zum Gesagten die zentrale Vorrausetzung für eine mögliche **Konfliktlösung** ist. Dies zu beherrschen setzt allerdings viel Erfahrung und Übung voraus.

A ▪ Überprüfen Sie in den drei Szenenauszügen aus dem Stück »Drei Mal Leben« von Yasmina Reza (**T 4–T 6**), inwieweit Elemente der Giraffen- bzw. Wolfssprache bei den Kontrahenten festzustellen sind.

Wählen Sie einen der folgenden Arbeitsaufträge:

B_1 ▪ Überarbeiten Sie Variante I (**T 4**) im Sinne einer Konfliktlösung, indem Henri deutlich erkennbar die Giraffensprache verwendet.

B_2 ▪ Schreiben Sie die Szene so um, dass durch Henris Verwendung der Giraffensprache eine Konfliktlösung herbeigeführt wird.

B_3 ▪ Bereiten Sie in Gruppen eine entsprechende szenische Umsetzung der Szene vor. Spielen Sie sich gegenseitig Ihre Lösungen vor und diskutieren Sie diese vergleichend.

Die Aufgaben B_1 und B_2 können auch ausgeführt werden, um zu überprüfen, welche Veränderungen sich ergeben, wenn nicht Henri, sondern Sonja die Giraffensprache verwendet bzw. wenn es beide tun.

Streitschlichtung – Mediation

Mediation (lat. »Vermittlung«) ist ein freiwilliges und nach festgelegten Regeln ablaufendes Verfahren zur Beilegung oder Vermeidung eines Konfliktes. Die Konfliktparteien wollen mit Unterstützung einer dritten unparteiischen Person (dem *Mediator*) zu einer gemeinsamen Vereinbarung gelangen. Der Mediator ist dabei lediglich für das Verfahren verantwortlich. Eine Mediation verläuft in der Regel in fünf Phasen, die nachfolgend erläutert werden.

■ Text 8

Die Fünf Phasen einer Mediation

1. Phase: Einleitung ■ Vertraulichkeit zusichern ■ Regeln erklären ■ Ziel des Mediators / der Mediatorin verdeutlichen ■ Verfahren erläutern, Rolle des Mediators klären ■ nachfragen, ob alle damit einverstanden sind	 **Ausgangssituation**
2. Phase: Sichtweise der einzelnen Konfliktparteien ■ Konfliktparteien tragen nacheinander Standpunkte vor ■ spiegeln, zusammenfassen, wenn nötig umformulieren ■ Punkte aufschreiben, Reihenfolge besprechen ■ abschließend: Zusammenfassung	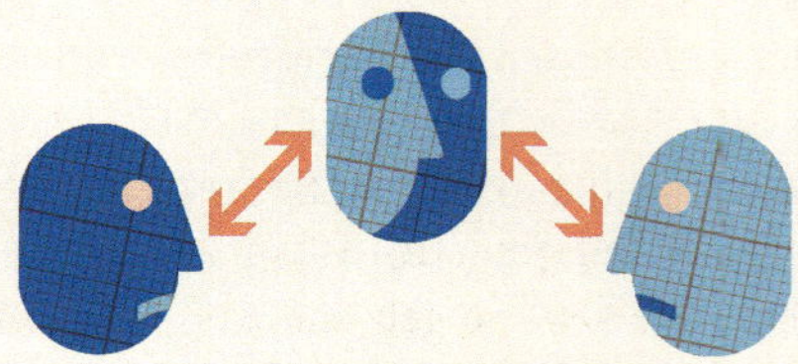 **Kommunikation über die MediatorIn sichern**
3. Phase: Konflikterhellung ■ nachfragen, klären ■ Motive und Gefühle herausfinden ■ zum Perspektivenwechsel anregen ■ abschließend: »Wie geht es euch jetzt?« ■ »Welche Wünsche habt ihr?«	 **Schrittweise direkte Kommunikation herstellen**
4. Phase: Problemlösung ■ Brainstorming nach strukturierten Fragen einleiten ■ »Was wünsche ich vom anderen?« ■ »Was bin ich selbst bereit zu tun?« ■ Lösungen diskutieren und bewerten nach Realisierbarkeit, Ausgewogenheit, Genauigkeit ■ nach Konsens suchen	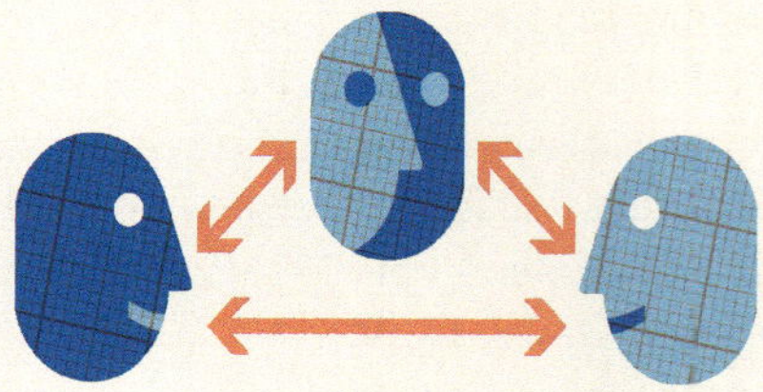 **Seite an Seite nach Lösungen suchen**
5. Phase: Vereinbarung ■ genau formulieren ■ Kontrollmöglichkeiten und Umgang mit künftigen Problemen besprechen ■ Folgetreffen vereinbaren ■ alle unterschreiben ■ wenn möglich, das Gespräch positiv abrunden	 **Ohne fremde Hilfe wieder miteinander auskommen**

A ■ Erläutern Sie ausgehend von den Piktogrammen die Veränderungen in der Kommunikation der Konfliktparteien.

B ■ Welche persönlichen Erfahrungen haben Sie bisher mit solchen Gesprächen gemacht?

Die Lehrerin, die den Streit der beiden Schülerinnen bzw. Schüler um einen Sitzplatz (vgl. **Situation A** auf S. 16) beim Betreten des Kursraums zum Teil mitbekommen hat, lädt diese ein zu einem Gespräch, da sie schon des Öfteren Streitereien beobachtet hat.

Die Lehrerin sitzt am Pult im Kursraum und sortiert ihre Sachen in die Tasche. Rechts und links vom Pult stehen S1 und S2, die durch ihre Körperhaltung und ihre Blicke deutlich zu erkennen geben, dass sie eigentlich nichts miteinander zu tun haben wollen.

L *(während sie noch ein paar Aufzeichnungen zur Mitarbeit der Schülerinnen und Schüler in der vorausgehenden Stunde festhält)* Was ist denn bloß los mit Ihnen beiden? So geht das doch nicht. Sie benehmen sich ja wie Fünftklässler. Also wer fängt an zu erklären? *(L schaut erst S 1 und dann S 2 auffordernd an, die aber beide nichts sagen wollen)* Kommen Sie *(sie sieht S 2 noch einmal eindringlich an)*, Sie sind doch sonst auch nicht auf den Mund gefallen!

S 2 Was soll schon sein? Da gibt es nicht viel zu erklären. ... geht mir einfach auf die Nerven. Ich sitze in Englisch und Mathematik auf diesem Platz und in Deutsch eben auch. Da kommt der einfach und will sich da breit machen. Das macht der nur, um mich zu ...

S 1 Jetzt reicht es mir langsam, hier gibt es doch kein Gewohnheitsrecht. Ich war schließlich zuerst am Platz und kann mich hinsetzen, wo ich will. Geht das nicht in deinen Kopf? *(S 1 schaut S 2 aggressiv an und tippt sich an die Stirn).*

S 2 *(laut)* Du meinst doch bloß, dass du dir alles herausnehmen kannst, weil du der Stärkere bist und zu Hause von deinen reichen Eltern wie ein Pascha verwöhnt wirst.

S 1 *(noch lauter)* Halt die Klappe! Sonst ...

L *(L hat ihre Schreibarbeiten unterbrochen und verfolgt sichtlich irritiert die immer lauter werdende Auseinandersetzung, bevor sie dazwischen geht)* Ruhe, jetzt bitte mal Ruhe! So geht das nicht! Nehmen Sie sich erst einmal zwei Stühle und setzen sich ruhig zu mir. *(L fordert S 1 und S 2 durch Gesten auf, rechts und links an den Stirnseiten des Pultes Platz zu nehmen; S1 und S 2 nehmen sich Stühle und sitzen jetzt – durch das Pult getrennt – direkt gegenüber.)*

L *(schaut wieder S 2 an)* Also, jetzt mal ganz von vorne ...

S 1 *(geht dazwischen)* Ich finde das nicht in Ordnung, dass ... immer zuerst gefragt wird. Der hat bei Ihnen sowieso bessere Karten als ich, weil er in Deutsch besser ist.

L Das ist doch Quatsch! – Dann fangen Sie doch an!

S 1 *(störrisch)* Nö, jetzt habe ich auch keinen Bock mehr.

S 2 *(zu L)* So ist das immer, wenn ... irgendetwas nicht passt, schaltet er/sie auf stur oder wird gleich aggressiv.

A ▪ Erklären Sie, welche Grundfehler in der Eröffnungsphase der Streitschlichtung zu erkennen sind.

B ▪ Schreiben Sie den Dialog so um, dass er der oben beschriebenen Methode der Mediation besser gerecht wird. Berücksichtigen Sie dabei auch Hinweise zur Körpersprache in den Regieanweisungen.

Stellen Sie sich vor, Sie sollten mit Sonja und Henri eine Mediationssitzung wegen ihrer Meinungsverschiedenheit im Umgang mit dem sechsjährigen Arnaud durchführen. Wählen Sie eine der folgenden Aufgaben aus:

C_1 ▪ Bereiten Sie die Mediationssitzung als Rollenspiel in der Gruppe vor und diskutieren Sie die Gruppenergebnisse im Plenum, wobei die Gesprächsführung und die Körpersprache des Mediators im Zentrum der Reflexion stehen sollten.

C_2 ▪ Verfassen Sie einen Dialog, der den Verlauf einer Mediationssitzung mit Sonja und Henri wiedergibt.

C_3 ▪ Schreiben Sie die Dramenszene (Variante I / **T 4**) so um, das quasi Ines und Hubert Finidori die Rolle von Mediatoren übernehmen, als sie überraschend zu Besuch kommen und den Streit mitbekommen.

D ▪ Bewerten Sie den praktischen Nutzen der Kenntnis von Konfliktlösungsstrategien (Gewaltfreie Kommunikation bzw. Streitlichtung) für die Bewältigung von Konflikten in Ihrem Alltag. Halten Sie Ihre Überlegungen schriftlich fest.

Einfluss digitaler Medien auf die Gegenwartssprache reflektieren – Veränderungen kommunikativer Strukturen

Was kann ich nach der Bearbeitung dieses Unterkapitels?

- Besonderheiten der Internet-Kommunikation erläutern und beurteilen
- Sachtexte vor dem Hintergrund einer gegebenen Fragestellung auswerten
- Begründet eine eigene Meinung vertreten und schriftlich darlegen

Analyse eines Sachtextes zum Thema Kommunikation (Aufgabenformat II A)

Aufgabeninsel

A ▪ Fixieren Sie spontan (vor der weiteren Auseinandersetzung mit den folgenden Aufgaben) Ihre Antwort auf die Frage: »Welchen Einfluss hat das Internet auf unsere Kommunikation?«
Achten Sie darauf, dass Ihre Beantwortung der Frage durch Argumente gestützt wird.

B ▪ Lesen Sie die drei folgenden Sachtexte zum Thema (**T 9 – T 11**) und bestimmen Sie jeweils den thematischen Schwerpunkt.

C ▪ Vertiefen Sie die in den Sachtexten angesprochenen Teilaspekte durch eigene Recherche (z. B. zur Bedeutung der Internetforen als Informationsquelle für Personalchefs bei Bewerbungsgesprächen).

D ▪ Tauschen Sie sich im Plenum über die gelesenen Texte aus, indem Sie …
- gemeinsam mögliche Verständnisfragen klären,
- die Position der Verfasserin bzw. des Verfassers zum thematischen Schwerpunkt des jeweiligen Sachtextes bestimmen,
- die in den Texten vertretenen Positionen in gemeinsamer Diskussion kritisch reflektieren, um die eigene Position zum Thema deutlich zu machen.

E ▪ Wählen Sie einen der drei Sachtexte aus, um eine schriftliche Analyse anzufertigen (→ **Sachtexte erschließen**, S. 181). Führen Sie dabei folgende Arbeitsschritte aus:
- Schreiben Sie eine Einleitung, die zum Thema hinführt.
- Bestimmen Sie den thematischen Schwerpunkt des ausgewählten Sachtextes und erarbeiten Sie, welche grundsätzlich Haltung der Autorin bzw. des Autors gegenüber den modernen Kommunikationsformen deutlich wird.
- Arbeiten Sie ausgehend von der sprachlich-formalen Gestaltung des ausgewählten Textes die Haltung der Autorin bzw. des Autors zum thematischen Schwerpunkt des Textes heraus.
- Fassen Sie Ihre Analyseergebnisse kurz zusammen.

Weiterführender Schreibauftrag:
- Nehmen Sie auf der Basis Ihrer Kenntnisse Stellung zu folgender Aussage (→ **Eine Stellungnahme verfassen**, S. 49):

  Text 9: »Sie [junge Menschen] sind von klein auf der Informationsflut ausgesetzt. Und sie lernen, sich darin zu bewegen.« (**T 9**, Z. 41 ff.)

  Text 10: »Also wächst doch keine Generation von per-SMS-Schlussmachern heran, auch wenn es prominente Vorbilder geben mag …« (**T 10**, Z. 71 ff.)

  Text 11: »Während die Einführung des Buchdrucks zu einer Fixierung von sprachlichen Standards führte, stärkt das Internet orale und visuelle Aspekte der Kommunikation.« (**T 11**, Z. 86 ff.)

F ▪ Reflektieren Sie zum Abschluss der Bearbeitung der vorausgehenden Aufgaben, inwieweit die Auseinandersetzung mit dem Thema Ihre Antwort zu Aufgabe A verändert.

■ Text 9

Don Tapscott: Grown Up Digital (2008) *Julia Born*

*Situativer Kontext: Don Tapscott (*1947), Professor für Management in Toronto, beschäftigt sich in »Grown Up Digital«, seinem neuesten Buch, mit den Denk- und Vorgehensweisen der digitalen Generation, der »Netgeneration«.*

Das Buch basiert auf einem umfangreichen Untersuchungsprojekt, für das ca. 11 000 Angehörige der »Netzgeneration« (Geburtsjahrgänge 1977–1997) weltweit befragt wurden. Das Buch liegt bisher nur in englischer Sprache vor. Die folgenenden Aussagen sind einem Blog (vgl. S. 33) entnommen:

Von der passiven Fernseh- zur interaktiven Netzgeneration

Was sind unsere Mediengewohnheiten? Wir, die »Prä-Internet-Generation«, haben im Jugendalter jede Woche im Durchschnitt 22,4 Stunden ferngesehen. Dabei saßen wir brav, still und passiv vor dem Gerät. Mediennutzung hat für uns bedeutet, das anzuschauen, was gesendet wurde, womöglich inklusive der Werbung. Wir hatten eine Wahl, doch bestenfalls unter einigen Kanälen. Viele von uns nützen inzwischen das Internet und eignen uns die Technologie an. Dieser Lernprozess ist bisweilen mühsam, denn unsere Denkmuster müssen sich ändern, um sich anzupassen. Die Netzgeneration, für die Tapscott als Geburtsjahr 1977–1997 ansetzt, sind aufgewachsen mit den digitalen Medien. Für sie sind die neuen Medien so selbstverständlich wie für uns Kühlschrank und Fernsehen. […]

Von der »Technologie« zum Alltagsgegenstand

Denn Technologie wird nur als Technologie wahrgenommen »für die Menschen, die geboren waren, bevor sie erfunden wurde.«

Das Internet zu benutzen ist für die, die damit herangewachsen sind, wie mit einem Bleistift zu schreiben. »Eltern sprechen nicht über Bleistifte, sie sprechen über das Schreiben. Und die Kinder sprechen nicht über Technologie, sie sprechen über spielen, eine Internetseite einrichten, einem Freund schreiben über den Regenwald.« (S. 18/19)

Unterschiedliche Medien und Nutzungsgewohnheiten

Junge Menschen heute sind äußerst intensive Mediennutzer. Während sie online sind, hören 53 Prozent Musik, 40 Prozent telefonieren, 39 Prozent sehen fern und 24 Prozent machen ihre Hausaufgaben. So eine aktuelle amerikanische Studie. (S. 42)

Im Internet müssen sie nach Information suchen. Das weckt ihre Fähigkeiten zu denken, zu suchen und kritisch zu sein: Welche Internetseiten sind gut? Welchen Informationen kann ich trauen? Sie nehmen Anteil, fragen nach, kommunizieren, kritisieren, recherchieren (S. 20/21).... Sie lernen zu finden, zu sortieren, zuordnen, sich zu erinnern. Sie sind von klein auf der Informationsflut ausgesetzt. Und sie lernen, sich darin zu bewegen. […]

■ Text 10

Die Generation der Per-SMS-Schlussmacher? (2009) *Dr. Jan-Hinrik Schmidt*

Situativer Kontext: Dr. Jan-Hinrik Schmidt ist Mitarbeiter am Hans-Bredow-Institut für Meinungsforschung in Hamburg. Der folgende Beitrag wurde am 12. Mai 2009 im Internet veröffentlicht. Neben den bekannten Abkürzungen werden in der Kopfzeile folgende verwendet:

IM: Instant Messaging = (englisch für »sofortige Nachrichtenübermittlung«); mit der Abkürzung IM wird das Chatten bezeichnet, eine Kommunikationsmethode, bei der sich zwei oder mehr Teilnehmer per Textnachrichten direkt unterhalten.

SNS: Social Network Service = Dienstleistungen, die von einem Internet-Netzwerk angeboten werden

HP: Homepage

Wir haben in der repräsentativen Befragung (N = 650, 12–24 Jahre) die favorisierten Kommunikationskanäle der Jugendlichen und jungen Erwachsenen auch dadurch abgefragt, dass wir den Befragten eine Reihe von sozialen Situationen – sich verabreden, plaudern, flirten, Schluss machen o. Ä. – vorgaben. Die Befragten sollten jeweils angeben, ob sie verschiedene vorgegebene Kanäle – z. B. SMS,

Telefon, Brief oder Netzwerkplattform – für die jeweiligen Situation als »am besten geeignet« [weiß], »am zweitbesten geeignet« [hellbeige] sowie »völlig ungeeignet« [rot] halten. Aus den Antworten lässt sich eine Matrix konstruieren, die Aufschluss über Adäquanzregeln bei der Medienwahl für interpersonale Kommunikation gibt; [...]. Die Antworten sind in mehrerlei Hinsicht interessant. Zunächst fällt auf, dass das persönliche Treffen für fast alle Situationen von den 12- bis 24-Jährigen als favorisierter »Kanal« angesehen wird; einzig für das »sich verabreden« erreicht ein anderer Kanal (Telefon) höhere Werte bei der ersten Wahl. Das Telefon ist nach dem Face-to-Face-Treffen auch für die übrigen Situationen meist das zweithäufigst genannte Medium. Computervermittelte Kommunikation in ihren verschiedenen Varianten liegt demgegenüber eher zurück – was noch am ehesten als besonders angemessen angesehen wird, ist das Instant Messaging (z. B. für das Verabreden, Plaudern oder auch Kennenlernen und Flirten).

Bei der Interpretation dieser Ergebnisse ist zu beachten, dass wir in dieser Frage nicht nach den tatsächlich genutzten Kanälen gefragt haben, sondern nach Präferenzen bzw. wahrgenommener Eignung. Im Anschluss an meinen Vortrag brachte Ian Forrester Ergebnisse der BBC-Forschung auf, nach der (wenn ich mich recht erinnere) beispielsweise das Flirten maßgeblich über SMS und Netzwerkplattformen abläuft; er wunderte sich über die Diskrepanz zu unseren Ergebnissen, die sich meines Erachtens aber leicht erklären lässt. Zum einen könnten Effekte der sozialen Erwünschtheit eine Rolle gespielt haben, wenn die Befragten bei ihrer Antwort bewusst oder unbewusst empfundene soziale Normen reproduziert hätten: Sie glauben, dass man antworten sollte, Face-to-Face sei der wichtigste Kanal, obwohl sie in Wirklichkeit andere Kanäle viel häufiger nutzen.

Zum anderen, und für mich als Erklärung plausibler, haben wir in der Frageformulierung den Befragten implizit ja eine Wahl gegeben: Welchen Kanal hältst Du prinzipiell für am besten geeignet, wenn Dir alle genannten Kanäle zur Verfügung stünden? Somit zeigen die Antworten eben vor allem an, dass sie das Face-to-Face-Gespräch für alle Situationen gegenüber medienvermittelter Kommunikation vorziehen; dass ein Kontrast zu anderen Studien besteht, die nach dem konkreten Kommunikationsverhalten fragen, deute ich als Indikator, dass Jugendlichen das Face-to-Face-Gespräch mit ihren Freunden und Bekannten eben nicht immer zur Verfügung steht, obwohl sie es gerne wollen.

Besonders gespannt war ich auf die Antworten zur sozialen Situation des »Beziehung Beendens«, da ich die sozialen Konventionen rund um mediale Kommunikation immer gerne daran verdeutliche, dass nur bestimmte Kanäle für diese Situation als angemessen gelten, die SMS beispielsweise nicht dazu gehört. Die Daten bestätigen es glücklicherweise: Knapp die Hälfte sagt, dass eine SMS für das Beenden einer Beziehung überhaupt nicht geeignet sei (immerhin nur ein Fünftel meinen dies von Netzwerkplattformen), aber fast 90 Prozent sagen, das solle am besten über ein persönliches Treffen geschehen. Also wächst doch keine Generation von per-SMS-Schlussmachern heran, auch wenn es prominente Vorbilder geben mag.

■ Text 11

Sprache im Internet (2013) *Katja Schmid*

Kein anderer als der Satan stecke hinter der schwarzen Kunst – so geiferten seinerzeit die Gegner des Buchdrucks und verdammten die technische Neuerung, die die so genannte Gutenberg-Galaxis einläutete. Ähnliche Hetzkampagnen wiederholten sich, als Telegraphen, Radios und Fernseher eingeführt wurden. Kein Wunder, dass nun das Internet schuld sein soll am Untergang des Abendlandes. Es verderbe die Sitten und nicht zuletzt die Sprache. Tatsächlich gehört Sprachwandel zum Wesen einer lebendigen Sprachgemeinschaft. Deshalb verfolgen Linguisten die aktuellen Entwicklungen mit großem Interesse.

Welche Sprache spricht das Web?

Das Web spricht Englisch. Ganz klar. Schließlich wurde es in den USA erschaffen. Doch je weiter sich das Internet über den Globus verbreitet, desto mehr Sprachen drängen ins Netz: Die weltweit führende Suchmaschine Google zum Beispiel bietet ihre Dienste in 82 Sprachen an. Auch wenn das Englische noch immer dominiert, so wird im historischen Vergleich der Wandel deutlich. Noch 1997 bestand das World Wide Web zu über 80 % aus Inhalten in englischer Sprache. Inzwischen ist noch mehr als jede zweite Webseite (56,4 %) auf Englisch verfasst. Platz zwei belegt Deutsch mit 7,7 %. Danach folgen Inhalte auf Französisch (5,6 %), auf Japanisch (4,9 %) und Spanisch (3 %).

Netspeak, Websprache oder Internet-Kauderwelsch?

Beim Thema »Internet und Sprache« denken deutsche Sprachpuristen sofort an die Bedrohung der deutschen Sprache durch »Überfremdung«. Tatsächlich finden durch das Internet immer mehr englische Begriffe Eingang in die Alltagssprache, doch neu ist dies ganz und gar nicht. Das Deutsche wimmelt nur so von Lehnwörtern, also Begriffen, die anderen Sprachen entlehnt sind: *Fenster* und *Mauer* beispielsweise haben allesamt lateinische Wurzeln. Technische Innovationen bringen neue Begriffe mit sich – das war schon beim Hausbau so und später auch bei Radio und Fernsehen. Dass nun das Internet auf unsere Art zu kommunizieren Einfluss nimmt, ist deshalb nicht weiter verwunderlich.

Neu ist höchstens, dass das Internet den Sprachwandel gleichsam schriftlich fixiert und man ihn deshalb umso besser nachvollziehen kann. Aufgeschlossene Sprachwissenschaftler verfolgen die aktuelle Entwicklung deshalb mit großem Interesse. Sie wollen herausfinden, wodurch sich die für das Internet spezifische Sprache auszeichnet, welche Gemeinsamkeiten und Unterschiede es zwischen E-Mail, Chat, Mailinglisten, Newsgroups, SMS-Botschaften und all den anderen – auch den herkömmlichen – Kanälen gibt, über die man miteinander kommunizieren kann, und ob es tatsächlich berechtigt ist, von einer neuen Sprachform zu sprechen. Je nachdem, ob das Aufkommen dieser neuen Sprache mit Wohlwollen oder Argwohn bedacht wird, stößt man auf Bezeichnungen wie »Websprache«, »computer-vermittelte Kommunikation«, »Netzsprache« oder »Internet-Kauderwelsch«. Im Englischen trifft man auf Begriffe wie »techno-babble«, »Netspeak«, »Webspeak«, »Netlish«, »Weblish«, »Internet language«, »cyberspeak«, »electronic discourse«, »electronic language«, »interactive written discourse« und »computer-mediated communication« (CMC) – um nur ein paar zu nennen.

Schreiben, wie der Schnabel wächst

Das Auffälligste an der Kommunikation per E-Mail & Co ist die so genannte *konzeptionelle Mündlichkeit*, soll heißen: Der Schreiber tut so, als würde er sprechen. Zu diesem Zweck werden typische Merkmale der mündlichen Kommunikation wie zum Beispiel umgangssprachliche Formulierungen (»Tach« statt »Guten Tag«), Tilgungen (»nich« statt »nicht«) und Assimilationen (»gehn« und »ins« statt »gehen« und »in das«) schriftlich verwirklicht. Eine mögliche Erklärung für das weit verbreitete Phänomen: Es soll der Eindruck von Nähe entstehen. Eine Nähe, die bei der Kommunikation per E-Mail oder SMS nicht von Haus aus gegeben ist. Wer glaubt, dieses Phänomen sei erst mit dem Internet in die Welt gekommen, täuscht sich: Bereits 1959 eröffnete Raymond Queneau seinen Roman »Zazie in der Metro« mit der Frage »Fonwostinktsnso«. [...]

Zukunftsvisionen

[...] Folgt man David Crystals Zukunftsvisionen, so wird die Grenze zwischen gesprochener und schriftlich fixierter Sprache zusehends verschwimmen. Langfristig werden wir laut Crystal nicht mehr vornehmlich über die Tastatur, sondern über Stimmerkennungsprogramme mit dem Computer kommunizieren. Außerdem wird das Bild eine Ergänzung zu bereits existierenden Kommunikationsformen sein, z. B. in Form von Bild-Telefonen, Videokonferenzen über Mobiltelefone oder Video in Verbindung mit E-Mail und Chat.

Vergleicht man die Situation heute mit der von Gutenberg, stellt man fest: Während die Einführung des Buchdrucks zu einer Fixierung von sprachlichen Standards führte, stärkt das Internet orale und visuelle Aspekte der Kommunikation. Wenn man bedenkt, dass für die Mehrzahl der Menschen hierzulande Sprache gleichbedeutend mit Schriftsprache ist – das zeigte die Diskussion um die neue Rechtschreibung sehr deutlich –, wird verständlich, warum viele das Internet mit Argwohn betrachten. Wer dagegen Sprache nicht nur als Schrift, sondern als Zeichensystem begreift, kann seinem Spieltrieb freien Lauf lassen und auf diese Weise die Zukunft der Sprache mitgestalten.

Leistungsüberprüfung

I A: Analyse eines literarischen Textes (mit weiterführendem Schreibauftrag)

A ▪ Analysieren Sie zunächst die Szene unter besonderer Berücksichtigung kommunikationstheoretischer Aspekte.

B ▪ Erläutern Sie kurz die wesentlichen Grundzüge der Methode der Gewaltfreien Kommunikation Rosenbergs und deuten Sie eine mögliche Konfliktlösung in der dargestellten Situation an, indem Sie den Dialog so umschreiben, dass eine der beteiligten Personen erkennbar die »Giraffensprache« verwendet.

▪ Text 12

Drei Mal Leben (2000) *Yasmina Reza*

Situativer Kontext der ausgewählten Szene: Es handelt sich um die zweite Szene aus dem Stück. Sie ist sehr kurz (vollständig abgedruckt) und zeigt Hubert und Ines Finidori auf dem Weg zu Sonja und Henri, die an diesem Tag nicht mit dem Besuch rechnen. Nur diese Szene spielt außerhalb des Wohnzimmers von Sonja und Henri. In der 2. und 3. Variante kommt diese Szene nicht mehr vor. In der 2. Variante wird zu Beginn nur einmal kurz entschuldigend erwähnt, dass Ines eine Laufmasche in der Strumpfhose habe. Etwas später wirft Hubert Ines vor, dass sie ihm bei seiner Erklärung der Probleme Henris mit seiner wissenschaftlichen Arbeit auf dem Hinweg nicht richtig zugehört habe, weil sie sich nur mit ihrer Laufmasche beschäftigt habe. In der 3. Variante heißt es in einer Regieanweisung ausdrücklich: (Ines hat keine Laufmasche).

Abend. Auf der Straße.

Ines Meine Strumpfhose hat eine Laufmasche!

Hubert Das sieht man nicht.

Ines Das ist nur der Anfang. Es wird immer schlimmer werden.

Hubert Das macht nichts.

Ines Hubert, ich gehe nicht mit einer Laufmasche zu Leuten, die ich nicht kenne.

Hubert Wir haben schon eine halbe Stunde Verspätung, wir können weder nach Hause gehen noch in der Nacht einen Strumpfladen suchen. Finden wir uns mit der Sache ab.

Ines Du hast mich gedrängt, jetzt hast du's! Ist es noch weit? Warum hast du so weit weg geparkt? Hier gibt's Plätze, so viel du willst, wer will da schon wohnen?

Hubert Hast du keinen Nagellack dabei?

Ines Nagellack?

Hubert Um die Laufmasche zu stoppen.

Ines Um wie eine Pennerin auszusehen?

Hubert Es ist zwanzig nach neun.

Ines Ich kann nicht mit einer Laufmasche ankommen!

Hubert Wer sieht das schon?

Ines Wer das sieht? Alle, außer dir, wenn zu mir jemand mit einer Laufmasche kommt, ist das Erste, was ich sehe, die Laufmasche.

Hubert Dann sag zu Henris Frau, im Aufzug sei dir in deiner Strumpfhose gerade eine Masche gefallen, und dass dir das sehr peinlich ist, mit etwas Glück wird sie dir eine leihen, Ines, diese Leute sind uns völlig wurscht, er hat seit drei Jahren nichts mehr veröffentlicht, er braucht meine Unterstützung, um Forschungsdirektor zu werden, ob du mit einer Laufmasche ankommst oder nicht, sie kriechen jetzt schon vor uns.

Erwartungshorizont

Zu Aufgabe A

Die Szene »Abend. Auf der Straße« ist nur in der ersten von drei Varianten des Stoffes enthalten und spielt als einzige außerhalb Sonjas und Henris Wohnzimmer. Ines und Hubert Finidori befinden sich auf dem Weg zu Sonja und Henri, die an diesem Tag nicht mit ihnen rechnen, da sie erst am nächsten Tag zum Abendessen eingeladen sind. Sonjas und Huberts Stimmung verschlechtert sich schnell, da Ines noch einmal umkehren will, als sie eine Laufmasche in ihrer Strumpfhose bemerkt, Hubert dies aber ablehnt, weil er diese Laufmasche für völlig bedeutungslos hält und nicht zu spät kommen will.

Untersucht man die Szene unter kommunikationstheoretischen Aspekten, wird trotz der Kürze ein erhebliches Konfliktpotenzial deutlich, da Ines und Henri sich uneins bezüglich der Bewältigung der Situation sind und unterschiedliche Handlungsabsichten haben. Während es Ines wichtig ist, bei ihrem ersten Besuch bei den bisher ihr fremden Leuten gut auszusehen (vgl. Z. 7 f.), will Hubert sich nicht noch mehr verspäten (vgl. Z. 9 ff.). Bei der Umsetzung des Dialogs auf der Bühne könnte dies bereits dadurch deutlich werden, dass Hubert der zögernden Ines ein Stück voraus ist und gar nicht richtig hinsieht, wenn seine Frau über die Laufmasche spricht. Da die Situation auf beiden Seiten stark gefühlsmäßig belastet ist, eskaliert die Situation schnell. Ines wirft Hubert vor, dass er allein schuld sei, weil er sie zu Hause zum Aufbruch gedrängt habe (vgl. Z. 13 ff.), während Hubert die weibliche Psyche völlig missachtet, indem er versucht, die Situation herunterzuspielen und schließlich behauptet, dass keiner auf diese Laufmasche achten werde (vgl. Z. 24). Der Konflikt erreicht seinen Höhepunkt, als Ines Huberts Äußerungen als Zeichen seines fehlenden Interesses an ihrer Person bewertet (vgl. Z. 25 ff.). Hubert, der wahrscheinlich stehen geblieben ist, sodass es auch auf der nonverbalen Ebene zu einer direkten Konfrontation kommt, greift diesen massiven Vorwurf allerdings nicht auf, sondern führt wortreich – und wahrscheinlich auch lauter – Argumente an, die die Belanglosigkeit der Sache belegen sollen (vgl. Z. 28–36).

Diese Szene ist in zweierlei Hinsicht bedeutsam für das Stück. Einerseits erfährt der Leser bzw. Zuschauer an dieser Stelle, dass Henri in einem gewissen Abhängigkeitsverhältnis zu Hubert steht, anderseits wird sehr deutlich, dass die Situation bei beiden Paaren recht angespannt und emotional vorbelastet ist, als sie im Wohnzimmer aufeinander treffen.

Zu Aufgabe B

Gewaltfreie Kommunikation nach B. Rosenberg zielt darauf ab, durch die Verwendung der Giraffensprache den Kommunikationsfluss zwischen Menschen zu verbessern, um Konflikte im Alltag oder auch im Berufsleben zu vermeiden bzw. zu einer friedlichen Lösung beizutragen. Gespräche im Sinne der Gewaltfreien Kommunikation sollen nach B. Rosenberg in vier Phasen ablaufen: 1. Beobachtung und Bewertung, 2. Gefühle ausdrücken, 3. Bedürfnisse erkennen und akzeptieren und 4. Bitten aussprechen. B. Rosenberg betont ausdrücklich, dass es sich dabei nicht um einfache Regeln handelt, die man schnell lernen kann, sondern um eine Grundhaltung, bei der die Wertschätzung des Gesprächspartners im Vordergrund steht. Während B. Rosenberg mit dem Begriff *Wolfssprache* eine Sprache charakterisiert, mit der es nicht gelingt, Bedürfnisse auszudrücken, ist die Giraffensprache die Sprache des Herzens und die Giraffe steht symbolisch für die friedliche und einfühlsame Lösung.

Im Folgenden soll gezeigt werden, wie sich der Dialog der Finidoris in der vorliegenden Szene verändern könnte, wenn z. B. Hubert stärker die Giraffensprache verwenden würde.

Abend. Auf der Straße.

Ines Meine Strumpfhose hat eine Laufmasche!

Hubert *(bleibt stehen und wendet sich Ines zu)* Zeig' mal! Wo denn? – Ach, das ist ja blöd.

Ines Das ist nur der Anfang. Es wird immer schlimmer werden.

Hubert Das muss ja nicht passieren. Ich glaube, sie läuft gar nicht weiter! Meinst du nicht, wir können so gehen? Ich will dich nicht zu etwas treiben, aber ich denke auch an unsere Gastgeber. Wir sind nämlich schon eine halbe Stunde zu spät.

Ines Hubert, ich gehe nicht mit einer Laufmasche zu Leuten, die ich nicht kenne.

Hubert *(nimmt Ines in den Arm und schaut sie verständnisvoll an)* Ich weiß wie unangenehm dir das ist. Was schlägst du denn jetzt vor? …

Argumentieren in verschiedenen Zusammenhängen –
Jugendliche und (neue) Medien

Warum sitzt du schon wieder vor dem Computer? Ist das nicht schon eine Art Sucht? Videospiele – sollte man die nicht abschaffen? Schafft das Internet eine eigene Realität? Vor allem die so genannten **Neuen Medien** sorgen für Gesprächsstoff. Viele **Jugendliche** finden sich dabei **im Begründungszwang** – als außerordentliche oder zu wenig geschulte Nutzer oder – angeblich untypisch für diese Generation – als junge Menschen mit zu geringem Interesse an der digitalen Welt und ihren technischen Neuerungen.

Argumente und ihre Qualität spielen in den Debatten eine große Rolle. Systematisches Ermitteln von Argumenten und Argumentationsstrategien, eigenständiges Erarbeiten von Argumenten und die Verarbeitung dieses Wissens und Könnens in verschiedenen Schreibsituationen bieten sich daher zum Themenfeld »Neue Medien« an.

Sachverhalt

Beleg

Thema

Autoritätsargument

Argument

Gegenstand

These

Begründung

Antithese

Beispiel

Schlussfolgerung

A ▪ Entwerfen Sie ein Schaubild, das die Begriffe aus dem Bereich Argumentieren zuordnet. Dabei können Sie Hierarchien bilden oder auch voneinander getrennte Begriffsgruppen.

B ▪ Fügen Sie dem Schaubild weitere Ihnen bekannte Begriffe zum Argumentieren hinzu.

C ▪ Erstellen Sie nach dem Austausch in Ihrer Lerngruppe ein ausgewähltes Schaubild als – erweiterbares – Lernplakat.

»Jugendliche sind in der Regel kompetente Nutzer neuer Medien.«
»Dass Computerspiele zu Gewalt führen, ist falsch.«
»Aus den Statistiken zur Mediennutzung folgt, dass ein immer höherer Anteil der Tageszeit mit und an Medien verbracht wird.«
»Jugendliche und neue Medien«
»Neue Medien«
»Radio und Fernsehen zählen zu den Medien.«
»Laut einer Erhebung aus dem Jahr 2005 im Auftrag der ARD/ZDF-Medienkommission verbringt jeder Bundesbürger im Schnitt insgesamt zehn Stunden täglich mit den Medien.«
»Twitter gilt als die erfolgreichste Anwendung von Mikroblogging.«
»Lesen am E-Buch ermüdet schneller.«

A ▪ Ordnen Sie den Begriffen aus dem Bereich »Argumentieren« (S. 34) Sätze zu. Diskutieren Sie, ob Ihre Zuordnungen eindeutig sind.

Argumentieren – eine Alltags»kompetenz«

INFO

»Mama, Papa, ich will fernsehen!« »Nein.« »Mama, Papa, ich will aber – nur Teletubbies!« Schon das Kleinkind, der Sprache schon mächtig, aber noch nicht im Sinne weitergehender Abstraktion, argumentiert hier mit seinem vorgeblich eingegrenzten und daher erfüllbaren Wunsch. Die Forderung enthält in der Einschränkung eine nicht gleich zurückzuweisende Begründung. Dass dieses Argument bei Adressatin bzw. Adressat eher zum Schluss führt, diese Schleuse zum Fernsehen gar nicht erst zu öffnen, kann das Kind nicht überblicken. Argumente, dass das Wetter scheußlich ist und das Malheft langweilig, stehen ihm vielleicht noch nicht zur Verfügung. Die Entscheidung hängt auch davon ab, ob die Mutter oder der Vater Zeit zum kreativen Spiel oder zum Vorlesen hat oder einen möglichen Konflikt vermeiden will. Dies werden die Eltern abwägen, einzeln dem Kind gegenüber in einer Art innerem Dialog.

Das Beispiel zeigt, dass **Argumentieren** zum ständigen Repertoire unserer Lebenswelt gehört. Weitere Kategorien sind dem Beispiel zu entnehmen: Argumente haben z. B. stets einen situativen Kontext, einen **Adressaten**, jemanden, der überzeugt werden soll. Wenn es um eine **Entscheidungssituation** geht, ein Für und Wider, wägen wir ab – in der schriftlichen Form heißt dieser Abwägungsprozess **Erörterung.**

In diesem Kapitel lernen Sie, …

- am Beispiel des Themenfelds Neue Medien Bedeutung und Funktion zentraler Begriffe aus dem Bereich Argumentieren zu erfassen und anzuwenden,
- Argumente aus Sachtexten zum Themenfeld Neue Medien zu ermitteln und zu gewichten,
- strittige Positionen im Bereich von Medien, sog. »Neuen Medien« und Mediennutzung vor allem Jugendlicher zu analysieren,
- Argumente und Scheinargumente zu unterscheiden und in ihrer Wirkung und Abhängigkeit von Situation, Adressat und Funktion einzuschätzen,
- verschiedene Formen argumentativen Schreibens – Typen der Erörterung – zu üben,
- Ihren eigenen Arbeits- und Lernprozess zu reflektieren und sich auf eine Leistungsüberprüfung (materialgestütztes Verfassen eines Textes) vorzubereiten.

Von der Information zur Meinung:
Medien und ich – eine Bestandsaufnahme

Was kann ich nach der Bearbeitung dieses Unterkapitels?
- Den Begriff Medien differenziert darstellen
- Informationen aus verschiedenen Medien entnehmen und systematisieren
- These, Argument, Beleg und Beispiel aus einem Sachtext ermitteln
- Meine Mediennutzung im Kontext allgemeinen Nutzungsverhaltens einschätzen

Medien – alte und neue

■ Text 13

Neue Medien (aus: Wikipedia)

Der Begriff **neue Medien** bezieht sich auf zeitbezogene neue Medientechniken. Anfänglich wurde damit das Radio bezeichnet, in den Anfängen des Fernsehens wurde der Begriff dafür gebraucht, und mit dem Aufkommen von Videotext und BTX wurden diese als »Neue Medien« ausgezeichnet. Seit Mitte der 1990er-Jahre ist er für alle elektronischen, digitalen, interaktiven Medien und den Kontext Multimedia und Netzpublikation gebräuchlich.

Dietrich Ratzke bezeichnete »alle Verfahren und Mittel (Medien), die mit Hilfe neuer oder erneuerter Technologien neuartige, also in dieser Art bisher nicht gebräuchliche Formen von Informationserfassung und Informationsbearbeitung, Informationsspeicherung, Informationsübermittlung und Informationsabruf ermöglichen«, als neue Medien.

Der Begriff bezieht sich sowohl auf Kommunikation im Allgemeinen als auch auf die Ausdrucksmittel der zeitgenössischen Kunst (Medienkunst) und anderes Kulturschaffen.

■ Text 14

Lexikoneinträge

Medi|en [lat.], Vermittlungssysteme für Informationen aller Art (Nachrichten, Meinungen, Unterhaltung), die durch die → neuen Medien starke Erweiterung erfahren haben; i. e. S. [im eigentlichen Sinn] die Massenmedien (→ Massenkommunikation).

Massenkommunikation, Kommunikationsprozess, bei dem Aussagen öffentlich (d. h. allg. zugänglich), indirekt und einseitig über techn. Übertragungs- und Verbreitungsmittel an ein weit verstreutes anonymes Publikum verbreitet werden. Die techn. Mittel, die M. durch Bild, Schrift und/oder Ton ermöglichen, werden Massenmedien genannt. Unterschieden werden auditive Medien (z. B. Hörfunk, CD), audiovisuelle Medien (z. B. Film, Fernsehen, Video) und Printmedien (z. B. Buch, Zeitung, Zeitschrift). Hinzu kommen die meist multimedialen interaktiven → neuen Medien. – Für die meisten Menschen ist M. Hauptquelle polit. und gesellschaftl. Information und stellt daher die Grundlage für die Meinungsbildung dar; sie kann aber auch zu Manipulation, Agitation und Propaganda missbraucht werden. Deshalb wird den Massenmedien eine hohe Bedeutung für die polit. Kultur eines Landes beigemessen. In demokrat. Staaten kommt ihnen neben der Informations-, Bildungs- und Unterhaltungsfunktion eine Kritik-, Kontroll- und Sozialisationsfunktion zu. Umstritten ist die Wirkung von Medienkonsum (bes. Gewaltdarstellungen) auf Wertmaßstäbe und Verhalten v. a. von Kindern und Jugendlichen.

neue Medi|en, Sammelbegriff für Kommunikationsmittel zur Individual- und → Massenkommunikation, die durch die Entwicklung neuer Technologien entstanden, dabei auch mit traditionellen Medien vernetzt sind und teilweise in neuen Organisationsformen betrieben werden, z. B. digitaler Hörfunk und digitales Fernsehen, HDTV, interaktives Fernsehen, Fax, E-Mail, Videokonferenz, Internet.

▪ **Text 15**

Medienbeschäftigung in der Freizeit 2012

Diese Statistik zur Medienbeschäftigung in der Freizeit ist der im November 2012 präsentierten JIM-Studie entnommen. JIM steht für Jugend, Information, (Multi-)Media. Dabei sind Jugendliche im Alter von 12 bis 19 Jahren zu ihrem Medienverhalten befragt worden. Die vom Medienpädagogischen Forschungsverbund Südwest durchgeführte Studie gilt als repräsentativ. Zum Forschungsverbund gehören die Landesmedienanstalten aus Rheinland-Pfalz (LMK) und Baden-Württemberg (LFK); die JIM-Studie wird in Kooperation mit dem Südwestrundfunk (SWR) durchgeführt.

Medienbeschäftigung in der Freizeit 2012

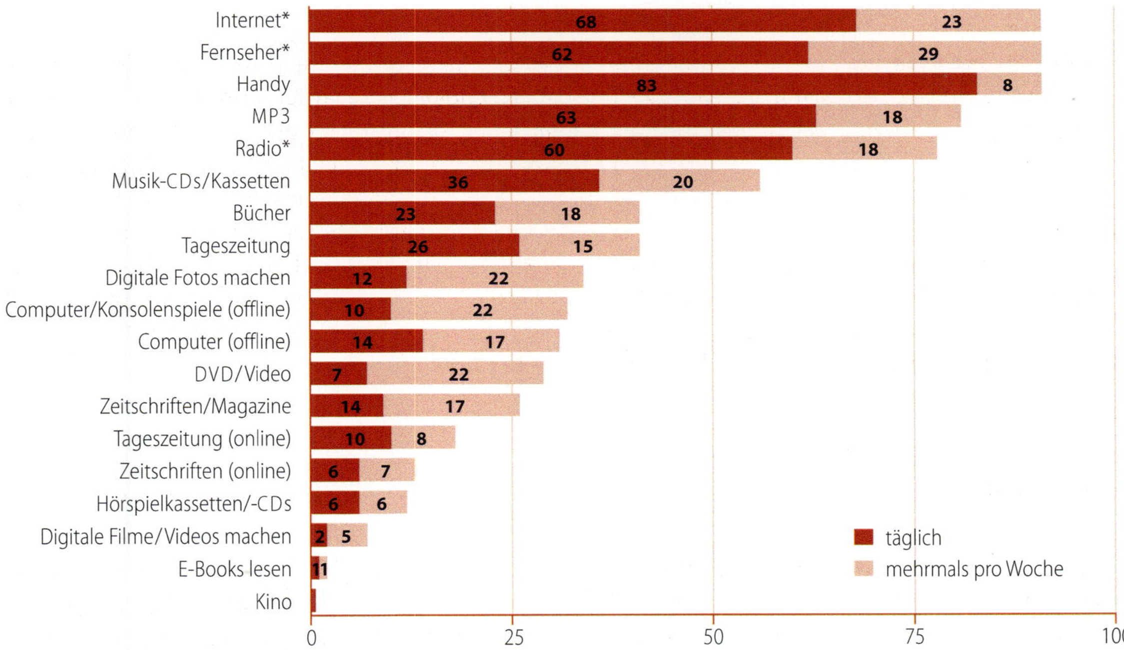

Quelle: JIM 2012, Angaben in Prozent; *egal über welchen Weg

Basis: alle Befragten, n = 1201 www.mpfs.de

A ▪ Entnehmen Sie den Lexikonartikeln, was diese über Funktionen von Medien aussagen. Setzen Sie das Ergebnis in ein Schaubild um. Das Schaubild sollte den Mediennutzer in den Mittelpunkt rücken.

B ▪ Erläutern Sie die Mediennutzung anhand der JIM-Studie von 2012.

C ▪ Unterscheiden Sie die hier vorgestellten **Texte 13–15** mit Blick auf Informationsgehalt und Textsorte.

D ▪ Vergleichen Sie Ihr eigenes Nutzerverhalten mit den statistischen Angaben.

E ▪ Entwickeln Sie Fragen zum Bereich (neue) Medien und Medienkonsum auf der Basis der **Texte 13–15**.

F ▪ Diskutieren Sie die Unterscheidung zwischen alten und neuen Medien anhand geeigneter Beispiele.

Informationen entnehmen und verarbeiten

INFO

Unter **Texten** versteht man im allgemeinen Sprachgebrauch sog. Fließtexte, die in einander ergänzenden Sätzen ein Geschehen oder einen Zusammenhang darstellen. Aber auch Grafiken, Schaubilder oder Tabellen sind Texte, man bezeichnet sie als **diskontinuierlich** (nicht zusammenhängend, unterbrochen) – im Gegensatz zu den üblicherweise als Texten bezeichneten, **kontinuierlich** verfassten.

Wer Informationen sucht, wird im Wesentlichen auf Sachtexte zurückgreifen. Der Leser sollte bei jedem Text in einem frühen Schritt der Informationsentnahme deutlich zwischen **Fakten** und **Meinungen** unterscheiden. Kommentierende Äußerungen (z. B. »erfreulicherweise«) spiegeln die Meinung des Autors wider und sind auch in Textsorten zu finden, die den Anspruch auf ›Wahrheit‹ oder ›Wirklichkeit‹ erheben (Nachricht, Bericht, Reportage).

Zu berücksichtigen ist auch, dass jeder Sachtext eine (in der Regel nicht ausdrücklich ausgesprochene) **Wertung** enthält, z. B. über gestellte oder aufgeworfene Fragen, das Weglassen oder Betonen bestimmter Informationen, auch über das Ordnen und Zuordnen von Fakten, Ereignissen oder Verhaltensweisen. Besonders anschaulich wird dies bei Etikettierungen wie »neu«, »innovativ«, »jugendlich«, die etwa werbendes Material prägen.

Der Leser geht an einen Text mit einem eigenen Interesse und dem ihm eigenen Vorwissen heran. Der Text kann zum Sammeln von Stoff im Rahmen einer Recherche genutzt werden. Unterschiedliche Lesestrategien können entsprechend dieser Leserabsicht genutzt werden: überfliegendes Lesen für einen ersten Überblick, ob der Text für ein Referatthema von Belang ist, oder zum Erstverständnis, dann vertiefend-bearbeitendes Lesen für eine eingehende Analyse(aufgabe).

Zu den Strategien, einen Text zu verarbeiten, gehören u. a.

- **Fragen** an einen Text **stellen**,
- **Ordnen** und **Systematisieren** des Textes, etwa durch ein Schaubild z. B. in Form einer Mind-Map,
- aus dem Text ein **Thema** bzw. Themen entwickeln.

Jugendliche als Mediennutzer

Häufig zu hörende Auffassungen lauten:

Internet macht dumm.

Das Internet mindert die Konzentrationsfähigkeit.

Jugendliche werden durch Internetkonsum gesprächs- und beziehungsunfähig.

Jugendliche sind in der Regel kompetente und intelligente Internetnutzer.

Internet-Kommunikation Jugendlicher verstehen die Älteren/Erwachsenen gar nicht.

A ▪ Was ist diesen Aussagen gemeinsam?

B ▪ Welche dieser Aussagen würden Sie als bloße Behauptung bezeichnen, welche als – ernsthafter einzuschätzende – These? Begründen Sie Ihre Einschätzung.

C ▪ Was ist erforderlich, um in einer Diskussion mit einer dieser Aussagen zu bestehen?

Die argumentative Struktur eines Textes

INFO

These – Argument – Beleg/Beispiel

In kontinuierlichen Texten sind häufig mehr oder minder einleuchtende Behauptungen zu finden – **Thesen**. Diese Thesen sind häufig Teil einer Argumentation, die eine den Gesamttext umfassende **Leitthese** begründen soll. Ob die aufgestellten Thesen dem Leser einleuchten, hängt von den **Begründungen** ab, die zur jeweiligen These mitgeliefert werden, den Argumenten. Die Qualität eines Arguments hängt von **Belegen**, häufig **Beispielen** ab.

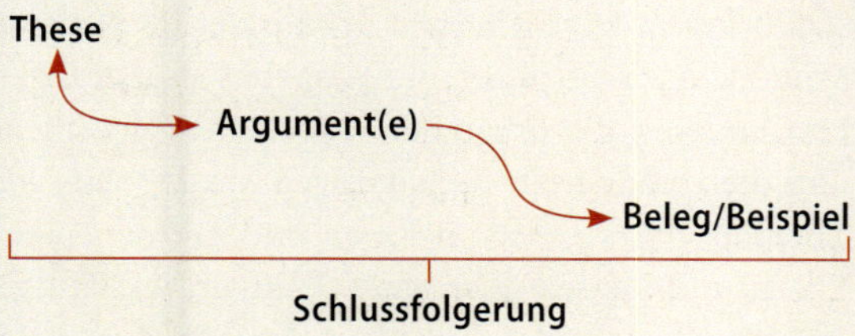

Der Begründungszusammenhang muss nicht zu einer neuen These führen, sondern kann auch in einer **Schlussfolgerung** münden. Hier ein einfaches Beispiel: *Gewaltvideos fördern Gewaltbereitschaft (These), denn viele gewaltbereite Jugendliche sind durch solche Videos enthemmt worden (Argument). Die Amokschützen von Erfurt und Winnenden sahen nächtelang Gewaltvideos (Beispiel). Daher sollten Gewaltvideos verboten werden (Schlussfolgerung, auch als neue These denkbar).*

Sachtexte, z. B. Essays, sind allerdings nicht nach einem derart einfachen Muster »gestrickt«, sodass dem Text und seinem Aufbau These(n), Argumente, Belege bzw. Beispiele und Schlussfolgerungen nicht so einfach zu entnehmen sind.

Strategien, einem Text die Leitthese zu entnehmen

Besonders wichtig ist das Herausfiltern der den Gesamttext prägenden Behauptung, der **Leitthese**, die sich in vielen argumentierenden Texten ermitteln lässt. Dabei helfen folgende Fragen:

- Geben **Titel** bzw. **Untertitel** Hinweise oder enthalten diese gar eine These?
- Gibt es – häufig im ersten Abschnitt oder im letzten – eine vorangestellte, zugespitzte **Aussage** oder ein **Fazit**?

Häufig gibt das Markieren von Schlüsselwörtern und das Formulieren abschnittsbezogener Überschriften Aufschluss über die argumentative Struktur.

▪ Text 16

Surfen macht schlau (2009) *Urs Grasser*

Die »Generation Internet« unterscheidet nicht zwischen Cyberspace und realer Welt – und sie fühlt sich dabei ganz wohl.

Die erste Generation junger Menschen, die sich ein Leben ohne Google, Facebook und YouTube nicht mehr vorstellen können und die beim Stichwort »Brockhaus« allenfalls an eine architektonische Stilrichtung, kaum aber an eine Enzyklopädie denken, wird nun volljährig. Wir bezeichnen sie als »Digital Natives«. Sie sind ständig von digitalen Geräten umgeben und Meister des Multi-Tasking. Sie beziehen Nachrichten – »News« – vor allem aus dem Internet und spielen »Games«, statt Bücher zu lesen. »Digital Natives« sind jener Bevölkerungsteil, der in eine digital vernetzte Informationswelt hineingeboren wurde und nicht mehr zwischen Cyberspace und »realer« Welt unterscheidet.

Diese global heranwachsende »Generation Internet« unterscheidet sich von den »digitalen Immigranten«, jenen Menschen, die sich noch daran erinnern, wie das Lösen anspruchsvoller Schulaufgaben mit einem Gang in die Bibliothek und nicht mit einem Mausklick auf Wikipedia begann. Die Unterschiede betreffen nicht nur die Geschwindigkeit, in der gesimst wird, oder die Zahl der Freunde auf StudiVZ oder Facebook, den populären sozialen Netzwerken im Internet. Das Internet hat tiefere Veränderungen bewirkt. Sie betreffen den Umgang junger Menschen mit Informationen und Inhalten, die Art und Weise, wie »Digital Natives« miteinander kommunizieren, und zumindest teilweise auch ihr Verhältnis zu gesellschaftlichen Institutionen.

Während wir digitale Einwanderer intuitiv erkennen, dass sich etwas verändert hat, wenn wir junge Menschen im Umgang mit digitalen Technologien beobachten, bleibt im Dunkeln, was genau dieses »Etwas« ist. Eltern und Pädagogen, die noch in der Papierwelt groß geworden sind, wissen in der Regel nur wenig darüber, was ihre Schutzbefohlenen online alles treiben. Es erstaunt kaum, dass diese Unkenntnis und Entfremdung der »Digital Immigrants« mit den »Digital Natives« zur Mythenbildung [gemeint: zu falschen Vorstellungen/Vorurteilen] beiträgt. [...]

Die pauschalste Zuspitzung in der fast endlosen Reihe von Mythen rund um die »Digital Natives« ist die Behauptung, die »Generation Internet« sei dumm. So zumindest indiziert es der reißerische Titel eines unlängst in den Vereinigten Staaten erschienenen Buches. Wissenschaftlich lässt sich diese Aussage aus verschiedenen Perspektiven widerlegen. So wurde festgestellt, dass die Intelligenz der Kinder und Jugendlichen gemäß standardisierten Tests von Generation zu Generation steigt – und nicht sinkt. Entscheidender ist aber, dass sorgfältige Analysen der Internetnutzung vielfältige Lernerfahrungen von Kindern und Jugendlichen im Cyberspace nachweisen. Dies betrifft keineswegs nur die Informationsbeschaffung mit Hilfe von Google oder Wikipedia – deren erstaunliche Qualität übrigens in Studien belegt ist.

Aus gesellschaftlicher Sicht dürfte es noch wesentlich wichtiger sein, dass Jugendliche Medienkompetenzen aufbauen, die ihnen neue Möglichkeiten eröffnen, am öffentlichen Diskurs teilzunehmen. Die wichtige Rolle, die jugendliche Internetnutzer in Barack Obamas Wahlkampf gespielt haben, oder die Weblogs von »Digital Natives«, die in der großen Krise Kenias zur entscheidenden Informationsquelle wurden, verdeutlichen das Potenzial junger Menschen, die über die Fähigkeiten verfügen, digitale Technologien für gesellschaftliche oder politische Themen wirksam einzusetzen.

Es kann keinen Zweifel geben, dass die digitalen Medien namentlich für Heranwachsende Risiken mit sich bringen. Die Sicherheit der Kinder im Netz, der Schutz der Privatsphäre, der Respekt vor dem Eigentum anderer, die Frage der Gewalt in Videospielen und die veränderten Bedingungen des Lernens sind Themen, die wir ernst nehmen und mit denen sich Eltern und Lehrer, aber auch Politiker beschäftigen müssen. Entscheidend ist aber, dass die Diskussion sich an Fakten ausrichtet und nicht durch Vorurteile oder Halbwahrheiten getrieben wird. Gleichzeitig gilt es, trotz berechtigter Sorge auch die vielfältigen Chancen der neuen Technologien in den Blick zu nehmen. Beides erfordert, dass Internet-Mythen nicht unwidersprochen bleiben. Dann erst wird der Weg frei für die nötige sachliche Auseinandersetzung.

A ■ Ermitteln Sie zunächst die Leitthese des Artikels. (→ **Die argumentative Struktur eines Textes**, S. 39)

B ■ Analysieren Sie den Text, indem Sie seine argumentative Struktur in Form einer Tabelle (ähnlich der unten stehenden) erfassen.

Wählen Sie einen der folgenden Arbeitsaufträge:

C1 ■ Recherchieren Sie im Internet zur Generation Internet und zur Frage ihrer (angeblichen) Dummheit. Verfassen Sie ein Thesenpapier, das Argumente und Belege für die Verdummungsthese enthält.

C2 ■ Verfassen Sie eine Stellenausschreibung, die die Vorzüge eines »Digital Native« als Qualifikation fordert.

C3 ■ Entwerfen Sie mit Begriffen aus dem Artikel »Surfen macht schlau« ein kleines Lexikon der digitalen Welt für einen noch etwas unbedarften Immigranten in diese Sphäre.

Zeile(n)	These	Argument	Beleg/Beispiel	Schlussfolgerung

Für den Beginn des Artikels »Surfen macht schlau« ist hier eine Aufarbeitung zur argumentativen Struktur abgedruckt.

Surfen macht schlau (2009) *Urs Grasser*

Beispiel/Beleg

These

Die erste Generation junger Menschen, die sich ein Leben ohne Google, Facebook und YouTube nicht mehr vorstellen können und die beim Stichwort »Brockhaus« allenfalls an eine architektonische Stilrichtung, kaum aber an eine Enzyklopädie denken, wird nun volljährig. Wir bezeichnen sie als »Digital Natives«. Sie sind ständig von digitalen Geräten umgeben und Meister des Multi-Tasking. Sie beziehen Nachrichten – »News« – vor allem aus dem Internet und spielen »Games«, statt Bücher zu lesen. »Digital Natives« sind jener Bevölkerungsteil, der in eine digital vernetzte Informationswelt hineingeboren wurde und nicht mehr zwischen Cyberspace und »realer« Welt unterscheidet.

Argument

Leitthese

Diese global heranwachsende »Generation Internet« unterscheidet sich von den »digitalen Immigranten«, jenen Menschen, die sich noch daran erinnern, wie das Lösen anspruchsvoller Schulaufgaben mit einem Gang in die Bibliothek und nicht mit einem Mausklick auf Wikipedia begann. Die Unterschiede betreffen nicht nur die Geschwindigkeit, in der gesimst wird, oder die Zahl der Freunde auf StudiVZ oder Facebook, den populären sozialen Netzwerken im Internet. Das Internet hat tiefere Veränderungen bewirkt. Sie betreffen den Umgang junger Menschen mit Informationen und Inhalten, die Art und Weise, wie »Digital Natives« miteinander kommunizieren, und zumindest teilweise auch ihr Verhältnis zu gesellschaftlichen Institutionen.

Schlussfolgerung

Während wir digitale Einwanderer intuitiv erkennen, dass sich etwas verändert hat, wenn wir junge Menschen im Umgang mit digitalen Technologien beobachten, bleibt im Dunkeln, was genau dieses »Etwas« ist. Eltern und Pädagogen, die noch in der Papierwelt groß geworden sind, wissen in der Regel nur wenig darüber, was ihre Schutzbefohlenen online alles treiben. Es erstaunt kaum, dass diese Unkenntnis und Entfremdung der »Digital Immigrants« mit den »Digital Natives« zur Mythenbildung [gemeint: zu falschen Vorstellungen/Vorurteilen] beiträgt. [...]

A ▪ Vergleichen Sie die hier vorgestellte Zuordnung mit Ihrer Lösung. Diskutieren Sie die Schwierigkeiten für eine eindeutige Zuordnung.

B ▪ In diesem Teilkapitel haben Sie sich mit der Frage nach der Mediennutzung Jugendlicher beschäftigt. Um Ihre eigene Sicht auf sich als Mediennutzer zu betrachten, ergänzen Sie bitte folgende Satzanfänge:
- Als Mediennutzer entspreche ich dem Durchschnitt Jugendlicher (nicht), denn …
- Als »Digital Native« möchte ich mich (nicht) bezeichnen, weil …
- Mein Nutzerprofil ist im Vergleich zu einer jungen Frau / einem jungen Mann meines Alters davon geprägt, dass ich …

C ▪ Außerdem haben Sie sich mit Grundlagen des Argumentierens auseinandergesetzt. Schätzen Sie ein, was Sie im Bereich der Informationsentnahme und des Argumentierens gelernt haben, indem Sie notieren, was Sie im Kontext von Begriffen wie »Sachtext« und »Leitthese« als wichtig ansehen.

Argumente analysieren und gewichten – Mediennutzung Jugendlicher in der Kritik

Was kann ich nach der Bearbeitung dieses Unterkapitels?
- Argumente aus kontroversen Texten entnehmen und ordnen
- Verschiedene Argumenttypen identifizieren
- Argumente in ihrer Qualität gewichten
- Aus verschiedenem Material Positionen und Argumente entnehmen und dazu Stellung beziehen

Computerspiele – (k)ein Problem?

■ Text 17

Computerspiele – Gefahr wird überschätzt (2010)

Laut einer neuen Studie der Ruhr-Universität-Bochum wird die Gefahr von Computerspielen überschätzt. Die stark gegensätzlichen Studien bezüglich Computerspielen sind nur ein Beweis dafür, wie unerforscht doch dieses Gebiet immer noch ist. Zumindest gibt es eine neue Studie, die sich auf die Seite der Zocker stellt.

274 Schülerinnen und Schüler an vier Gymnasien und Hauptschulen wurden zum Thema Computerspiele befragt. Aus der Befragung ging hervor, dass sich Jugendliche durchaus über Suchtgefahren oder eine erhöhte Aggressivität bewusst seien, den Realismusgehalt von Shootern jedoch eher gering einstuften. Der Kommunikationswissenschaftler Nikolaos Kyriakidis: »Allgemein zeigen die Ergebnisse, dass der Umgang Jugendlicher mit dem Bildschirmspiel mit Gelassenheit betrachtet und bewertet werden kann und muss.«

■ Text 18

Die Auswirkungen brutaler Games (2008) *Isabell Steinböck*

Professor Christian Pfeiffer stellt Forschungsergebnisse vor

Gewaltkriminalität bei Jungen ist seit 1984 massiv angestiegen, gleichzeitig haben Mädchen die Jungen in Schule und Karriere überholt. Auslöser können Computerspiele sein.

Jungen sind gewalttätiger und schlechter in der Schule

Professor Christian Pfeiffer, Direktor des Kriminologischen Forschungsinstituts Niedersachsen in Hannover, präsentierte Forschungsergebnisse, die Pädagogen wie Politiker stutzig machen sollten: Seit 1984 ist die Gewaltkriminalität bei Jungen im Gegensatz zu der von Mädchen massiv angestiegen, gleichzeitig zeigen sie schlechtere Schulleistungen, die sich bis in die Universitäten auswirken. »Heute sind zwei Drittel aller Medizinstudenten und vier Fünftel aller Psychologiestudenten weiblich«, sagt Pfeiffer. Das Argument der Feminisierung des Lehrer- und Erziehungspersonals, das häufig angebracht werde, greife

nicht, im Gegenteil. »Wenn Jungen von einem Lehrer unterrichtet werden, beträgt die Wahrscheinlichkeit eine Gymnasialempfehlung zu bekommen – wenn es sich außerdem um Ausländer handelt – nur neun Prozent. Werden sie von einer Frau unterrichtet, sind es immerhin 19 Prozent.«

50 Prozent aller Zehnjährigen spielt Games, die erst ab 16/18 zugelassen sind

Pfeiffer macht für schlechte Schulleistungen auch gewalttätige Computerspiele verantwortlich: 50 Prozent der 10-Jährigen haben bereits Erfahrungen mit Spielen, die erst ab 16 oder 18 zugelassen sind, ein Drittel spielen diese Spiele täglich. Jungen besitzen mehr als doppelt so häufig wie Mädchen eigene Playstations, Computer oder Fernseher. Besonders ausgeprägt ist der negative Effekt auf Schulnoten, wenn diese Spiele aufgrund ihres Suchtcharakters viel Zeit in Anspruch nehmen. »Nach dem Spiel zeigen die Kinder aufgrund der Wucht an Emotionen geringere Konzentrationsleistungen und zudem weniger Empathie, wenn man sie mit Gewalt konfrontiert«, sagt Pfeiffer. Männliche Ausländer seien dem Medieneinfluss besonders stark ausgesetzt, zudem bestehe ein Nord-Süd-Gefälle, das auch mit der Arbeitslosigkeit der Eltern zusammenhänge. »Je höher die Arbeitslosenquote, je ärmer die Familien sind, desto mehr Computer und Fernseher finden sich in den Familien.«

Wer selbst tötet, stumpft ab

Was die Auswirkungen der Computerspiele angeht, sei ein wesentlicher Punkt, dass sie selbst Akteur des Tötens werden im Gegensatz zum passiven Konsumieren von Gewalt im Kino oder Fernsehen. Pfeiffer geht davon aus, dass Computerspiele als Verstärker für gewalttätiges Verhalten wirken, wenn andere Belastungsfaktoren hinzukommen wie gewaltbereite Freunde und ein gewalttätiges Elternhaus. Was dagegen helfe sei Bildungsförderung, auch im musisch-theatralen Bereich, soziale Integration und eine liebevolle (Pflege-)Familie. Computerspiele lehnt er nicht per se ab. Lernspielen etwa steht er positiv abwartend gegenüber. Bisher fehlten jedoch noch aussagekräftige Studien über ihre Folgen.

A ▪ Stellen Sie die Leitthese beider Texte vor.

B ▪ Ermitteln Sie die Argumente, die die jeweilige These stützen, und stellen Sie diese in einer Tabelle gegenüber.

C ▪ Entscheiden Sie sich für eine Leitthese. Diskutieren Sie in einer Viererrunde (zwei Vertreter jeder Seite) diese These. Nützt Ihnen die Argumentliste? Können Sie auf die Argumente der anderen Seite eingehen?

D ▪ Erläutern Sie in der Tabelle, welche Argumenttypen hier zu finden sind (s. Info-Kasten). Welcher These neigen Sie zu? Welches Argument überzeugt Sie am meisten? Warum?

Leitthese: Computerspiele ...	**Leitthese:** Computerspiele ...
Argument 1: Gegensätzliche Studien ... ***Argumenttyp:* ...**	**Argument 1:** Der Anstieg jugendlicher Gewaltkriminalität ... ***Argumenttyp:* ...**

Argumenttypen

INFO

Argument ist nicht gleich Argument: Stützt sich ein Text oder eine Aussage auf eine Tatsache, nennt man das **Faktenargument.** So ist die These, Computerspiele seien eher harmlos, mit dem Argument zu stützen, dass nur ein Bruchteil von Computerspielen Gewaltdarstellungen enthält. Das ist nachvollziehbar. Es bleibt aber die Frage, ob damit schon etwas über den Verbreitungsgrad so genannter Killerspiele ausgesagt ist. Auch Faktenargumente müssen daher auf Aussagekraft, Reichweite oder Bedeutung nur für den Einzelfall untersucht werden.

Häufig wird in Argumentationen ein **normatives Argument** gebraucht, ein Argument, das sich auf einen Wertmaßstab (Norm) bezieht. Solch ein Wertbezug kann in der Debatte um Computerspielgefahren z. B. *Gewaltfreiheit als Basis demokratischer Gesellschaft und Kultur* sein. Ob ein Wertmaßstab allgemein anerkannt ist, entscheidet ebenso über die Stichhaltigkeit der normativ ansetzenden Argumentation wie die Logik der Schlussfolgerung: Ist aus dieser Norm eindeutig ein bestimmtes Verhalten oder eine bestimmte Regel(ung) abzuleiten?

Häufig wird in Debatten oder in argumentierenden Texten ein sog. **Autoritätsargument** verwendet. Eine weithin akzeptierte Autorität wird zitiert oder auf sie beruft sich der Text. Bei den gesellschaftlich akzeptierten Instanzen gehört das Bundesverfassungsgericht zu den besonders anerkannten. In Debatten werden häufig Wissenschaftler oder wissenschaftliche Studien als Autoritäten angeführt. Bei einer Studie stellt sich die Frage, ob der Auftraggeber unabhängig oder interessegeleitet ist. Ein Verband von Computerspielherstellern könnte eine andere Anlage einer wissenschaftlichen Studie zur Gefährdung durch solche Spiele in Auftrag gegeben haben als ein Lehrerverband.

Eine ebenfalls gebräuchliche Figur in Diskussionszusammenhängen ist ein **analogisierendes Argument.** Aus einem anderen Bereich wird ein Beispiel entnommen und auf den in Rede stehenden Sachverhalt übertragen. Bei Computerspielen kann gegen ein Verbot z. B. mit dem Hinweis auf Verbote, die »nichts bringen«, argumentiert werden: »*Die BRAVO haben Eltern auch ihren Kindern in den 60er-Jahren verboten. Das hat dieses Medium nur attraktiver gemacht.*«

Gibt es gute und schlechte Argumente?

- Killerspiele schaffen Killer!
- Computerspiele dienen nur als »Sündenbock«, als vordergründige Erklärung für Gewaltphänomene.

A ▪ Suchen Sie für diese zwei entgegengesetzten Positionen Argumente.

B ▪ Tauschen Sie sich zu diesen Argumenten aus und bewerten Sie sie. Nutzen Sie dabei Qualitätskriterien (s. nachfolgender Info-Kasten).

C ▪ Ordnen Sie die von Ihnen entwickelten Argumente den Argumenttypen zu.

Die Qualität von Argumenten

INFO

Allgemeine Kriterien für die Qualität eines Arguments sind – sehr abstrakt – **Rationalität** und **Plausibilität.** Rational meint – neben dem Ausblenden von »Bauchgefühl« und Emotionalität – vor allem die Möglichkeit, das Geschriebene oder Gesagte logisch nachvollziehen zu können. Plausibel, also einleuchtend ist ein Argument dann, wenn darin mitgeteilte Erfahrungen und Erkenntnisse verallgemeinerbar und damit übertragbar auf das diskutierte Problem sind. Die bewussten oder unbewussten Einstellungen oder gar Vorurteile des Adressaten entscheiden darüber mit, ob dieser Adressat eine Argumentation für rational und plausibel hält. Einige Fragen können das Einschätzen der **Qualität von Argumenten** erleichtern:

- Sind die **Voraussetzungen** des Arguments (Prämissen) geklärt? Ist z. B. bei einer zitierten wissenschaftlichen Studie klar, wie viele Teilnehmer befragt wurden und wie repräsentativ sie ist?
- Wird möglicherweise ein **Scheinargument** verwendet? Wenn es heißt »Das weiß doch jeder«, ist Vorsicht geboten. Auch ein Berufen auf den gesunden Menschenverstand kann verschleiern, dass eine Position kein tragfähiges Argument zu bieten hat.
- Wird mit **argumentativen**, ggf. auch **rhetorischen Tricks** gearbeitet? So setzt der Satz »Wir sind doch alle der Meinung ...« ein möglicherweise ungeklärtes und nur oberflächliches Einvernehmen voraus.

PC-Sperre für Jugendliche?

Als »Thema des Tages« hat die Süddeutsche Zeitung in ihrer Wochenendausgabe 6./7. März 2010 die Frage aufgeworfen: »Familien – verloren in der Bildschirmwelt?« Dabei wurden Eltern und deren Kinder im jugendlichen Alter darum gebeten, Auskunft zu ihrem Medienkonsum und zu ihren familiären Regeln in diesem Zusammenhang zu erteilen.

▪ Text 19

Sandra Buchholz und Sohn Manuel

Sandra Buchholz:
»Es ist fast unheimlich«

»Ich bin alleinerziehend und arbeite tagsüber im Schichtdienst als Bürokauffrau. Maximilian, mein jüngster Sohn, interessiert sich mit seinen zehn Jahren noch überhaupt nicht für Computer. Dominik, 14, nur wenig. Ganz anders als sein Bruder Manuel, 16. Er war schon immer ein ruhiger Typ, aber seitdem ich ihm vor einem Jahr einen Laptop geschenkt habe, geht mir das Gespräch mit ihm richtig ab. Er sitzt ständig vor dem Bildschirm und sagt, er spiele meist Fantasy-Spiele. Mir fehlt manchmal die Zeit, das zu kontrollieren. Aber ich glaube ihm. Heute haben ja fast alle 16-Jährigen ein eigenes Gerät. Damit Manuel die Kommunikation mit uns nicht ganz verlernt, lege ich Wert auf das gemeinsame Abendessen. Außerdem spielen wir sehr gerne abends noch Karten oder ein Brettspiel – auch, wenn das nach einem langen Arbeitstag für mich schon ziemlich anstrengend ist. Aber das muss man machen, denke ich. Sonst fühlt man sich nicht als Familie. Bevor Manuel einen Computer hatte, ging er viel mehr raus, traf Freunde oder unterhielt sich auch mal zwischendurch mit seinen Brüdern oder mir. Das ist anders geworden. Auch wegen der Playstation Portable, einer Art Gameboy, den Manuel oft benutzt. Gut, das ist seine Art von Freiheit. Als ich in seinem Alter war, da habe ich Freunde getroffen, bin oft rausgegangen oder habe telefoniert. Da ist es fast ein bisschen unheimlich zu sehen, wie sich Kinder heute zurückziehen.«

Manuel, 16:
»Ich kaufe mir jeden Monat ein Game«

»Genauso wie mein Bruder Dominik besuche ich eine Münchner Hauptschule. Ich würde gerne Bankkaufmann werden, aber weiß nicht, ob das klappt. Am Computer oder mit meiner PSP (Playstation Portable) kann ich mich von allen möglichen Dingen ablenken. Ich kaufe mir jeden Monat von dem Geld, das ich mit Jobs verdiene, ein neues Game. Besonders Fantasy-Welten interessieren mich. Anders als vielleicht meine Mutter meint, bin ich aber am Computer nicht ständig alleine. Ich verabrede mich dort mit Freunden, die auch bei sich zu Hause sitzen, um mit mir Canasta zu spielen. Auch meine 68-jährige Großmutter sitzt manchmal bei sich daheim vorm Computer und spielt mit mir Canasta. Gut, am Wochenende gehe ich sie auch besuchen, schließlich wohnt sie um die Ecke. Dann spielen wir mit ihren richtigen Karten, das macht auch Spaß. Aber so haben wir noch viel regelmäßiger Kontakt, denn das Internet-Kartenspiel hat auch eine Chat-Funktion. Wir können uns also unterhalten. Man muss sich ja nicht die ganze Zeit in einem Zimmer gegenübersitzen, wenn man sich unterhält. Das geht heute virtuell, ich weiß gar nicht, wo da das Problem sein soll. Am Tag verbringe ich so zwei Stunden am PC – und wenn meine Mutter nach Hause kommt und mich um etwas bittet, dann schalte ich den Computer aus. Es ist gut, dass sie mit meinen Brüdern und mir nach dem Abendessen am Tisch sitzt und mit uns ein Brettspiel spielt. Das ist für mich das Schönste.«

■ Text 20

Susanne Jürgensmeier und Tochter Nina

Susanne Jürgensmeier:
»Sind das alles Legastheniker?«

»Bei Nina ist das Internet das größte Problem. Ohne ein Limit würde sie ungebremst viele Stunden hintereinander chatten und surfen. Sie begibt sich gern in diese Stellvertreterwelten. Und ich würde sagen, dass sie sich mit Gleichaltrigen mehr via Chat austauscht als am Telefon oder im persönlichen Gespräch. Das finde ich schade, weil die Jugendlichen dabei nichts direkt erleben. Und wenn ich das manchmal lese, wundere ich mich über die Sprache und frage mich: Sind das alles Legastheniker? Der Austausch ist auch sehr einfach gehalten: ›Was machst du?‹ – ›Ich hänge nur ab‹. Wenn beide gemeinsam abhängen, entwickelt sich vielleicht noch eine Idee, was man machen könnte. Aber wenn jeder für sich vor dem Rechner hockt, ergibt sich das nicht. Unter der Woche gibt es in unserer Gegend aber auch kaum Alternativen, besonders im Winter. Was soll man dann draußen machen? Nina hat auch nicht so richtige Hobbys, ist in keinem Verein. Ich habe sie zum Golf ein Mal die Woche verdonnert, weil sie irgendwas machen muss. Musik mag sie – aber das beschränkt sich eigentlich auf Videos bei Youtube. Ständig nachzuschauen, ob meine Tochter im Internet ist, fände ich nervig. Wir nutzen das Freeware-Programm ›Parents Friend‹ und vergeben damit Zeitfenster für die PC-Nutzung. Nina darf nur zwischen vier Uhr nachmittags und acht Uhr abends an den Rechner, außerhalb dieser Zeiten lässt er sich nicht hochfahren oder schaltet sich aus.«

Nina, 14:
»Den iPod nehme ich mit ins Bett«

»Ich finde die Zeitbegrenzung, so wie sie jetzt ist, ziemlich dämlich. Wenn ich zum Beispiel ein Referat ausarbeiten muss, brauche ich einfach mehr Zeit am Computer. Nach den Hausaufgaben langweile ich mich oft. Meine Realschul-Freunde wohnen weit verstreut. Sie zu besuchen lohnt sich nur am Wochenende. Aus meiner Klasse und meinem Freundeskreis chatten alle bei den Lokalisten und manche auch bei MSN. Wir sprechen über die Schule, erzählen, was wir gemacht haben, oder verabreden uns, um in die Stadt, ins Kino oder ins Schwimmbad zu gehen. Das Verhältnis zu meinen Eltern ist eigentlich sehr gut, ich kenne strengere Eltern als meine. Differenzen gibt es schon mal, einen Tag lang vielleicht, aber das ist schnell wieder vom Tisch. Meine Mutter guckt mir oft neugierig über die Schulter, wenn ich bei den Lokalisten chatte. Ich schicke sie dann meistens raus; dann grinst sie, entschuldigt sich und geht. Sportspiele wie Boxen oder Skaten auf Wii finde ich ganz lustig, aber mache es nicht so oft. Wii spielen wir zum Beispiel, wenn wir Besuch mit jüngeren Kindern haben, mit denen wir nicht viel anderes anzufangen wissen. Meine Nachbarin, mit der ich schon von klein auf befreundet bin, hat eine Playstation, damit spielen wir öfter Singstar. Mein Handy habe ich immer dabei, auch weil meine Mutter mich immer erreichen können will. Auch meinen iPod benutze ich oft, abends nehme ich ihn sogar mit ins Bett und höre noch vor dem Einschlafen Musik.«

A ■ Stellen Sie die Einschätzungen bzw. Befürchtungen der Eltern den Selbstaussagen der Jugendlichen gegenüber. Wo gibt es Übereinstimmungen, wo Widersprüche?

B ■ Ermitteln Sie die Regeln (Rituale), die in den beiden Familien Mediennutzung begrenzen. Formulieren Sie eine eigene Position zu diesen Regeln.

■ Text 21

Der will nur spielen (2010) *Titus Arnu*

Wenn Teenager in virtuelle Räume abtauchen, sind Eltern oft ratlos – Pädagogen empfehlen Gelassenheit und klare Regeln

[...] Teenager ziehen sich gerne zurück, um sich von den Eltern zu distanzieren, das ist bis zu einem gewissen Grad ganz normal. Aber Internet und Computerspiele sind wie geschaffen dafür, geistig komplett in virtuellen Welten zu verschwinden, anstatt sich mit dem echten Leben zu befassen. Führt exzessiver Medienkonsum also zwangsläufig zu Sprachlosigkeit und sozialer Inkompetenz? Wächst da eine Generation von technisch versierten, aber zwischenmenschlich problematischen jungen Menschen heran? »Dass die meisten Jugendlichen elektronische Medien so intensiv nutzen, wird die Gesellschaft wahrscheinlich tiefgreifend verändern«, sagt Anna-Maria Meier von »Lost in Space«, einer Beratungsstelle für Computerspiel- und Internetsüchtige des Caritasverbandes Berlin. »Bei PC- oder Internetabhängigen sehen wir häufig einen extremen sozialen Rückzug«, sagt sie.

Die These, dass sich stundenlanges Fernsehen und Computerspielen bei Jugendlichen negativ auf die Beziehungen zu Eltern und Freunden auswirkt, haben Sozialforscher der Universität Auckland (Neuseeland) nun mit einer Untersuchung untermauert. Für eine Studie, die in der Fachzeitschrift *Archives of Pediatric and Adolescent Medicine* veröffentlicht wurde, gaben insgesamt 4000 Jugendliche Auskunft zu ihren Fernsehgewohnheiten und der Nutzung anderer Bildschirmmedien sowie ihren zwischenmenschlichen Beziehungen. Das Resümee der Forscher: Jede zusätzliche Stunde vor dem Fernseher erhöhe das Risiko einer weniger engen Bindung zu Eltern und Freunden. Dieses Ergebnis überrascht Experten nicht besonders.

Allerdings stellt sich die Frage, was Ursache ist und was Wirkung. Gerade in so genannten bildungsfernen Familien diene das Dauer-Unterhaltungsangebot von Fernsehen und Internet gerne als Ersatz für fehlende Gespräche. »Übermäßiger Medienkonsum kann auch das Symptom eines Problems sein und nicht das Problem selbst,« sagt Stefan Aufenanger, Professor für Medienpädagogik an der Universität Mainz; er rät zu einem gelassenen, vernünftigen Umgang mit dem Thema. 20 Stunden Mediennutzung pro Woche seien für einen 15-Jährigen völlig normal, ergänzt die Psychologin Anna-Maria Meier. Bedenklich werde es, wenn ein Jugendlicher zugunsten des Computers Freunde und Sport aufgebe – oft ein Zeichen für Abhängigkeit.

A ■ Entnehmen Sie aus dem vorliegenden Material (**T 17–21**) Argumente für eine Begrenzung der Nutzung von sog. »Neuen Medien« auf zwei Stunden pro Tag.

B ■ Formulieren Sie eine Gegenposition zu dieser Begrenzung. Stellen Sie den Argumenten für die Begrenzung auf der Basis der Gegenposition Argumente gegenüber (siehe untenstehende Tabelle).

C ■ Entwickeln Sie eine eigene Position und nutzen Sie dafür aus den Argumentlisten für die Begrenzung und dagegen die aus Ihrer Sicht überzeugendsten.

Für Begrenzung auf eine Nutzung nicht über 2 Stunden pro Tag	**Gegenposition**
Argument 1	Gegenargument 1
...	...

Argumente gegenüberstellen und für die eigene Position nutzen

INFO

Mit einer Liste aus Pro- und Kontraargumenten besteht eine Basis für das Entwickeln einer eigenen Position. Die Liste kann aber auch Unvereinbares, nicht unmittelbar miteinander in Beziehung Stehendes ergeben. *So kann auf der Seite derjenigen, die zum Beispiel eine PC-Sperre fordern, das ungehemmte Verkaufsinteresse der Videospielindustrie erscheinen – ein Argument, das aus der Sicht desjenigen, der den jugendlichen Nutzer als verantwortlich und aufgeklärt genug einschätzt, unbedeutend ist, weil der Jugendliche um dieses Verkaufsinteresse weiß und darauf nicht »hereinfällt«, dieser Industrie also nicht als Konsument ausgeliefert ist.*

Solches **Gegenüberstehen von Argumenten** macht deren Einordnung in ein Pro- und Kontraschema schwierig; auch sind Argumente manchmal für beide Positionen einzusetzen: *Der Befund, dass Eltern den Medienkonsum ihrer Kinder kaum kontrollieren, kann für mehr Begrenzung (und Kontrolle) sprechen, aber auch dafür, dass solche Kontrolle Eltern gar nicht ernsthaft möglich ist.*

Bei solchen **Debatten** einen eigenen, argumentativ überzeugenden Standpunkt zu entwickeln, fällt nicht leicht. Helfen kann dabei, die **Argumente zu gewichten**, indem z. B. eine Rangfolge ihrer Bedeutung und Überzeugungskraft bzw. Schlüssigkeit gebildet wird. Die eigene Position sollte dabei nicht hinter die aus der Erarbeitung von Positionen und Argumenten gewonnenen Erkenntnisse zurückfallen und zur bloßen Meinungsäußerung werden.

▪ Text 22

Was Jugendliche von Sperren im Internet halten (2011) *Sarah Hubrich*

Brauchen wir mehr Kinder- und Jugendschutz im Internet? Das ist eines der Themen, das mehrere hundert Teilnehmer an diesem Wochenende beim Politcamp in Bonn diskutieren. Und anders als oft üblich, dürfen hier auch die Jugendlichen selbst mitreden.

[...] Hier ist das Web2.0. Kaum ein Teilnehmer im Saal ist ohne Smartphone, Netbook oder Tablet gekommen. Während auf dem Podium die erste Diskussionsrunde über die Rolle des Social Web für die arabische Revolution diskutiert, tauscht sich das Publikum via Twitter aus. Auf einer Leinwand hinter den Diskutanten werden deren Aussagen kommentiert und kritisiert, wird gelästert und gelobt. [...] Auch die Frage, wie Kinder- und Jugendschutz im Netz aussehen kann, wird vielen nicht tiefgehend genug behandelt. Deshalb setzen einige Dutzend Interessierte das Thema am Nachmittag fort. »Hallo«, sagt David (16) vor versammelter Mannschaft, »Ich bin hier der Jugendliche.« Um ihn geht es also. Und er sagt: »Ich finde, dass die Diskussion an den Jugendlichen vorbeigeht.« Max, ebenfalls 16 Jahre alt, und ein weiterer David (19) gesellen sich in der Diskussionsrunde zu ihm. [...] Sie vermitteln den Anwesenden deutlich, was auf den Computern der Jugend Realität ist. Schon Fünftklässler umgehen die Filter. Pornos bei YouPorn oder Gewaltspiele habe »fast jeder« schon mal gesehen. »Ich kenn keinen«, sagt Max, »der nicht schon mal mit so was Kontakt hatte. Ich kenn aber auch keinen, der sagt, das hat mein Leben zerstört.« Und Sperren? »Davon halte ich absolut nichts«, sagen alle drei. Schon Fünftklässler wüssten an ihrer Schule, wie man Filter umgehe. Und während jeder Teenager mehrere Stunden täglich am Computer und im Internet verbringe, beschränke sich die Zeit der Computernutzung in der Schule auf wenige Stunden im Monat. Die Schlussfolgerung der drei Schüler: »Ich finde, die Eltern und Lehrer müssten erst mal Medienkompetenz bekommen.« Einige Schulstunden zum Thema Tageszeitung reichten nicht mehr aus. »Heute ist man beim Medienkonsum nicht mehr nur Empfänger, sondern auch Sender«, konstatiert David. Das aber werde in der Schule ebenso wenig thematisiert wie Cybermobbing. »Internetsperren«, sagt Max, »können keinen Erziehungsauftrag ersetzen.« Man könne doch Kindern und Jugendlichen online nicht 18 Jahre lang eine heile Welt vorspielen und sie dann plötzlich auf die Realität loslassen. Also? Keine Sperren, fordern die Jugendlichen ebenso wie die meisten Politcamp-Teilnehmer im Raum. Stattdessen: Zum Beispiel Laptops für alle Schüler, möglichst früh in der Schullaufbahn. »Dann«, sagt Max, »müssten sich wenigstens auch die Lehrer damit befassen.«

A ▪ Fassen Sie die im Zeitungsartikel dargestellte Meinung Jugendlicher in einem Satz zusammen.

B ▪ Welche Argumente und Belege bzw. Beispiele bringen die zitierten Jugendlichen vor? Sind deren Position und die Begründung aus Ihrer Sicht nachvollziehbar bzw. glaubwürdig?

C ▪ Formulieren Sie in Form eines Leserbriefs an die WAZ Ihre Position und begründen Sie sie.

D ▪ Klären Sie, nach welchen Kriterien Sie die entstandenen Leserbriefe einschätzen. Geben Sie zu den entstandenen Leserbriefen eine Rückmeldung (sog. Feedback: → **Feedback**, S. 231 f.) auf der Basis dieser Kriterien.

E ▪ Wie verändert sich Ihr Leserbrief, wenn Sie a) diesen Brief in Ihrer Schülerzeitung abdrucken lassen wollen, b) den Brief als Stellungnahme für einen Elternabend einsetzen wollen? Schätzen Sie ein, wie der Bezug auf unterschiedliche Adressaten Ihre Sprache, Ihre Argumentation und Ihre Intention insgesamt beeinflusst.

Wählen Sie einen der folgenden Arbeitsaufträge:

F_1 ▪ Vergleichen Sie Ihre Erfahrungen mit denen der zitierten Jugendlichen und verfassen Sie eine Empfehlung für Gleichaltrige zur (Nicht-)Nutzung von Twitter oder Facebook.

F_2 ▪ Chat, Blog, Twitter, Facebook – die neueren Kommunikationsformen verwirren viele (Ältere). Entwickeln Sie eine grafische Darstellung, die den Zusammenhang und den spezifischen Nutzen des jeweiligen Instruments (Mediums) anschaulich erläutert.

Eine Stellungnahme verfassen

INFO

In der **Stellungnahme** (als Entlehnung aus dem Englischen: *Statement* – im Sinne von Erklärung/Verlautbarung) wird ein aktuelles Problem aufgegriffen. Die Stellungnahme ist der schriftlich oder mündlich vorgetragene **Eingriff in eine öffentliche Debatte**, wobei eine Meinung präzise formuliert und knapp-treffend begründet wird. In der (mündlichen) Form handelt es sich bei der Stellungnahme im Gegensatz zur Rede um einen Beitrag, der zwar vorher zumindest skizziert sein sollte, aber auch in der Lage sein muss, Diskussionsaspekte aus einer laufenden Debatte kurzfristig einzubeziehen.

In der schriftlichen Form – häufig als **Leserbrief** – geht es um den eigenen Standpunkt, der nicht nur festgestellt wird, sondern auf Thesen und Argumente eingeht, die eine Debatte ausgelöst oder aufgegriffen haben. Sie finden diese Aufgabenstellung im zweiten Teil von Klausuren im Anschluss an die Analyse eines fiktionalen Textes oder Sachtextes.

Für das Entwickeln einer Stellungnahme sind folgende Schritte günstig:

- **Auseinandersetzung** mit dem **Debattengegenstand** (Information und Kurzrecherche/Benennen und Aufgreifen möglicher Positionen);
- Entwickeln der **eigenen Position** (wesentliche Argumente/Gewichtung nach den mich selbst leitenden Aspekten);
- Ausformulieren der **Begründungen** für die eigene Position, dabei Eingehen auf Argumente anderer;
- Verfassen der **Ausarbeitung** für die **schriftliche Stellungnahme** (den Leserbrief).

A ▪ In diesem Teilkapitel haben Sie sich mit Argumenttypen, der Qualität von Argumenten und Positionen und zugehörigen Argumenten zu möglicherweise schädlicher Mediennutzung Jugendlicher beschäftigt. Welche Positionen und welche Argumente fanden Sie überraschend oder bemerkenswert, welche Positionen und Argumente erwartbar und eher uninteressant?
Erstellen Sie für Ihre Einschätzung ein Argument-Barometer, um Ihre Favoriten unter den Argumenten (+) bzw. das gering Geschätzte (–) einzutragen.

Argumente, die mich überzeugen:
- …

Argumente, die mich überhaupt nicht überzeugen:
- …

Verschiedene Formen des Erörterns beherrschen – Mich in (Medien-)Debatten behaupten

Was kann ich nach der Bearbeitung dieses Unterkapitels?
- Verschiedene Formen der (schriftlichen) Erörterung unterscheiden
- Die Arbeitsschritte beim Erörtern vom Stoffplan bis zur Textüberarbeitung durchführen
- Eine textgebundene Erörterung verfassen

Debatten um (neue) Medien weisen häufig auf Gefahren hin, vor allem auf Gefahren für jugendliche Nutzer. Dabei sind Veränderungen im Kommunikationsverhalten und in Arbeitsprozessen keineswegs allein eine Generationenfrage. Hoffnungen und Ängste Älterer richten sich allerdings auf jene, die mit Internet oder iPod aufgewachsen sind bzw. aufwachsen.

Lineares und dialektisches Erörtern an Fragen der Medienerziehung und -nutzung

■ Text 23

Großbritannien: Internetnutzung als Schulfach (2010)

Die technologische Entwicklung in den letzten Jahrzehnten schritt mit einer enormen Geschwindigkeit voran, so schnell sogar, dass es vielen Eltern schwer fiel, mit der digitalen Technik Schritt zu halten. Daraus entsteht ein enormes Problem, denn wer sich mit der modernen Informations- und Kommunikationstechnik (ITK) selbst nicht auskennt, dem ist es praktisch unmöglich, seinen Kindern den vernünftigen Umgang damit beizubringen.

Dennoch ist es gerade für die Nutzung des World Wide Web, in dem von brutalster Gewalt über extreme politische Propaganda bis zu offener Pornografie zu finden ist, wichtig, eine entsprechende Medienkompetenz beim Nachwuchs auszubilden. Dies können viele Eltern aber nicht leisten. Damit die Kinder bei der Internetnutzung trotzdem nicht auf sich allein gestellt bleiben, startet Großbritannien 2011 eine bis dato einzigartige Maßnahme: der Umgang mit dem Netzmedium kommt als Pflichtfach auf den Lehrplan der Schulen. »Click clever. Click safe«, so der Tenor der Unterrichtseinheiten, soll nachhaltig Problembewusstsein und Praxis vermitteln. Dazu kooperiert die britische Schulbehörde mit rund 140 Unternehmen und Organisationen der Informations- und Kommunikationsbranche, darunter Google, Vodafone, Facebook und Microsoft.

Ähnliche Initiativen werden auch in Deutschland seit geraumer Zeit gefordert. Mit Großbritanniens Engagement als Vorreiter steht zu hoffen, dass auch andere Länder bald mit ähnlichen Maßnahmen nachziehen werden.

In Text 23 sind eine Reihe von Thesen und Argumenten enthalten. Sie können Ausgangspunkte einiger Erörterungsfragen sein:
- Ist Internetnutzung als Schulfach sinnvoll?
- Warum sollte Internetnutzung Schulfach werden?
- Brauchen wir in Deutschland ein Schulfach Internetnutzung?
- Welche Gründe sprechen für ein Schulfach Internetnutzung?

A ▪ Teilen Sie die genannten Fragen danach ein, ob sie ein kontroverses Thema aufwerfen.

B ▪ Welche Arbeitsschritte gehen einer Erörterung voraus? Ordnen Sie die Fragen einer der beiden Erörterungsarten – linear oder dialektisch – zu (s. Info-Kasten).

Lineare Erörterung und dialektische Erörterung

INFO

Bei der **Erörterung** unterscheidet man grundsätzlich zwei Formen: Die **lineare Erörterung** (in eine Denkrichtung: *Warum sind mediengeschulte Lehrer besser?*) und die **dialektische Erörterung** (mit zwei gegensätzlichen Denkrichtungen: *Sind mediengestützte Vorträge besser?*). Mit der Themenformulierung sind beide Erörterungsarten gut zu unterscheiden. Bei der linearen Erörterung geht es darum, die Themenfrage mit einer zum gewichtigsten Argument aufsteigenden Liste zu beantworten.

Aufbau der linearen Erörterung

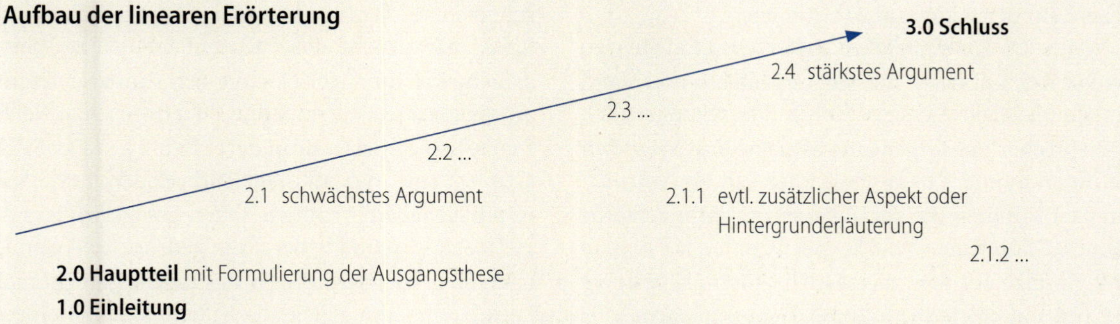

Wenn eine **Entscheidungsfrage** als Thema gestellt ist, müssen Argumente gegeneinander abgewogen werden. Der These (*Mediengestützte Vorträge sind besser.*) steht die Antithese (*Mediengestützte Vorträge sind nicht besser – zugespitzt ausgedrückt: schlechter.*) gegenüber; ein Fazit in Form eines Zusammenführens der Positionen – einer **Synthese** – oder einer **eindeutigen Stellungnahme** für eine der beiden Positionen schließt die dialektische Erörterung ab.

Aufbau einer abwägenden Erörterung

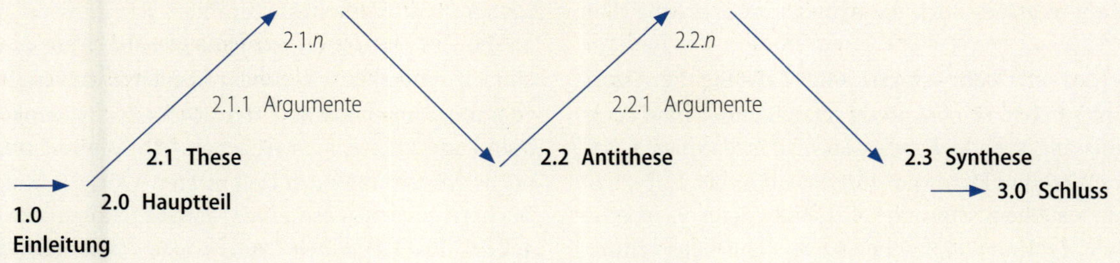

▪ Text 24

Die Kunst des Weglassens. Warum das iPad die Zukunft des Lesens ist (2010)

Ferdinand von Schirach

[...] Es geht mir heute noch so. Selbst wenn ich nur übers Wochenende verreise, nehme ich immer zu viele Bücher mit – ich weiß nie, was ich in zwei Tagen lesen will.

Ich bin in einer analogen Welt aufgewachsen. Als Kinder wohnten wir auf dem Land. Manchmal stand meine Großmutter auf den Stufen des Hauses, wenn der Briefträger die Einfahrt herunterkam. Er rief dann mit der Post in der Hand: »Es ist nichts Wichtiges dabei.« Anstelle von E-Mails gab es noch das Telex. Und als das erste Funktelefon im Wagen meines Urgroßvaters installiert wurde, ein Telefon für das so genannte A-Netz, musste er dauernd durchgeben, wo er gerade war, wenn ihn jemand anrufen wollte. Es war alles kompliziert und lustig. Telefonieren war fürchterlich teuer, und vor dem Wort »Auslandsgespräch« hatten alle großen Respekt. Als ich acht war, war ich mit meinem Vater einmal in einem Hotel in Hamburg. Dort war im Badezimmer ein Telefon in die Wand eingelassen. Ich durfte meine Mutter anrufen und dachte, einen größeren Luxus könne es nie geben: aus der Badewanne telefonieren.

Wenn ich ein paar Jahre später ein Mädchen zu Hause abgeholt habe, musste ich klingeln und stand vor ihrem Haus. Sie sagte durch den scheppernden Lautsprecher der Gegensprechanlage, dass sie gleich herunterkomme. Es war schrecklich kalt, sie ließ mich ein paar Minuten vor der Tür warten. Das machte sie immer. Dann kam sie die Treppen runter, ich konnte ihre Absätze auf den alten Stufen hören, sie öffnete die Tür und küsste mich. Ihr Gesicht war warm. Wir haben uns Briefe geschrieben, sie hatte eine weiche Handschrift, sie schrieb immer sehr ordentlich – ganz anders als ich. Das war im Winter 1984, ich war damals 20 Jahre alt.

In den folgenden 25 Jahren ist das alles langsam abhanden gekommen. Irgendwann begannen die ersten Mandanten E-Mails zu schreiben. Briefe von Hand wurden immer seltener, ältere Herrschaften schrieben wenigstens noch die Anrede mit breitem Füller. [...]

Und jetzt habe ich das iPad. Falls Sie die letzten acht Wochen keine Zeitung gelesen und keinen Fernseher angeschaltet haben: Das iPad ist das neue Gerät des Soft- und Hardware-Herstellers Apple. Es besteht nur aus einem schwarzen Glasbildschirm, es ist etwa sechs Zentimeter kürzer und zwei Zentimeter schmaler als eine DIN-A4-Seite. Es ist dünn, sehr dünn. Es wiegt ungefähr 700 Gramm. Und, um es gleich zu sagen: Es ist die Zukunft. Punkt. Es gibt darüber gar keine Diskussion.

Erinnern Sie sich an den ersten »Harry Potter«-Film? Dort gab es in einer Szene eine Zeitung mit bewegten Bildern. Genau das ist das iPad. Wenn Sie zum Beispiel die »App« – so nennt Apple die kleinen Programme – vom britischen Fernsehsender BBC auf das iPad laden, können Sie Texte lesen und kleine Videos ansehen. Natürlich können Sie das auch auf dem Laptop machen, aber es ist etwas völlig anderes auf dem iPad. Eigentlich ist es nur ein Trick. Ein alter Trick, der immer noch funktioniert. Lessing sagte, Zeichnen sei die Kunst des Weglassens. Ludwig Mies van der Rohe erklärte: »Less is more.« [...] Das iPad ist die Krönung in dieser Disziplin. Es ist so einfach, dass es ein dreijähriges Kind bedienen kann. Es erklärt sich selbst. Und es tut das so vollständig, dass es noch nicht einmal mit einer Betriebsanleitung ausgeliefert wird.

Das iPad wird unsere Welt verändern. Es wird sie so verändern, wie der iPod die Musikbranche verändert hat. [...] Wir werden bald Zeitungen und Zeitschriften auf dem iPad lesen. Stellen Sie sich vor, Sie haben nicht mehr diese Riesenblätter »Frankfurter Allgemeine« und »ZEIT« mit sich rumzuschleppen. Sie bekommen sie morgens elektronisch geliefert. Einfach so. Sie lesen sie in der S-Bahn. [...] Der SPIEGEL hat eine App auf mein iPad geladen. Ende April ist sie für jeden erhältlich. Offen gesagt, ich lese das Heft jetzt so schon lieber als in gedruckter Form. Ich kann die Bilder vergrößern, das Heft liegt nicht mehr herum, ich kann gleich alle früheren Ausgaben mitnehmen – und vor allem: Es sieht schöner aus. [...]

Werden wir Bücher auf dem iPad lesen? Ja, natürlich. Ich werde noch einige Zeit brauchen, um mich daran zu gewöhnen. Ich mag Bücher in gedruckter Form. Ich mag das Papier, das Umblättern (das iPad bildet das elektronisch nach), das Leinen der Umschläge. Die zerfledderten Seiten und die Buchrücken bedeuten noch etwas. Sie stehen im Regal, und wenn ich an ihnen vorbeilaufe, erinnere ich mich an sie, an die Zeit, zu der ich sie gelesen habe. Aber es ist einfach unglaublich, dass man Hunderte schwere Bücher mitnehmen kann, ohne darüber nachzudenken. Man kann Lesezeichen eingeben, Worte im Lexikon nachschlagen und nach bestimmten Wörtern in den Büchern suchen. Vermutlich werden wir erst Lexika auf das iPad laden, den Duden vielleicht, den Brockhaus und vor allem Fachliteratur. Es ist natürlich viel einfacher, auf einem iPad nach einem Medikament zu suchen als in der Roten Liste. Und es wird wahrscheinlich viele geben, die mit dem iPad wieder zu lesen beginnen; Menschen, die sonst selten in eine Buchhandlung gehen. Im iTunes-Store, das ist die Plattform, über die Apple die Apps vertreibt, gibt es inzwischen mehr Bücher als Spiele. [...] Apple hat mit dem iPad geschafft, was ich nicht für möglich gehalten hätte: Die elektronischen Bücher lassen sich ausgezeichnet lesen.

Natürlich kann man auch alles andere mit dem iPad machen. Spiele, Bankgeschäfte, E-Mails, Kalender und Adressbücher – Tausende Applikationen gibt es, viele sind wunderbar gestaltet. Filme lassen sich auf dem Schirm ansehen – auch sie kauft man über den iTunes-Store, es erspart den Weg in die Videothek. Allerdings kann man all diese Sachen besser auf einem Laptop erledigen. […] Und wirklich scheußlich ist: Das iPad ist nach 20 Minuten Gebrauch von Fingerabdrücken und Schlieren übersät – kein schöner Anblick. Das iPad kann einen Computer nicht ersetzen. Es will das auch gar nicht, es ist etwas anderes. Das Gerät scheint mir letztlich eine neue perfekte Vertriebsform zu sein: Das iPad ist ideal für Zeitschriften und Bücher. Und dafür ist es besser geeignet als jeder Laptop.

Manchmal vermisse ich die analoge Zeit. Ich erinnere mich daran, wie uns der Wind am Strand die Zeitungen aus der Hand riss und wie wir in Italien im Café saßen und versuchten, den »Corriere della Sera« zu lesen. Eine Wohnung ohne Bücher möchte ich mir nicht vorstellen. Wir können die Dinge nicht aufhalten, sie sind schneller als wir. Trotzdem werde ich die schweren Bücher weiter auf Reisen mitnehmen, solange es geht – sie würden mir einfach zu sehr fehlen.

A ▪ Überlegen Sie, welche Fragestellung sich im Anschluss an diesen Essay anbietet. Eignet sich dieser Essay (→ **Journalistische Darstellungsformen**, S. 231) eher für eine lineare Erörterung oder für eine dialektische?

B ▪ Erstellen Sie aus dem Text Argumente dafür, dass sich das iPad durchsetzen und das Lesen verändern wird.

C ▪ Schreiben Sie einen Beitrag für die Jugendseite Ihrer Tageszeitung oder für eine Computerzeitschrift zur Frage: »Warum wird das iPad zukünftiges Lesen von Büchern und Zeitungen bestimmen?«

Wählen Sie einen der folgenden Arbeitsaufträge:

D₁ ▪ Recherchieren Sie zu möglichen Gegenpositionen, die das Lesen von Büchern und Zeitschriften auf dem iPad nicht für zukunftsträchtig halten. Ausgangspunkt kann der vollständige Essay des Autors sein, in dem auch Schattenseiten des iPad angesprochen sind.

D₂ ▪ Formulieren Sie einen Leserbrief an den Essayautor, den Rechtsanwalt und Schriftsteller Ferdinand von Schirach, in dem Sie Ihre Position zum Lesen per iPad vertreten.

▪ Text 25

Das Internet vermanscht unser Hirn (2009)

Macht uns zu viel Zeit am Computer kaputt, oberflächlich, vergesslich – krank? Diese These stellt FAZ-Herausgeber Frank Schirrmacher (50) auf. Im Interview mit der Bild-Zeitung warnt der Autor: »Das Internet vermanscht unser Hirn.« (Interviewer: Ulrich Machold und Michael Paustian)

BILD Herr Schirrmacher, wann haben Sie das letzte Mal etwas gegoogelt – und fühlten Sie sich danach schlauer?

Schirrmacher Heute Morgen. Äh … das war … – ich weiß es nicht mehr. Also, schlauer habe ich mich schon gefühlt. Aber ich bin offenbar nicht klüger geworden.

BILD Wenn man Ihr Buch liest, muss man sich fragen: Macht uns das Internet sogar dumm?

Schirrmacher Zunächst macht es uns nachweislich vergesslich. Es verändert sich, wie wir jetzt wissen, wirklich etwas im Gehirn. Das hat mit der Reizüberflutung zu tun. Ich glaube, jeder kennt es, dass man sich nicht mehr an die letzte Mail, den nächsten Termin erinnert. Wir müssen uns ja auch an nichts mehr erinnern. Alles ist irgendwo gespeichert.
Wenn Sie heute schnell etwas suchen, entscheidet ein Programm, meist Google, was für Sie wichtig ist. Nehmen Sie die Schweinegrippe. Jeder kann im Internet seine Meinung dazu abgeben. Wir können jede Information jedes Erkrankten und Geimpften abrufen. Wissen wir dadurch, ob wir uns impfen lassen sollen oder nicht? Nein.

BILD Woran liegt das?

Schirrmacher An zu vielen Informationen. Ich zitiere den Fall eines Teenagers, der im Monat 14 000 SMS schreibt und sendet. Warum sind immer mehr Menschen geistig erschöpft?
Weil die Informationsflut uns zwingt, uns ständig zusammenzureißen.

Multitasking ist auch ein gutes Beispiel. Wissenschaftler haben nachgewiesen, dass jede kleine Störung dazu führt, dass wir 25 Minuten brauchen, um uns wieder auf das ursprüngliche Thema zu konzentrieren. Und wir werden ständig durch Mails, SMS, Nachrichten gestört. Das ist tatsächlich so etwas wie Körperverletzung. Das führt zu einer Vermanschung des Hirns. Und man kann Multitasking nicht lernen.

BILD Wir leiden also unter Info-Dauerfeuer?

Schirrmacher Genau. Push-Nachrichten, Online-Portale, SMS – oder das ständige Update: »Was machen meine Freunde gerade auf Facebook und Twitter?« Früher haben wir uns Informationen gesucht, heute suchen die Informationen uns – ob wir wollen oder nicht.

BILD Kontrolliert uns der Computer dann irgendwann mehr als wir ihn?

Schirrmacher Das ist schon so. Fast jeder verlässt sich im Auto auf ein Navigationssystem. Deshalb liest man in BILD alle paar Tage, wie jemand in den Fluss gefahren ist. Oder denken Sie an die Finanzkrise: Rechner haben entschieden, haben die Aktien ge- und verkauft. Die Banker hatten die besten Informationen der Welt. Aber niemand wusste mehr, wie diese Entscheidungen zustande gekommen waren. Der Preis für intelligente Maschinen sind weniger intelligente Menschen.

BILD Sie schreiben, dass wir aufpassen müssen, dass wir am Ende nicht alle Entscheidungen den Maschinen überlassen.

Schirrmacher Selbst in Beziehungen vertrauen wir Dating-Plattformen, die für uns entscheiden, wie die Liebe fürs Leben aussehen soll. Ist das richtig? Natürlich können diese schlauen Maschinen sehr viel besser kombinieren als wir. Und vieles können wir denen auch überlassen. Wir müssen aber wieder denken lernen.

BILD Kann das noch schlimmer werden?

Schirrmacher Und ob. Wenn in uns nur noch zählt, was berechenbar ist. Vor allem im Arbeitsleben: Es gibt schon Testläufe von Programmen, die die E-Mails von Angestellten überwachen. Anhand der Anzahl der Mails, ihrer Länge und der Zeit zwischen einer eingegangenen Mail und ihrer Beantwortung bewerten die Programme dann, ob jemand gut oder schlecht arbeitet. Und wie lange er noch produktiv sein wird.

Selbst wenn wir die Computer ausschalten, bleiben wir im Netz gefangen. Denn wir sind als Daten existent: beim Arbeitgeber, beim Arzt, überall.

BILD Würden Sie Ihrem Kind erlauben, sein ganzes Leben auf SchülerVZ zu posten?

Schirrmacher Wenn es ginge, würde ich das verbieten. Das geht aber leider nicht. Deshalb muss man in der Bildung eher darauf achten, dass man ein neues Wissen vermittelt. Ich nenne in dem Buch die Erkenntnisse der amerikanischen Psychologieprofessorin Ellen Langer: Menschen, die für zwei Wochen von allen aktuellen Informationen abgeschieden waren, wurden nachweislich gesünder. […]

BILD Heißt das am Ende, dass Internet und Computer mehr schaden als nützen?

Schirrmacher Nein. Das Internet ist erst einmal ein großartiges Werkzeug. Aber: So wie unsere Großeltern ihre Muskeln an Maschinen anpassen mussten, müssen wir das jetzt mit unserem Gehirn tun.

A ▪ Ermitteln Sie, welche Position Frank Schirrmacher zur Nutzung des Internets einnimmt. Nutzen Sie dabei die Ihnen bekannten Techniken der Sachtextanalyse (Markieren von Kernstellen, Bilden von Zwischenüberschriften etc.).
(→ **Sachtexte erschließen**, S. 181)

B ▪ Gehen Sie auf drei ausgewählte Argumente Schirrmachers ein und verfahren Sie nach folgendem Muster:
- Der Autor sagt … (Wiedergabe in eigenen Worten)
- Ich bin der Ansicht …

C_1 ▪ Verfassen Sie auf der Basis Ihrer Arbeitsergebnisse als Leser dieses Interviews für die Zeitung eine schriftliche Stellungnahme.
(→ **Eine Stellungnahme verfassen**, S. 49)

C_2 ▪ Halten Sie einen Kurzvortrag, in dem Sie Ihre Position deutlich machen.
(→ **Tipps für die Vorbereitung von Kurzvorträgen**, S. 235)

Wie verfasst man eine textgebundene Erörterung?

INFO

Neben der Einteilung in linear bzw. dialektisch unterscheidet man bei Erörterungen auch zwischen der **freien** und der **textgebundenen Erörterung.** Bei der **freien Erörterung** ist **allein das Thema** bekannt, manchmal auch durch ein Zitat aufgeworfen. Die textgebundene Erörterung wird manchmal auch **materialgestützte Erörterung** genannt, vor allem wenn mehrere, auch diskontinuierliche Texte vorgegeben sind.

Im Unterschied zu einer Problemerörterung muss bei einer **textgebundenen Erörterung** die **Argumentation eines Autors** in die Erörterung des eigenen Textes **einbezogen** werden, bevor man sich in die vorgegebene Thematik vertiefen kann. Das bedeutet, man muss zuerst die Gedanken der Textvorlage so gut wie möglich wiedergeben (insbesondere die Position des Autors). Anschließend werden die Thesen und Argumente des Autors untersucht und bewertet und die persönliche Stellungnahme abgeleitet.

Aufbau

A Einleitung

- Einführung in die Thematik
- Nennung von Autor, Titel, Textsorte, Erscheinungsjahr, Quelle, Anlass
- bei *argumentativ-wertenden* Texten: Nennung der Position des Autors
- bei *darstellend-informierenden* Texten: Benennung des Textthemas

B Inhaltsangabe

a) bei *argumentativ-wertenden* Texten
- Hauptthesen des Textes
- Argumente, mit denen der Autor seine Position unterstützt
- ggf. fremde Thesen und Argumente, die der Autor in seine Argumentation einbezieht

b) bei *darstellend-informativen* Texten
- im Text genannte Positionen und deren Argumente darstellen; dabei – falls dies im Text deutlich wird – bekannte Vertreter der Positionen nennen

C Kritische Auseinandersetzung mit dem Text (Hauptteil des Aufsatzes)

Thesen und Argumente des Textes untersuchen und begründen
- Argumente unterstützen: Was würde ich zu diesen Aussagen besonders herausstellen, konkretisieren und vertiefen? (z. B. durch Erläuterungen, weitere Beispiele)
- Argumente widerlegen: Lässt sich eine Gegenthese aufstellen bzw. ein Gegenargument anführen?
- eigene Ergänzungen: Welche Argumente müssen über den Text hinaus beachtet werden?
- Kritik der Argumentation: Sind Mängel an der Art der Argumentation festzustellen? Zum Beispiel: unklares oder unverständliches Argument, Behauptung ohne Begründung, Gedankensprung, falsche Beispiele …
- Vertritt die Autorin / der Autor die Interessen einer bestimmten gesellschaftlichen Gruppe?

D Schluss

Fazit:
- eigene Position begründet darstellen
- Bezugnahme auf das Argument, das mich am meisten überzeugt

Im Kapitel »Mich in (Medien-)Debatten behaupten: Verschiedene Formen des Erörterns beherrschen« finden Sie unterschiedliche Angebote, die Ausgangspunkt für eine textgebundene Erörterung sein können.

Wählen Sie einen der folgenden Fragestellungen:

A1 ▪ Ist Internetnutzung als Schulfach sinnvoll? (**T 23**)

A2 ▪ Können das gedruckte Buch bzw. die gedruckte Zeitung im Zeitalter der neuen Medien überleben? (**T 24**)

A3 ▪ Verändert das Internet unser Denken nachhaltig? (**T 25**)

Medienfragen – frei erörtert

Viele Fragen zu Medien und ihrer Nutzung sind Alltagsthemen, etwa diese:

- Sollte in der Schule ein Fernsehraum als offenes Angebot in der Mittagspause eingerichtet werden?
- Reicht für eine Recherche Wikipedia als Quelle aus?
- Sind Jungen im Zeitalter neuer Medien bevorzugt?

Zu diesen Fragen hat fast jede(r) eine Meinung. Damit ist noch kein erörternd-argumentierendes Aufgreifen der Frage verbunden.

A ▪ Skizzieren Sie Arbeitsschritte von der ersten Meinungsbildung bis zur angefertigten Erörterung.

B ▪ Überprüfen Sie Ihre Abfolge mit Hilfe der Hinweise im nachfolgenden Info-Kasten.

C ▪ Verfassen Sie eine Erörterung zum Thema »Sollte in der Schule ein Fernsehraum als offenes Angebot in der Mittagspause eingerichtet werden?«.

Die freie Erörterung – von der Ideensammlung über den Schreibplan zur abschließenden Fassung

INFO

Themen, von denen erwartet werden kann, dass Kenntnisse – etwa aus dem Unterricht – vorhanden sind oder durch aktuelle Ereignisse in der Meinungsbildung weit vorangetrieben sind, eignen sich auch für **freie Erörterungen**. Dabei ist es sinnvoll, sich an eine Abfolge von Bearbeitungsschritten zu halten:

Vorbereitende und klärende Schritte

- **Schlüsselbegriffe**, ggf. These und Antithese des Themas ermitteln und verstehen
- **Fragen** an das Thema stellen (Wer ist hier angesprochen? Was ist der Hauptaspekt? Seit wann gibt es dieses Problem? Warum stellt sich dieses Problem gerade jetzt?)

Vorarbeiten für die Erörterung

- Sammeln von möglichst vielen **Aspekten**, z. B. als Stichwortliste oder in Form einer Mind-Map
- **These(n)**, **Argumente**, **Belege** bzw. **Beispiele** und Schlussfolgerungen unterscheiden
- Argumente nach ihrer **Stichhaltigkeit** sortieren
- **Anschaulichkeit** der Argumente z. B. durch Vergleiche stärken
- vorläufige **Gliederung** erstellen

Den Schreibprozess durchführen

- Gliederung als **Schreibplan** anfertigen (Reihenfolge und Zusammenhang der Argumente)
- **Einleitung** entwerfen
- Formulieren der **Thesen als Aussagen**, der zugehörigen Argumente, Belege und Beispiele
- Logik der Aussagen beachten und **Verbindungen zwischen den Argumenten** schaffen
- **Fazit** als Schlussfolgerung oder eigene Positionsbildung verfassen

A ▪ Wählen Sie aus den folgenden Themen ein Sie ansprechendes aus. Diskutieren Sie, ob sich das Thema eher für eine textgebundene oder für eine freie Erörterung eignet. Suchen Sie ggf. einen Ihrer Meinung nach geeigneten Text für die textgebundene Erörterung aus und erproben Sie Text und Erörterungsaufgabe in der Lerngruppe.
- Sind ausschließlich auf das Internet gestützte Recherchen ausreichend?
- Sind Eltern mit Medienerziehung überfordert?
- Welche Voraussetzungen braucht schulische Medienerziehung?
- Welche Rolle sollten Schule und Elternhaus in der Medienerziehung spielen?
- Werden Mädchen im Zeitalter neuer Medien benachteiligt?

B ▪ In welchen Zusammenhängen – ob im Internet oder in klassischen Medien – stoßen Sie auf Stellungnahmen, Positionen mit Begründungen o. Ä.? Wo sind Sie selbst mit erörternden Beiträgen gefordert?

Erörtern üben –
Mediendebatten nicht nur am (Schul-)Ort

Was kann ich nach der Bearbeitung dieses Unterkapitels?
- Meine Argumentation in Debatten sach- und adressatengerecht gestalten
- Argumente und deren sprachliche Gestaltung mit Blick auf Wirkung untersuchen sowie selbst einsetzen
- Meinen erörternden Text überarbeiten und verbessern
- Debatten und deren Qualität beurteilen

Debatten beurteilen

Aufgabeninsel

Aufgaben zu T 26 und T 27:

A ■ Formulieren Sie eine Leitthese zu R. Wisemans Text mit positiver Botschaft (also nicht: »Der Autor lehnt ... ab«). Geben Sie dem Text »Ein nützliches Instrument« eine andere Überschrift, die ähnlich provokativ wie »Der Inhalt ist egal« lautet.

B ■ Untersuchen Sie, welche rhetorischen Mittel in **T 26** und **T 27** verwendet werden und analysieren Sie deren Funktion.

C ■ Entnehmen Sie beiden Texten Sachargumente gegen bzw. für den Einsatz von PowerPoint und listen Sie diese Argumente in der Reihenfolge auf, wie überzeugend sie das jeweilige Argument finden (aufsteigend).

D ■ Schätzen Sie ein, welche Adressaten der Wiseman-Text besonders gut erreichen kann und ob der Text »Ein nützliches Instrument« als Werbebroschüre für PowerPoint geeignet ist.

Wählen Sie aus den folgenden Aufgaben aus:

E_1 ■ Bereiten Sie in Kleingruppen einen Vortrag von **T 26** oder **T 27** mit angemessen stützender Gestik und Mimik vor.

E_2 ■ Formulieren Sie den Wiseman-Text in einen Sachbeitrag gegen die Nutzung von PowerPoint um.

E_3 ■ Entfernen Sie aus dem Text alle Elemente, die einen mündlichen oder Redegestus enthalten.

E_4 ■ Formen Sie den Wiseman-Text zu einem PowerPoint-Vortrag um (mit maximal 6 Folien und je Folien maximal 5 Spiegelstrichen und maximal 5 Wörtern pro Spiegelstrich) oder entwickeln Sie ein oder zwei Folien, die Sie als Stütze für den Vortrag nutzen könnten.

Zum Vergleich und zur Debatte:

A ■ Formulieren Sie auf der Basis der Auseinandersetzung mit **T 26** und **T 27** einen erörternden Text zur Frage des PowerPoint-Einsatzes für Vorträge. Nutzen Sie dabei den Info-Kasten **Argumente verknüpfen und zu Positionen Stellung nehmen**, S. 58.

B ■ Entwickeln Sie aus den Einschätzungen der beiden Texte zu PowerPoint eine Liste mit Erwartungen an eine PowerPoint-Debatte: Was müsste als Debattenthema formuliert sein? Welche Ziele einer solchen Debatte erscheinen legitim bzw. sinnvoll? Welche Erwartungen hat der Zuhörerkreis?

C ■ Führen Sie in Ihrem Kurs die PowerPoint-Debatte durch, indem Sie in Kleingruppen Kärtchen mit Argumenten für und gegen den Einsatz von PowerPoint entwerfen und dabei das vorliegende Textmaterial (**T 26** und **T 27**) und Ihre Vorarbeiten nutzen, je zwei oder drei Teilnehmer für die Pro- und Kontraseite auswählen und diese in einem Podium die gegensätzlichen Positionen austragen lassen (Diskussionsleitung nicht vergessen).

D ■ Beurteilen Sie in der gesamten Gruppe diese Debatte unter Bezug auf Ihre Erwartungen.

E ■ Beurteilen Sie die Debattenbeiträge mit Blick auf deren argumentative Qualität (Überzeugungskraft und Fülle der Argumente; Eingehen auf Gegenargumente), deren rhetorische Qualität (Einsatz rhetorischer Mittel; Gestik/Mimik) und auf die Debattenkultur insgesamt (s. Info-Kasten **Debatte und Debattenkultur**, S. 59).

■ Text 26

Der Inhalt ist egal (2007) *Raymond Wiseman*

Zischen, trommeln, applaudieren. Diese Geräusche identifizieren eine PowerPoint-Präsentation. Beim computeranimierten Vortrag muss der große Vorsitzende nicht auf die Reaktion seines Publikums warten. Die bestätigende Lärmkulisse kann er selbst seinen Folien hinterlegen. Die Töne aus der Tube gehören ebenso zum Repertoire von PowerPoint wie Überblendungen, Schnitte, Schreibstakkati[1] und alle Varianten von Punkten, Pfeilen und Symbolen, die sich wie selbstverständlich schieben, schlängeln oder drehen. On Top: Unlesbar bunte Schattenschriften im 3D-Format, die zu allem Überfluss doch irgendwas besagen sollten. Die PC-gestützten Vortragskünstler – wir wissen es aus leidhaftiger Erfahrung – präsentieren nicht ihr Projekt, keine Thesen, keine Ergebnisse, ja leider nicht einmal sich selbst: Sie präsentieren PowerPoint. Sie treten an mit Notebook, selbstgebrannter CD oder zumindest USB-Speicherstick. Sie treten auf mit Funkmaus oder Presenter-Tool. Sie treten ein ins Licht des Projektors. Einhundert durchwedelte Folien und anderthalb reizüberflutete Stunden später bleibt die Erkenntnis, dass der Gestalter weder sein Werkzeug noch seine Aussagen im Griff hatte, alles aber mit größter Anstrengung auf eine noch größere Projektionsfläche beamte. Der Flug der Gedanken flieht in fliegende Schriften.

Wir aber sitzen und schweigen und hoffen, dass der Beamer ausfällt, um aufs Wesentliche zu kommen. Gerade einmal 20 Jahre ist es her, dass mit der ersten PowerPoint-Version der Tausch der Inhalte gegen die Oberfläche begann. Längst vergangen die Zeiten, da während des Tausches der Folien auf dem Overheadprojektor eine kurze Pause zum Denken blieb. Noch länger her, dass Gadamer[2] im großen Hörsaal der Heinrich-Heine-Universität das Mikrofon abschalten ließ, da die Verstärkung der Stimme eine falsche Autorität gäbe. Wir saßen und lauschten. Und ganz am Ende klopften wir auf die Tische.

1 *Stakkati:* Entlehnung aus der Musik; ursprgl. *staccato* als Anweisung zum Spielen kurzer, gestoßener Töne

2 *Gadamer:* Hans-Georg Gadamer (1900–2002), berühmter deutscher Philosoph

Argumente verknüpfen, gewichten und zu Positionen Stellung nehmen

INFO

Gute Argumente zu haben, ist allein keine Gewähr für eine überzeugend formulierte Erörterung. Die Qualität der Formulierung, z. B. der Verknüpfung von Argumenten, entscheidet auch darüber, ob die Erörterung als gelungen anzusehen ist. Hier einige Tipps:

- Häufig reiht sich Argument an Argument. Das ist nicht immer vermeidbar, sollte aber durch verbindende Wendungen wie »darüber hinaus«, »außerdem«, »vor allem«, »nicht zuletzt«, »besonders schwer wiegt« nicht abhakend wirken.
- Gerade bei der dialektischen Erörterung geht es darum, den Gegensatz hervorzuheben, die Unterschiedlichkeit von Positionen auch sprachlich zu vermitteln. Konjunktionen und Adverbien wie »aber«, »jedoch«, »andererseits«, »zwar – aber«, »dagegen« oder auch »obwohl« (zur Aufnahme eines Arguments und dessen Umwendung) sind hier einzusetzen.
- Begründungen (»weil«, »da«, »denn«, »deshalb«), Schlussfolgerungen (»also«, »demnach«) und Bedingungen (»wenn«, »falls«), Zwecke (»damit«) und logische Abfolgen (»sodass«) sollten in der Satzkonstruktion erkennbar sein.
- Attribute wie »tatsächlich« oder »ausschlaggebend« helfen, dem Argument Nachdruck zu verleihen.
- Formulierungen können die Ernsthaftigkeit beim Abwägen von Argumenten unterstreichen. Beispiel: »Keineswegs sollen die Argumente der Gegenseite unterschlagen werden, etwa …«
- Stellungnahmen erfordern sachlich wertende Aussagen. Positionen können etwa als »annehmbar«, »begründet«, »nachvollziehbar«, »logisch«, »glaubwürdig« oder »überzeugend« eingeschätzt werden, aber auch als »wenig durchdacht«, »widersprüchlich«, »inakzeptabel«. Gerade markante Stellungnahmen mit Wendungen wie »absurde Position« oder »unfairer Standpunkt« bedürfen der ausführlichen, streng um Sachlichkeit bemühten Begründung.

■ Text 27

Ein nützliches Instrument

Ja, schlechte Präsentationen musste ich auch schon überstehen. Ja, das Zukleistern mit Textwüsten auf Folie habe ich auch schon erlebt oder gar durchlitten.

Nein, das spricht nicht gegen PowerPoint. Nein, denn das bedeutet nur, dass ein technisches Instrument – nichts anderes ist eine Präsentationssoftware – nur so gut oder schlecht ist wie derjenige, der das Instrument nutzt.

PowerPoint, weltweit die mit Abstand meist genutzte Präsentationssoftware, kann vielfältig gute Dienste leisten. Der Inhalt einer Präsentation kann, nah am lateinischen Wortsinn, präsent, lebendig gehalten werden. Der Zuhörer kann sich orientieren und sich den gerade in Rede stehenden Aspekt vor Augen führen. Vor Augen. Das Visuelle spielt hier eine große Rolle, wie überhaupt dieser Eingangskanal zu unseren Hirnen unbestritten von Präsentationssoftware erreicht werden soll. Wie einst mit der Tafel, wie gelegentlich noch mit dem Tageslichtschreiber, heute als OHP bekannt. Präsentationssoftware bietet nebenher einen Zusatznutzen: Textbasierte Seiten können als Ausdruck für ein Handout den Zuhörern und Zuschauern mitgegeben oder ihnen zugesandt werden.

Das kann andere Präsentationssoftware als PowerPoint auch, manche billiger oder umsonst für den Nutzer. Aber angesichts der Verbreitung und der Zugänglichkeit von PowerPoint ist dieses Vortragsinstrument nun einmal von herausragender Bedeutung. Die Anwendung ist kinderleicht; mit etwas Geschick ist die Einbindung etwa von Bildmaterial oder grafischen Elementen keine Schwierigkeit.

Was nun nicht heißt, dass jeder Vortragende nicht weiterhin die Chance hat, einen schlechten Vortrag zu halten. Alles, was schon Kurt Tucholsky in den für Zuhörer bestimmt gar nicht goldenen Zwanziger Jahren des letzten Jahrhunderts als »Ratschläge für einen schlechten Redner« aufgespießt hat, kann man unter Nutzen von PowerPoint auch: viel Statistik und Zahlenhuberei betreiben, die Aufmerksamkeitsspanne des Publikums überschätzen, keinen ›roten Faden‹ verfolgen usw. Mit der Präsentationssoftware kann man noch zusätzlich Schindluder treiben: Grafik oder Bilder hereinrauschen lassen, in Farben schwelgen, also technischen Schnickschnack ohne Bezug zum Vortragsinhalt betreiben.

Wie gesagt: Der- oder diejenige mit dem Talent zur falschen Nutzung der Software wird Zuhörerleiden erzeugen – früher ohne und heute eben mit PowerPoint.

Debatte und Debattenkultur

INFO

Debatten sind häufig davon geprägt, dass **stark gegensätzliche Positionen** aufeinanderprallen. Eine Debatte kann unter Aspekten wie Qualität der Argumente und ihres Austausches, rhetorische Durchbildung der Beiträge oder Kultur bzw. Stil der Debatte beurteilt werden.

In einer demokratischen Kultur wie unserer sollten die Argumente, deren **Überzeugungskraft** und **Untermauerung durch Belege** wichtig sein. Auch sollten die Teilnehmerinnen oder Teilnehmer einer Debatte besonders geschätzt werden, die **auf Argumente der Gegenseite einzugehen** in der Lage sind.

Glänzende Rhetorik, auch polemisches Talent kann nicht als unfair angesehen werden, sofern **Spielregeln** (Ausreden lassen, kein persönliches Angehen des Gegenüber) eingehalten werden.

Für eine hohe Debattenkultur ist Verzicht auf eine Sprache der Abwertung, auf ein Vokabular der unzulässigen Vereinfachung und auf anbiedernden Populismus kennzeichnend.

Leistungsüberprüfung

IV: Materialgestütztes Verfassen eines Textes mit fachspezifischem Bezug

Bei dieser Aufgabe sollen verschiedene Informationsquellen genutzt und ein eingegrenzter Adressatenkreis erreicht werden. Im Zentrum steht, einen Sachverhalt zu erläutern, also einen Text zu entwickeln, der erklärende Funktion hat. Außerdem wird – hier in der zweiten Aufgabe – erwartet, dass ein Standpunkt eingenommen und argumentativ unterlegt wird.

A ▪ Verfassen Sie einen Artikel, der sich mit Facebook-Nutzung unter Jugendlichen, Akzeptanz des Mediums und möglichen Haltungen von Nutzern befasst.

B ▪ Entwickeln Sie eine eigene Position zur Nutzung von Facebook und formulieren Sie diese Position in einer Stellungnahme zum Vortrag vor Ihrem Deutschkurs.

Aufbau einer Stellungnahme

INFO

In der **Einleitung** erläutern Sie, wozu Sie Stellung nehmen und formulieren Ihre Position in Form einer These.

Im **Hauptteil** nennen Sie Argumente, die Ihre These stützen, und entkräften mögliche Gegenargumente. Die Anzahl der Argumente ist nicht unbedingt entscheidend. Wichtig ist, dass die Gedanken sachlich richtig und auf die strittige Frage abgestimmt sind und die Adressaten überzeugen. Achten Sie darauf, die Argumente und Gegenargumente zu erläutern, sie durch Beispiele zu veranschaulichen, Widersprüche offenzulegen etc. Ordnen Sie die Argumente so, dass der Schwerpunkt Ihrer Stellungnahme deutlich wird.

Im **Schlussteil** heben Sie noch einmal die Argumente hervor, die für Ihre Position eine besondere Bedeutung haben.

Vgl. auch den Info-Kasten auf S. 49.

▪ Text 28

Facebook – Nein danke

Essen. *Auf der letzten Zeus-Zeitungsseite in Essen schrieb die Zeus-Reporterin Joelle Hermes darüber, wie schwer es ihr fiel, eine Woche ohne Facebook zu leben. Zeus-Reporterin Juliane Lackner hätte damit kein Problem ...*

Als ich am 24. April den Artikel von Joelle Hermes über ihren Selbstversuch »Eine Woche ohne Facebook« gelesen hatte, war das Erste, was mir einfiel: Ach, das war doch bestimmt ganz einfach! Aber das war es ja anscheinend nicht und umso mehr erschreckte mich ihre Erkenntnis, dass sie Facebook unbedingt zum Glücklichsein braucht. Wenn Joelle gerade mal 168 Stunden ohne Facebook auskam, was wird sie von mir denken, wenn sie hier liest, dass ich schon immer ohne Facebook lebe – und zwar sehr glücklich!

Ich komme sehr gut ohne Facebook oder irgendein anderes soziales Netzwerk im Internet aus, denn in meiner Freizeit fahre ich lieber Fahrrad, höre Musik oder lese etwas. Ich finde es auch viel schöner, meine Freunde persönlich zu treffen, als nur mit ihnen über das Internet in Verbindung zu sein. Wenn ich meinen Freunden kurzfristig etwas mitteilen möchte, tue ich dies per SMS. Ich merke aber schon, dass Facebook in den Augen anderer Jugendlicher sehr wichtig ist, denn schon morgens im Bus reden viele nur über den neuesten Status ihrer »Freunde«. Den Ausdruck »Freunde« für ihre Kontakte finde ich sehr unpassend, denn viele Jugendliche kennen einige ihrer Facebook-Kontakte nicht persönlich.

Außerdem könnte man sich durch einen unüberlegten Kommentar oder ein peinliches Foto, das man jetzt vielleicht noch lustig findet, leicht die Zukunft verbauen. Arbeitgeber überprüfen gelegentlich die »Internetauftritte« ihrer Angestellten.

Durch einen unfreiwilligen Selbstversuch, bei dem bei uns im Haus alle Computer zur selben Zeit kaputt gegangen sind, musste ich einsehen, dass ich den Computer in meinem Leben mehr brauche, als ich vorher gedacht hätte. Egal, ob es Hausaufgaben sind, für die ich ins Internet muss, oder ich mal eben ein Lied bei Youtube suche, dass ich vorher im Radio gehört habe: An den Computer ist mein Leben doch in einer gewissen Weise gebunden.

Facebook finde ich auch aus dem Grund nicht gut, da man immer häufiger Berichte über irgendwelche Partys liest, zu denen die Polizei anrücken musste. Und das nur, weil man den falschen Knopf beim Erstellen einer Veranstaltung gedrückt hat und damit Hunderte anderer Facebooknutzer unerwünscht zu sich eingeladen hat.

Meine Meinung ist, dass man auch ohne Facebook ein aufregendes Leben – ohne irgendwelche Facebookstorys – haben kann!

Juliane Lackner, Klasse 8c, Carl-Humann-Gymnasium, Essen, Zeus-Reporterin

■ Text 29

Twitter gewinnt bei Jugendlichen hinzu – aber Facebook weiterhin klare Nummer 1 (2013) *Michael Kroker*

Teenager nutzen den Kurznachrichtendienst deutlich häufiger als 2011. Das weltgrößte soziale Netzwerk bleibt aber trotz Kritik der wichtigste Anlaufpunkt.

Gibt es, oder gibt es sie es nicht? Die Rede ist von einer immer mal wieder konstatierten »Facebook-Müdigkeit«, die insbesondere Jugendliche zunehmen befallen soll. So hat beispielsweise der österreichische »Standard« erst gestern behauptet: »Jugendliche kehren Facebook zunehmend den Rücken« – und dabei auf einer Studie des amerikanischen Think-Tanks Pew Research Center verwiesen.

Doch genau das belegt die am Dienstag veröffentlichte Erhebung bei US-Jugendlichen mitnichten: Zwar nutzt mittlerweile einer von vier Teenagern den Kurznachrichtendienst Twitter – ein deutlicher Anstieg von 16 Prozent im Jahr 2011.

Dennoch konstatieren die Pew-Forscher explizit: »Twitter ist immer noch nicht in derselben Liga wie Facebook, das 77 Prozent aller Online-Teens nutzen.« Mehr noch: Bei der Frage, bei welchen sozialen Netzwerken sie Profile führen, gaben 94 Prozent Facebook an – ein Plus von einem Prozent gegenüber dem Vorjahr.

Teen And Adult Use Of Social Networking Sites Change Over Time

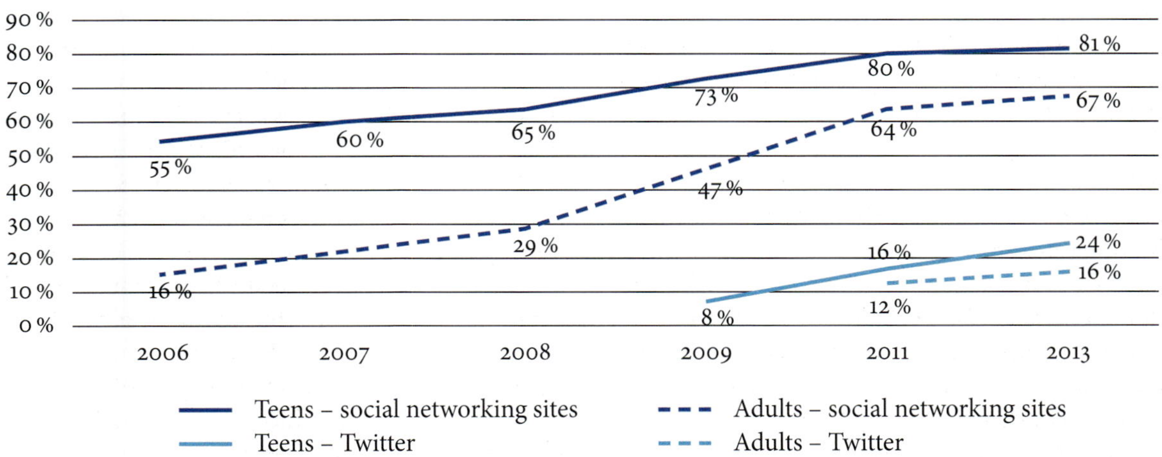

Quelle: Business Insider/Pew Research

▪ Text 30

JIM-Jugendstudie: Vertrauen in Facebook schrumpft (2012)

Einen Rechner haben mehr als 80 Prozent, bei Facebook sind genauso viele. Doch die Einstellung gegenüber persönlichem Datenschutz beginnt sich bei Deutschlands Jugendlichen zu wandeln. Einer aktuellen Studie zufolge schwindet das Vertrauen in soziale Netzwerke, was die Datensicherheit angeht.

Stuttgart/Berlin – Das Vertrauen von Jugendlichen in den Schutz ihrer Daten in sozialen Netzwerken ist bei deutschen Jugendlichen gesunken. Das ist ein Ergebnis der so genannten Jim-Studie (Jugend, Information Multimedia), die am Freitag vorgestellt wurde. Vor einem Jahr waren es noch zwei Drittel, die mit Blick auf den Datenschutz in sozialen Netzwerken ein gutes oder sehr gutes Gefühl hatten. Jetzt sind es nur noch 54 Prozent. »Sehr sicher« fühlt sich nur noch jeder zehnte Befragte.

Inzwischen schützen der Studie zufolge 87 Prozent der Jugendlichen ihre Profildaten in den Netzwerken mit der so genannten Privacy Option, die nur bestimmten Personengruppen den Zugriff erlaubt. Vor dem Hintergrund der gestiegenen Freundeszahlen sei diese Privatheit aber »relativ«, schreiben die Autoren in der Studie.

Der durchschnittliche Netz-Freundeskreis von Jugendlichen in Deutschland wächst der Studie zufolge nämlich ungebrochen. Im Mittel haben die Jugendlichen dort derzeit im Schnitt 272 Freunde, bei der Erhebung ein Jahr zuvor waren es noch 206. 57 Prozent der 12- bis 19-Jährigen sind der Studie zufolge täglich im Social Web unterwegs.

78 Prozent der Jugendlichen nutzen Social Networks mindestens mehrmals in der Woche. Im Schnitt melden sie sich im Alter von 12,7 Jahren das erste Mal in einer Netz-Community an. Mit weitem Abstand führend ist dabei auch in dieser Altersgruppe Facebook, in dem 81 Prozent der jungen Internetnutzer aktiv sind.

82 Prozent der 12- bis 19-Jährigen besitzen der Studie zufolge einen eigenen Computer oder Laptop. Mobilrechner sind hier mittlerweile mit einem Anteil von 56 Prozent in der Mehrzahl. Eine immer größere Rolle spielt aber heute das Handy: Setzte vor einem Jahr noch nur jeder sechste der täglichen Netzwerknutzer auch sein Mobiltelefon ein, so sind es jetzt schon 41 Prozent. Der Kurznachrichtendienst Twitter dagegen sei für die meisten Jugendlichen eher ein »Randphänomen«.

Die Forscher befragten für die Studie im Frühsommer etwa 1200 junge Menschen. Der Medienpädagogische Forschungsverbund Südwest führt die Untersuchung seit 1998 in Zusammenarbeit mit dem Südwestrundfunk durch.

Im Mai und Juni 2012 wurden dem Forschungsverbund zufolge 1201 Jugendliche telefonisch befragt. 86 Prozent von ihnen gehen noch zur Schule, zehn Prozent waren Auszubildende und zwei Prozent haben bereits ein Studium aufgenommen. 54 Prozent der befragten Schüler gingen aufs Gymnasium, 32 Prozent auf die Realschule und elf Prozent auf die Hauptschule.

Erwartungshorizont

Zu Aufgabe A

Einleitung – Beispiel: Was bedeutet für eine Jugendliche oder einen Jugendlichen heute Facebook? Ist dieses soziale Netzwerk unverzichtbarer und notwendiger Bestandteil des Lebens oder wäre es verzichtbar? Stellt Facebook einen gewichtigen Teil der Alltagskultur Jugendlicher dar oder ist es sogar gefährlich? Oder beides? Im folgenden Artikel werden diese Fragen nach gegenwärtigem Stand beantwortet. Basis dieses Artikels sind ein Artikel aus SPIEGEL.de zur Jim-Jugendstudie, der Leserbrief einer Reporterin der WAZ-Jugendseite ZEUS, der Achtklässlerin Juliane Lackner, mit dem Titel »Facebook – Nein danke« und ein Beitrag von Michael Kroker im Blog der Zeitschrift Wirtschaftswoche zur Nutzung von Twitter und Facebook durch Jugendliche.

Hauptteil – stichwortartig:

- Facebook weltweit Nummer 1 der sozialen Netzwerke, Beleg 81 % der US-Jugendlichen 2012 laut Pew Research, renommiertem Meinungsforschungsinstitut
- Abgrenzung zu Twitter, Kurzachrichtendienst,

laut gleicher Quelle inzwischen mit deutlichem Anstieg, aber hohem Abstand zu Facebook, bei 24 % US-Jugendlichen

- Facebook-Zahl in der Grafik allerdings unter »social networking sites«, darunter also auch andere Anbieter als Facebook denkbar, wenn auch wohl statistisch wenig relevant
- Jugendliche in Deutschland mit 78 % Nutzung sozialer Netzwerke nur unwesentlich hinter US-Jugendlichen, Ergebnis der Jim-Jugendstudie 2012; hier Facebook mit 81 % aus den 78 % erkennbar weitaus größtes soziales Netzwerk
- Begriff social media oder soziales Netzwerk mittlerweile allgemein eingeführt; bei Facebook Rede von »Freunden«, d. h. Gruppe von Menschen, denen der jeweilige Nutzer Informationen (zum eigenen Leben, zu Einladungen oder Veranstaltungen o. a.) regelmäßig mitteilt
- Freundschaftsbegriff von Facebook ebenso umstritten wie Fragen des Datenschutzes; hohe Zahl sog. Freunde mit der Möglichkeit weiter Verbreitung privater Information
- Zunahme von Jugendlichen in Deutschland laut Jim-Studie, die Zugriff nur definierten Personengruppen zubilligen (sog. Privacy Option), auf 87 %
- große Zahl von Möglichkeiten des Zugriffs – zunehmend per Handy, weiterhin per Computer bzw. Laptop; auch daraus hohe Relevanz für Alltag der Mehrheit der Jugendlichen abzuleiten
- Vertrauen in den Datenschutz bei sozialen Netzwerken in Deutschland laut Jim-Jugendstudie gesunken; anzunehmen sind entweder Wahrnehmungen von Missbrauchsberichten oder größere öffentliche Debatte
- Widerspruch zwischen hohem Nutzungsgrad sowohl in den USA und Deutschland und Unbehagen wegen – vermeintlichem oder tatsächlich mangelndem – Datenschutz
- unterschiedliche Haltungen Jugendlicher; mehrheitlich starke Nutzung, aber auch Gruppe von immerhin mehr als einem Fünftel ohne Nutzung sozialer Netzwerke
- Minderheitenposition wie die von J. Lackner, Schülerin Klasse 8 des Essener Carl-Humann-Gymnasiums, mit Kritik am ausufernden Facebook-Freundschaftsbegriff und an der Preisgabe von Peinlichkeiten oder unüberlegten Kommentaren, einsichtig auch für (spätere) Arbeitgeber

(Schluss – Beispiel) Facebook als bei Weitem führendes sog. Soziales Netzwerk ist aus der Alltagskultur der Mehrzahl Jugendlicher derzeit kaum wegzudenken. Das zeigen sämtliche aktuellen Statistiken etwa für die USA oder für Deutschland. Dabei spielen Fragen von Privatsphäre und Datenschutz in der öffentlichen Diskussion und zumindest unter deutschen Jugendlichen inzwischen eine stärkere Rolle, sodass jede und jeder aufgefordert ist, sich zu diesem Medium zu verhalten, eine eigene, eigenständige Position zu beziehen.

Zu Aufgabe B

(einleitend)

- Facebook das bei Weitem und vor allem von Jugendlichen genutzte soziale Netzwerk
- selbst Nutzer, aber lange nicht mehr so blauäugig wie vor zwei oder drei Jahren

(Hauptteil)

- Nutzung von Facebook untereinander (Hausaufgabenbeispiele; Information Erkrankter; Erreichen der Jahrgangsstufe)
- Anfragen zunehmend rein sachlicher Art (keine Wochenenderlebnisse; kein Thema, wie z. B. Alkoholkonsum)
- Ursache, dass Facebook bzw. das Internet nichts vergisst (Meine Jugendsünden vergessen können …)
- spätere Bekannte, Freunde, Freundinnen, Studienkollegen, Arbeitgeber nicht als Mitwisser meines Fühlens, Denkens, Tuns (Kontrolle meiner Privatsphäre)
- Nutzen von »Privacy Option«, aber auch noch stärker Bewusstsein, dass das was im Netz steht, als Foto oder als Kommentar, schnell aus Dummheit oder unbedacht weitergeleitet, geteilt werden kann
- aber kein Abkoppeln von der Außenwelt aus lauter Angst (Facebook für Kontakt und Austausch nutzen, z. B. falls ein Freund gerade ein Jahr in Australien ist und nicht etwa per Skype erreichbar ist)

(Schluss)

- Facebook mit der gebotenen Vernunft gebrauchen

Moderne Kurzprosa analysieren –
Das Eigene und das Fremde

Wer bin ich? Wie kann ich meiner Mitwelt begegnen? Wo ist mein Standort in dieser Welt? Welche Ziele habe ich in meinem Leben? Das sind Fragen, die sich nicht nur Figuren in moderner Kurzprosa, in Kurzgeschichten und Parabeln, sondern auch die Leser dieser Texte immer wieder stellen. In punktuellen Aufblendungen und episodischer Kürze problematisieren kurze Prosaformen das Verhältnis von Wahrheit und Wirklichkeit, Wesen und Erscheinung, entlarven nicht selten routinierte Denk- und Verhaltensschemata, fragen nach dem Selbstverständnis und der Identität von Figuren und zeigen, wie Lebensentwürfe durch Begegnungen mit dem Anderen in die Krise geraten oder gar zunichte werden. Im Verstehen und Deuten dieser kleinen, nicht selten rätselhaften Geschichten kann man Sinnbezüge und vielleicht die eigene Geschichte entdecken. Dabei helfen Ihnen bestimmte Lesestrategien und Verstehensformen, Arbeitsbegriffe und Analysetechniken.

A ▪ Vergegenwärtigen Sie sich anhand Ihrer häuslichen und schulischen Leseerfahrungen, was alles erzählt werden kann. Welche Möglichkeiten sehen Sie, die Erzählinhalte zu ordnen?

B ▪ Wählen Sie exemplarisch einen Inhalt aus und überlegen Sie, wie dieser erzählt werden kann.

Wo komme ich her? Wo gehe ich hin? Wer bin ich?

A ■ Betrachten Sie das Bild und notieren Sie dazu Ihre Assoziationen.

B ■ Schauen Sie sich das Bild noch einmal genauer im Zusammenhang mit den angeführten Fragen an. Schließen Sie dann für einige Sekunden Ihre Augen und schreiben Sie das auf, was Sie vor Ihrem inneren Auge sehen.

C ■ Wählen Sie eine der Fragen aus und verfassen Sie dazu mit Hilfe von Fotografien, persönlichen lebensgeschichtlichen Dokumenten oder Gegenständen Ihre persönliche Geschichte.

D ■ Verändern Sie die Erzählweise in Ihrer Geschichte, indem Sie statt der Ich-Form die Du-, Er- oder Sie-Form ausprobieren. (→ **Erzählperspektive und Darbietungsformen**, S. 219) Arbeiten Sie Unterschiede heraus.

In diesem Kapitel lernen Sie, …

- Formen der modernen Kurzprosa als literarische Möglichkeiten von Selbst-, Fremderfahrungen und Lebensdeutungen zu verstehen und zu beurteilen,
- unterschiedliche Formen der Kurzprosa durch bestimmte poetische Merkmale zu bestimmen und voneinander zu unterscheiden,
- Bausteine von kurzen epischen Texten, wie z. B. Handlung, Figuren, Raum und Zeit, kennen und deren Funktion für die Gestaltung der fiktiven Wirklichkeit zu erfassen,
- Ihr Wissen über die Funktionen erzählerischer Gestaltungsformen, wie z. B. Erzählhaltung, Erzählperspektive, zu erweitern und deren Wirkungen auf den Leser zu erläutern,
- Formen metaphorischen bzw. parabolischen Redens und Schreibens in ihren Strukturen und Wirkungsintentionen zu begreifen und anzuwenden,
- Formen der Kurzprosa unter Berücksichtigung inhaltlicher, struktureller und sprachlicher Aspekte in exemplarischer Weise schriftlich zu erschließen,
- gestaltend mit Formen der Kurzprosa zu arbeiten.

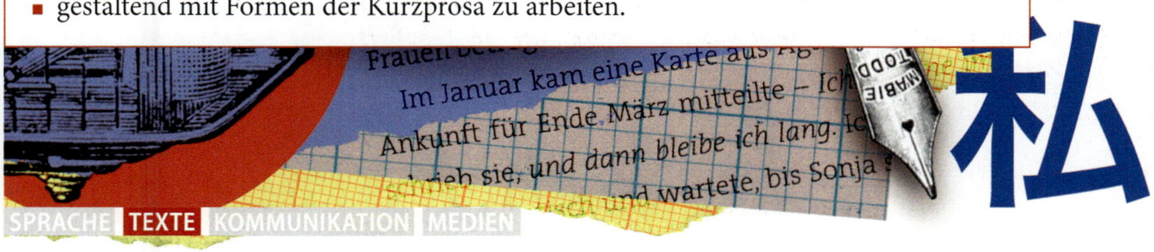

Was ist eine Geschichte?

Von Sehnsüchten und Trennungen

Was kann ich nach der Bearbeitung dieses Unterkapitels?

- Die strukturellen Merkmale einer Geschichte bezeichnen
- Leerstellen in Geschichten erkennen und diese erzählerisch konkretisieren
- Geschichten aus unterschiedlichen Sichtweisen verfassen

A ■ In den vorausgegangenen Schuljahren haben Sie sich mit verschiedenen Formen von Erzählungen beschäftigt. Welche Erfahrungen haben Sie dabei gemacht, welche Kenntnisse erworben?

B ■ Tauschen Sie sich mit Ihren Nachbarn über Ihre Kenntnisse aus.

C ■ In den Erzählungen, die Sie bislang kennen gelernt haben, wird über die Welt erzählt bzw. neue Welten werden erzählerisch vorgestellt. Das kann auf unterschiedliche Weise geschehen. Man kann spannend, humorvoll, unterhaltsam erzählen. Wichtig dabei ist nicht nur, *was* erzählt, sondern *wie* erzählt wird. Man unterscheidet also zwischen dem Erzählen und dem Erzähltem, der Darstellung und dem dargestellten Inhalt. In Texten, in denen erzählt wird, handelt es sich um Geschichten. Was aber ist eine Geschichte? Diskutieren Sie im Kurs bzw. der Klasse über folgenden Text des Schweizer Autors Peter Bichsel:

■ Text 31

Zur Stadt Paris (1993) *Peter Bichsel*

In Langnau im Emmental gab es ein Warenhaus. Das hieß Zur Stadt Paris. Ob das eine Geschichte ist?

A ■ Beantworten Sie die Frage des Autors. Überlegen Sie dabei, welche Merkmale eine Geschichte kennzeichnen. Verändert sich Ihre Antwort, wenn Ihnen gesagt wird, dass Bichsel seinen Text »Sehnsucht« genannt hat?

B ■ Wenn Sie der Meinung sind, dass es sich um keine Geschichte handelt, dann sollten Sie mit Ihrem Nachbarn darüber sprechen, wie man aus diesem Text eine Geschichte verfassen könnte.

C ■ Stellen Sie Merkmale zusammen, die eine Geschichte charakterisieren.

Wählen Sie einen der folgenden Aufträge:

D_1 ■ Schreiben Sie Ihre Geschichte und tauschen Sie sich mit einem Lernpartner aus.

D_2 ■ Schreiben Sie eine Parallelgeschichte zu Bichsels Text. Sie können auch Figuren auftreten lassen.

■ Text 32

Gwenda (1990) *Kurt Aebli*

Als Merk feststellte, dass er Gwenda nicht liebte, brach Gwenda in laute Seufzer aus. Merks Anklageregister war so groß, dass Gwenda noch einmal seufzte. Anschließend trippelte Merk in lohbraunen Schuhen seines Weges.

A ■ Lesen Sie den Text von Kurt Aebli. Stellen Sie Kategorien zusammen, die den Text als Geschichte ausweisen.

B ■ Was ist Ihnen bei der Lektüre dieser Geschichte noch unklar geblieben? Welche Leerstellen enthält der Text? Füllen Sie diese aus.

Was ist eine Geschichte?

INFO

Die **Geschichte** bezeichnet die fiktionale Welt, in der Figuren handeln, Dinge vorhanden sind und sich Geschehnisse ereignen. Durchläuft eine Figur chronologisch mehrere Ereignisse, spricht man von einem **Geschehen**. Dieses Geschehen wird zu einer Geschichte, wenn die Ereignisse nach einer bestimmten **Gesetzmäßigkeit** aufeinander folgen, d.h., wenn die dargestellten Veränderungen motiviert sind.

Ein linearer Handlungsaufbau kennzeichnet z.B. Aeblis Geschichte. Die Ereigniskette in ihr ergibt sich aus den Handlungen bzw. Verhaltensweisen der beiden Figuren: Feststellung Merks – erster Seufzer Gwendas – Anklagen Merks – zweiter Seufzer Gwendas – Weggehen von Merk. Chronologie und mögliche Motivierungen werden hier durch Zeitbestimmungen deutlich (»als«, »noch einmal«, »anschließend«). Dennoch werden die Verknüpfungen vom Autor nicht vollständig realisiert. Dem Leser bleibt die Möglichkeit, Verbindungen zwischen den Informationen herzustellen, d.h. Leerstellen auszufüllen.

■ Text 33

Da kann ich nicht nein sagen (2001) *Nadja Einzmann*

Mein Liebster ist einer, auf den zu warten sich lohnt. Er mag mich, und das genügt mir. Da bin ich gerne sein Haus und sein Hof und prüfe das Dach und öle die Tür, tagein, tagaus, und warte. Es ist eine Nacht, in der er so zu mir kommen wird, übers Feld, und die Sterne werden dröhnen und der Mond pubbern und pulsen, meinem Liebsten zur Begrüßung. Noch lebt er unter anderem Himmel und forscht und strebt und leckt sich die Zungenspitze wund zwischen den Büchern, er hat es mir oft geschrieben. Da kann ich nicht nein sagen und beiseite treten und lasse ihn nicht vorbei: in einer anderen Stadt einer anderen Frau. Da kann ich nicht nein sagen. Und so einen Liebsten hätte ein jeder gern, und hat er ihn nicht, erträumt er ihn. Ich sehe zum Fenster hinaus und sehe ihn kommen, ein Schatten auf dem Weg. Und der Kies wird knirschen unter seinen Füßen, und meine Hand, gestützt auf die Fensterbank, wird schwer werden, meine wartende Hand.

A ■ Vergleichen Sie die Geschichte von Kurt Aebli mit der von Nadja Einzmann.

B ■ Markieren Sie die Bilder im Text von Einzmann und erläutern Sie deren Bedeutung und Funktion. (→ **Funktion und Bedeutung sprachlicher Bilder**, S. 224)

C ■ Versetzen Sie sich in die Rolle des geliebten Mannes und schreiben Sie aus seiner Sicht. Beginnen Sie mit dem Satz »Meine Geliebte ist eine ...«. (→ **Gestaltendes Interpretieren**, S. 221)

D ■ Versuchen Sie, das Original mit Ihrer Version zu einem neuen Text zu verflechten.

E ■ Beantworten Sie stichwortartig folgende Fragen an **T33**:

- Was ist das Geschehen? Bestimmen Sie Figuren, Ort und Thema.
- Wie ist der chronologische Ablauf?

Erzählweisen analysieren und deuten –
Im Spiegel

Was kann ich nach der Bearbeitung dieses Unterkapitels?
- Literarische Verarbeitungen des Motivs des Spiegels verstehen und deuten
- Verschiedene Formen und Perspektiven des Erzählens erkennen und in ihrer Wirkung auf den Leser einschätzen
- Verfremdende, ironische und satirische Stilhaltungen in ihrer Funktion erfassen
- Unterschiedliche Rede- und Denkformen erkennen
- Geschichten in vergleichender Weise analysieren

A ▪ Die Bereitschaft eines Lesers, eine Geschichte zu lesen, hängt oft davon ab, wie sie erzählt wird. Welche Kenntnisse haben Sie über Erzähltechniken bzw. erzählerische Gestaltungsweisen?

B ▪ Welche Bestimmungsmerkmale verbinden Sie mit folgenden Begriffen? Erzählform, Erzählzeit/erzählte Zeit, innerer Monolog, Erzählstandort, Figurenrede.

C ▪ Bilden Sie kleine Arbeitsgruppen und versuchen Sie, diese Begriffe zu klären. Nutzen Sie hierfür auch den Teil »Orientierungswissen«, S. 212 ff.

D ▪ Bevor Sie **T34** lesen, sollten Sie in Form eines Clusters Ihre Vorstellungen zum Phänomen des Spiegels notieren. Berücksichtigen Sie dabei auch Bilder, Redewendungen und literarische Erfahrungen.

▪ **Text 34**

Frauen sind eitel. Männer? Nie –! (1928) *Kurt Tucholsky*

Neben Gedichten und Reportagen, Literaturkritiken und politischen Essays hat der Autor seit 1913 eine Fülle an kurzen, pointierten Geschichten und Parodien für Zeitschriften und Zeitungen publiziert. Diese begründeten seinen Ruf als herausragenden Feuilletonisten.

Das war in Hamburg, wo jede vernünftige Reiseroute aufzuhören hat, weil es die schönste Stadt Deutschlands ist – und es war vor dem dreiteiligen Spiegel. Der Spiegel stand in einem Hotel, das Hotel stand vor der Alster, der Mann stand vor dem Spiegel. Die Morgen-Uhr zeigte genau fünf Minuten vor einhalb zehn.

Der Mann war nur mit seinem Selbstbewusstsein bekleidet, und es war jenes Stadium eines Ferientages, wo man sich mit geradezu wollüstiger Langsamkeit anzieht, trödelt, Sachen im Zimmer umherschleppt, tausend überflüssige Dinge aus dem Koffer holt, sie wieder hineinpackt, Taschentücher zählt und sich überhaupt benimmt wie ein mittlerer Irrer: Es ist ein geschäftiges Nichtstun, und dazu sind ja die Ferien auch da. Der Mann stand vor dem Spiegel.

René Magritte: Reproduktion verboten (Porträt Edward James), 1937

Männer sind nicht eitel. Frauen sind es. Alle Frauen sind eitel. Dieser Mann stand vor dem Spiegel, weil der dreiteilig war und weil der Mann zu Hause keinen solchen besaß. Nun sah er sich, Antinous mit dem Hängebauch, im dreiteiligen Spiegel und bemühte sich, sein Profil so kritisch anzusehen, wie seine egoistische Verliebtheit das zuließ ... eigentlich ... und nun richtete er sich ein wenig auf – eigentlich sah er doch sehr gut im Spiegel aus, wie –? Er strich sich mit gekreuzten Armen über die Haut, wie es die tun, die in ein Bad steigen wollen ... und bei dieser Betätigung sah sein linkes Auge ganz zufällig durch die dünne Gardine zum Fenster hinaus. Da stand etwas.

Es war eine enge Seitenstraße, und gegenüber, in gleicher Etagenhöhe, stand an einem Fenster eine Frau, eine ältere Frau, schiens, die hatte die drübige Gardine leicht zur Seite gerafft, den Arm hatte sie auf ein kleines Podest gelehnt, und sie stierte, starrte, glotzte, äugte gerade auf des Mannes gespiegelten Bauch. Allmächtiger.

Der erste Impuls hieß den Mann vom Spiegel zurücktreten, in die schützende Weite des Zimmers, gegen Sicht gedeckt. So ein Frauenzimmer. Aber es war doch eine Art Kompliment, das war unleugbar; denn wenn jene auch dergleichen vielleicht immer zu tun pflegte – es war eine Schmeichelei. »An die Schönheit.« Unleugbar war das so. Der Mann wagte sich drei Schritt vor.

Wahrhaftig: da stand sie noch immer und äugte und starrte. Nun – man ist auf der Welt, um Gutes zu tun ... und wir können uns doch noch alle Tage sehen lassen – ein erneuter Blick in den Spiegel bestätigte das – heran an den Spiegel, heran ans Fenster!

Nein. Es war zu schéhnierlich ... der Mann hüpfte davon, wie ein junges Mädchen, eilte ins Badezimmer und rasierte sich mit dem neuen Messer, das glitt sanft über die Haut wie ein nasses Handtuch, es war eine Freude. Abspülen (»Scharf nachwaschen?«, fragte er sich selbst und bejahte es), scharf nachwaschen, pudern ... das dauerte gut und gern seine zehn Minuten. Zurück. Wollen doch spaßeshalber einmal sehen –. Sie stand wahr und wahrhaftig noch immer da; in genau derselben Stellung wie vorhin stand sie da, die Gardine leicht zur Seite gerafft, den Arm aufgestützt, und sah regungslos herüber. Das war denn doch – also, das wollen wir doch mal sehen.

Der Mann ging nun überhaupt nicht mehr vom Spiegel fort. Er machte sich dort zu schaffen, wie eine Bühnenzofe auf dem Theater: Er bürstete sich und legte einen Kamm von der rechten auf die linke Seite des Tischchens; er schnitt sich die Nägel und trocknete sich ausführlich hinter den Ohren, er sah sich prüfend von der Seite an, von vorn und auch sonst ... ein schiefer Blick über die Straße: die Frau, die Dame, das Mädchen – sie stand noch immer da.

Der Mann, im Vollgefühl seiner maskulinen Siegerkraft, bewegte sich wie ein Gladiator im Zimmer, er tat so, als sei das Fenster nicht vorhanden, er ignorierte scheinbar ein Publikum, für das er alles tat, was er tat: er schlug ein Rad, und sein ganzer Körper machte fast hörbar: Kikeriki! Dann zog er sich, mit leisem Bedauern, an.

Nun war da ein manierlich bekleideter Herr, – die Person stand doch immer noch da! –, er zog die Gardine zurück und öffnete mit leicht vertraulichem Lächeln das Fenster. Und sah hinüber.

Die Frau war gar keine Frau.

Die Frau, vor der er eine halbe Stunde lang seine männliche Nacktheit produziert hatte, war – ein Holzgestell mit einem Mantel darüber, eine Zimmerpalme und ein dunkler Stuhl. So wie man im nächtlichen Wald aus Laubwerk und Ästen Gesichter komponiert, so hatte er eine Zuschauerin gesehen, wo nichts gewesen war als Holz, Stoff und eine Zimmerpalme.

Leicht begossen schloss der Herr Mann das Fenster. Frauen sind eitel. Männer –? Männer sind es nie.

A ▪ Wie gestaltet der Autor das Motiv des Spiegels in seiner kleinen Geschichte?
(→ **Motive und Leitmotive**, S. 220)

B ▪ Wie verstehen Sie den Titel des Textes? Stellen Sie Bezüge zum Text her.

C ▪ Formulieren Sie mit Bezug auf den Titel des Textes eine Interpretationshypothese. Wählen Sie einen der folgenden Arbeitsaufträge:
Untersuchen Sie die vom Autor gewählten erzählerischen Mittel im Hinblick auf:
- Erzählform,
- Standort und Perspektive des Erzählers,
- Erzählverhalten,
- Wortwahl, Bildlichkeit, Satzbau.

Nutzen Sie dabei die entsprechenden Informationen aus dem Info-Kasten auf der nachfolgenden Seite sowie im Teil »Orientierungswissen«, S. 212 ff.

Erzählform, Standort des Erzählers, Erzählperspektive

INFO

Erzählform

1. Der Erzähler erzählt von sich selbst. Das geschieht in der **Ich-Form**, manchmal, wenn er sich selbst anspricht, auch in der **Du-Form**. Bei dem Ich-Erzähler handelt es sich um eine Figur/Instanz mit bestimmten Eigenschaften, Haltungen und Verhaltensweisen.
2. Erzählt der Erzähler in der dritten Person, spricht man von einer **personalen** bzw. **Er-/Sie-Erzählung**.

Standort des Erzählers

Der Erzählstandort bezeichnet die Position des Erzählers zur erzählten Welt. Er kann in räumlicher oder zeitlicher Hinsicht Nähe oder Ferne zur Geschichte besitzen. Man unterscheidet grundsätzlich zwei Möglichkeiten des Standortes:

1. Der Erzähler kann Teil der erzählten Welt sein, d. h. als eine Figur in der Geschichte auftreten, die er rückblickend erzählt. Man unterscheidet hier zwei unterschiedliche Rollen: ein **erzählendes** und ein **erlebendes Ich**.
2. Der **Erzähler** gehört **nicht zu den Figuren der erzählten Welt**, tritt also in der Geschichte auch nicht als Figur in Erscheinung.

Erzählperspektive

Die Erzählperspektive beinhaltet die Sichtweise bzw. Blickwinkel des Erzählers auf Figuren und Ereignisse. Man unterscheidet drei Varianten:

1. Übersicht: Der Erzähler weiß mehr bzw. sagt mehr als irgendeine der Figuren weiß. Er hat eine **auktoriale** (allwissende) **Perspektive**, kann kommentieren, bewerten und vorausdeuten.
2. **Mitsicht** des Erzählers liegt dann vor, wenn der Erzähler nicht mehr sagt, als die Figur weiß. Er hat die Möglichkeit, Gefühle und Gedanken der Figur wiederzugeben.
3. **Außensicht** liegt dann vor, wenn der Erzähler weniger sagt, als die Figur weiß. Der Erzähler ist in diesem Fall um Neutralität bemüht. Sachlich, ohne Kommentare gibt er das Geschehen wieder.

▪ Text 35

Im Spiegel (1993) *Peter Bichsel*

Er hatte sich schon gestritten mit seinem Vater. Er hatte schon andere Musik gern. Es waren schon andere Zeiten.

Umso mehr erschrak er darüber, dass es ihn entsetzte, dass er im Spiegel mit zunehmendem Alter seinem Vater glich, dem verstorbenen.

Dieser Mund, diese Nase.

Nur die Narbe am Kinn hatte er sich selbst erworben.

A ▪ Wie unterscheiden sich die Geschichten von Kurt Tucholsky (**T 34**) und Peter Bichsel (**T 35**) hinsichtlich ihrer sprachlichen und erzählerischen Gestaltung?

B ▪ Welche Aussagekraft hat das Motiv des Spiegels in Bichsels Text?
(→ **Motive und Leitmotive**, S. 220)

▪ Text 36

Ein erschreckender Anblick (1983) *Franz Hohler*

Als Herr Direktor J., bevor er von zu Hause wegging, noch rasch in den Spiegel seines Korridors schaute, erschrak er.

Sein Anzug war zwar in Ordnung, auch die Krawatte saß, aber dort, wo sonst sein Gesicht war, sah er einen Wasserhahn.

Das muss eine Täuschung sein, dachte Herr J. und wollte sich ins rechte Ohr kneifen, aber stattdessen drehte er das heiße Wasser auf, das sich nun in einem vollen Strahl auf sein Hemd ergoss.

Mit einem Aufschrei schloss er den Hahn wieder, und in dem Moment sah er, dass er sich wirklich getäuscht hatte – im Spiegel war sein normales Gesicht, und auch als er es mit den Händen abtastete, änderte sich nichts mehr, von einem Wasserhahn konnte keine Rede sein. Beruhigt wandte sich Herr Direktor J. der Türe zu, da merkte er, dass er so nicht gehen konnte. Sein Anzug war durch und durch nass, und unter dem Hemd spürte er einen brennenden Schmerz, der langsam stärker wurde.

A ▪ Rekonstruieren Sie die einzelnen Phasen des im Text geschilderten Handlungsverlaufes. Versehen Sie die Phasen mit Zwischenüberschriften.

B ▪ Wie wird der Protagonist der Geschichte durch die Außen- und Innensicht des Erzählers charakterisiert?

C ▪ Formulieren Sie Deutungshypothesen zur Bedeutung des Spiegelmotivs in der Geschichte.

D ▪ Schreiben Sie die Geschichte fort.

▪ Text 37

Spiegelung *Robert Walser*

Robert Walser ist ein literarischer Zeitgenosse von Kurt Tucholsky. Auch er hat für Zeitschriften mannigfaltige Erzählungen, Skizzen und Porträts verfasst. Diese thematisieren in spielerischer Leichtigkeit unscheinbare Anlässe, Situationen und Ereignisse des alltäglichen Lebens, die, häufig gebrochen durch fantastische Motive, ein Licht auf krisenhafte Selbst- und Fremderfahrungen des Menschen werfen.

Ein Mädchen beschaute sich in einem Spiegel, dieser sprach: »Ich bin ehrlich, ich sage dir haargenau, wie du aussiehst. In mir erinnerst du dich. Du bist sehr lieblich, schau dich aber lieber nicht zu oft an. Wirst du böse sein, wenn ich dir sage, warum? Meide mich, wenn du hübsch bleiben willst. Du liebst die eigene Lieblichkeit, du fürchtest, es könnte sie ein Stäubchen trüben. Denke nicht so sehr an deine Schönheit, sonst entfliegt sie dir. Wer sich prüft, entdeckt Fehler an sich. Ich bin erfunden, um bedenklich zu stimmen. Ich selbst habe kein eigenes Wesen; meine Eigenschaft ist, dass ich das Wesen derer widerstrahle, die mich der Beachtung würdig finden, ich bin gefährlich, das sag' ich dir offen. Nicht etwa, dass du mich rührst. Dem Spiegel geht nichts nahe.

Ich bin allen gegenüber gleich. Wer in mich blickt, muss auf Wahrheit gefasst sein. Viele sind schon vor mir zurückgefahren und haben gewünscht, sie hätten es unterlassen, mir Notiz zu schenken. Stumm, wie ich bin, red' ich vielleicht umso deutlicher. Dreh mir den Rücken. Die die Kraft hat, meinen und ihren eigenen Anblick zu verschmähen, geht bei Tag fröhlich herum und schlummert nachts ruhig. Aber ich bin unwiderstehlich; welche Schöne überzeugte sich nicht gerne, wie sie blühe? Ihr Lieben, bleibt nicht vor mir stehen, lebet ohne mich. Glaubt an euch selbst. Lasst euch nicht von mir Versicherungen geben, die von des Zweifels Kälte begleitet sind. Frage lieber dein Herz, wie du aussiehst. Der Spiegel schmeichelt und macht ängstlich. Unbekümmertheit besitzt die schönsten Augen, den hellsten Gesichtsausdruck. Manche meinen, sie könnten ohne mich nicht leben. Je flüchtiger du mit mir verkehrst, umso sicherer bist du vor Veroberflächlichung. Weißt du, dass alle Körperschönheit ihre Nahrung aus dem blühenden Gemüt bezieht? Verlockend bin ich, das weiß ich; nehme mich überall gut aus, weshalb ich an Orten prange, wo es fein hergeht. »Behandle mich verächtlich«, so spricht der Spiegel. Das Mädchen ward mit einmal blass, verlor die Lust an der Spiegelung. Sie dachte an jene Frau, die vor dem Spiegel sitzt und wissen will, wer die Schönste im Lande ist, und nicht ruhen kann.

A ▪ Inwiefern bestimmt die erzählerische Gestaltung die Struktur des Textes? Erarbeiten Sie den Zusammenhang.

B ▪ Wie charakterisiert sich der Spiegel in der Geschichte selbst, welche Ratschläge erteilt er dem Mädchen?

C ▪ Wie verstehen Sie den Appell des Spiegels: »Frage lieber dein Herz, wie du aussiehst«?

D ▪ Am Ende seiner Geschichte spielt der Autor auf einen anderen Text an. Woran erinnert sich das Mädchen? Klären Sie die Beziehungen zwischen beiden Texten.

E ▪ Welche literarische Umsetzung des Spiegelmotivs in den Texten **T34–37** hat Sie überzeugt? Begründen Sie Ihre Meinung.

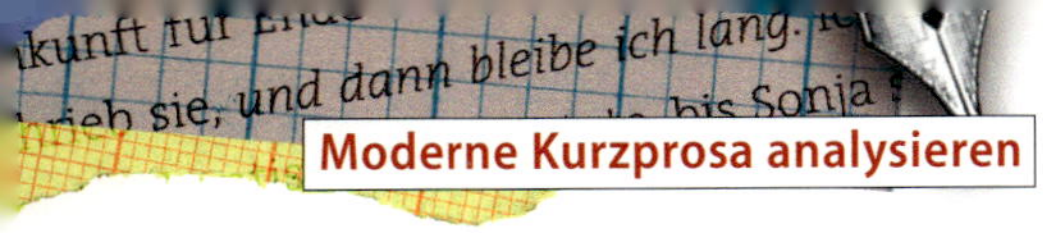

Figurenhandeln darstellen und analysieren –
Begegnungen mit dem Anderen

Was kann ich nach der Bearbeitung dieses Unterkapitels?
- Figuren anhand von Leitfragen charakterisieren
- Beziehungen von Figuren kennzeichnen
- Handlungsmotive und Einstellungen von Figuren szenisch darstellen
- Kommunikative Prozesse zwischen Figuren unter verbalen und nonverbalen Aspekten untersuchen
- Die Zeitgestaltung von Geschichten rekonstruieren
- Merkmale von Kurzgeschichten benennen und erklären
- Leitmotive bzw. Leitsymbole in ihrer Funktion deuten

Lebenshaltungen und Lebensentwürfe von Menschen entstehen nicht nur durch Selbstbespiegelungen und aus Selbsterfahrungen, sondern sind vermittelt durch Begegnungen mit dem Anderen. Die folgenden Geschichten schildern, wie merkwürdige Begebenheiten, schicksalhafte Wendungen oder plötzliche Veränderungen das gewohnte Leben aufbrechen. Das führt nicht selten zu Verunsicherungen und Verstörungen menschlicher Lebensentwürfe. Literarische Orte solcher Verfremdungen sind Kurzgeschichten, Kürzestgeschichten und Anekdoten. Sie thematisieren in komprimierter Form Merkwürdiges, veranschaulichen dem Leser, dass das Bekannte noch lange nicht erkannt sein muss. Zentrale Aspekte, an denen diese Irritationen erfasst werden können, sind die Haltungen und Verhaltensweisen von Figuren in den Texten. Diese zeigen, wie sich Menschen plötzlich aufgrund bestimmter Ereignisse in ihren Denkweisen und Beziehungen zueinander verändern.

Bei folgendem Text handelt es sich nicht um eine Kurzgeschichte im klassischen Sinne, sondern um eine Episode aus einem Roman.

■ Text 38

Vera sitzt auf dem Balkon (1997) *Sibylle Berg*

Vera und Helge sind verheiratet. Schon lange. Wissen sie eigentlich gar nicht, warum. Sie sitzen draußen, auf dem Balkon. Es ist ein Sommerabend. Die Luft fleischwarm und macht im Menschen das Gefühl, dass er etwas unternehmen müsste, in dieser Nacht, das ihr gerecht wird, in der Aufregung, die sie verursacht. Was kann ich machen, mit so einer schönen Nacht, denkt sich Vera und weiß keine Antwort. Und eigentlich auch keine Frage. So eine Nacht ist eben eine Nacht. Die will gar nichts gemacht kriegen. Vera sieht Helge an. Der sitzt neben ihr und ist tausend Gedanken entfernt.

Sie würde gerne rübergehen, zu ihm. Aber sie weiß nicht wie. Sie schaut in den Himmel und sucht dort den Satz. Der alles ändert. Ein Satz nur. Himmel, schenk mir einen. Der Himmel bleibt stumm und schön, und Wunder gibt es eben nicht. Wunder muss es aber geben, denkt Vera und guckt stur in den Himmel. Und dann guckt sie zu Helge rüber und der guckt geradeaus. Helge trinkt Bier. »Helge ...« Helge trinkt Bier. »Ein schöner Abend.«

Helge bleibt stumm, und Vera könnte gut tot umfallen. So leer fühlt sie sich an und weiß gar nicht, warum sie noch hier sitzen soll, oder aufstehen, oder weiterleben. Der Himmel ist ein Verräter, und einen Gott gibt es nicht. Vera nimmt ihre Hand und legt sie auf die von Helge. Da liegt sie dann so. Helges Hand bewegt sich nicht.

Sie fühlt, dass ihre Hand weglaufen möchte. Sie mag das schwitzige Ding nicht anfassen müssen. Nicht sich und nimmt ihre Hand weg, um sich eine Strähne aus dem Gesicht zu wischen. Sie steht auf und geht in die Küche. Der Abwasch steht noch da. Vera bindet sich die Schürze um. Sie wäscht ab und überlegt sich, was sie morgen ins Büro anziehen soll. Dann fällt ihr ein, dass Nora bald Geburtstag hat, und sie schüttelt den Kopf. Es gibt doch wirklich wichtigere Sachen als so einen blöden, warmen Abend und eine Hand, die nicht von ihr angefasst werden will.

A ■ Untersuchen Sie die Erzählform, den Standort des Erzählers und die Erzählperspektive. Nutzen Sie dazu den Info-Kasten auf S. 70.

B ■ In welcher Weise charakterisieren sich die beiden Protagonisten der Geschichte durch ihre Handlungen und Unterlassungen? Markieren und deuten Sie die entsprechenden Textstellen mit Hilfe der unten im Info-Kasten aufgeführten Leitfragen.

C ■ Bilden Sie Zweiergruppen. Wählen Sie eine Textstelle aus und veranschaulichen Sie die Beziehung der beiden Figuren durch ein Standbild (→ **Standbilder**, S. 13). Verfassen Sie zum Standbild einen inneren Monolog des Mannes, der deutlich macht, was er gerade empfindet und denkt.

Charakterisierung durch Deutung des Figurenhandelns

INFO

- Ist das Handeln einer Figur mit einer Veränderung der Figur verbunden oder nicht? Ist die Figur in einer Entwicklung begriffen oder werden feststehende Charaktereigenschaften deutlich?
- Handelt eine Figur absichtlich oder unabsichtlich? Kann sich die jeweilige Figur »beherrschen« oder nicht?
- Wird das Handeln einer Figur tatsächlich verwirklicht oder denkt die Figur lediglich darüber nach, zu handeln – spielen sich die Aktionen also primär im Kopf der Figur ab?
- Werden die Aktionen ausgeführt oder unterlassen? Liegt Handeln oder »Nicht-Handeln« vor?
- Ist die Ausführung bzw. die Unterlassung des Handelns willensgesteuert oder geschieht sie aufgrund eines Drängens von außen her?

In der Geschichte von Sibylle Berg ist es relativ eindeutig, was sich in der erzählten Welt ereignet. Das muss nicht immer so sein. Häufig stellen sich Leser die Frage, ob das, was erzählt wird, auch zuverlässig ist. In modernen Texten, wie z. B. in der folgenden Geschichte von Botho Strauß, lässt sich häufig nicht entscheiden, wie vertrauenswürdig der Erzähler ist und wie es um die Wahrheit des Erzählten bestellt ist.

■ Text 39

Mikado (2006) *Botho Strauß*

Zu einem Fabrikanten, dessen Gattin ihm während eines Messebesuchs entführt worden war, kehrte nach Zahlung eines hohen Lösegelds eine Frau zurück, die er nicht kannte und die ihm nicht entführt worden war. Als die Beamten sie ihm erleichtert und stolz nach Hause brachten, stutzte er und erklärte: Es ist Ihnen ein Fehler unterlaufen. Dies ist nicht meine Frau.

Die ihm Zu-, jedoch nicht Zurückgeführte stand indessen hübsch und ungezwungen vor ihm, wachsam und eben ganz neu. Außerdem schien sie schlagfertig und geistesgegenwärtig zu sein. Den Beamten, die betreten unter sich blickten, gab sie zu verstehen, ihr Mann habe unter den Strapazen der vergangenen Wochen allzu sehr gelitten, er sei von der Ungewissheit über das Schicksal seiner Frau noch immer so durchdrungen und besetzt, dass er sie nicht auf Anhieb wieder erkenne. Solch eine Verstörung sei bei Opfern einer Entführung und ihren Angehörigen nichts Ungewöhnliches und werde sich bald wieder geben. Darauf nickten die Beamten verständnisvoll, und auch der tatsächlich verwirrte Mann nickte ein wenig mit.

Aus seinen dunkelsten Stunden war also unversehens diese völlig Fremde, diese helle und muntere Person aufgetaucht, die den übernächtigten Fabrikanten von seinen schlimmsten Befürchtungen zwar ablenkte, diese aber keinesfalls zerstreute.

Schon am nächsten Morgen – sie schlief im Gästezimmer – fand er sie in der Garage vor einem am Drahtseil aufgehängten Fahrrad, dem kaum benutzten Fahrrad ihrer Vorgängerin. Sie hatte die Reifen abmontiert, die Schläuche geflickt, die Felgen geputzt und die Pedale geölt. Eine Fahrradflickerin!, dachte der Mann, der ihr eine Weile bei den Verrichtungen zusah. Eine gelehrte Frau habe ich verloren und dafür eine Fahrradflickerin bekommen!

Aber dann spekulierte er für den Bruchteil einer Sekunde, was die Zukunft wohl für sie beide bereithalte und ob er je mit ihr auf große Tour gehen werde. Neben den flüchtigen erbaulichen Momenten bewegten ihn aber Zweifel, ob die Anwesenheit dieser einfühlsamen Unbekannten nicht ein tückischer Hinterhalt sein könnte. Ob die Entführer nicht aus reinem Zynismus und nur um die Liebe zu seiner geraubten Frau, der gelehrten, zu verhöhnen, ihm diese naive, bedenkenlos patente Heimwerkerin geschickt hätten. Als zusätzliche Marter, aber auch zur Vorbereitung neuer Erpressungen.

Ganz verstehe ich es immer noch nicht, sagte er auf einmal mit entwaffnender Unbeholfenheit.

Sie lächelte hinter flimmernden Speichen und sagte: Genau wie seinerzeit in Madrid. Du erinnerst dich? Ich hatte doch immer dies lähmende Vorausgefühl.

In Madrid?, fragte der Mann, schon mit einem klang von gewöhnlicher Ehegattennachfrage.

Ja, als wir mit dem ganzen Club, unseren Freunden auf der Plaza Mayor –

Natürlich. Ich erinnere mich.

Meine Handtasche war gerade noch da. Und hätte mich nicht dies lähmende Vorausgefühl ergriffen, dass sie mir im nächsten Augenblick gestohlen würde, dann hätte ich besser aufgepasst. Schon war sie weg!

Und das am Morgen deines dreißigsten Geburtstags! Ausgerechnet. Man lädt die besten Freunde ein, und irgendein Dieb ist immer darunter.

Aufhören!, rief der Mann ungehalten. Schluss mit dem Falschspiel! Du kannst das nicht wissen. Nicht du!

Na, so war's aber. War's nicht so? So war's doch aber.

Am Nachmittag war er mit einem guten Freund verabredet. Er traf ihn in der Hoffnung, einen Zeugen

dafür zu gewinnen, dass man ihm die falsche Frau nach Hause gebracht hatte. Es stellte sich jedoch heraus, dass dieser echauffierte Mensch auf einmal über alles anders dachte, als er bisher gedacht hatte – über Politik, Geld, seine Kinder und seine Vergangenheit. Mit einem Schlag hatte sein Geist die Farbe, den Geschmack, die Richtung und sogar die Geschwindigkeit gewechselt. Da dachte der Mann der Entführten: Es muss doch wohl an mir liegen. Die Menschen wechseln offenbar ihr Inneres genauso schnell wie ihr Äußeres. Sie stülpen sich um und bleiben doch dieselben! Mir scheint, ich habe da eine bestimmte Entwicklung nicht ganz mitbekommen. Also wäre die junge Fahrradflickerin am Ende doch niemand anderes als meine umgestülpte Frau, ja, sie ist wohl die meine, wie sie's immer war. Ich habe weit mehr als mein Vermögen für sie geopfert. Da sitzt sie nun auf meinem Bett, hübsch und rund: mein Schuldenberg. Es bleibt mir keine andere Wahl, ich muss nehmen, was sich bietet, ich könnte nie ein zweites Lösegeld bezahlen.

Da trat aus seinem Inneren ein Bild hervor, und er sah die Entführte in ihrem Kellerloch, in ihrer Haft. Ein Stuhl, ein Schlafsack und ein Campingklo. Und gänzlich ohne Bücher. So sah er die Gelehrte, und so verharrte sie in der Gefangenschaft.

Eines Tages würde sich alles klären. Oder aber es würde sich niemals klären. Zu beidem war er bereit: zu des Rätsels Lösung wie auch das Rätsel zu leben. Nur eine Entscheidung zwischen dem einen und dem anderen konnte er sich nicht abringen.

Am Abend lud er die Geschickte zu einem Mikadospiel mit kostbaren, uralten japanischen Stäben, die er seit Jahren einmal am Tag auswarf und zusammen mit seiner Frau auflas. Nur um füreinander die Fingerspitzen ein wenig zu sensibilisieren – so hatte es stets geheißen, wenn seine Frau ihn zum Spiel bat und sich mit dem schiefen Lächeln der Gelehrten eine dezente Anzüglichkeit erlaubte. Dieselbe Bemerkung kam nun von der Geschickten, und sie lächelte dazu vollkommen ungezwungen.

Die Stäbchen aus lackiertem Zedernholz lagen auseinander gefallen auf dem hellen Birnbaumtisch. Da rieb sich der Mann die Hände und sagte in einem veränderten, aufgeräumten Ton: Nur zu, du kleines Rätsel. Nun zeig, was du kannst!

Dazu gab er ihr einen burschikosen Klaps auf die Schulter. Sie entgegnete mit einem unterdrückten Fluch, da sie den Arm gerade zum Spiel ausgestreckt hatte. Ihre ruhige Hand löste nun etliche Stäbe aus labilster Lage, ohne andere zu bewegen. Seine unruhige hingegen war nicht einmal fähig, freiliegende Spitzen zu drücken, ohne dass sich im Stapel etwas rührte.

Schließlich lüpfte die ruhige Hand den ranghöchsten Stab ohne die geringste Einwirkung auf die kreuzenden und überliegenden. Sie nahm ihn in beide Hände und zerbrach den Mikado in stillem Unfrieden. Das Spiel mit den wertvollen Stäben war für immer zerstört. Die unruhige Hand ergriff zitternd einen der untergeordneten Stäbe und hielt ihn wie einen Spieß umklammert. Der Mann betrachtete die nadelfeine Spitze. Er hatte kein anderes Empfinden mehr, als diese Spitze durch die linke Wange der Frau zu stoßen, durch ihre Zunge zu bohren und aus der rechten Wange wieder hinaus. Gestoßen und gestochen. Nicht jetzt. Aber eines Morgens, ja. Eines Morgens bestimmt. Eines Morgens wird es zu einigen sich überstürzenden Ereignissen kommen ... Man wird sich im Nachhinein fragen, wie es überhaupt so lange hat dauern können, dass nichts geschah.

A ▪ Legen Sie eine Folie auf den Text und markieren Sie die Textstellen, in denen der Fabrikant die beiden Frauen, die »alte« und die »neue«, charakterisiert. Welche Bilder von den Frauen zeichnet er? Welche Beziehungen hat er zu ihnen? Zeigen Sie auf, in welchen Zusammenhängen der Mann sich implizit selbst charakterisiert.
(→ **Charakterisierung durch Deutung des Figurenhandelns**, S. 220)

B ▪ Wie beurteilen Sie das Denken und Verhalten des Mannes? Hat er sich geirrt? Wie erklären Sie sich seine aggressiven Fantasien am Ende der Erzählung?

C ▪ Untersuchen Sie das Bild bzw. Motiv des Mikado-Spiels im Bedeutungszusammenhang der Geschichte. (→ **Motive und Leitmotive**, S. 220) Gibt es weitere Bilder, die die Rezeption des Textes lenken?

▪ Text 40

Porträt Nr. 5. Ehepaar Dortwang (1993) *Brigitte Kronauer*

Der Text der 1940 in Essen geborenen Autorin entstammt einer Band von Erzählungen, dessen Untertitel »Fünfzehn Porträts« lautet.

Bei einem Schrebergartenfest mit Tanz, Bier und Grillwürstchen gab es zwischen Herrn Dortwang und seiner Frau die wohl leidenschaftlichste Verständigung ihres ganzen zwanzig Jahre alten Ehelebens. Das Fest fand Ende September statt. Herr Dortwang, ein hagerer, graukopfiger Mann, gehörte keineswegs dem Verein an. Er verbrachte seine freie Zeit hauptsächlich im eigenen, hinter dem Häuschen des Paars gelegenen Garten. Auch seine Frau hatte, wie ihn, der Zufall zu den Kleingärtnern verschlagen oder eben die Fügung. Sie wurde in einem bestimmten Augenblick während des Festes, kurz nach ihrem Eintreffen, weiß und rot, abwechselnd in schneller gefährlicher Folge, wohl weil sie sich nicht entscheiden konnte, und erst als ihr das Wort »Schicksal« einfiel, nahm ihr großes, rundes Gesicht wieder natürliche Farbe an, nämlich das Inkarnat einer ironischerweise permanenten leichten Entflammung wegen ihres Bluthochdrucks.

Herr Dortwang war ein umständlicher Erzähler. Das störte vielleicht nur deshalb, weil seine Frau, wenn er nach Wörtern zu suchen begann, was allerdings häufig vorkam, ihm schleunigst beisprang. Ob aus Hilfsbereitschaft oder reiner Ungeduld, ließ sich meist, wohl auch für sie selbst, nicht klar entscheiden. »Wir sind damals an diesem, diesem –...« »Fluss spazieren gegangen« ergänzte Frau Dortwang, und genauso »Fluss spazieren gegangen« wiederholte und vervollständigte dann Herr Dortwang. Auf jeden Fall musste er es selbst noch einmal sagen, was den Vortrag nicht fesselnder machte. Fuhr er dann einmal anders fort »... Bach entlang gelaufen«, signalisierte das den Zuhörern schon ungewöhnliche Eigensinnigkeit. Allerdings passierte das hin und wieder.

Frau Dortwang war eine außerordentlich imponierende, energische Ehefrau, eine auch wegen ihrer

Körperkräfte angesehene Altenpflegerin, die hinzuverdiente zum Gehalt ihres Mannes, der seine eigene kleine Firma aufgegeben hatte und als Elektriker in einem größeren Betrieb arbeitete. Das kam vor allem dem achtzehnjährigen Sohn zugute.

Mit ihrem Gatten hatte Frau Dortwang keine Schwierigkeiten, mit diesem insgesamt, nicht nur im Sprechen, ein wenig schwerfälligen, nur langsam zum Wesentlichen kommenden Mann. Sie war es vor allem, die bestimmte, welche Beziehungen zur Umwelt unterhalten wurden, legte die Urteile über gemeinsame Bekannte fest und ordnete an, wann sie geändert werden durften und in welcher Weise. Sie verstand darüber hinaus, auch das annähernd mühelos, ihren Mann im noch privateren Zusammenleben zu dirigieren, sich seinen stets zeitraubenden Betrachtungen zu entziehen durch ein »Ah, ich muß schnell noch ...« und ihn aus seinem Hang zur gelegentlichen, fast ins Schneckenhafte spielenden Melancholie aufzuschrecken durch laute Radiomusik oder hervorragend zubereiteten Heringssalat. Und so in allem anderen auch!

Herr Dortwang schien mit seiner tatkräftig-strammen Frau zufrieden. Meist sah man ihn ja nicht schwermütig, sondern herzlich lachend hinter blitzenden Brillengläsern, ja möglicherweise sogar spöttisch funkelten dann seine Augen, als begriffe er alles und amüsierte sich gelassen dabei. Sehr selten nur – und hatte man es einmal gesehen, war man misstrauisch für immer geworden – stand dieses Lachen plötzlich still, setzte aus und wurde grimassenhaft wieder aufgenommen, abrupt funkelnd, herzlich usw.

Für Frau Dortwang existierte außer diesem Lachen noch ein Lächeln, und das brachte sie, nur dieses eine, diese eine Verfehlung, in ihrem Innersten und verschwiegen, zur Weißglut. Eine junge Bekannte, längst von ihr abgeurteilt, erzeugte, nach ihrer Verbannung, sobald der Name fiel, auf Herrn Dortwangs Gesicht ein Träumen. Es überflutete seine Wangen, seine Augen, sogar seine Stirn glättete sich dann, und das Schlimmste: Er ahnte es selbst anscheinend gar nicht, es widerfuhr ihm in aller Unschuld. Frau Dortwang sagte den Namen ab und zu zur Kontrolle. Sie konnte ihn mit noch so viel Verdammnis belegen: Herr Dortwang lächelte verzückt in zärtlichem Erinnern, obschon doch nie etwas Anstößiges zwischen den beiden vorgefallen sein konnte und man die Person niemals wieder gesehen hatte. Aber auch das ging mit den Jahren vorüber. Freunde der Familie, Kollegen des Mannes, Verwandte, die, wenn sie der

Hafer stach, lebhaft und lüstern von üblichen Ehebrüchen erzählten, wusste sie in gewohnter Manier abzuschmettern durch Berichte über das Alten- und Pflegeheim, wo sich das Leben zeigte, wie es war, jenseits solcher Mätzchen.

An einem Abend Ende August, nachdem er den Rasen geschnitten und sich geduscht hatte, ging ihr Mann, als hätte er es irgendwo gelesen, zum Briefkasten und kam nicht mehr zurück. Die üblichen Nachforschungen ergaben nichts. Bei der Polizei wies man sie auf das Klassische des Falles hin. »Bangen«, »Hoffen«, »Zorn« waren die Wörter, die nun, ließen Mutter und Sohn verlautbaren, den Zustand der restlichen Familie kennzeichneten. Für Frau Dortwang stand bald fest, als man weder einen Verletzten, Toten oder Verirrten mit Gedächtnisverlust für sie aufgefunden hatte, dass ihr Mann auf und davon war, jeder Pflicht davongelaufen. O ja, wenn sie, arg bedrängt von Kreislaufbeschwerden, trotz aller Disziplin, ächzend auf ihrem Stuhl gesessen hatte, keuchend nachts im Bett (manchmal auch, um Entscheidungen zu beschleunigen): Wie konnte sie einstmals dann mit seiner Verzweiflung rechnen! In letzter Zeit hatte er nur still neben ihr ausgehalten, vielleicht aus vollem Herzen geistesabwesend hinter seinem ruhigen Gesicht. Und doch war dieser Streich zu unglaublich, als dass sie hätte kampflos resignieren können. Sie telefonierte, schrieb, wartete.

Ihr Sohn half dabei getreu. Fünf Wochen nach Herrn Dortwangs Verschwinden überredete er seine Mutter, ihn mit zu einem geselligen Abend im Schrebergartenverein seiner neuen Freundin zu begleiten, der Zerstreuung wegen und um endlich ein im

Sommerschlussverkauf aufgrund der Kleidergröße günstig ergattertes Leinenkostüm auszuführen. Dort entdeckten sie beim zweiten Walzer auf der Tanzfläche Herrn Dortwang, heiter eine junge, ihnen unbekannte Frau umbalzend. Frau Dortwang rüstete sich, errötend und erblassend, zu Gefecht und Befehl. Da begegnete sie dem Blick ihres Mannes.

Es war ein Blick, der durchaus konventionell Bestürzung, Scham ausdrückte, auch Erleichterung darüber, dass sich nun das Versteckspiel dem Ende zuneigte, aber ebenso, alles ungerührt glasierend, die sanft unflätige Freude, sich einen Traum bis zum Rand erfüllt zu haben, und Frau Dortwang erkannte wankend und entmachtet die nie wieder gut zu machende Auflehnung, den an die Grundfesten gehenden Verrat, und sie brach spektakulär zusammen wegen dieser ersten Einsicht, nicht wegen der vergleichsweise läppischen Konsequenz, die lautete: Korrektur ausgeschlossen, brach in fast letaler Implosion zusammen nicht einmal wegen dieser ersten Einsicht, vielmehr unter dem erstmals zündenden und sofort und für immer letztmaligen Wort- und Regimewechsel per Blick, dann aber, noch bevor sich die Ambulanz um sie bemühen musste, fiel der unverzüglich Getrösteten das Wort »Schicksal« ein und leistete Beistand. »Schicksal«, sagte sie zu ihrem Sohn und in den folgenden Wochen bei jeder Gelegenheit zu ihren Pfleglingen, der Gesichtsfarbe nach konstant entflammt.

Die zeitliche Gestaltung von Erzählungen

INFO

Erzählte Zeit / Dauer des Geschehens / Zeit, über die erzählt wird:
Anhand von Datierungen und der Benennung von Zeitphasen in der Erzählung kann der Leser den **Umfang der erzählten Zeit** rekonstruieren.

Erzählzeit / Dauer des Erzählvorganges / Zeit, in der erzählt wird:
In der Regel ist die Erzählzeit identisch mit der Zeit, die die Lektüre der Erzählung erfordert. Da diese, je nach Leser, variieren kann, misst man sie häufig auch nach dem Seitenumfang.

Das Verhältnis von erzählter Zeit zur Erzählzeit

1. **Zeitraffung** liegt dann vor, wenn die erzählte Zeit (e) deutlich länger als die Erzählzeit (E) ist ($e > E$). Die Form der Zeitgestaltung ist relativ häufig anzutreffen, weil der Erzähler nicht lückenlos eine ganze Lebensgeschichte oder alle Details eines Zeitraums schildern kann.
2. Von **zeitdeckendem Erzählen** spricht man dann, wenn erzählte Zeit (e) und Erzählzeit (E) nahezu identisch sind ($e = E$). Dieses Verhältnis ist in der Regel bei der direkten Wiedergabe von Dialogpassagen gegeben. Hier liegt szenisches Erzählen vor.
3. **Zeitdehnung** liegt dann vor, wenn die erzählte Zeit (e) deutlich kürzer ist als die Erzählzeit E ($e < E$). Hier gibt der Erzähler solch eine Fülle an Detailinformationen zu einem Vorgang, dass der Leser den Eindruck hat, die Zeit würde stillstehen.

A ▪ Rekonstruieren Sie unter Berücksichtigung der Zeitstruktur den Aufbau der Erzählung. Beachten Sie dabei vor allem, in welcher Reihenfolge erzählt wird. Nutzen Sie dabei die Informationen zur zeitlichen Gestaltung von Erzählungen.

B ▪ Tauschen Sie sich mit einem Lernpartner über Ihre Lektüreerfahrungen aus. Wählen Sie gemeinsam eine von den im Text geschilderten Situationen und erstellen Sie dazu ein Standbild. (→ **Standbilder**, S. 13)

C ▪ Charakterisieren Sie die Sprachverwendung und die kommunikativen Verhaltensweisen der beiden Protagonisten (Mimik). Welche Beziehungen prägen ihr Zusammenleben? Wodurch wird es verändert? (→ **Sprachanalyse**, S. 221)

D ▪ Wie verstehen Sie Frau Dortwangs Reaktion auf die Geschehnisse am Ende des Textes?

■ Text 41

Kritik und Waffe. Zur Problematik der Kurzgeschichte (1961)

Wolfdietrich Schnurre

Was ist eine Kurzgeschichte? [...] Von der Anekdote trennt sie deren pointierte Verdichtung; die Skizze unterscheidet sich durch ihre Weitmaschigkeit, die Erzählung durch ihren epischen Tiefgang von ihr. Sie ist, grob gesprochen, ein Stück herausgerissenes Leben. Anfang und Ende sind ihr gleichgültig; was sie zu sagen hat, sagt sie mit jeder Zeile. Sie bevorzugt die Einheit der Zeit; ihre Sprache ist einfach, aber niemals banal. Nie reden ihre Menschen auch in der Wirklichkeit so, aber immer hat man das Gefühl, sie *könnten so* reden. Ihre Stärke liegt im Weglassen, ihr Kunstgriff ist die Untertreibung. [...]

Welcher literarischen Mittel bedient sich ein Short-story-Schreiber nun? Zunächst mal einer absolut unprätentiösen, hart dem Alltag angenäherten Sprache. Es wird kühl, mit betonter Objektivität geschildert; die in Deutschland so beliebte »dichterische Aussage« ist verpönt. Das ganze Augenmerk ist auf den präzisen, spannungsreichen Handlungsablauf gerichtet. Der Autor bleibt an der Oberfläche seiner Geschichte; nicht, was sein Held denkt, was er tut, ist ihm wichtig. Doch es gibt Tiefen genug, sie klaffen zwischen den Zeilen. Wie überhaupt eine gute Kurzgeschichte, bei aller scheinbar realistischen Schreibweise, unterkellert ist von einem wahren Fallgrubensystem, aus dem sich der arglose Leser nur mit großer Anstrengung wieder befreit. Auch der Dialog untertreibt; er ist von einer an Raffinesse grenzenden Monotonie, doch hört man genau hin, nimmt man einen ungemein sensiblen Resonanzboden wahr, dessen Schwingungen auch dem scheinbar banalsten Wort noch ein eigenes Timbre verleihen. Andeuten gilt dem Short-story-Autor für wichtiger als erklären, Auslassen für vielsagender als betonen. Andererseits liebt er die exakte Schilderung scheinbar alltäglicher Vorgänge; er verwendet sie kontrapunktisch zum Handlungsablauf, aber auch als Maske, um hinter ihr die Sympathie für seinen Helden zu verbergen. Diesem bleibt er die ganze Story lang auf den Fersen; Parallelhandlungen werden verschmäht, Nebenpersonen nie selbstständig eingeführt, immer von der Hauptperson her gesehen.

■ Text 42

Die kurze Form der Prosa (1962) *Walter Höllerer*

Der Literaturwissenschaftler Walter Höllerer grenzt die Kurzgeschichte von anderen erzählerischen Texten ab, indem er in sieben Behauptungen deren Besonderheiten herausarbeitet.

Erstens: sich auf die Augenblicksfixierung und dabei auf die Rolle der Einzelgegenstände, der einzelnen Worte und Gesten zu besinnen.

Zweitens: die Ansichten über Wichtigkeiten und Belanglosigkeiten zu revidieren; an scheinbar belanglosen Situationen entzünden sich die entscheidenden Stellen; sie werden zu Impulsen. Einmalige bedeutende Ereignisse im Stil der Haupt- und Staatsaktion werden dagegen zum Schattenspiel.

Drittens: Geschehnisse erscheinen mehrdeutig, labyrinthisch, und werden dementsprechend andeutend dargestellt.

Viertens: Subjekt und Objekt, Personen und Gegenstände nähern sich in den Momentsituationen aneinander an. Die Objekte bleiben nicht manipulierbar, sondern spielen mit; werden zuweilen grotesk vergrößert und erscheinen übermächtig.

Fünftens: Die Handlung baut sich oft auf einzelne, unverwechselbar festgehaltene, atmosphärisch genau bezeichnete Abschnitte auf, auf Kabinen des Erzählens, die in sich zusammenhalten, die sich gegenseitig stützen oder sich Widerpart geben.

Sechstens: Der Erzähler sucht nicht zu vertuschen, dass er erzählt; er zeigt das ganz offen und desillusionierend. Das führt zuweilen zu stilistischen Arabesken des Erzählens. Es steht im Gegensatz zu Versuchen einiger Novellen, durch Erfinden eines Berichtes, durch das Auffinden einer Chronik das Erzählen zu motivieren.

Siebentens: Unabgeschlossenheit am Anfang und am Ende treten an die Stelle von Streckenberechnungen und Streckenvermessungen mit aufsteigender und abfallender Handlung. [...]

A ▪ Vergleichen Sie die beiden Texte von Wolfdietrich Schnurre und Walter Höllerer (**T 41** und **T 42**) im Hinblick auf Aufbau und sprachliche Gestaltung zur Theorie der Kurzgeschichte. Ermitteln Sie die zentralen Informationen und ordnen Sie sie.

B ▪ Verfassen Sie auf der Basis dieser Informationen und mit Hilfe von Internetrecherchen einen Artikel über die Kurzgeschichte für ein Schülerlexikon der Oberstufe.

C ▪ Überprüfen Sie Ihre Bestimmung der Kurzgeschichte an den Texten von Berg, Strauß und Kronauer (**T38–T40**).

▪ Text 43

Die grüne Krawatte (1901) *Arthur Schnitzler*

Der Erzähler und Dramatiker Arthur Schnitzler wurde als Sohn eines jüdischen Arztes 1862 in Wien geboren. Er studierte Medizin und übte, bevor er freier Schriftsteller wurde, für kurze Zeit den Beruf des Arztes aus. Zeitlebens wurde er mit antisemitischen Vorurteilen und Angriffen nationalistischer Kreise in seinem Heimatland konfrontiert. Damit setzte er sich auch vielfach in seinen Werken, etwa in dem Drama »Professor Bernhardi« aus dem Jahre 1913 auseinander.

Ein junger Herr namens Cleophas wohnte zurückgezogen in seinem Hause nah der Stadt. Eines Morgens wandelte ihn die Lust an, unter Menschen zu gehen. Da kleidete er sich wohlanständig an wie immer, tat eine neue grüne Krawatte um und begab sich in den Park. Die Leute grüßten ihn höflich, fanden, dass ihm die grüne Krawatte vorzüglich zu Gesicht stehe, und sprachen durch einige Tage mit viel Anerkennung von der grünen Krawatte des Herrn Cleophas. Einige versuchten, es ihm gleichzutun, und legten grüne Krawatten an wie er – freilich waren sie aus gemeinerem Stoff und ohne Anmut geknüpft.

Bald darauf machte Herr Cleophas wieder einen Spaziergang durch den Park, in einem neuen Gewand, aber mit der gleichen grünen Krawatte. Da schüttelten einige bedenklich den Kopf und sagten: »Schon wieder trägt er die grüne Krawatte ... Er hat wohl keine andere ...« Die etwas nervöser waren, riefen aus: »Er wird uns noch zur Verzweiflung bringen mit seiner grünen Krawatte!«

Als Herr Cleophas das nächste Mal unter die Leute ging, trug er eine blaue Krawatte. Da riefen einige: »Was für eine Idee, plötzlich mit einer blauen Krawatte daher zu kommen?« Die Nervöseren aber riefen laut: »Wir sind gewohnt, ihn mit einer grünen zu sehen! Wir brauchen es uns nicht gefallen zu lassen, dass er heute mit einer blauen erscheint!« Aber manche waren sehr schlau und sagten: »Ah, uns wird

Schnitzlers „Professor Bernhardi" in Preßburg verboten.

Muß i denn, muß i denn zum Städtele 'naus,
Und du mein Schatz bleibst da.

er nicht einreden, dass diese Krawatte blau ist. Herr Cleophas trägt sie, und daher ist sie grün.«

Das nächste Mal erschien Herr Cleophas, wohlanständig gekleidet wie immer, und trug eine Krawatte vom schönsten Violett. Als man ihn von Weitem kommen sah, riefen die Leute höhnisch aus: »Da kommt der Herr mit der grünen Krawatte!«

Besonders gab es eine Gesellschaft von Leuten, der ihre Mittel nichts anderes erlauben, als Zwirnsfäden um den Hals zu schlingen. Diese erklärten, dass Zwirnsfäden das Eleganteste und Vornehmste seien, und hassten überhaupt alle, die Krawatten trugen und besonders Herrn Cleophas, der immer wohlanständig gekleidet war und schönere und besser geknüpfte Krawatten trug als irgendeiner. Da schrie einmal der Lauteste unter diesen Menschen, als er Herrn Cleophas des Weges kommen sah: »Die Herren mit der grünen Krawatte sind Wüstlinge!« Herr Cleophas kümmerte sich nicht um ihn und ging seines Weges.

Als Herr Cleophas das nächste Mal im Park spazieren ging, schrie der laute Herr mit dem Zwirnsfaden um den Hals: »Die Herren mit der grünen Krawatte sind Diebe!« Und manche schrien mit. Cleophas zuckte die Achseln und dachte, dass es mit den Herren, die jetzt grüne Krawatten trugen, doch weit gekommen sein müsste. Als er das dritte Mal wieder kam, schrie die ganze Menge, allen voran der laute Herr mit dem Zwirnsfaden um den Hals: »Die Herren mit der grünen Krawatte sind Meuchelmörder!« Da bemerkte Cleophas, dass viele Augen auf ihn gerichtet waren. Er erinnerte sich, dass er auch öfters grüne Krawatten getragen hatte, trat auf den Gesellen mit dem Zwirnsfaden zu und fragte: »Wen meinen Sie denn eigentlich? Am Ende mich auch?« Da erwiderte jener: »Aber, Herr Cleophas, wie können Sie glauben –? Sie tragen doch gar keine grüne Krawatte.« Und er schüttelte ihm die Hand und versicherte ihn seiner Hochachtung.

Cleophas grüßte und ging. Aber als er sich in gemessener Entfernung befand, klatschte der Mann mit dem Zwirnsfaden in die Hände und rief: »Seht ihr, wie er sich getroffen fühlt? Wer darf jetzt noch daran zweifeln, dass Cleophas ein Wüstling, Dieb und Meuchelmörder ist?!«

A ▪ Die Erzählung von Schnitzler könnte man auch als Beispielgeschichte bezeichnen. Der Fall des Cleophas steht für viele vergleichbare Fälle. Kennen Sie ähnliche aus Ihrer Lebenswelt? Schreiben Sie dazu eine Geschichte.

B ▪ Welche Informationen erhält der Leser über die Innen- und Außensicht der Hauptfigur? Untersuchen Sie das Verhältnis zwischen beiden Sichtweisen. Nutzen Sie dazu den Info-Kasten über Erzähler- und Figurenrede.

C ▪ Stellen Sie Zusammenhänge zwischen der Erzählung und der Biografie Schnitzlers her. Berücksichtigen Sie dabei auch die beiden Porträts des Autors.

D ▪ Das Verstehen von Figuren ist der Königsweg zum Verstehen literarischer Texte – was spricht dafür?

E ▪ Welche Fragen müssen Sie stellen, um die Erzähl- und Figurenperspektive zu erarbeiten? Welche Textsignale können Sie nutzen, um die Zeitstruktur eines Erzähltextes zu erfassen?

Erzählerrede und Figurenrede

INFO

Dem Leser erschließt sich die erzählte Welt durch Berichte, Beschreibungen und Kommentare des Erzählers, aber auch durch das Reden und Denken von Figuren. Dabei unterscheidet man folgende Formen:

Der Erzähler kann Figuren beschreiben, über deren Entwicklung berichten, deren Verhalten kommentieren.

Die Rede von Figuren kann **direkt**, also in szenischer Form ohne Redeeinführung und Kommentar des Erzählers, wiedergegeben werden.

Davon abzugrenzen ist der **Bericht des Erzählers**, der die Rede der Figur **in indirekter Form** darstellt.

Die **erlebte Rede** hat ihren Ort zwischen direkter und indirekter Figurenrede. Bei ihr handelt es sich um die Wiedergabe der Gedanken aus der Innensicht der Figur Sie realisiert sich grammatikalisch in der dritten Person und im Präteritum. Im Text von Tucholsky finden sich Formen der erlebten Rede.

Der **innere Monolog** stellt eine weitere Möglichkeit dar, Bewusstseinsprozesse einer Figur wiederzugeben. Deren Gedanken werden im Präsens und in der direkten Rede der ersten Person dargestellt.

Parabeln analysieren und deuten – Lebensentwürfe

Was kann ich nach der Bearbeitung dieses Unterkapitels?

- Strukturen und Formen parabolischer Rede erkennen
- Gleichnisse von Parabeln unterscheiden
- Verfremdungen in den Texten in ihren Funktionen und Wirkungen erfassen

Die Frage nach dem Ich und seinen Beziehungen zur Welt bzw. nach seinem Selbstverständnis drängt sich vielleicht dort am stärksten auf, wo Selbstverständliches fragwürdig geworden ist, wo sich dem Menschen selbst die Grundlagen entziehen, wo er sich in Grenzsituationen befindet bzw. sich durch irritierende Lebenserfahrungen zu verlieren droht.

Bei den folgenden Formen gleichnishaften oder parabolischen Schreibens geht es um solche Identitätserfahrungen, um Selbstbestimmung und Selbstbehauptung. Sie setzen sich mit grundsätzlichen Fragen der Lebensgestaltung, mit Lebensentwürfen und Lebensdeutungen des Menschen auseinander.

Pieter Bruegel: Das Gleichnis von den Blinden, 1568

Gleichnis und Parabel

INFO

Bei Parabeln und Gleichnissen handelt es sich um kurze Geschichten, die den Leser belehren bzw. ihn mit einem Problem konfrontieren, das er selbstständig lösen soll. Das **Gleichnis** ist eine durch Verwendung erzählerischer Mittel erweiterte Form des Vergleiches. Dabei wird ein Vorgang, ein Zustand oder ein Gedanke auf einen anderen entsprechenden sinnlich-konkreten Vorstellungsbereich bezogen, den der Leser nicht selten aus seiner Alltagswelt kennt. Der Vergleich dient der Veranschaulichung des abstrakten Sachverhaltes und wird ausdrücklich durch bestimmte Partikel oder Formulierungsmuster hergestellt. In der Geschichte »Eisenbahnunglück im Tunnel« wird die Beziehung zwischen dem Sach- und Bildbereich durch die Wendung »Wir sind [...] in der Situation von Eisenbahnreisenden« hergestellt.

In modernen **Parabeln** fehlt diese explizite Beziehung zwischen Bild- und Sachbereich. In ihnen wird ein Vorgang anschaulich geschildert, der auf einen über die Erzählung hinausreichenden Bedeutungsbereich verweist. Das, was gemeint ist, ist vom Leser durch Nutzung bestimmter Übertragungssignale zu erschließen. Dabei kann der Kontext der Parabel, d. h. der Lebenszusammenhang, in dem sie steht, verdeutlichen, in welcher Richtung der Leser des Textes die intendierte Bedeutung zu suchen hat. Fehlt diese Kontextbestimmung, bleibt die Parabel im Rahmen ihrer Bedeutungskonstitution offen für unterschiedliche Sinnauslegungen durch den Leser.

Von der Fabel grenzt sich die Parabel durch ihren Verzicht auf Vermenschlichung (z. B. sprechende Tiere) ab.

Parabolische Texte lesen und verstehen

Aufgabeninsel

Bearbeiten Sie die folgenden Aufgaben:

Aufgaben zu »Eisenbahnunglück im Tunnel« (T 44)

A ▪ Vergegenwärtigen Sie sich das hier geschilderte Unglück der Eisenbahnreisenden. Geben Sie mit eigenen Worten die Situation wieder. Fertigen Sie dazu eine Skizze an.

B ▪ Wie deutet das Gleichnis menschliches Dasein?

Aufgaben zu »Der Aufbruch« und »Gibs auf!« (T 45 und T 46)

A ▪ Bevor Sie die folgenden Geschichten Kafkas lesen, sollten Sie Ihre persönlichen Gefühle und Gedanken notieren, die Sie mit der Situation des Aufbruchs verbinden: Was erwarten Sie von einer Geschichte, deren Titel »Der Aufbruch« lautet? Vergleichen Sie Ihre Erwartungen mit Ihren Leseeindrücken.

B ▪ Wählen Sie einen Text aus und erstellen Sie zu ihm ein Standbild. (→ **Standbilder**, S. 16) Befragen Sie anschließend den Ich-Erzähler, wie er seine Situation sieht und beurteilt.

C ▪ Wie unterscheiden sich »Der Aufbruch« und »Gibs auf!« in sprachlicher und erzählerischer Hinsicht von Kafkas Text »Eisenbahnunglück im Tunnel«?

D ▪ Bei den beiden Aufbruch-Geschichten von Kafka handelt es sich um Parabeln. Konkretisieren Sie diese Bestimmung am Text, indem Sie auf die entsprechenden Erläuterungen zur Definition der Parabel (S. 81) zurückgreifen.

E ▪ Was will der Autor mit seinen Parabeln verdeutlichen? Berücksichtigen Sie in diesem Zusammenhang die Schlusssätze der Geschichten. Wie verstehen Sie diese?

Aufgaben zu den Keuner-Geschichten (T 47 – T 49)

A ▪ Gleichnisse und Parabeln haben vielfach einen »Sitz im Leben«, d. h., sie werden häufig in Situationen erzählt, in denen die Zuhörer belehrt oder sich mit bestimmten Problemen auseinandersetzen sollen. Skizzieren Sie mögliche Problemsituationen, in denen ein Sprecher einem Zuhörer eine dieser Keuner-Geschichten erzählt.

B ▪ Charakterisieren Sie die Haltungen und Verhaltensweisen, die Herr Keuner in den jeweiligen Texten zeigt: Was will er mit ihnen erreichen? Wie beurteilen Sie diese?

C_1 ▪ Vergleichen Sie die Texte von Kafka und Brecht. Nennen Sie zunächst Aspekte für Ihre vergleichende Analyse und arbeiten Sie anschließend Gemeinsamkeiten und Unterschiede zwischen ihnen heraus.

C_2 ▪ Ein fiktiver Dialog: Auf der Grundlage der hier abgedruckten Texte führen Kafka und Brecht e n Gespräch über Lebensentwürfe und Lebensdeutungen sowie über Möglichkeiten, sie literarisch darzustellen bzw. sich in der Literatur mit ihnen auseinanderzusetzen.
Gestalten Sie ein solches Gespräch, in dem deutlich wird, welche Absichten sie jeweils mit ihrem Schreiben verfolgen und welches Leserbild sie vor Augen haben.
(→ **Gestaltendes Interpretieren**, S. 222)

Aufgaben zu »Das vergebliche Suchen« (T 50)

A_1 ▪ Nennen Sie Kriterien, an denen man sich bei der Analyse dieses Textes orientieren könnte.

A_2 ▪ Formulieren Sie in Frageform mögliche Aufgabenstellungen zum Text.

B ▪ Analysieren Sie den Text von Martin Buber.

Aufgaben zum Gesamtkapitel

A ▪ Lesen Sie noch einmal alle Texte dieses Unterkapitels durch. Wählen Sie einen Text aus, der Sie besonders angesprochen hat. Begründen Sie Ihre Wahl. Formulieren Sie in einem Satz, wie Sie ihn verstanden haben.

B ▪ Reflektieren Sie noch einmal Ihren Arbeitsprozess. Welcher Text hat Ihnen beim Verstehen und Deuten die größten Probleme bereitet? Gehen Sie den Text Wort für Wort, Satz für Satz durch und machen Sie sich Ihre Verstehensprobleme klar. Welche Fragen würden Sie zur Behebung Ihrer Schwierigkeiten an den Autor richten?

C ▪ Wählen Sie einen der Texte für einen Analyseversuch im Rahmen Ihrer Klausurvorbereitung aus. Wie würden Sie beim Schreiben der Analyse vorgehen? Entwickeln Sie einen Schreibplan. Vgl. Vorwissen für eine Leistungsüberprüfung aufbauen, S. 170.

D ▪ Legen Sie dar, was Sie bei der Erarbeitung dieses Kapitels im Umgang mit Kurzprosa gelernt haben.

Text 44

Eisenbahnunglück im Tunnel *(1907)* *Franz Kafka*

Charakteristisch für viele Erzählungen des Prager Dichters Franz Kafka sind die Situationen des Aufbruchs oder der Ankunft. Seine Helden begeben sich oft auf die Reise, ob sie ankommen, bleibt offen. Die folgenden Geschichten greifen diese Motive auf. Sie entstammen sämtlich dem Nachlass des Autors und wurden nach seinem Tod von seinem Freund Max Brod veröffentlicht. Dieser hat ihnen auch vielfach einen Titel gegeben.

Wir sind, mit dem irdisch befleckten Auge gesehn, in der Situation von Eisenbahnreisenden, die in einem langen Tunnel verunglückt sind, und zwar an einer Stelle, wo man das Licht des Anfangs nicht mehr sieht, das Licht des Endes aber nur so winzig, dass der Blick es immerfort suchen muss und immerfort verliert, wobei Anfang und Ende nicht einmal sicher sind. Rings um uns aber haben wir in der Verwirrung der Sinne oder in der Höchstempfindlichkeit der Sinne lauter Ungeheuer und ein je nach der Laune und Verwundung des Einzelnen entzückendes oder ermüdendes kaleidoskopisches Spiel.

Was soll ich tun? oder: Wozu soll ich es tun? sind keine Fragen dieser Gegenden.

Text 45

Der Aufbruch (1922) *Franz Kafka*

Ich befahl mein Pferd aus dem Stall zu holen. Der Diener verstand mich nicht. Ich ging selbst in den Stall, sattelte mein Pferd und bestieg es. In der Ferne hörte ich eine Trompete blasen, ich fragte ihn, was das bedeute. Er wusste nichts und hatte nichts gehört. Beim Tore hielt er mich auf und fragte: »Wohin reitest du, Herr?« »Ich weiß es nicht«, sagte ich, »nur weg von hier, nur weg von hier. Immerfort weg von hier, nur so kann ich mein Ziel erreichen.« »Du kennst also dein Ziel?«, fragte er. »Ja«, antwortete ich, »ich sagte es doch: Weg-von-hier, das ist mein Ziel.« »Du hast keinen Essvorrat mit«, sagte er. »Ich brauche keinen«, sagte ich, »die Reise ist so lang, dass ich verhungern muss, wenn ich auf dem Weg nichts bekomme. Kein Essvorrat kann mich retten. Es ist ja zum Glück eine wahrhaft ungeheuere Reise.«

Text 46

Gibs auf! *Franz Kafka*

Es war sehr früh am Morgen, die Straßen rein und leer, ich ging zum Bahnhof. Als ich eine Turmuhr mit meiner Uhr verglich, sah ich, dass es schon viel später war, als ich geglaubt hatte, ich musste mich sehr beeilen, der Schrecken über diese Entdeckung ließ mich im Weg unsicher werden, ich kannte mich in dieser Stadt noch nicht sehr gut aus, glücklicherweise war ein Schutzmann in der Nähe, ich lief zu ihm und fragte ihn atemlos nach dem Weg. Er lächelte und sagte: »Von mir willst du den Weg erfahren?« »Ja«, sagte ich, »da ich ihn selbst nicht finden kann.« »Gib 's auf, gib 's auf«, sagte er und wandte sich mit einem großen Schwunge ab, so wie Leute, die mit ihrem Lachen allein sein wollen.

■ Text 47

Herr Keuner und die Flut (1949) *Bertolt Brecht*

Bei den folgenden Texten von Bertolt Brecht handelt es sich um knappe, pointierte Geschichten, in deren Mittelpunkt eine fiktive Figur mit dem Namen Keuner steht. Als Denkender, Argumentierender und Dialogisierender setzt sich Herr Keuner in unterschiedlichen Situationen mit Problemen der Lebenswelt, Moral und Gesellschaft auseinander, schlägt ungeahnte Denkwege ein und zeigt ungewöhnliche Verhaltensweisen. Brechts Geschichten von Herrn Keuner sind in einem Zeitraum von mehr als 30 Jahren entstanden. Bis zu seinem Tod hat der Autor dieser Form von Kurzprosa immer wieder neue Variationen abgewonnen.

Herr Keuner ging durch ein Tal, als er plötzlich bemerkte, daß seine Füße in Wasser gingen. Da erkannte er, daß sein Tal in Wirklichkeit ein Meeresarm war und daß die Zeit der Flut herannahte. Er blieb sofort stehen, um sich nach einem Kahn umzusehen, und solange er auf einen Kahn hoffte, blieb er stehen. Als aber kein Kahn in Sicht kam, gab er diese Hoffnung auf und hoffte, daß das Wasser nicht mehr steigen möchte. Erst als ihm das Wasser bis ans Kinn ging, gab er auch diese Hoffnung auf und schwamm. Er hatte erkannt, daß er selber ein Kahn war.

■ Text 48

Das Wiedersehen (1932) *Bertolt Brecht*

Ein Mann, der Herrn K. lange nicht gesehen hatte, begrüßte ihn mit den Worten: »Sie haben sich gar nicht verändert.« »Oh!« sagte Herr K. und erbleichte.

■ Text 49

Mühsal der Besten (1929) *Bertolt Brecht*

»Woran arbeiten Sie?« wurde Herr K. gefragt. Herr K. antwortete: »Ich habe viel Mühe, ich bereite meinen nächsten Irrtum vor.«

■ Text 50

Das vergebliche Suchen (1949) *Martin Buber*

Der Text des jüdischen Religionsphilosophen und Dichters stammt aus einer Sammlung von kleinen volkstümlichen Erzählungen, die im Gefolge des Chassidismus, einer im Osteuropa des 18. Jahrhunderts entstandenen jüdischen mystischen Bewegung, entstanden sind. In ihnen geht es – demonstriert an alltäglichen Begebenheiten – um die Auseinandersetzung mit Sinnkrisen und Sinnerfüllung im Leben.

Rabbi Chanoch erzählte: »Es gab einmal einen Toren, den man den Golem nannte, so töricht war er. Am Morgen beim Aufstehn fiel es ihm immer so schwer, seine Kleider zusammenzusuchen, dass er am Abend, dran denkend, oft Scheu trug, schlafen zu gehn. Eines Abends fasste er sich schließlich ein Herz, nahm Zettel und Stift zur Hand und verzeichnete beim Auskleiden, wo er jedes Stück hinlegte. Am Morgen zog er wohlgemut den Zettel hervor und las: ›Die Mütze‹ – hier war sie, er setzte sie auf. ›Die Hosen‹, da lagen sie, er fuhr hinein, und so fort, bis er alles anhatte. ›Ja aber, wo bin ich denn?‹ fragte er sich nun ganz bang. ›Wo bin ich geblieben?‹ Umsonst suchte und suchte er, er konnte sich nicht finden.« – »So geht es uns«, sagte der Rabbi.

A ■ Welche besondere Anforderungen stellt parabolisches Erzählen an den Leser? Reflektieren Sie Ihren Arbeitsprozess.

Kurzprosa verstehen, analysieren und deuten

Was kann ich nach der Bearbeitung dieses Unterkapitels?
- Strategien beim Lesen eines Textes verwenden
- Durch Verknüpfung von Informationen das Gesamtverständnis eines Textes erarbeiten
- Einen markierten Text für die Deutung einer Geschichte nutzen
- Deutungen zu einem Text analysierend miteinander vergleichen und beurteilen

■ Text 51

Gerechtigkeit (1993) *Peter Bichsel*

Der Autor Peter Bichsel gilt als einer der Wegbereiter der Kürzestgeschichten in der deutschsprachigen Literatur.

neutrales Erzählen

Der Betrunkene auf der Parkbank – der

Symbol/Leitmotiv

Morgen war sehr heiß – sagte:

»Erinnerst du dich an jenen«, er sagte

Redeeinführung

einen Namen, »der vor 25 Jahren seine

Gewalttat

Frau mit einem Beil erschlug?«

»Nein«, sagte ich.

Ich als Erzähler und handelnde Figur

»Das war ich«, sagte er. »Es war vor 25

zeitgleiches Erzählen

Jahren«, sagte er. »Erinnerst du dich?«,

nachdrückliches Wiederholen

sagte er.

Am Nachmittag – es war heiß – quälte

mich der Gedanke, dass ich ihn falsch

Innensicht: selbstkritisch

verstanden haben könnte.

A ■ Verfassen Sie eine schriftliche Analyse auf der Basis des bearbeiteten Textes. Nutzen Sie den nachfolgenden Info-Kasten.

Kurzprosa verstehen, analysieren und deuten

INFO

1. **Lesen** Sie den Text. Was haben Sie verstanden? Was ist Ihnen nicht klar? Was ist Ihnen aufgefallen?
2. **Unterstreichen** Sie die Textstellen, die Sie für wichtig halten. **Markieren** Sie eventuell **Schlüsselwörter**.
3. **Formulieren** Sie **Fragen** in Bezug auf den Text, die geklärt werden müssten. Alternativ: Welche Fragen würden Sie den Figuren stellen?
4. Versuchen Sie, mit Ihrem Nachbarn bzw. Ihrer Nachbarin diese Fragen zu beantworten. Überlegen Sie, welche Frage bzw. welchen Fragenkomplex Sie für die Erschließung des Textes für zentral halten. Lesen Sie ihn dann noch einmal durch und skizzieren Sie anhand Ihrer **Leitfrage** Ihr Verständnis. Geben Sie mit eigenen Worten den **Inhalt** der Geschichte wieder.
5. Stellen Sie mögliche **Zusammenhänge** her zwischen Ihrem Verständnis des Textes und dessen Titel.
6. Kenzeichnen Sie die **Haltungen** und **Verhaltensweisen der Figuren**. Lassen sich aus ihnen Rückschlüsse über mögliche **Beziehungen** zwischen ihnen ziehen?
7. Analysieren Sie ausgehend von Ihrem Verständnis der Geschichte die **sprachliche und erzählerische Gestaltung** des Textes. Nutzen Sie dazu den markierten Text.
8. Formulieren Sie eine oder mehrere **Deutungshypothesen** zur Geschichte.
9. Welche **Leerstellen** in der Geschichte haben Sie aufgefüllt, um Ihre Deutungshypothese(n) nachvollziehbar zu machen?
10. Welche Textpassagen schränken eventuell die Geltung Ihrer **Hypothesen** ein, welche bestätigen sie?

■ Text 52

Zwei Deutungsansätze zu dem Text »Gerechtigkeit« von Peter Bichsel (2003)

Stefan Neuhaus

1. Möglichkeit: Der Ich-Erzähler ist ein zufälliger Passant. Die Frage des Betrunkenen betrifft ihn nicht weiter, vielmehr wundert er sich über die Frage und darüber, dass ausgerechnet er sich an eine Geschichte vor 25 Jahren erinnern soll. Erst später fragt er sich, ob der Betrunkene nicht eigentlich etwas anderes wollte, vielleicht war seine scheinbar unmotivierte Frage an einen Passanten ein Hilfeschrei. Der Ich-Erzähler »quält« sich, weil er nicht näher auf den Betrunkenen eingegangen ist und ihm nicht geholfen hat. In dem Fall könnte die Erzählung auch als ein Appell an die Mitmenschlichkeit gelesen werden, mit dem konkreten Hinweis, Hilfesignale von Obdachlosen oder auffälligen Menschen nicht zu ignorieren, denn nur so könnte mehr (soziale) Gerechtigkeit geschaffen werden.

2. Möglichkeit: Der Betrunkene war im Gefängnis und ist erst kürzlich freigelassen worden. Er trifft sich mit einem ehemaligen Freund, dem Ich-Erzähler. Dass ein Mann seine Frau mit dem Beil erschlagen hat, scheint auf einen Mord aus Leidenschaft hinzudeuten, möglicherweise hat die Frau ihren Mann betrogen. Die selbstquälerische Frage zum Schluss deutet an, dass der Ich-Erzähler der Liebhaber der Frau war; die Wiederholungen der Fragen könnten zeigen, dass der Betrunkene dies weiß. Insofern ist es nicht gerecht, dass es dem Ich-Erzähler besser geht als dem Betrunkenen, dessen Leben offenbar zerstört wurde. Aber in der selbstquälerischen Frage deutet sich an, dass die Strafe des Ich-Erzählers in Gewissensnöten bestehen und auf diese Weise der Titel »Gerechtigkeit« gerechtfertigt sein könnte.

A ■ Vergleichen Sie Ihre Interpretation mit den beiden Deutungsansätzen von Stefan Neuhaus. Wie wird in den Deutungsvarianten der Titel verstanden und auf den Text bezogen?

B ■ Welche der beiden Deutungsansätze zur Geschichte von Bichsel überzeugt Sie? Begründen Sie Ihre Auffassung, indem Sie nach Textsignalen suchen, die Aufschluss über die beider Figuren und ihre Beziehung geben.

■ Text 53

Die Ausfahrt (1985) *Jürg Amann*

Eine Gruppe junger Reisender hatte eines Tages von der Residenzstadt aus eine Ausfahrt in die Landschaft unternommen. Am Abend, als die Zeit der Rückkunft schon nahe war, fuhr der kleine Zug plötzlich langsamer, sodass man glauben konnte, er habe seinen Bahnhof, ein paar Minuten zu früh, schon erreicht, ruckte einige Male unentschlossen an den Kupplungen, als wisse er nicht so recht, was er tun, ob er anhalten, ob er weiterfahren solle, blieb aber schließlich auf freiem Feld liegen.

Die harmlose Gesellschaft, die vom Tag müde war, blieb zunächst still. Einige schlugen die Augen auf, einige machten sie wieder zu und legten die Köpfe zurück in die gepolsterten Ecken. Das Signal wird geschlossen sein, sagte einer, als nichts geschah. Eine Kuh steht auf dem Geleise, meinte ein anderer, als die Zugspfeife zweimal kläglich gepfiffen hatte. Typisch Italien, sagte ein dritter, der schon zum x-ten Mal auf die Uhr schaute.

Aber auf die Frage des Reiseleiters zum geöffneten Fenster hinaus, was der unplanmäßige Halt zu bedeuten habe, sagte der Schaffner, der neben den Geleisen den Wagen entlangging: wir können nicht weiter; die Stadt ist nicht mehr da, wo wir hin wollten.

A ■ Analysieren und deuten Sie den Text »Die Ausfahrt« von Jürg Amann. Orientieren Sie sich in Ihrer Analyse bzw. Interpretation an dem Katalog der zehn Arbeitsanregungen im Info-Kasten auf der S. 88.

B ■ Bei den Texten von Peter Bichsel, die in diesem Kapitel abgedruckt sind, handelt es sich sämtlich um Kürzestgeschichten. Vergleichen Sie diese und zeigen Sie auf, worin Reiz und Herausforderung für den Leser beim Deuten dieser Geschichten bestehen.

C ■ Bevor Sie eine schriftliche Analyse zum Text **T55** von Nadja Einzmann verfassen, sollten Sie sich noch einmal vergegenwärtigen, was Sie bei der Durcharbeitung des Gesamtkapitels gelernt haben:
- Notieren Sie Sätze bzw. Passagen aus den zum Themenkomplex ausgewählten Texten, die Sie in besonderer Weise angesprochen haben.
- Fertigen Sie zum Einstiegsbild (S. 65) eine Collage an, indem Sie die von Ihnen exzerpierten Textteile – ergänzt durch eigene Sätze – jeweils an eine Ihnen geeignete Stelle des Bildes eintragen.
- Machen Sie sich klar, wie eine Geschichte erzählt werden kann. Erstellen Sie dazu eine Mind-Map.

Kürzestgeschichten

INFO

Die Übergänge von der Kurzgeschichte zur **Kürzestgeschichte** sind fließend. Sind die Reduktion von Handlung und Figurendarstellung, die Konzentration von Raum und Zeit schon für die Kurzgeschichte charakteristisch, so wird diese **Tendenz zur Verkürzung und Verdichtung** in der Kürzestgeschichte **bis hin zu Grenzen des Verstehens** fortgeschrieben. Häufig wird in ihr nur noch ein **Situationskern**, eine **Momentaufnahme** als Reflexionsanlass oder ein **Gedanke** vorgestellt, sodass der Leser, will er dem Text Sinnbezüge abgewinnen, veranlasst ist, thematische Zusammenhänge herzustellen bzw. mitzuerzählen.

Kennzeichnend für die Kürzestgeschichte ist ein **Themen- und Formenpluralismus**, der sich genauso offen zeigt für realistische Schreibformen wie für groteske Verfremdungen.

■ Text 54

Guter Rat (1978) *Thomas Bernhard*

Ein Ausflügler, der sich uns auf der Fahrt in die sogenannte Eisriesenwelt bei Werfen angeschlossen hatte, weil er wahrscheinlich der Meinung gewesen war, dass wir unterhaltsamer sind, als die anderen in unserem talwärts fahrenden Zuge, hatte uns berichtet, daß er zutiefst unglücklich sei über die Tatsache, daß er einem seiner Kollegen, einem Bankangestellten wie er, der ihn gefragt hatte, wo er seinen Urlaub verbringen solle, um auszuspannen, zu einer Kreuzfahrt im adriatischen und im mittelländischen Meer geraten habe, welche ihm selbst einmal so gut getan habe. Gerade das Schiff, auf welchem sein Kollege nach Dubrovnik und nach Korfu und nach Alexandria unterwegs gewesen war, sei, aus bisher immer noch ungeklärten Gründen, so er, in der Nähe von Kreta gesunken und wie alle übrigen, die diese Unglückskreuzfahrt, wie sich der Ausflügler ausgedrückt hatte, mitgemacht hatten, wäre auch sein Kollege ertrunken. Wahrscheinlich sei er mit dem sehr rasch gesunkenen Schiff untergegangen. Der Untergang des Schiffes und der Ertrinkungstod seines Kollegen seien ihm so nahe gegangen, daß er jetzt schon jahrelang keine Ruhe mehr finde. Er hatte uns gefragt, was er tun solle, um von seinem schlechten Gewissen befreit zu werden, wir hatten uns aber nicht getraut, ihm einen Rat zu geben.

A ■ Verdeutlichen Sie die dem erzählten Geschehen zugrunde liegende Kommunikationssituation. Nehmen Sie dabei ein Ihnen geläufiges Kommunikationsmodell zu Hilfe. (→ **Das Nachrichten-Quadrat**, S. 8; → **Das Vier-Ohren-Modell**, S. 9)

B ■ Analysieren Sie Position, Haltung und Darstellungsweise des Erzählers. Warum hat Thomas Bernhard gerade diese Erzählperspektive gewählt? (→ **Erzählperspektive und Darbietungsformen**, S. 219)

C ■ Warum gibt die Wir-Gruppe dem Ausflügler keinen Rat?

D₁ ■ Die Wir-Gruppe führt, nachdem sie der Ausflügler verlassen hat, ein Gespräch über die Begegnung mit ihm. Was sagen die Beteiligten?

D₂ ■ Wandeln Sie die hypotaktische Struktur der Sätze in eine parataktische Form um. Vergleichen Sie beide Fassungen.

E ■ Welche sozialen und ethischen Probleme reflektiert der Autor in seinem Text?

F ■ Wie könnte man den Text gattungsmäßig einordnen? Würden Sie ihn eher als Anekdote oder als Parabel bezeichnen? Begründen Sie Ihre Meinung.

Anekdote

INFO

Unter der Anekdote versteht man ursprünglich eine **kurze, prägnante, oft witzige Prosaform**, in der eine **wahre** oder **vorstellbare Begebenheit** einer **bekannten Person** erzählt wird. Darüber hinaus kann mit ihr eine denkwürdige Episode, eine bestimmte Gesellschaftsschicht oder ein Menschentyp in seiner Besonderheit blitzartig erfasst werden. Charakteristisch für sie ist eine **überraschende Wendung** des Geschehens oder **Pointe** am Schluss, die moralisch belehrend auf menschliche Unzulänglichkeiten verweist oder kritisch verborgene Zusammenhänge deutlich macht.

Leistungsüberprüfung

I A: Analyse eines literarischen Textes (Kurzgeschichte)

A ▪ Analysieren Sie den Text »Etwas zu erzählen?« von Nadja Einzmann. Setzen Sie sich dabei besonders mit folgenden Fragen auseinander:
- Worum geht es in dem Text? In welcher Beziehung stehen Mann und Frau zueinander?
- Wie ist der Text sprachlich und erzählerisch gestaltet?
- Welche Rollenbilder werden im Text entworfen?
- Wie verstehen Sie den Titel bzw. Schluss der Erzählung?

▪ **Text 55**

Etwas zu erzählen? (2001) *Nadja Einzmann*

Es lässt sich leben an so einem Tag. Nicht dass mir leicht wäre, das nicht. Ich lebe so dahin. Kein Pulsen um die Herzgegend, Gott sei Dank. Vielmehr ein Strömen, ein zartes Vibrieren in den Armen, die Beine hinab und im Bauch, als wären meine Adern mit Lammfell ausgespannt und die feinen Härchen zausten mein Blut.

Sie ist nicht nach Hause gekommen, gestern nicht und heute auch nicht. Ein Versehen vielleicht, eine Vergesslichkeit, hatte ich mir gedacht. – Aber natürlich, dass er sie mit seinen jungen Armen um die Taille gefasst hat und die Feuchtigkeit ihres Mundes durchforscht mit seiner blitzlebendigen Zunge. Da kann es kein Zurück mehr geben für sie zu mir.

Sie ist mir ans Herz gewachsen auf eine Art, die nicht gut war: Nach Reden war mir selten zumute in den letzten Jahren, sie begriff vieles nicht, und ihr Körper bedeutete mir immer weniger in der Zeit. Aber sie musste um mich sein, ihr Atem die Luft meines Zimmers pflügen, dass mir Gedanken kamen und Worte flossen. Ohne sie bin ich nichts.

Warum soll sie nicht tanzen gehen, hatte ich mir gedacht. Dass so ein luftiges Röckchen ihre Schenkel umspielt und dass sie einmal wieder tief Atem holen kann. Ein wenig Röte um die Wangen und wäre ein Rhythmus in ihr die nächsten Tage, dass auch mir leichter würde ums Herz. So habe ich mir gedacht und ihr freundlich zugenickt. »Ja«, habe ich gesagt, »mach nur. Das wird dir gut tun.« Ich war nicht ängstlich. Gar nicht ängstlich bin ich gewesen. Den Abend nicht, und auch noch nicht in der Nacht. Mein Bauch lag warm auf dem Laken, und die Arme hatte ich mir um den Kopf gelegt wie stets. Kaum ein Gedanke an sie. Ein kleines Sehnen vielleicht, ein angenehmes, müheloses.

Gegen Mittag war ich aufgewacht und habe sie nicht gehört. Stille im ganzen Haus, kein Brummen von der Straße her, kein Ziehen im Holz. Sie fehlte, dass mir die Ohren schmerzten, und mein Herz schlug los, dass ich meinte, es würde mir aus der Brust hüpfen.

Dass sie viel Zeit vor dem Spiegel verbracht hätte die letzten Jahre, kann ich nicht sagen. Aber an diesem Abend hat sie sich Mühe gegeben. Ich habe ihr die feine, silberne Kette um den Hals legen müssen. Und tatsächlich habe ich sie in den Nacken geküsst bei dieser Gelegenheit, wie ich es lange nicht getan habe. Sie roch nach Vanille und nach etwas anderem. Ich habe sie nicht gefragt, nach was.

Mit allzu beweglichen Hüften ist sie den Weg hinuntergegangen zum Wagen. Warum nur, habe ich mich noch gefragt, hat sie das nötig? Aber dann bin ich ins Haus zurückgegangen. Habe mir Teewasser aufgesetzt und ins Pfeifen des Teekessels hinein mir keine Gedanken mehr gemacht um sie und mich.

Der Hund lag vor dem Kamin wie immer, und wie sollte ich da auf etwas kommen. Tatsächlich in Pantoffelstimmung war ich an diesem Abend und löste die Krawatte und ging nur in Strickjacke und weichen Hosen herum.

Mit mir kann man sich einiges erlauben, habe ich mir gedacht. Ich bin gut zu ihr. Und habe mich an den Schreibtisch gesetzt, die Arme recht weit ausgespannt, und mir ein Blatt Papier bereitgelegt. Als mir nichts aufzuschreiben einfallen wollte, verbrachte ich den Abend in Gemütlichkeit, zog mir ein Buch, ein dickes, staubiges, aus dem Regal und legte mich im Sessel zurecht.

Was hätte ich dort verloren gehabt? Das harte Umta-umta des Schlagzeugs würde mir noch nächtelang den Schlaf geraubt haben, und zuckende Lichter haben mir nie etwas bedeutet. Ihr würden sie in die Glieder fahren, und das war gut so. Dass ihre Muskeln sich spannen und entspannen könnten und ihr Atem ein und aus führe, ein und aus. Hell würde sie sein, wenn sie zurückkäme und leicht, und ihr Lachen würde meinem Zimmer eine andere Tönung geben.

Ich habe sie wenig gefragt, die letzten Jahre, und sie hat mir nichts gesagt. So ist das, wenn die Herzen im Gleichklang schlagen, hatte ich mir gedacht. Worte braucht, wer eine andere Sprache nicht zu sprechen versteht. Sanft war sie, wie sie es manchmal ist, dass ich nichts gespürt habe und habe mir mein Teil nicht gedacht. Allerlei Konserven hat sie eingekauft in den letzten Wochen, und Öl wurde geliefert und Kohle. »Dass du es warm hast.« Und dass sie mir Kleinigkeiten erklären wollte, die ich bisher niemals wissen musste. Warum?, habe ich gefragt. Darum, hat sie gesagt. Vielleicht dass da schon ein Tanzen in ihr war auch ohne jenes zuckende Licht und ein Rhythmus ganz ohne Schlagzeug.

Ich werde mir keine Fragen mehr stellen. Mit Fragen helfe ich mir wenig. Und dass sie das Auto nicht heimlich gegen Abend abgestellt hat vor dem Haus, lässt mich hoffen. Ich stehe am Fenster, sehe in das graue Licht hinaus. Müde werde ich, dass mir die Lider manches Mal über die Augen gleiten wollen. Aber dann regt sich etwas dort, wo der Wald beginnt, oder es zuckt ein Schatten über die Straße. Wenn sie käme, ich würde ihr aufmachen, den Autoschlüssel ihr vom Ringfinger ziehen und ihn zurücklegen dorthin, wo er immer liegt. Ich würde sie um die Taille fassen und ins Esszimmer führen. Dann würde ich eine Kerze anzünden oder zwei, die Stehlampe schwach im Hintergrund. Etwas zu erzählen?, würde ich sagen.

Erwartungshorizont

Thema/Problem

In der Analyse muss aufgezeigt werden, dass der Text als Geschichte einer gescheiterten Beziehung verstanden wird. Erzähler und Protagonist der Geschichte ist ein Mann, der seine Gefühle und Gedanken darüber äußert, dass seine Frau »nicht nach Hause gekommen ist«. Die Gründe dafür werden im Verlauf des Textes von ihm genannt, zu erklären und zu bewerten versucht (z. B. Fremdgehen der Frau, Schwinden der Kommunikation, körperliche Entfremdung, unterschiedliche Interessen).

Schon zu Beginn der Erzählung wird deutlich, dass sich beide Protagonisten auseinandergelebt haben. Der Mann hat sich im Laufe der Zeit innerlich und äußerlich seiner Partnerin entfremdet: Das Verlangen nach Kommunikation mit ihr hat abgenommen, und er fühlt sich auch körperlich von ihr, auch wenn er gewohnheitsmäßig ihre Nähe und Anwesenheit braucht, immer weniger angezogen Wie tief die Kluft, wie stark die Entfremdungsschäden zwischen beiden sind, wird noch einmal am Schluss der Erzählung gesagt. Hier verweist der Erzähler unmittelbar auf die gestörte Kommunikation, bringt zum Ausdruck, dass er wenig mit seiner Frau gesprochen hat. Gleichwohl wähnte er sich mit seiner Partnerin im »Gleichklang der Herzen«. Doch solche Einschätzung bleibt Illusion und Selbsttäuschung. In seiner Egozentrik vermag er immer noch nicht die Gründe, weshalb ihn die Frau verlassen hat, realistisch einzuschätzen, mithin sein eigenes Denken und Verhalten zu reflektieren.

Erzählerische und sprachliche Gestaltung

Bei der Untersuchung von Erzählsituation und Perspektive sollte zum Ausdruck kommen, dass es sich bei dem Text um Rollenprosa handelt. Der Text ist in der Ich-Erzählform geschrieben. Bezugsfigur des Erzählens ist ein Mann, der seine Gefühle und Gedanken darüber zum Ausdruck bringt, dass seine Frau »nicht nach Hause gekommen« ist. Der Ich-Erzähler ist selbst am Geschehen beteiligt. Die Erzählung setzt »medias in res« ein. Die Trennung der beiden ist schon vollzogen: Der Mann ist allein, blickt zurück, will seine desolate Situation aber gewohnheitsmäßig überspielen: »Es lässt sich leben an so einem Tag.« Das unpersönliche grammatische Subjekt zu Beginn (»Es«) und die passivische Konstruktion signalisieren, dass offensichtlich kaum noch Handlungsimpulse von ihm ausgehen: Er hat sich eingerichtet.

Die Sprachanalyse sollte den nüchternen, lakonischen Sprach- und Erzählstil der Autorin herausstellen (Alltagssprache, kurze abgehackte, partiell elliptische Sätze im Parlando, parataktische Reihung der Sätze). Der Text vergegenwärtigt in allgemeiner, distanzierter Form – die Namen der beiden Protagonisten werden ebenso wenig genannt wie die Art ihrer Beziehung (Ehe, Partnerschaft) – eine gestörte Alltagsbeziehung. Die getrübte Wahrnehmung des Ich-Erzählers zeigt sich in Formeln, Beschwichtigung und Verdrängung, im sprachlichen Gestus der Rechtfertigung. Noch will er sich nicht so recht mit der neuen Situation abfinden, versucht das Ausbleiben der Frau als »Versehen« bzw. »Vergesslichkeit« abzutun.

Titel

Den Titel der Geschichte zu erläutern impliziert die Aufgabe, ihren Schluss zu deuten. Am Ende der Erzählung wird erkennbar, dass das erzählende Ich seine Fragen aufgegeben hat und in seinen Vorstellungen die Rückkehr der Frau imaginiert. Der Erzähler schöpft Hoffnung aus der Tatsache, dass sie das Auto nicht vorm Haus abgestellt hat, und malt sich aus, wie verständnisvoll er sie bei ihrer Rückkehr empfangen und zum Erzählen in gemütlicher Atmosphäre auffordern wird. Doch alles dies bleibt hypothetisch, (»Wenn sie«, »ich würde«) schöner Schein, signalisiert weder das Eingeständnis des Erzählers, dass er sich falsch verhalten hat, noch dass er gewillt ist, seine Denk- und Verhaltensweisen zu verändern. Er hat nichts gelernt. Die imaginierte Äußerung, »Etwas zu erzählen?« ist formelhaft, künstlich und unverbindlich. Der Andere soll »etwas« sagen, ohne dass man ernsthaft daran interessiert ist. Interessiert ist der Erzähler nur an dem Status quo der Beziehung. Dass er nicht weiter versorgt wird, dass die Frau nicht mehr für ihn da ist, damit er weiterhin seinen »geistigen« Bedürfnissen frönen kann, ist sein persönliches Dilemma. Dieses verweist auf den Titel der Erzählung, der ironisch gemeint ist. Zu erzählen hätte allein er etwas, über sich und seine Beziehung zu ihr. Doch alles dies bleibt Illusion. Der Versuch des Ich-Erzählers, Vergangenheit aufzuarbeiten, ist oberflächlich und verlogen.

Rollenbilder

In den Erinnerungen des Erzählers erscheint die Frau zunächst als eine Person, die sich jahrelang auf ihn eingestellt und ihm das Leben angenehm gemacht hat. Andererseits wird aber auch deutlich, dass diese sich dabei nicht völlig selbst aufgegeben hat, dass sie Freiraum suchte und nutzte und bei einer solchen Gelegenheit auch wohl ihren neuen Partner kennen lernte. Aber selbst, nachdem sie fest entschlossen ist, ihren Mann zu verlassen, erweist sie sich als fürsorgliche Partnerin, die Regelungen für die Zeit trifft, wenn ihr Mann nicht mehr ihre Hilfe in Anspruch nehmen kann. In der Rückschau darauf, wie die Frau ihn in den Wochen vor der Trennung versorgt. Konserven eingekauft hat und Öl und Kohle hat liefern lassen, wird dem Leser nun unmittelbar vor Augen geführt, welchen Status sie für ihn hatte: Sie war für ihn Haus- und Besorgungsfrau, ihre Partnerschaft reduzierte sich zuletzt auf ein reines Versorgungsverhältnis. Doch dafür fehlten und fehlen ihm – vor und auch nach der Trennung – Sensibilität und Einsicht.

Gedichte interpretieren und inszenieren – Lyrik live

■ Text 56

Ich hätte einen Vogel (2005) *Timo Brunke*

Ich hätte einen Vogel,
Hat mir ein Freund gesagt.
Ich hätte eine Meise.
Da hab ich mich gefragt:
Was könnte da denn dran sein?
Vielleicht ist da was dran?
Jetzt bin ich hier und grüble:
Ich habe nie im Leben
Nen Vogel je gehabt.
Ich hatte mal nen Goldfisch
In einem Goldfischglas.
Doch tschilp ich recht: ne Meise
Hat mir nie zizibäht
Zilpzalp noch mal, zum Kuckuck!
Das tschilpt doch abgedreht!
Ich schnab doch keinen Vogel
Was denxt ziz der djenn nur:
Zizizjezjadzjadwoidjio
Dixdix – ich hab Kultur!
Kittkittkittkiärrdjilieps
Duridjoklüit zilp kuck kuck
Ich haube, bei djem piept's!

Timo Brunke präsentiert seinen Text in einem Videoclip. Dabei spricht er auf dem Rücken liegend in die über ihm platzierte Kamera. Nur zum Ende richtet er sich auf, sodass sein Gesicht das ganze Bild füllt.

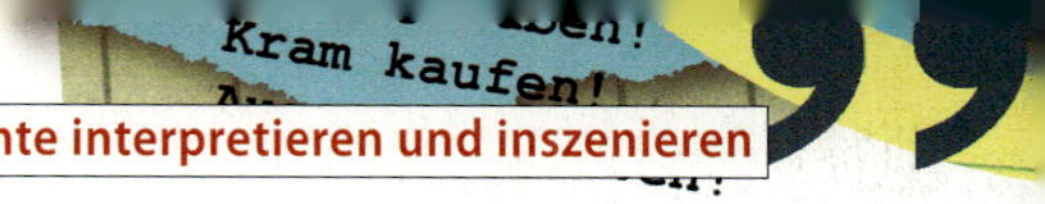

■ Text 57

Der Lindenbaum (1823/24) *Wilhelm Müller*

Am Brunnen vor dem Thore
Da steht ein Lindenbaum:
Ich träumt' in seinem Schatten
So manchen süßen Traum.

Ich schnitt in seine Rinde
So manches liebe Wort;
Es zog in Freud' und Leide
Zu ihm mich immer fort.

Ich musst' auch heute wandern
Vorbei in tiefer Nacht,
Da hab' ich noch im Dunkel
Die Augen zugemacht.

Und seine Zweige rauschten,
Als riefen sie mir zu:
Komm her zu mir, Geselle,
Hier findst du deine Ruh'!

Die kalten Winde bliesen
Mir grad' in's Angesicht,
Der Hut flog mir vom Kopfe,
Ich wendete mich nicht.

Nun bin ich manche Stunde
Entfernt von jenem Ort,
Und immer hör' ich's rauschen:
Du fändest Ruhe dort!

A ■ Typisch Lyrik? Vergleichen Sie die vorliegenden Texte mit Ihren Vorstellungen von Gedichten. Welcher kommt dabei Ihrem Verständnis von Lyrik am nächsten?

B ■ Was sollte, was muss man wissen, um Gedichte zu lesen und zu verstehen? Welches Wissen und Können haben Sie selbst, um Lyrik zu analysieren?

C ■ Probieren Sie selbst verschiedene (Vor-)Les(e)arten und Sprechweisen des Textes aus.

Lyrik im Clip gestalten und inszenieren

INFO

Im **Poetry Clip** werden Texte, oft Gedichte, vorgetragen und mit Hilfe verschiedener Verfahren (Requisiten, Musik, Schnitt) **in Szene** gesetzt. Man spricht deshalb auch von einem Hybrid-Medium. Oft werden die Texte von den Verfassern selbst gesprochen. Dabei wird ein/e Autor/-in an einem Ort und mit ihrem **Textvortrag** aufgenommen und präsentiert. Der Einsatz filmtechnischer bzw. ästhetischer Mittel ist hier zurückhaltend und übernimmt den Vortrag begleitende und unterstützende Funktionen.

A ■ Tauschen Sie Ihre Eindrücke und Beobachtungen zu der Präsentation von Lyrik in der Art von Timo Brunke aus.

B ■ Diskutieren Sie Voraussetzungen und notwendige Schritte, das Medium Poetry Clip für die Präsentation von Lyrik zu nutzen. Gehen Sie dabei von folgender Aufgabenstellung aus: »Lyrik life« – Präsentieren Sie einen selbst produzierten Poetry Clip zu einem Gedicht Ihrer Wahl.

In diesem Kapitel lernen Sie, …

- Aufmerksamkeiten für bestimmte Elemente und Wirkungen lyrischer Texte zu entwickeln,
- Begriffe zur Beschreibung dieser Elemente und Wirkungen anzuwenden,
- Gedichte angemessen vorzutragen und zu inszenieren,
- lyrische Schreib- und Darstellungsformen im Medium des Poetry Clips zu erproben,
- lyrische Texte zu analysieren und zu interpretieren.

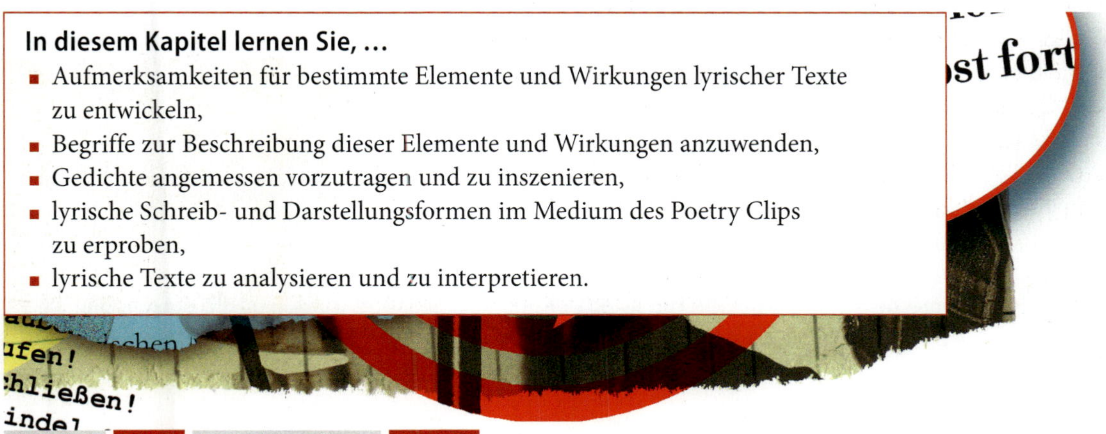

Lyrik sprechen

Was kann ich nach der Bearbeitung dieses Unterkapitels?
- Prosa und Lyrik unterscheiden
- Funktionen von Betonung und Reim erkennen und bestimmen
- Verse als Gestaltungselement von Lyrik verstehen
- Lyrische Texte angemessen hören und sprechen

Töne und Betonungen

Die Lautfolge der Sprache wird beim Sprechen in Tönen hörbar gemacht. Solche Intonationen folgen den Worten mit ihren betonten oder unbetonten Silben, dem Sinn sowie dem Satz: Man unterscheidet danach Wort-, Satz- und Sinn-Betonung.

A ▪ Sprechen Sie die folgenden Wörter und Sätze entsprechend ihren Betonungen und klopfen Sie mit der Hand oder dem Fuß die betonten Silben mit. Sammeln Sie weitere entsprechende Beispiele.

B ▪ Versuchen Sie bewusst, »falsche« Akzente und Betonungen zu setzen, und tauschen Sie Ihre Beobachtungen und Erfahrungen dabei aus.

Wortbetonungen: Abfahrt, Wochentag, ankommen, Vogelei, wegfahren, Straße, Abfahrtslauf, Schinderei, immer wieder, Straßenbahn

Satzbetonung:
Aussage-Satz: Ich gehe ins Kino.
Frage-Satz: Gehst Du mit ins Kino?
Aufforderungs-Satz: Komm mit ins Kino!

Sinnbetonung: Ich gehe ins Kino.
Bedeutungsakzentuierung:
a) und nicht du
b) und fahre nicht
c) und nicht ins Theater

C ▪ Ergänzen Sie die untenstehenden Wortlisten mit jeweils passend betonten Wörtern.

a) Gebrauch, Verlauf, erhofft
b) Morgen, Kinder, suchen
c) Gegenstand, Kinderbrei, abfahren

Sprechform, -stimmung, -haltung bei der Artikulation

INFO

Beim Sprechen und Vortragen von lyrischen Texten sind **Sprechform**, **Sprechstimmung** und **Sprechhaltung** zu hören. Die stimmliche Wirkung wird durch **Lautstärke**, **Intonation** und **Tempo** bestimmt, Stimmung und Haltung werden durch den **emotionalen Ausdruck** und **Wirkung auf die Hörer** geprägt.

Prosa und Vers

■ Text 58

Selbstbildnis im Supermarkt (1968) *Rolf Brinkmann*

In einer großen Fensterscheibe des Supermarkts komme ich mir selbst entgegen, wie ich bin. Der Schlag, der mich trifft, ist nicht der erwartete Schlag aber der Schlag trifft mich trotzdem. Und ich geh weiter bis ich vor einer kahlen Wand steh und nicht mehr weiter weiß. Dort holt mich später dann sicher jemand ab.

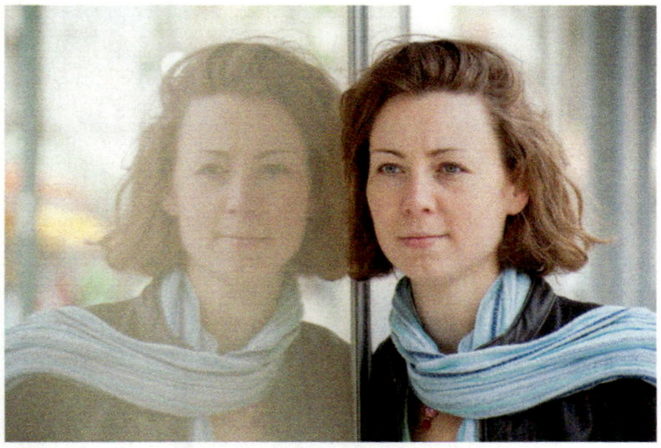

In einer
großen
Fensterscheibe des Super-

markts komme ich mir selbst
entgegen, wie ich bin.

Der Schlag, der mich trifft, ist
nicht der erwartete Schlag
aber der Schlag trifft mich

trotzdem. Und ich geh weiter

bis ich vor einer kahlen
Wand steh und nicht mehr weiter
weiß.

Dort holt mich später dann
sicher jemand

ab.

A ■ Lesen Sie beide Fassungen des Textes laut. Beschreiben Sie die Unterschiede von Prosa- und (originaler) Versfassung.

B ■ Stellen Sie die mögliche Versfassung des folgenden Gedichts (**T 59**) wieder her. Diskutieren Sie unterschiedliche Lösungen mit ihren Klang- und Bedeutungsvarianten.

C ■ Welche Motive und Themen werden in den beiden Gedichten von R. D. Brinkmann gestaltet? Nutzen Sie Ihre Ergebnisse zur Begründung der jeweiligen Versfassungen.

■ Text 59

Einfaches Bild (1975) *Rolf Brinkmann*

Ein Mädchen in schwarzen Strümpfen schön, wie sie herankommt ohne Laufmaschen. Ihr Schatten auf der Straße ihr Schatten an der Mauer. Schön, wie sie fortgeht in schwarzen Strümpfen ohne Laufmaschen bis unter den Rock.

Betonungen und Verse

INFO

Texte werden beim Sprechen zu Tönen; in lyrischen Texten werden durch **Gestaltung der sprachlichen Lautungen** Wirkungen und Bedeutungen erzeugt. Besonders der Wechsel betonter und weniger oder unbetonter Silben ist hier wichtig. Regelmäßige Betonungen bestimmen das Metrum eines Verses, Satz- und Sinnbetonungen überlagern diese und daraus ergibt sich der Rhythmus des Gedichts. Während Texte in Prosa gleichsam, »gerade ausgehen«, wenden **Verse** den Text und die Sprache um und bilden ein weiteres grundlegendes Gestaltungselement von Lyrik. Dabei werden auch bestimmte Aussagen zum jeweiligen Thema der Gedichte hervorgehoben oder akzentuiert.

Reim und Strophe

■ Text 60

Archaischer Torso Apollos (1908)

Rainer Maria Rilke

Wir kannten nicht sein unerhörtes Haupt,
darin die Augenäpfel reiften. Aber
sein Torso glüht noch wie ein Kandelaber,
in dem sein Schauen, nur zurückgeschraubt,

sich hält und glänzt. Sonst könnte nicht der Bug
der Brust dich blenden, und im leisen Drehen
der Lenden könnte nicht ein Lächeln gehen
zu jener Mitte, die die Zeugung trug.

Sonst stünde dieser Stein entstellt und kurz
unter der Schultern durchsichtigem Sturz
und flimmerte nicht so wie Raubtierfelle;

und bräche nicht aus allen seinen Rändern
aus wie ein Stern: denn da ist keine Stelle,
die dich nicht sieht. Du musst dein Leben ändern.

■ Text 61

Der Panther (1902)

Rainer Maria Rilke

Im Jardin des Plantes, Paris

Sein Blick ist vom Vorübergehn der Stäbe
so müd geworden, dass er nichts mehr hält.
Ihm ist, als ob es tausend Stäbe ...
und hinter tausend Stäben keine ...

Der weiche Gang geschmeidig starker ...,
der sich im allerkleinsten Kreise dreht,
ist wie ein Tanz von Kraft um eine ...,
in der betäubt ein großer Wille ... .

Nur manchmal schiebt der Verhang der Pupille
sich lautlos auf –. Dann geht ein Bild ...,
geht durch der Glieder angespannte ... –
und hört im Herzen auf zu sein.

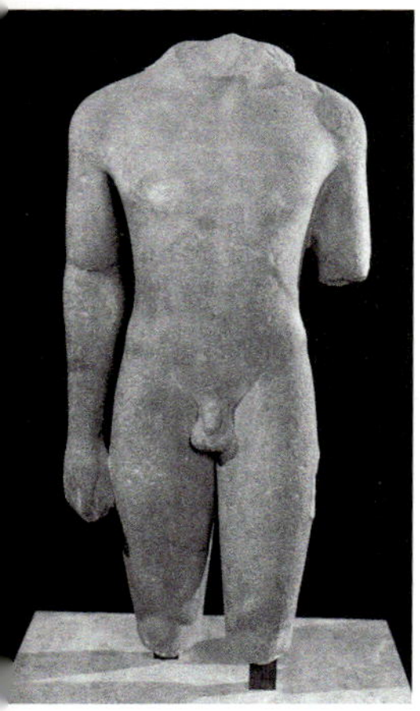

A ■ Ergänzen Sie die fehlenden Wörter zur Ergänzung der Reime in **T 60**. (→ **Reim und Reimformen**, S. 224)

B ■ Beschreiben Sie die Verbindung der sich reimenden Wörter auf der Laut- und Bedeutungsebene bei den beiden Gedichten: Wie wird das Thema »Spiegelung« jeweils gestaltet?

C ■ Setzen Sie einen der nebenstehenden Gedichtanfänge fort, indem Sie jeweils einen passenden Reim sowie einen neuen Vers hinzufügen. Knicken Sie die das Blatt so, dass nur die jeweils letzte Zeile zu lesen ist und geben Sie es an ihren Nachbarn weiter.

»Ich ging im Walde so für mich hin«

»Sie trug den Becher in der Hand«

»Der Himmel wird so schwarz, als würd es Nacht«

Reim und Strophe

INFO

Neben Betonung und Vers werden lyrische Texte durch **Reime** gestaltet. Der Gleichklang von Silben oder Worten bindet den Text nicht nur lautlich, es werden auch **gedankliche Verbindungen** hergestellt oder nahe gelegt und verstärkt. Lautliche Wiederholungen erfüllen dabei **Erwartungen der Leser oder Hörer**, die somit in die Texte mit ihren Aussagen hineingezogen werden. So können Reimerwartungenerfüllt, aber auch in Spannung zur tatsächlichen Realisierung gebracht werden.

Dies gilt insbesondere für die lyrische Form des **Sonetts**; hier folgen auf zwei vierzeilige Strophen (Quartette) zwei weitere Dreizeiler (Terzette) mit jeweils sich wiederholendem Reimschema.

Lyrik vortragen

A ▪ Gestalten Sie einen Gedichtvortrag von Ulla Hahns »Bekanntschaft«. Bereiten Sie diesen in folgenden Schritten vor.
- Lesen Sie den Text wiederholt und klären Sie für sich: Wer spricht zu wem über was?
- Proben Sie das laute Lesen, indem Sie verschiedene Betonungen und Pausen vorsehen. Arbeiten Sie mit einer Folie.
- Halten Sie verschiedene Leseweisen mit Hilfe von Notationszeichen fest.
- Tragen Sie eine Leseweise einem Lernpartner / einer Lernpartnerin vor und holen Sie Rückmeldungen ein.

B ▪ Wählen Sie ein weiteres Gedicht und gestalten Sie einen entsprechenden Vortrag.

▪ **Text 62**

Bekanntschaft (1993) *Ulla Hahn*

Die Fehler sind bekannt: Ich hab sie längst begangen
Schuld oder Unschuld trifft mich ganz allein
Ich bin auf meinen eigenen Leim gegangen
ich fiel auf keinen als mich selber rein

Was ich auch tue macht die Fehler schwerer
die Fehler machen bald mein Leben aus
Ich bin in diesem Leben eingefangen
ich komme nicht aus meiner Haut heraus

die narbenstrotzend an mir klebt und knittert
und mit den Jahren deutlicher verwest
Ich bin die einzige die vor mir zittert
ich weiß dass niemand mich von mir erlöst.

Beispiel einer Leseweise, dokumentiert durch Lesezeichen:

/ / / / / /
Die Fehler sind bekannt:_ **Ich** hab sie längst _ begangen

/ / / / / /
Schuld oder Unschuld_ trifft **mich** ganz allein

/ / / / /
Ich bin auf meinen **eigenen** Leim _ gegangen

/ / / / /
ich fiel auf **keinen**_ als mich selber rein …

Notationszeichen:
/ = Betonung
_ = Pause
Markieren = lauter

Lyrik kommentieren

Was kann ich nach der Bearbeitung dieses Unterkapitels?
- Zeitgeschichtliche Zusammenhänge für das Verstehen von Lyrik nutzen
- Kontexte in ihrer Bedeutung für die Interpretation erkennen und beschreiben

■ Text 63

Der Radwechsel (1953) *Bertolt Brecht*

Ich sitze am Straßenhang
Der Fahrer wechselt das Rad.
Ich bin nicht gern, wo ich herkomme.
Ich bin nicht gern, wo ich hinfahre.
Warum sehe ich den Radwechsel
Mit Ungeduld?

A ■ Erproben und besprechen Sie mögliche Lesungen für diese Gedichte.

B ■ Beschreiben Sie, wie die folgenden Kontexte (zeitgeschichtlich, biografisch) die Bedeutungen der Gedichte bestimmen.

■ Text 64

Die Lösung (1953) *Bertolt Brecht*

Nach dem Aufstand des 17. Juni
Ließ der Sekretär des Schriftstellerverbands
In der Stalingradallee Flugblätter verteilen
Auf denen zu lesen war, dass das Volk
Das Vertrauen der Regierung verscherzt habe
Und es nur durch verdoppelte Arbeit
Zurückerobern könne. Wäre es da
Nicht einfacher, die Regierung
Löste das Volk auf und
Wählte ein anderes?

Gedichte und Kontexte

INFO

Leser stellen Gedichte in **Kontexte** und Zusammenhänge, um sie mit Sinn zu versehen und sie verständlich zu machen. Diese Zusammenhänge werden einerseits aus den **Erfahrungen** der Leserinnen und Leser gewonnen sowie andererseits aus den **zeitgeschichtlichen Zusammenhängen**, in denen das Gedicht entstanden ist. Gedichte müssen in Kontexte gestellt werden, um ihre Aussage zu deuten. Die Wahl des Kontextes beeinflusst diese Deutung maßgeblich: sehr oft sind dies **biografische**, **historisch-politische** oder **gattungsgeschichtliche** Zusammenhänge.

a) Zeitgeschichtlicher Kontext: »Der Radwechsel« gehört in eine Reihe von Gedichten mit dem Titel »Buckower Elegien«. In diesen Gedichten bezieht sich Brecht auf die Geschehnisse rund um den 17. Juni 1953 in der DDR. Die sozialistische Führung hatte eine Erhöhung des Plansolls (mehr Arbeit für gleiches Geld) verordnet. Diese Proteste wurden gleichsam mit Hilfe des russischen Militärs niedergeschlagen. Er zeigt sich in dieser Zeit von der Entwicklung des sozialistischen Systems in der DDR, das er als Marxist begrüßt hatte, enttäuscht. Dem Gedicht folgt ein weiteres mit dem Titel »Die Lösung«.

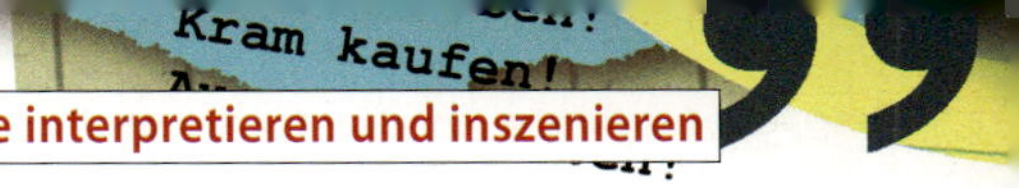

▪ Text 65

Brecht und der 17. Juni 1953 (1984) *Jan Knopf*

Bis 1953 hielt Brecht an der Priorität einer »gesamtdeutschen Lösung« (freilich als sozialistischer Staat) fest, wenn er auch zunehmend ihre Irrealität erkennen musste (spätestens mit dem 17. Juni war das so weit). Brecht war auch nicht einverstanden damit, dass die Arbeiter in der DDR zu wenig an der Gestaltung »ihres Staates« beteiligt wurden, dass die Funktionäre wirklichkeitsfremd, ohne Kontakt mit den Arbeitern handelten, dass die Kulturpolitik weiterhin (stalinistisch) von den schon in der Weimarer Zeit und in den Vorkriegsjahren bekämpften »sozialistischen Realisten« bestimmt, dass die bürgerliche Kultur, ihre Rolle im Faschismus nicht kritisiert, dass überhaupt zu wenig »eingerissen« wurde, ehe der Aufbau begann. […] Der 17. Juni wird dann für Brecht das einschneidende Ereignis, dass nicht nur der – von Brecht so diagnostizierte – Neofaschismus des Westens, innere Unruhen ausnutzend, in die DDR einzugreifen und den Sozialismus dort rückgängig zu machen versucht, sondern dass sich zusätzlich die überständige faschistische Gefahr im eigenen Staat machtvoll zeigt. Diese Vieldeutigkeit des Ereignisses »17. Juni« beleuchten die Buckower Elegien von den verschiedensten Seiten. Das heißt: Sie widmen sich sowohl dem Arbeiteraufstand, den durch ihn offenbar gewordenen Missständen und vernachlässigten Interessen, als auch den eigenen und fremden (westlichen) neofaschistischen Kräften, die den Aufstand für sich zu nützen versuchen und einen neuen Krieg vorbereiten.

b) Biografischer Kontext: Auf der Flucht und im Exil:
Als engagierter und kritischer Autor war Brecht von Anfang an Gegner der Nationalsozialisten. Am 28. Februar – einen Tag nach dem Reichstagsbrand – verließ Brecht mit seiner Familie Berlin und flüchtete über Prag, Wien und Zürich nach Dänemark, wo er sich die nächsten fünf Jahre aufhielt.
Seine Werke wurden im Mai 1933 von den Nazis verbrannt und ihm wurde 1935 die deutsche Staatsbürgerschaft aberkannt.
1939 verließ er Dänemark, lebte in Schweden und Finnland. Im Sommer 1941 reiste er nach Moskau und weiter nach Wladiwostok. Von dort fuhr er über den Pazifik nach Kalifornien, wo er in der Nähe von Hollywood lebte. In diesem Exil fühle sich Brecht isoliert als und sah sich dort als »Lehrer ohne Schüler«. Zudem geriet er in den Verdacht, Mitglied einer kommunistischen Partei zu sein.
Am 30. Oktober 1947 wurde er vom Komitee für unamerikanische Umtriebe vorgeladen und verhört. Einen Tag später reiste er über Paris nach Zürich. Dort hielt er sich ein Jahr auf, die Einreise nach Westdeutschland war ihm untersagt.
Auf Einladung des Bundes zur Erneuerung der Kultur kam er nach Ost-Berlin, wo er sich ab 1949 niederließ. Die Anfänge der DDR verfolgte er mit großem Interesse und Sympathie, später mit zunehmender Skepsis.

▪ Text 66

Tannen (1954) *Bertolt Brecht*

In der Frühe
Sind die Tannen kupfern.
So sah ich sie
Vor einem halben Jahrhundert
Vor zwei Weltkriegen
Mit jungen Augen.

▪ Text 67

Der Rauch (1954) *Bertolt Brecht*

Das kleine Haus unter Bäumen am See.
Vom Dach steigt Rauch.
Fehlte er
Wie trostlos dann
wären Haus, Bäume und See.

A ▪ Stellen Sie die beiden Gedichte in die oben beschriebenen Kontexte und erläutern Sie die jeweilige Bedeutung und Aussage in diesen Zusammenhängen.

■ Text 68

Beim Betrachten alter Fotografien (1986) *Rolf Haufs*

Warum Gelächter Über unsere Posen
Kinderstrümpfe Baum im Hintergrund Gras
Tor das nie repariert wurde

So eine Frisur So eine Haltung die
Toten Gesichter sind jetzt tot die
Spiele sind beendet die Augen
Haben andere Schatten

Wo liegt noch jene Landschaft
Verwechselbar Bräute Väter Kinder
Sie alle der Ebene verfallen
Glänzend! Matt

Hebt sich frühes Licht
Tanz Verlobung Den Kranken sah
Niemand was an sie

Stürzten später
Andere erhoben sich verschwanden
Laut und leise Auch ich
Seh mich schon

A ■ Lesen Sie das Gedicht. Formulieren Sie unter Berücksichtigung des Titels Ihr erstes Leseverständnis.

Gedichte und Kommentar

INFO

Gedicht und Kommentar stehen nebeneinander, im **Kommentar** erläutern **Leser** ihr **Verständnis eines literarischen Textes**. Dabei ziehen sie **Kontextinformationen** etwa zum zeitgeschichtlichen Zusammenhang, zur Entstehung des Textes, zu Bezügen auf andere Texte oder auch zu Vorstufen des Textes heran. Zudem geben sie Hinweise zur Gestaltung des Gedichts, etwa des Aufbaus und der Sprache und zu Motiv und Thema, um anderen Lesern Ansatzpunkte und Hilfen für deren **Verstehen** zu bieten.

■ Text 69

Ein Blättchen Karton – Kommentar zum Gedicht »Beim Betrachten alter Fotografien« von R. Haufs (2009) *Günter Kunert*

Kein Trödelladen, kein Flohmarkt ohne eine Kiste mit alten Fotografien: Da liegen ganze Kleinstädte, personalisiert, aufgehäuft, zur gleichmütigen Betrachtung freigegeben, für billiges Geld erwerbbar. Wie Rolf Haufs, dieser Dichter des Eingedenkens, konnte auch ich nie an diesen Ansammlungen von Schattenwelten bedenkenlos vorbeigehen. »Beim Betrachten alter Fotografien« entspricht exakt diesem Moment der Kenntnisnahme eines säkularen Jenseits.

Wir schauen die Gewesenen an, und sie schauen auf uns zurück mit blinden Augen. Für die Minuten einer metaphysischen Begegnung beleben wir sie, indem wir nach ihren Lebensbedingungen, nach ihrer Umwelt, nach ihrer Epoche fragen. Aber die Antworten müssen wir selber finden, sie aus unserem eigenen Erinnerungsvermögen hervorkramen. Wir wenden uns um in der Zeit und blicken zurück, ohne zur Salzsäule zu erstarren, obschon das angebracht wäre.

Rolf Haufs, geboren 1935, ist, wie manche seines Jahrgangs, noch von den Kriegsereignissen traumatisiert worden. So heißt es in einer Schlusszeile des Gedichts »Schnee« – »Überlebende solange wir leben«: Dieser Satz erweist sich als Grundsatz aller Hauf'schen Gedichte. Davon künden Zeilen wie »Noch sind wir in unseren Wohnungen« oder »Erinner dich wie oft hat wer gewarnt«.

Die Vergangenheit stirbt nie, sie ist auf heimliche, unheimliche Weise vorhanden und meldet sich durch Zeichen, wie eben durch die alten Fotografien. Die Menschen auf den Bildern sind »verwechselbar«, ja, austauschbar. Sie lächeln meist, als wollten sie uns einen nachträglichen Trost spenden, als wäre es leicht gewesen, das mit dem Dasein. Die Zehntelsekunde, während derer sie porträtiert wurden, ist ein beängstigend winziger Teil ihrer Existenz, die für uns spurlos verging – spurlos bis auf die Aufnahmen, denen Haufs sein schönes und inständiges Gedicht verdankt.

Ein Gedicht, das uns auch zu erschrecken vermag, weil es uns auf unsere eigene Anwesenheit auf Erden verweist. Auch wir werden zu Schnappschüssen und Albumbewohnern, ob wir es wollen oder nicht. Mit unserem Blick werden die nach uns Kommenden uns wahrnehmen: »Auch ich/Seh mich schon«. Ein Resümee, das uns, die Leser, zwingt, indem wir uns ins Bild bringen, von uns selber abzusehen.

Unser kameratechnisches Nachleben ist, hier sagt es ein Gedicht, äußerst dürftig. Vielleicht behalten uns Nachgeborene durch unsere heitere Miene, durch unser Fröhlichkeit vortäuschendes Aussehen etwas länger im Gedächtnis, doch auch sie dürfen sich – »Beim Betrachten alter Fotografien« – gewiss sein, dass ihnen kein anderes Schicksal blüht.

Solche Überlegung mag nicht erfreulich sein, hat jedoch einen großen Vorzug: Sie dient dem Selbstverständnis und der Selbsterkenntnis. Und darin liegt eigentlich der Sinn und Zweck, der »Nutzen« von Lyrik beschlossen: uns nicht, wie der Roman, wie die Erzählung, in fremdes Leben einzubeziehen, sondern unmittelbar und gnadenlos uns mit uns selber in Beziehung zu setzen, für die Zeit des Lesens das tägliche, das alltägliche Selbstbildnis zu suspendieren, um das darunter verborgene Selbst zumindest ahnen zu lassen.

Wer bin ich? Ein handtellergroßes Blättchen Karton? Wenn ein Gedicht zur Selbstbefragung den Anlass bietet, dann ist es ein gelungenes Gedicht. Wie das von Rolf Haufs.

A ■ Erläutern Sie den Kommentar zu diesem Gedicht, indem Sie den Aufbau beschreiben, die Kontexte, die Kunert heranzieht, bestimmen, die Interpretation der Gestaltung des Themas Zeit in eigenen Worten wiedergeben.

B ■ Erörtern Sie den Nutzen von Kommentaren für das Verstehen von Gedichten und überdenken Sie Chancen und Grenzen im Rückblick auf Ihre bisherigen Erfahrungen.

Lyrik analysieren

Was kann ich nach der Bearbeitung dieses Unterkapitels?
- Gedichte in ihrer Machart beschreiben
- Sprechsituationen in lyrischen Texten erfassen
- Sprachliche Besonderheiten von Gedichten erläutern
- Themen und Motive von Gedichten bestimmen und deuten

■ Text 70

mit blick auf den kölner dom (1991) *Doris Runge*

wir sehen nicht
was wir wissen
den doppellauf
der türme
den himmlischen rücken
küssen wir frühstücken
apfel und ei
erkennen
dass wir im nebel
reisen müssen

A ■ Klären Sie, welche Aspekte dieses Gedichts für eine Beschreibung von Form und Aussage wichtig sind und welche Schritte dazu gemacht werden müssen.

B ■ Prüfen Sie, welche von den folgenden Erläuterungen für eine Analyse bedeutsam sind.

■ Text 71

Erläuterungen zu »mit blick auf den kölner dom«

Der Satz: »wir sehen nicht/was wir wissen« wirft gleich zu Anfang mehrere Fragen auf. Wer ist »wir«? Und: Was wird gewusst, aber nicht gesehen? Wie ist der Widerspruch von »wissen, aber nicht sehen« aufzulösen?

Offenbar bezieht sich die Aussage des ersten Satzes auf »den doppellauf der türme«. Bei »doppellauf« wird man an Jagdgewehre erinnert, die Türme wiederum sind die des Kölner Doms, wie der Titel sagt. Mit »doppellauf/der türme« wird eine Metapher gebildet, deren Bedeutung aus der Beziehung von Doppel-Flinte auf Kirch-Türme gespeist wird und einen kriegerisch-männlichen Blick andeutet. Als Gegensatz dazu steht der »himmlische rücken« und das »küssen« des »wir«.

Die Zeilenumbrüche erzeugen immer wieder neue, überraschende Bilder und Blickpunkte, die wie Splitter unterschiedliche Bedeutungs- und Sinnelemente ansprechen. Die mit »wir« gemeinten, wahrscheinlich ein Paar, frühstücken, sodass sich eine konkrete Situation kennzeichnen lässt: Ein Paar hat in einem Hotelzimmer, »mit blick auf den kölner dom« übernachtet, wahrscheinlich auf der gegenüberliegenden Rheinseite. Man ist aufgewacht, hat einen Blick aus dem Fenster getan, um den mitbezahlten »blick« zu haben, und siehe da: »wir sehen nicht/was wir wissen«. Sie finden sich schließlich damit ab, »im nebel« reisen zu müssen.

Das Bild des Menschen im Nebel hat eine lange Tradition in der Lyrik. Der Nebel, der uns unsicher tasten, stolpern, straucheln lässt, Gefahren wie Chancen gleichermaßen vor uns verbirgt, stand seit jeher als bildlicher Vergleich für das Leben des Menschen. Hier scheint der Nebel hingenommen zu werden, er hat wenig Bedrohliches. Insofern handelt es sich um ein versöhnliches Ende dieses Liebesgedichts.

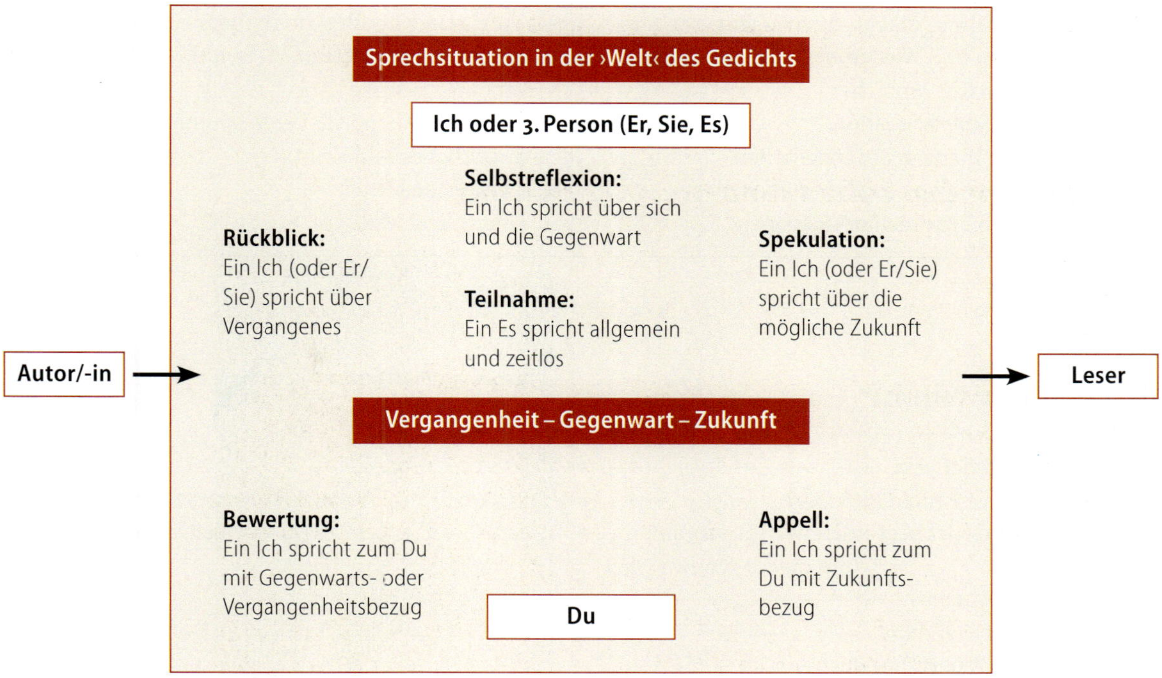

A ▪ Machen Sie sich den Aufbau des Modells zur Sprechsituation im Gedicht klar, indem Sie die Trennung von Autor/-in und Sprecher im Gedicht, den Begriff »Welt« des Gedichts sowie die verschiedenen Zeitbezüge erläutern.

B ▪ Diskutieren Sie die folgende Zuordnung der Gedichtanfänge zu den Sprechsituationen.

a) Teilnahme

Wie jede Blüte welkt und jede Jugend
Dem alter weicht, blüht jede Lebensstufe,
Blüht jede Weisheit auch und jede Tugend
Zu ihrer Zeit und darf nicht ewig dauern.

b) Selbstreflexion: Vergangenheit

Wie hab ich das gefühlt was Abschied heißt.
Wie weiß ichs noch: ein dunkles unverwundnes
grausames Etwas, das ein Schönverbundnes
noch einmal zeigt und hinhält und zerreißt.

c) Rückblick

Als sie einander acht Jahre kannten
(und man darf sagen: sie kannten sich gut),
kam ihre Liebe plötzlich abhanden.

d) Selbstreflexion

Ich denke, also bin ich.
Ich bin, weil ich denke, daß ich bin.
Ich denke, daß ich bin, weil ich denke.
Ich bin, weil ich denke, daß ich nicht bin.

e) Bewertung

Diese Sehnsucht
dich beim Namen zu nennen
Diese Angst
dich beim Namen zu nennen

Gedichtanalyse

INFO

In einer Analyse werden möglichst genau und objektiv die **Machart** und die **Gestaltung** von lyrischen Texten beschrieben. Dabei sollen **Sprache**, **Aufbau** und **wesentliche Aussagen** erschlossen und erläutert werden.
Folgende Verfahren dienen dieser Zielsetzung:

- **Strukturieren** und **Wiedergeben** der **Aussagen des lyrischen Ichs** (Sprechers),
- Klären der **Sprechsituation**,
- Bestimmen **formaler Besonderheiten**,
- **Kommentieren** von ausgewählten Stellen,
- Sammeln von **Kontextinformationen**,
- Ersatz-, Umstell-, Weglass-, Ergänzungs- und Klangprobe,
- **Vergleich** mit anderen Gedichten.

Die Analyse bedient sich **bestimmter Begriffe** als Werkzeuge der Beschreibung. Dazu gehören

- Reimschema, Metrum (Betonungsverhältnisse), Vers und Strophe,
- Metapher, Allegorie, Vergleich und sprachliches Bild,
- rhetorische Mittel,
- Thema und Motiv.

■ Text 72

deine roten schuhe (2010) *Michael Lentz*

(roten) → *rot* – Farbe der Liebe

stehen immer in der ecke → *in der Ecke* – weggestellt
warum ziehst du sie nicht mehr an? → Frage des Ich – was ist passiert? Vorgeschichte
der weiße winterschal liegt irgendwo im schrank → *Schrank* – mit Sachen des Du – gemeinsames Leben
und dein irgendwo trägt
gar kein gestern mehr → Beziehung – offenbar zu Ende
der mantel trägt sich selbst → *sich selbst tragender Mantel* – Bild für leere Hülle
was heißt denn trauern um die toten …
wenn sich heute schon alles verliert
was wir gestern waren dein blick
der gestern dich füllte steht heute dir fern
es müssen andere sein die da wohnen
und da wohnt auch niemand mehr
was jener heute heißt zieht dieser gestern um
alles ist äußerlich und das äußerliche ist so schön
wie deine roten schuhe
im schnee
gegenüber
im mantel
im schal
ich warte
ich warte
ich warte

A ■ Setzen Sie die Kommentierungen der einzelnen Zeilen fort und fassen Sie die Ergebnisse in der Beschreibung der Sprechsituation zusammen.

B ■ Stellen Sie die wichtigen Aussagen des lyrischen Ichs (→ **Das lyrische Ich**, S. 224) zusammen, die auf eine vergangene Liebesbeziehung hinweisen.

C ■ Nähe und Ferne, Form und Inhalt, Vergangenheit und Gegenwart sind Motive des Gedichts. Versuchen Sie zu klären, welche Bedeutung sie für das Thema Liebe haben.

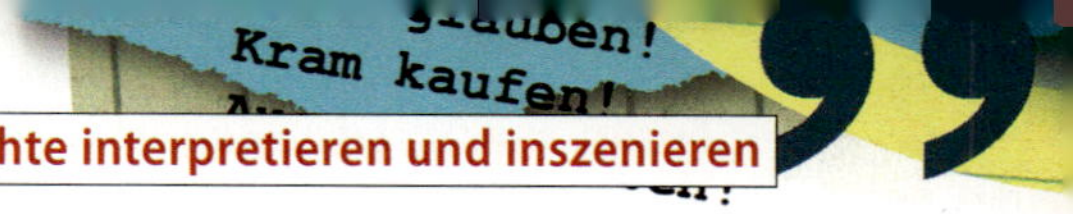

■ Text 73

Aldi Bumm Baldi (2012) *Gerhard Falkner*

Es gibt hier nichts
was an dich erinnert
der Knoten
In der blauen Krawatte des Kellners
hat nichts zu bedeuten
Es gibt hier auch niemanden sonst
der sich an irgendetwas erinnert
aber das steht auf einem anderen Blatt
Schon letzten Sommer
saß ich hier
und nichts erinnerte an Dich
(nur ein von der Sonne
verzinktes Eukalyptusblatt)
man hätte meinen können
Fluchthelfer hätten die Erinnerungen
in die vielen leeren
Zigarettenschachteln verfrachtet
die ein prinzipienloser Wind
auf dem Asphalt hin und her schob
wie Schachfiguren

Jeden Sommer werde ich von
nun an
hier sitzen
ohne dass es irgendetwas gibt
was an dich erinnert
höchstens vielleicht
die paar Skateboarder
am Ende der Straße
die abends, wenn ihre Boards
über die Betonrampen des
Einkaufscenters krachen
Immer summen: Aber
Aldi Bumm Baldi
Bumm Bumm
aber
Aldi Bumm Baldi
Bumm Bumm

A ■ Welche Fragen stellen sich Ihnen beim Lesen und Verstehen dieses Gedichts?

B ■ Welche von Ihren Fragen werden mit Hilfe der Anmerkungen beantwortet, welche bleiben offen?

C ■ Benennen sie Gemeinsamkeiten und Unterschiede der Sprechsituationen von »deine roten schuhe« (**T 72**) und »Aldi Bumm Baldi« (**T 73**).

D ■ Erläutern Sie, wie in diesen beiden Gedichten das Thema »Erinnerung« gestaltet wird. Beziehen Sie dazu auch Ihre Beobachtungen der sprachlichen Gestaltung ein.

Anmerkungen zu »Aldi Bumm Baldi«:
Eukalyptus – verbreitete Baumart in den Tropen und Subtropen, deren Öl Heilkräfte hat
Aldi Bumm Baldi Bumm Bumm – Anspielung auf einen Refrain eines Schlafliedes für Kinder (Heidschi Bumm Beitschi Bumm Bumm)

Motive und Thema unterscheiden

INFO

Thema und Motive sind grundsätzlich zu unterscheidende Aspekte eines lyrischen Textes. Mit **Motiv** wird ein **inhaltliches Element** der Sprechsituation oder der Welt des Gedichtes benannt. Ähnlich wie bei einem Foto ist das lyrische Motiv etwas, was beim Lesen des Gedichts in der Vorstellung **»gesehen«** werden kann: etwa der Brunnen und der Lindenbaum (**T 57**). Das, **was mit Hilfe der Motive** und der Art und Weise der Darstellung **thematisiert wird**, ist eben das **Thema**, wie etwa die besondere Anziehungskraft des Ortes mit Brunnen und Lindenbaum, der »Ruhe« verspricht und so etwas wie Todessehnsucht und deren Wirkung auf das lyrische Ich in »Der Lindenbaum«.

Lyrik schreiben

Was kann ich nach der Bearbeitung dieses Unterkapitels?
- Schreibsituationen individuell gestalten und nutzen
- Kreative Texte mit verschiedenen Verfahren be-/überarbeiten
- Prosa zu lyrischen Texten umgestalten

■ Text 74

Berlin beizeiten (1987) *Günter Kunert*

Reichhaltig dich nennen:
Ein unaufhaltsamer Traum:
Alles Gewesene möge
in übernatürlicher Beleuchtung
wiedererstehen.
Einstmals in der Versengung
verschwunden kehrtest du
verwandelt zurück: Als Schlüsselwort
Als Versprechen Als Täuschung
Als unversöhnliche Erinnerung
Metropole gemütlichen Verzweifelns
blinder Umarmungen und
ernüchternder Trunkenheit.
Hier wurde ich geboren
mit dem unvergesslichen Wissen
man sterbe an den Folgen.
Hier habe ich mein Leben abgetan
Samen spurlos verstreut
mich freigekauft mit Fersengeld.
Beizeiten doch zu spät
entsprungen dieser verstörten versteinten
Matrone
durch die ich von Jungend an
die Opfer meiner fünf Sinne
geworden bin.

A ■ Der in Berlin aufgewachsene und zunächst im Osten, nach seiner Ausbürgerung im Westen lebende Schriftsteller spricht seine Stadt als besonderen Ort an. Beschreiben Sie, welche sprachlichen Verfahren er dabei nutzt und was die besondere Anziehungskraft dieses Ortes aus seiner Sicht ausmacht.

B ■ Tauschen Sie sich über besondere Orte aus: Was macht sie besonders? Wodurch ziehen sie Menschen an? Wodurch fühlen Sie sich angezogen, vielleicht sogar gefesselt von diesen Orten?

C ■ Suchen Sie einen ausgewählten Ort auf, um dort Beobachtungen und Erfahrungen zu sammeln, die Sie festhalten und als sprachliches »Material« für einen lyrischen Text nutzen können. Wählen Sie dann eines der angebotenen Verfahren (s. nachfolgender Info-Kasten) zur Bearbeitung dieses Materials.

Sprach-Material sammeln

Zunächst sollte Sprach-Material zu Beobachtungen und Erfahrungen gesammelt werden. Möglichkeiten, ausgewählte Orte und Umgebungen neu zu sehen und dazu Texte zu produzieren, sind im Folgenden aufgeführt. Diese Zwischenprodukte können dann mit verschiedenen Verfahren weiter bearbeitet werden. Soll ein lyrischer Text in freien Rhythmen und reimlos entstehen, kann die Prosafassung umgebrochen werden. Es können aber auch einzelne Worte und Begriffe aus den Texten entnommen und mit ihnen ein Text mit regelmäßigen Betonungsverhältnissen oder Endreimen entstehen.

Orte: Beobachtungen und Erfahrungen sammeln

Sinneswahrnehmung/-erfahrung: »Ergehen« eines Ortes mit nur einem Sinn (Hören, Riechen, Sehen) und Darstellung der Klang-, Geruchs- oder Augen-Landschaft

Orts-Nabel: von einem festen Ort aus beschreiben, was sich um einen herum dreht

Porträts: einzelne Menschen an diesem Ort möglichst genau beschreiben und ihnen eine mögliche Lebensgeschichte zuschreiben

Lesegang: auf alles Lesbare an diesem Ort achten und festhalten; dann einen Text daraus machen

Schreiben zu einem Erinnerungsstück an einen Ort: die Geschichte dieses Stücks (Fahrkarte, Prospekt, Flasche ...) erzählen oder im Dialog darstellen etc.

Ortsbild als Denkbild: einen besonderen Ort oder eine besondere Situation dort beschreiben, mit anschließenden eigenen Überlegungen

Orts-Bild-Aufnahme: wie beim Fotografieren: Motiv suchen, richtige Entfernung einstellen ... und genau schildern

Ortsplan-Fantasie: im Ortsplan einen unbekannten Ort suchen und ihn in der Vorstellung beschreiben, dann den Ort aufsuchen und noch einmal beschreiben; innerer Monolog / Gedankenstrom: beim Gehen durch den Ort alle Gedanken, Assoziationen etc. festhalten/beschreiben, dies geht auch für eine erdachte oder beobachtete Person

Menschen am Ort gehen aufeinander zu: die Gedanken, das innere Erleben zweier Menschen, die aufeinander zugehen, wiedergeben ... bis zu deren Aufeinandertreffen

Ideen-Ordner: Notizen machen bei oder nach der Begegnung mit anderen Menschen an verschiedenen Orten wie im Supermarkt, an der Haltestelle, auf dem Schulgelände ...

Frage-Ordner: *Wo* trifft man sich? *Wann* beginnt das Bekannt-, Vertraut-Sein? *Wann* hört es auf? *Was* tut jemand, der liebt? *Wie* wird (Anti-) Sympathie ausgesprochen?

Wort-Ordner: Wörter sammeln und sortieren, die einem begegnen bei den Orts-Erfahrungen.

Verfahren zur Bearbeitung des produzierten Sprach-Materials

INFO

Reduktion: Kürzen der Textvorlage auf einen Bruchteil, der dann neu geordnet und ergänzt wird zu kurzen Sätzen oder Wendungen

Umstellungen: Worte bzw. Wortgruppen im Satz oder Vers verschieben/umstellen

Ersetzungen: Worte bzw. Wortgruppen durch bedeutungsähnliche austauschen

Kernwörter: Unterstreichen von (vier bis sechs) besonders wichtigen Wörtern, die wiederum den Kern von Sätzen oder Wendungen bilden können

Umbruch: Fließ-Prosa-Text umbrechen in ein Gedicht mit freien Rhythmen

Reimwörter: Assonanzen im Text kennzeichnen, durch weitere ergänzen und für Reime in Versen nutzen.

A ■ Tragen Sie Ihre fertigen Texte vor.
Geben Sie sich untereinander Feedback.
(→ **Feedback**, S. 235 f.)

B ■ Reflektieren Sie Ihren Schreibprozess.
Wie sind Sie vorgegangen? Womit hatten Sie Schwierigkeiten? Was fiel Ihnen leicht?

Lyrik im Clip inszenieren

Was kann ich nach der Bearbeitung dieses Unterkapitels?
- Mittel für Inszenierungen von Gedichten auswählen, erproben und einschätzen
- Sprech- und Vortragsweisen entwickeln, realisieren und einschätzen
- Einen Poetry Clip planen, gestalten und über die Wirkungsweise nachdenken

Lyrik als Poetry Clip inszenieren

Aufgabeninsel

Zur Lyrik-Inszenierung können Sie entweder …
- eines der Gedichte (**T 75** – **T 77**) auswählen,
- ein Gedicht Ihrer Wahl oder
- ein selbst verfasstes Gedicht (siehe Teilkapitel »Lyrik schreiben«) zum Gegenstand machen.

Gehen Sie bei der Inszenierung folgendermaßen vor:

A ▪ Bestimmen Sie Sprechsituation sowie Motive und Thema des gewählten Gedichtes.

B ▪ Proben Sie Sprechweisen (ggf. auch mit mehreren Sprecher/-innen) dazu aus. Achten Sie dabei auf Sprechform, Sprechstimmung und Sprechhaltung.

C ▪ Entwickeln Sie eine Inszenierung des Textes, indem Sie …
- einen passenden Ort,
- eine Sprech-Situation,
- entsprechende Requisiten und Kostüme/Kleidung,
- mögliche Schnitte für die Aufnahme bestimmen,
- Ihre Gestaltung in einem Kommentar zu Ihrem Gedicht begründen. Nutzen Sie dazu die **Planungshilfe**.

D ▪ Geben Sie sich Rückmeldungen zu den Präsentationen der Clips anhand vereinbarter Kriterien. Nutzen Sie dafür einen **Rückmeldebogen**.

Planungshilfe

Was wir brauchen … was wir zu tun haben …	Schritte bis dahin
→	Lyrik sprechen und hören
→	Lyrik untersuchen
→	Gedichte mit dem Motiv »Orte« lesen und verstehen
→	Gestaltung entwickeln, erläutern und begründen
→	Produktion des Videoclips

»Lyrik life« – Präsentieren Sie einen selbst produzierten Poetry Clip zu einem Gedicht mit dem Motiv »Ort«. Erläutern und begründen Sie Ihre Gestaltung in einem Booklet. Geben Sie anderen zu ihren Produktionen wertschätzende Rückmeldungen anhand vereinbarter Kriterien.

Rückmeldebogen

		Das haben wir so verstanden …	Hier haben wir Fragen …	So hat der Clip auf uns gewirkt …
Inhalt	Wer spricht zu wem über was?			
	Werden die ausgewählten Gedichte nachvollziehbar erläutert?			
	…			
Gestaltung	Wie wird die Sprechsituation umgesetzt?			
	Wie werden Gestik und Mimik genutzt?			
	Wie wird der Hintergrund gestaltet und genutzt?			
	Wie werden die Mittel des Clips (Kameraperspektive, Schnitt, …) eingesetzt und genutzt?			
	…			
Wirkung	Wie wirkt die Inszenierung des Gedichts?			
	Inwiefern passt die Gestaltung des Clips zu Thema und Motiv des Gedichts?			
	…			

■ Text 75

Schnee im Büro (1976)

Jürgen Theobaldy

Eine gewisse Sehnsucht nach Palmen. Hier
ist es kalt, aber nicht nur. Deine Küsse
am Morgen sind wenig, später sitze ich
acht Stunden hier im Büro. Auch du
bist eingesperrt, und wir dürfen nicht
miteinander telefonieren. Den Hörer abnehmen
und lauschen? Telefon, warum schlägt
dein Puls nur für andere? Jemand fragt:
»Wie geht's?«, wartet die Antwort nicht ab
und ist aus dem Zimmer.
Was kann Liebe bewegen? Ich berechne
Preise und werde berechnet. All die Ersatzteile,
die Kesselglieder, Ölbrenner, sie gehen
durch meinen Kopf als Zahlen, weiter nichts.
Und ich gehe durch jemand hindurch
als Zahl. Aber am Abend komme ich zu dir
mit allem, was ich bin. Lese von
Wissenschaftlern: auch die Liebe ist
ein Produktionsverhältnis. Und wo sind
die Palmen? Die Palmen zeigen sich am Strand
einer Ansichtskarte, wir liegen auf dem Rücken
und betrachten sie. Am Morgen kehren wir
ins Büro zurück, jeder an seinen Platz.
Er hat eine Nummer, wie das Telefon.

■ Text 76

Im Sommer (1977)

Sarah Kirsch

Dünnbesiedelt das Land.
Trotz riesigen Feldern und Maschinen
Liegen die Dörfer schläfrig
In Buchsbaumgärten; die Katzen
Trifft selten ein Steinwurf.

Im August fallen Sterne.
Im September bläst man die Jagd an.
Noch fliegt die Graugans, spaziert der Storch
Durch unvergiftete Wiesen. Ach, die Wolken
Wie Berge fliehen sie über die Wälder.

Wenn man hier keine Zeitung hält
Ist die Welt in Ordnung.
In Pflaumenmuskesseln
Spiegelt sich schön das eigne Gesicht und
Feuerrot leuchten die Felder.

■ Text 77

Robinson (1984) *Christa Reinig*

Manchmal weint er wenn die worte
still in seiner kehle stehn
doch er lernt an seinem orte
schweigend mit sich umzugehn

und erfindet alte dinge
halb aus not und halb im spiel
splittert stein zur messerklinge
schnürt die axt an einen stiel

kratzt mit einer muschelkante
seinen namen in die wand
und der allzu oft genannte
wird ihm langsam unbekannt

Illustration von Ludwig Richter, 1848

Leistungsüberprüfung

I B: Vergleichende Analyse literarischer Texte (Gedichtvergleich)

■ Text 78

Straßen (1970) *Günter Kunert*

Straßen: begehbar, gesperrte, verschlammte, zu viele,
ansteigend, abfallend, grade und krumme zum Ziele,
gepflastert und steinig, nicht endend, so scheint es;
bis man da anlangt, ist man schon Aas und beweints,
hat einen Platz an der Straße erhalten, doch unter
dem Boden. Drüber und weiter und unaufhaltsam und munter
gehen und laufen, marschieren, die leben, die blicken
nicht rechts, links und rückwärts, spüren die Tücken
der Straßen erst später, selber schon müde vom Laufen
harren des Zieles noch, und ohne Verschnaufen
tappen sie weiter, stürzen wo nieder und fragen vergebens
den leeren Himmel: Ob denn das Leben der Sinn des Lebens

■ Text 79

Umzug (2009)
Elisabeth Borchers

Ich räume das Haus
die Zimmer, die Treppen
die Jahre, Jahrzehnte
die Tage und Nächte
die Freunde, die Feinde
die Tassen, die Teller
den Himmel, die Hölle
die Gräber
ich räume und räume
den Winter, den Sommer
den Wind und das Wetter.

A ■ Analysieren Sie die beiden Gedichte vergleichend, indem Sie Gemeinsamkeiten und Unterschiede hinsichtlich der …
- Sprechsituationen,
- der formalen und sprachlichen Gestaltung und
- der Motive und Themen

beschreiben und deuten.

Vergleichende Gedichtanalyse

INFO

In Klausuren zur **vergleichenden Gedichtanalyse** werden in der Regel zwei lyrische Texte vorgelegt, die im Hinblick auf **Gemeinsamkeiten und Unterschiede** erläutert und beschrieben werden sollen. Die Aufgaben verlangen das genaue **Beobachten** und **Beschreiben** der **jeweiligen sprachlichen und thematischen Gestaltungen**. Sie setzen das Verständnis der Besonderheiten von Gedichten sowie die **Anwendung wichtiger Begriffe** zum Erfassen der Sprechsituation, der Vers-, Strophen- und Gedichtform, der sprachlichen Bilder und der Themen und Motive voraus.

Zur **Darstellung der Untersuchungsergebnisse** bieten sich grundsätzlich zwei Verfahren an: Einmal können Sie **jeden Text** zunächst **für sich** beschreiben und analysieren, um in einem dritten Teil Gemeinsamkeiten und Unterschiede zu bilanzieren.

Zum anderen können Sie jeweils **Gemeinsamkeiten** bzw. **Unterschiede** für den jeweiligen Aspekt der Textuntersuchung darstellen, also für die Sprechsituation, die formalen Aspekte sowie Motive und Themen.

Erwartungshorizont

Einleitend sollten (in einer Art Basissatz) Autoren, Titel und Erscheinungsjahre angesprochen werden. Die Erläuterung der Sprechsituationen benennt den jeweiligen Standort und die Sicht der Sprecher im Rahmen des Gedichts. Das Modell zur Übersicht der möglichen Sprechsituationen bietet dazu Orientierungen. Während in »Umzug« ein Ich über seine Situation reflektiert, kann in »Straßen« kein »Ich«, das sich als Ursprung der Aussagen zu erkennen gibt, ausgemacht werden. Es wird hier sozusagen aus dem »Off« abstrakt über das Motiv Straßen an einem Ort gesprochen. Die Rede von den Straßen und denen, die sich auf ihnen bewegen, kommt wie aus einem Hintergrund; insofern entspricht die Sprechsituation einem »Es« ohne direkten Zeitbezug. Die Rede formuliert damit einen allgemeingültigen Zusammenhang, der grundsätzlich gilt bzw. als solcher angesprochen und dargestellt wird. In Borcherts Gedicht hingegen denkt das Ich über die bevorstehende Ortsveränderung nach. In beiden Gedichten ist damit das Motiv eines bestimmten Ortes Gegenstand der Betrachtungen.

In **Kunerts** Text zeigt die Redesituation, dass hier grundsätzliche Überlegungen zum Leben angestellt werden. Die Straßen sind Lebenswege, auf denen sich die Menschen bewegen. Der Lebensweg führt auf das Ende des Lebens hin. Der letzte Vers nun leitet eine Frage der Menschen auf diesem Weg ein: »Ob denn das Leben der Sinn …« (V. 12) sei. Wovon könnte das Leben Sinn sein? Die Worte am Ende des Verses geben darauf eine Antwort. Des Lebens reimt sich auf »vergebens« (V. 11) sein, das ergibt sich aus dem Reimschema *aa bb cc dd ee* und schließlich *ff*. Die Verse weisen fünf bis sechs betonte Silben auf, wobei die jeweils letzten Silben der Verse unbetont bleiben. Der Lebensweg der Menschen wird als mühsam und beschwerlich in der Rede des Gedichts dargestellt. Die Fortbewegung endet dann an einem »Platz an der Straße« (V. 5), womit wohl das Grab gemeint wird (»unter dem Boden«, V. 5/6). Dass der leere Himmel von den Menschen befragt wird, verweist darauf, dass in der Sicht der lyrischen Rede der Sinn des Lebens weder von außerhalb noch aus dem bloßen Lebensalltag kommen könne.

Das Ich in **Borcherts** Gedicht spricht vom »Räumen« (V. 9), was mehrfach wiederholt wird. Allerdings fehlt die Präposition: Geht es um das »Aus«- oder »Auf«-Räumen? Beides wäre denkbar bei einem Umzug, bei dem einzelne Gegenstände in die Hand genommen und mitgenommen (oder entsorgt) werden. Offensichtlich verbindet das Ich mit diesen Gegenständen Erinnerungen an Freunde und die vergangene Zeit, die schließlich aber nur noch mit den verschiedenen Jahreszeiten angesprochen werden. Diese Aufzählung in formal strengen Betonungsverhältnissen (unbetont – betont – unbetont – unbetont – betont – [unbetont]) wird nur im achten Vers unterbrochen, wo von den Gräbern und damit vom möglichen Lebensende gesprochen wird.
Damit sind ähnliche thematische Aspekte wie in »Straßen« angesprochen, nämlich das Nachdenken über die Stationen im Leben, die in »Umzügen« verlassen werden bis zum Ende des Lebens. Dann werden nicht mehr »Tassen« und »Teller« (V. 6) geräumt, sondern Naturvorgänge bestimmen das Kommen und Gehen.
Den angesprochenen Rhythmen in der Natur (»Wind und das Wetter«, V. 11) entspricht ein bestimmter Sprachrhythmus, der durch die regelmäßigen (daktylischen) Betonungsverhältnisse, die gleichmäßige Reihung der Aussagen, je Vers zwei Nomen, sowie gleich klingende Anlaute wie »Jahre, Jahrzehnte« (V. 3) oder »die Freunde, die Feinde« (V. 5, Alliteration) erzeugt wird.
Lebensrhythmen und Lebenswege werden so in den beiden Gedichten durch Motive des Ortes, aber in je unterschiedlicher Weise thematisiert.

Ein Drama des ausgehenden 18. Jahrhunderts kennen lernen:

F. Schillers »Kabale und Liebe«

»Feierlich entsag ich einem Erbe, das mich nur an einen abscheulichen Vater erinnert!«

»Wenn die Küsse deines Majors heißer brennen als die deines Vaters – stirb!«

»Alles in der Welt läuft doch auf eine Lumperei hinaus ...«

A ▪ Nehmen Sie sich zwei Minuten Zeit. Notieren Sie: Was ist diesen Äußerungen gemeinsam?

B ▪ Was ist dramatisch an dieser Epoche? Was verbindet sie mit Ihrer Gegenwart? Worauf müssen Sie in den Zitaten achten, um diese Fragen beantworten zu können?

▪ Text 80

Inhaltsangabe zu »Kabale und Liebe«

Ferdinand von Walter und Luise, Tochter des Stadtmusikanten Miller, lieben sich. Diese Verbindung über Standesgrenzen hinweg hält ihr Vater für unrealistisch. Auch Ferdinands Vater, Präsident der Residenz, ist gegen eine Heirat seines Sohnes mit einer Bürgerlichen. Er will Ferdinand mit Lady Milford, der Mätresse des Herzogs, verheiraten, um so seinen Einfluss bei Hofe zu vergrößern. Ferdinand rebelliert gegen den Plan seines Vaters und hält an seiner Liebe zu Luise fest. Um ihn davon abzubringen, initiieren der Präsident und sein Sekretär Wurm eine heimtückische Intrige: Luise muss einen fingierten Brief schreiben. Dieser wird Ferdinand zugespielt und weckt gezielt dessen Eifersucht. Blind vor Wut und Verzweiflung vergiftet Ferdinand sich und Luise.

A ▪ Sehen Sie sich die nachfolgenden Bilder an: Welche Konflikte erwarten Sie?

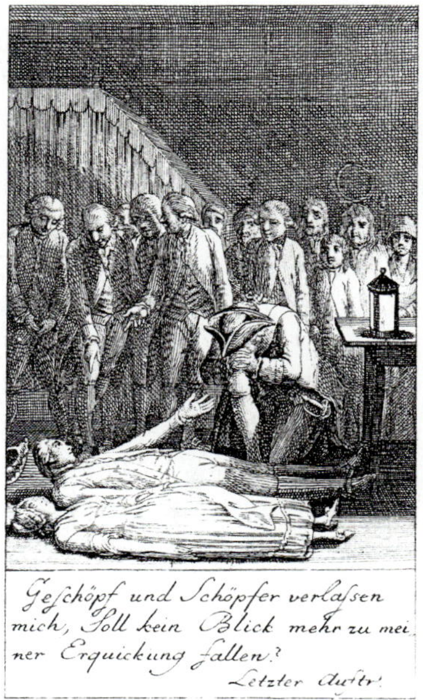

Daniel Nikolaus Chodowiecki, geboren am 16. Oktober 1726 in Danzig, gestorben am 7. Februar 1801 in Berlin, war der populärste deutsche Kupferstecher, Grafiker und Illustrator des 18. Jahr-hunderts. Ihn machten seine Kupferstiche in der ganzen Welt berühmt. Chodowiecki illustrierte u. a. Werke von Gotthold Ephraim Lessing, Johann Wolfgang Goethe und Friedrich Schiller. In den insgesamt 12 Kupferstichen zu »Kabale und Liebe« gibt Chodowiecki Textstellen in sparsamer Charakterisierung der Menschen und Handlungsorte wieder. Die gewählten Zimmer-Ausschnitte werden mit ihren wenigen Möbeln, Gegenständen und Wandverzierungen als die Lebensräume der isoliert stehenden Frauen und der agierenden Männer gekennzeichnet. Trotz des Miniaturformates ist es dem Leser/Betrachter möglich, die wechselnden Stimmungen der Szenen auch emotional nachzuvollziehen.

In diesem Kapitel lernen Sie, …

- die Merkmale eines dramatischen Textes kennen und diese zu analysieren,
- Dialogformen und den Einsatz dramaturgischer Mittel zu erschließen,
- Inhalt, Aufbau, Handlungsführung zu untersuchen,
- Figuren und deren Absichten, Haltungen, Verhaltensweisen und Sprache zu analysieren,
- Figurenkonstellationen im Hinblick auf die dramatische Gestaltung zu betrachten,
- philosophische sowie gesellschaftspolitische Hintergründe des 18. Jahrhunderts in die Deutung einzubeziehen,
- den Typus des bürgerlichen Trauerspiels sowie die literarische Strömung des Sturm und Drang kennen,
- die Rezeptionsgeschichte von »Kabale und Liebe« zu bewerten,
- ein Programmheft zu gestalten.

■ Text 81

»Kabale und Liebe« auf der Schaubühne in Berlin

Ferdinand, ein Sohn aus gutem Hause, liebt Luise, ein armes Bürgermädchen: damit ist die Provokation in der Welt. Luises Eltern sorgen sich um die Kräfte, die nun über ihr kleines Heim hereinbrechen werden. Und Ferdinands Vater, ein mächtiger Mann, greift zu allen unerlaubten Mitteln, um diese Gefühlsgefahr auszurotten. Die Kabale entfaltet sich und einzig die Kurtisane des Herzogs, die ebenfalls für Ferdinand entflammt ist, geht aus ihr geläutert und erhobenen Hauptes hervor. Die praktische Vernunft dieser Engländerin steht alleine in dem Drama, in dem alle anderen ihren teutonischen Furor ungehemmt verspannt ausleben. Am Beginn des deutschen Theaters als »stehende Schaubühne«, das bis heute einzigartig in der Welt ist, steht dieses Stück. Seine Figuren und seine Handlung sind Vorbild für unendliche Variationen geworden, sein Thema ist solange von Interesse, wie junge Menschen Unrecht und Liebe fühlen und die Älteren ihre Einrichtung der Welt dagegen verteidigen.

B ■ Vergleichen Sie die Inhaltsangabe des Dramas (**T 80**) mit der Ankündigung einer modernen Inszenierung an der Berliner Schaubühne (**T 81**). Welche Themen/Konflikte erscheinen Ihnen aktuell?

C ■ Kombinieren Sie Ihre Ergebnisse aus Aufgabe A (S. 113) und Aufgabe B auf dieser Seite.

Was ist ein Bürgerliches Trauerspiel?

Was kann ich nach der Bearbeitung dieses Unterkapitels?

- Grundzüge eines dramatischen Textes erkennen
- Titel und Personenverzeichnisse nutzen, um Thematik und Konflikte von Dramen herauszuarbeiten
- Die Exposition eines Dramas in ihrer Funktion bestimmen
- Die zentralen Aspekte des Bürgerlichen Trauerspiels formulieren und auf das Drama »Kabale und Liebe« anwenden

Um Ihnen Ihre eigene Lektüre zu erleichtern und Ihren Leseprozess zu begleiten und besser zu organisieren, sollten Sie sich ein Portfolio anlegen. (→ **Portfolio**, S. 234)

Konfliktpotenziale und Konflikte

A ■ Wählen Sie jeweils (in Partnerarbeit) ein Drama auf der nächsten Seite aus.

B ■ Welche Informationen können Sie der Kombination von Bild, Titel, Untertiteln und Personenverzeichnis entnehmen? Welche Konflikte, welches Konfliktpotenzial ist hier bereits angelegt? (→ **Titel und Personenverzeichnis**, S. 226)

C ■ Vergleichen Sie Ihre Ergebnisse und systematisieren Sie sie. Was ist unter dem Begriff »systematisieren« zu verstehen? Auf welche Systematik haben Sie sich geeinigt?

Friedrich Schiller: Die Räuber (1784)

Personenverzeichnis

Maximilian, *regierender Graf von Moor.*
Karl *und* Franz, *seine Söhne.*
Amalia von Edelreich.
Spiegelberg, Schweizer, Grimm, Razmann, Schufterle, Roller,
Kosinsky und Schwarz, *Libertiner, nachher Banditen.*
Hermann, *Bastard von einem Edelmann.*
Daniel, *Hausknecht des Grafen von Moor.*
Pastor Moser.
Ein Pater.
Räuberbande.
Nebenpersonen.
Der Ort der Geschichte ist Deutschland. Die Zeit ohngefähr 2 Jahre.

Friedrich Schiller: Kabale und Liebe (1784)

Ein bürgerliches Trauerspiel.

Personenverzeichnis

Präsident von Walter, *am Hof eines deutschen Fürsten.*
Ferdinand, *sein Sohn, Major.*
Hofmarschall von Kalb.
Lady Milford, *Favoritin des Fürsten.*
Wurm, *Haussecretär des Präsidenten.*
Miller, *Stadtmusikant oder, wie man sie an einigen Orten nennt, Kunstpfeifer.*
Dessen Frau.
Luise, *dessen Tochter.*
Sophie, *Kammerjungfer der Lady.*
Ein Kammerdiener des Fürsten.
Verschiedene Nebenpersonen.

■ Text 82

Kabale und Liebe: Erster Akt, Erste Szene (1774) *Friedrich Schiller*

Zimmer beim Musikus.
Miller steht eben vom Sessel auf und stellt sein Violoncell auf die Seite. An einem Tisch sitzt Frau Millerin noch im Nachtgewand und trinkt ihren Kaffee.

Miller *(schnell auf- und abgehend)* Einmal für allemal! Der Handel wird ernsthaft. Meine Tochter kommt mit dem Baron ins Geschrei. Mein Haus wird verrufen. Der Präsident bekommt Wind, und kurz und gut, ich biete dem Junker aus[1].

Frau Du hast ihn nicht in dein Haus geschwatzt – hast ihm deine Tochter nicht nachgeworfen.

Miller Hab' ihn nicht in mein Haus geschwatzt – hab' ihm 's Mädel nicht nachgeworfen; wer nimmt Notiz davon? – Ich war Herr im Haus. Ich hätt' meine Tochter mehr coram nehmen[2] sollen. Ich hätt' dem Major besser auftrumpfen sollen – oder hätt' gleich Alles Seiner Excellenz, dem Herrn Papa, stecken sollen. Der junge Baron bringt's mit einem Wischer hinaus[3], das muss ich wissen, und alles Wetter kommt über den Geiger.

Frau *(schlürft eine Tasse aus)* Possen! Geschwätz! Was kann über dich kommen? Wer kann dir was anhaben? Du gehst deiner Profession nach und raffst Scholaren zusammen, wo sie zu kriegen sind.

Miller Aber, sag mir doch, was wird bei dem ganzen Commerz auch herauskommen? – Nehmen kann er das Mädel nicht – Vom Nehmen ist gar die Rede nicht, und zu einer – dass Gott erbarm? – Guten Morgen! – Gott, wenn so ein Musje *von*[4] sich da und dort, und dort und hier schon herumbeholfen hat, [...] er wird sie, dir auf der Nase, beschwatzen, dem Mädel eins hinsetzen und führt sich ab[5], und das Mädel ist verschimpfiert auf ihr Leben lang, bleibt sitzen, oder hat's Handwerk verschmeckt, treibt's fort. *(Die Hand vor der Stirn)* Jesus Christus!

Frau Gott behüt' uns in Gnaden!

Miller Es hat sich zu behüten. Worauf kann so ein Windfuß wohl sonst sein Absehen richten? – Das Mädel ist schön – schlank – führt seinen netten Fuß. Unterm Dach mag's aussehen, wie's will. Darüber guckt man bei euch Weibsleuten weg, wenn's nur der liebe Gott parterre nicht hat fehlen lassen – [...] ich verdenk's ihm gar nicht. Mensch ist Mensch. Das muss ich wissen.

Frau Solltest nur die wunderhübsche Billeter auch lesen, die der gnädige Herr an deine Tochter als schreiben tut. Guter Gott! da sieht man's ja sonnenklar, wie es ihm pur um ihre schöne Seele zu tun ist.

Miller Das ist die rechte Höhe. Auf den Sack schlägt man, den Esel meint man. Wer einen Gruß an das liebe Fleisch zu bestellen hat, darf nur das gute Herz Boten gehen lassen. [...]

Frau Sieh doch nur erst die prächtigen Bücher an, die der Herr Major ins Haus geschafft haben. Deine Tochter betet auch immer draus.

Miller *(pfeift)* Hui da! Betet! Du hast den Witz davon[6]. Die rohen Kraftbrühen der Natur sind Ihro Gnaden zartem Makronenmagen noch zu hart[7]. – Er muss sie erst in der höllischen Pestilenzküche der Belletristen[8] künstlich aufkochen lassen. Ins Feuer mit dem Quark. Da saugt mir das Mädel – weiß Gott, was als für? – überhimmlische Alfanzereien[9] ein [...]. Ins Feuer, sag' ich. Das Mädel setzt sich alles Teufelsgezeug in den Kopf; über all dem Herumschwänzen in der Schlaraffenwelt findet's zuletzt seine Heimat nicht mehr, vergisst, schämt sich, dass sein Vater Miller der Geiger ist, und verschlägt mir am End einen wackern ehrbaren Schwiegersohn, der sich so warm in meine Kundschaft hineingesetzt hätte – – Nein! Gott verdamm mich! *(Er springt auf, hitzig.)* Gleich muss die Pastete auf den Herd, und dem Major – ja ja, dem Major will ich weisen, wo Meister Zimmermann das Loch gemacht hat. *(Er will fort.)*

Frau Sei artig, Miller. Wie manchen schönen Groschen haben uns nur die Präsenter –

Miller *(kommt zurück und bleibt vor ihr stehen)*

1 Ich verbiete dem jungen Mann mein Haus.
2 strenger tadeln
3 kommt mit einem Verweis davon
4 Monsieur von, d. h. ein Herr von Adel (abwertend gemeint)
5 das Mädchen schwängern und sie im Stich lassen
6 du hast es verstanden (ironisch gemeint)
7 Die natürliche Art von Luise ist dem Herrn Major, der feinstes Gebäck gewöhnt ist, wohl nicht genug.
8 krankmachende Giftküche der Verfasser von Belletristik, von schöngeistiger Literatur
9 Schwindeleien, Lügen

Das Blutgeld[10] meiner Tochter? – Schier dich zum Satan, infame Kupplerin! – Eh will ich mit meiner Geig' auf den Bettel herumziehen und das Concert um was Warmes geben – eh will ich mein Violoncello zerschlagen und Mist im Sonanzboden führen, eh ich mir's schmecken lass' von dem Geld, das mein einziges Kind mit Seel' und Seligkeit abverdient. – Stell den vermaledeiten Kaffee ein und das Tobackschnupfen, so brauchst du deiner Tochter Gesicht nicht zu Markt zu treiben. Ich hab mich satt gefressen und immer ein gutes Hemd auf dem Leib gehabt, eh so ein vertrackter Tausendsasa in meine Stube geschmeckt hat.

Frau Nur nicht gleich mit der Tür ins Haus! Wie du doch den Augenblick in Feuer und Flammen stehst! Ich sprech ja nur, man müss' den Herrn Major nicht disguschtüren[11], weil Sie des Präsidenten Sohn sind.

Miller Da liegt der Haas im Pfeffer. Darum, just eben darum muss die Sach noch heut auseinander. Der Präsident muss es mir Dank wissen, wenn er ein rechtschaffener Vater ist. Du wirst mir meinen roten plüschenen Rock ausbürsten, und ich werde mich bei Seiner Excellenz anmelden lassen. Ich werde sprechen zu seiner Excellenz: Dero Herr Sohn haben ein Aug auf meine Tochter; meine Tochter ist zu schlecht zu Dero Herrn Sohnes Frau, aber zu Dero Herrn Sohnes Hure ist meine Tochter zu kostbar, und damit basta! – Ich heiße *Miller*.

10 Belohnung
11 eigentlich: disgustieren, hier: vergraulen

Die Exposition analysieren

INFO

Ein zentrales Strukturelement des Dramas ist die **Exposition.** Ihre Aufgabe besteht darin, das Publikum auf die bevorstehende **Bühnenhandlung vorzubereiten.** Sie kann den Zuschauer/Leser über die Vorgeschichte der Handlung unterrichten, vermittelt ihm Erkenntnisse über Voraussetzungen und Hintergründe des Bühnengeschehens. Darüber hinaus macht sie ihn mit Ort, Zeit und einzelnen Figuren vertraut, deutet mögliche Konflikte an und trägt damit zur Entwicklung spezifischer Erwartungen bei. In dieser Hinsicht ist die Exposition vergangenheits-, gegenwarts- und zukunftbezogen.

A ■ Fassen Sie kurz in eigenen Worten den Inhalt der ersten Szene des Dramas zusammen, geben Sie die Thematik an und benennen Sie die hier angedeuteten Konfliktbereiche.

B ■ Analysieren Sie den Gesprächsverlauf (vgl. auch die Informationen im Orientierungswissen, S. 226 ff.).

C ■ Stellen Sie die Gesprächspositionen Millers und seiner Frau dar. Achten Sie hierbei auch auf deren Sprache und Ausdrucksweise.

D ■ Erläutern Sie begründet, warum diese Szene als Exposition des Dramas gelten kann.

Bürgerliches Trauerspiel

INFO

Der Begriff **Bürgerliches Trauerspiel** trägt seine Programmatik und seine neue Qualität schon im Namen. Das Wort *bürgerlich* bedeutet zum einen, dass die Protagonisten, im Gegensatz zu den seit Renaissance und Barock gültigen Regeln, denen zufolge die Handlungsträger der Tragödie ausschließlich Angehörige eines hohen Standes / des Adels sein sollten (*Ständeklausel*), Bürger sind. Zum anderen beschreibt dieser Begriff eine Gesinnungsgemeinschaft, der Personen vom niederen Adel bis zum Kleinbürgertum angehören können, die sich aber durch einen ausgeprägten Moralkodex vom Hochadel abzugrenzen suchen. Die Begriffe *Bürger* und *bürgerlich* werden zumeist als Synonyme für *Mensch, menschlich, Privatmann, privat/häuslich* verwendet. »Bei einem bürgerlichen Trauerspiel muss allemal Privat- oder Familieninteresse zum Grunde liegen.« (D. C. H. Schmid: Literatur des bürgerlichen Trauerspiels). Inzwischen hat sich auch der Begriff *Familiendrama* in der Sekundärliteratur etabliert. Der kulturelle Träger des Bürgerlichen Trauerspiels ist das Wirtschafts- und Bildungsbürgertum in den Städten sowie der niedere Adel.

Lessing etabliert diese Form des Dramas im 18. Jahrhundert in Deutschland. *Gottsched* hatte 1730 auf der Basis der Poetik des Aristoteles in seinem »Versuch einer critischen Dichtkunst vor die Deutschen« die Tragödie und ihren tragischen Konflikt ausschließlich den höheren Stände / dem Adel vorbehalten, während die dem Bürgertum angemessene Form der Dramatik die Komödie darstellte. Die Entstehung des Bürgerlichen Trauerspiels ist damit im Zuge der Aufklärung eine Folge der Emanzipationsbewegung des Bürgertums, das sich mit der neuen, bürgerlichen Form der Tragödie eine eigene Präsentations- und Identifikationsplattform schafft. Das Bürgerliche Trauerspiel ist also eine Möglichkeit der neuen, finanziell zwar potenten, doch politisch nahezu unbedeutenden Schicht, Präsenz zu zeigen. Es geht um Autoritätskonflikte, z. B. Ständekonflikte wie den Kampf gegen die Unterdrückung durch den Adel, Auseinandersetzungen mit unterschiedlichen Wertvorstellungen, Generationskonflikte innerhalb des eigenen Standes oder später auch die Kritik an der bürgerlichen Wertordnung. Die in der Tragödie bisher übliche Versform wird durch Prosa ersetzt.

Als Aufklärer verfolgt *Lessing* mit seiner Kritik am bestehenden deutschen Theater und der Schaffung alternativer Formen das Ziel, den Bürger mittels des Schauspiels moralisch zu heben. Es geht ihm – wie seinem Vorgänger *Gottsched* – um die Vermittlung einer aufgeklärten, vernünftigen Moral. Lessing fasst die Bestimmung der Tragödie in seinem »Briefwechsel über das Trauerspiel« (1757) und in einem Brief an Nicolai (1759) folgendermaßen zusammen:

»Die Tragödie soll Leidenschaften erregen […]. In seinen Personen kann es alle möglichen Leidenschaften wirken lassen, die sich zu der Würde des Stoffes schicken. Aber werden auch zugleich alle diese Leidenschaften in den Zuschauern rege? Wird er freudig? Wird er verliebt? Wird er zornig? Wird er rachsüchtig? Ich frage nicht, ob ihn der Poet so weit bringt, dass er diese Leidenschaften in der spielenden Person billiget, sondern ob er ihn so weit bringt, dass er diese Leidenschaften selbst fühlt, und nicht bloß fühlt, ein andrer fühle sie? Kurz, ich finde keine einzige Leidenschaft, die das Trauerspiel in dem Zuschauer rege macht, als das Mitleiden. […] Wenn es also wahr ist, dass die ganze Kunst des tragischen Dichters auf die sichere Erregung und Dauer des einzigen Mitleidens geht, so sage ich nunmehr, die Bestimmung der Tragödie ist diese: sie soll unsere Fähigkeit, Mitleid zu fühlen, erweitern. Sie soll uns nicht bloß lehren, gegen diesen oder jenen Unglücklichen Mitleid zu fühlen, sondern sie soll uns so weit fühlbar machen, dass uns der Unglückliche zu allen Zeiten, und unter allen Gestalten, rühren und für sich einnehmen muss. […] Der mitleidigste Mensch ist der beste Mensch, zu allen gesellschaftlichen Tugenden, zu allen Arten der Großmut aufgelegteste. Wer uns also mitleidig macht, macht uns besser und tugendhafter, und das Trauerspiel, das jenes tut, tut auch dieses, oder – es tut jenes, um dieses tun zu können.«

A ▪ Was müssten Sie für eine Leistungsüberprüfung über das »Bürgerliche Trauerspiel« wissen? Schreiben Sie eine Lernkarteikarte.
(→ **Mit Lernkarteien arbeiten**, S. 234)

Jetzt wird's dramatisch: Worin besteht das Konfliktpotenzial zwischen Ferdinand und Luise?

Was kann ich nach der Bearbeitung dieses Unterkapitels?
- Anhand eines Bildes/Fotos nonverbale Signale erschließen und für die Analyse des Textes nutzen
- Paraverbale Signale in Regieanweisungen in Verbindung zu den nonverbalen Signalen setzen und eine erste Deutungshypothese formulieren
- Eine Rezitation vorbereiten
- Eine Szene phasieren
- Eine Szene im Hinblick auf Gesprächsverlauf und Gesprächspositionen analysieren
- Rhetorische Mittel in ihrer Funktion bestimmen
- Kommunikationstheoretisches Fachvokabular funktional bei Szenenanalysen anwenden

Ein Bild interpretieren und mit einem Textauszug vergleichen

A ▪ Beschreiben Sie den Kupferstich: Wo befinden sich die Personen (→ Hinweis auf Raum/Schauplatz/Inneneinrichtung = sozialer Stand)? Wie sind sie gekleidet (→ Hinweis auf Zeit des Bildes/den Stand/Beruf der Personen/ihr Alter)? Wie stehen die Personen zueinander? Beschreiben Sie kurz, aber differenziert, ihre Mimik, Gestik und Körperhaltung. Worüber könnten Sie miteinander sprechen?

B ▪ Überlegen Sie genau, was kurz vor dieser Situation (Szene) geschehen sein könnte und was wohl direkt danach passiert. Halten Sie Ihre Überlegungen stichwortartig fest und diskutieren Sie Ihre Ergebnisse im Plenum. Beziehen Sie auch Ihre Kenntnisse hinsichtlich der Struktur und Anlage des Dramas im 18. Jahrhundert mit ein (vgl. S. 118).

C ▪ Lesen Sie im Anschluss an Ihre Bildinterpretation den folgenden Text aus »Kabale und Liebe«. Klären Sie Ihnen unbekannte Wörter/Begriffe.
Suchen Sie ein oder mehrere passende Zitate aus dem Text sowohl für Luise als auch für Ferdinand. Begründen Sie Ihre Entscheidung.

D ▪ Bereiten Sie in einem zweiten Lesedurchgang durch Markierungen eine szenische Lesung vor.
(→ **Szenisches Interpretieren**, S. 230)
Achten Sie dabei auch auf die Regieanweisungen.

E ▪ Lesen Sie nun mit verteilten Rollen. Tauschen Sie sich in einem ersten Gespräch über die szenische Lesung in der Klasse aus.

■ Text 83

Kabale und Liebe: Erster Akt, Vierte Szene (1774) *Friedrich Schiller*

Ferdinand von Walter. Luise.

(Er fliegt auf sie zu – sie sinkt entfärbt und matt auf einen Sessel – er bleibt vor ihr stehn – sie sehen sich eine Zeitlang stillschweigend an. Pause.)

Ferdinand Du bist blass, Luise?

Luise *(steht auf und fällt ihm um den Hals)* Es ist nichts! nichts! Du bist ja da. Es ist vorüber.

Ferdinand *(ihre Hand nehmend und zum Munde führend)* Und liebt mich meine Luise noch? Mein Herz ist das gestrige, ist's auch das deine noch? Ich fliege nur her, will sehen, ob du heiter bist, und gehn und es auch sein – Du bist's nicht.

Luise Doch, doch, mein Geliebter.

Ferdinand Rede mir Wahrheit. Du bist's nicht. Ich schau durch deine Seele, wie durch das klare Wasser dieses Brillanten. (*zeigt auf seinen Ring*) Hier wirft sich kein Bläschen auf, das ich nicht merkte – kein Gedanke tritt in dies Angesicht, der mir entwischte. Was hast du? Geschwind! Weiß ich nur diesen Spiegel helle, so läuft keine Wolke über die Welt. Was bekümmert dich?

Luise (*sieht ihn eine Weile stumm und bedeutend an, dann mit Wehmut*). Ferdinand! Ferdinand! Dass du doch wüsstest, wie schön in dieser Sprache das bürgerliche Mädchen sich ausnimmt –

Ferdinand Was ist das? *(befremdet)* Mädchen! Höre! wie kommst du auf das? – Du bist meine Luise. Wer sagt dir, dass du noch etwas sein solltest? Siehst du, Falsche, auf welchem Kaltsinn ich dir begegnen muss. Wärest du ganz nur Liebe für mich, wann hättest du Zeit gehabt, eine Vergleichung zu machen? Wenn ich bei dir bin, zerschmilzt meine Vernunft in einen Blick – in einen Traum von dir, wenn ich weg bin, und du hast noch eine Klugheit neben deiner Liebe? – Schäme dich! Jeder Augenblick, den du an diesen Kummer verlorst, war deinem Jüngling gestohlen.

Luise *(fasst seine Hand, indem sie den Kopf schüttelt)* Du willst mich einschläfern, Ferdinand – willst meine Augen von diesem Abgrund hinweglocken, in den ich ganz gewiss stürzen muss. Ich seh' in die Zukunft – die Stimme des Ruhms – deine Entwürfe – dein Vater – mein Nichts. (*erschrickt und lässt plötzlich seine Hand fahren*) Ferdinand! Ein Dolch über dir und mir! – Man trennt uns!

Ferdinand Trennt uns! (*Er springt auf.*) Woher bringst du diese Ahnung, Luise? Trennt uns? – Wer kann den Bund zweier Herzen lösen, oder die Töne eines Accords auseinander reißen? – Ich bin ein Edelmann – Lass doch sehen, ob mein Adelbrief älter ist, als der Riss zum unendlichen Weltall? oder mein Wappen gültiger, als die Handschrift des Himmels in Luisens Augen: dieses Weib ist für diesen Mann? – Ich bin des Präsidenten Sohn. Eben darum. Wer, als die Liebe, kann mir die Flüche versüßen, die mir der Landeswucher meines Vaters vermachen wird?

Luise O wie sehr fürcht' ich ihn – diesen Vater!

Ferdinand Ich fürchte nichts – nichts – als die Grenzen deiner Liebe. Lass auch Hindernisse wie Gebirge zwischen uns treten, ich will sie für Treppen nehmen und drüber hin in Luisens Arme fliegen. Die Stürme des widrigen Schicksals sollen meine Empfindung emporblasen, Gefahren werden meine Luise nur reizender machen. – Also nichts mehr von Furcht, meine Liebe. Ich selbst – ich will über dir wachen, wie der Zauberdrach über unterirdischem Golde – Mir vertraue dich! Du brauchst keinen Engel mehr – Ich will mich zwischen dich und das Schicksal werfen – empfangen für dich jede Wunde – auffassen für dich jeden Tropfen aus dem Becher der Freude – dir ihn bringen in die Schale der Liebe. (*sie zärtlich umfassend*) An diesem Arm soll meine Luise durchs Leben hüpfen; schöner, als er dich von sich ließ, soll der Himmel dich wieder haben und mit Verwunderung eingestehn, dass nur die Liebe die letzte Hand an die Seelen legte –

Luise *(drückt ihn von sich, in großer Bewegung)* Nichts mehr! Ich bitte dich, schweig! – Wüsstest du – Lass mich – du weißt nicht, dass deine Hoffnungen mein Herz wie Furien anfallen. (*will fort*)

Ferdinand (*hält sie auf*) Luise? Wie! Was! Welche Anwandlung?

Luise Ich hatte diese Träume vergessen und war glücklich – Jetzt! jetzt! von heut an – der Friede meines Lebens ist aus – Wilde Wünsche – ich weiß es – werden in meinem Busen rasen. – Geh – Gott vergebe dir's – Du hast den Feuerbrand in mein junges, friedsames Herz geworfen, und er wird nimmer, nimmer gelöscht werden. (*Sie stürzt hinaus. Er folgt ihr sprachlos nach.*)

Die Analyse einer Szene erarbeiten und verfassen

Eine Szene analysieren

Aufgabeninsel

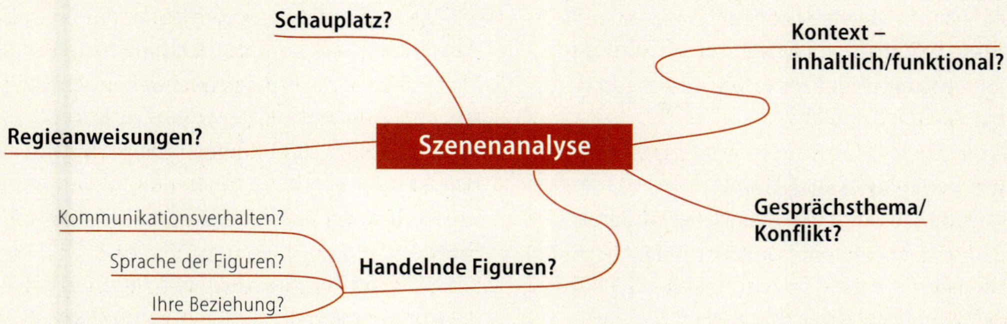

A ▪ Notieren Sie sich die o. g. Aspekte auf Karteikarten. Ordnen Sie Ihre Karteikarten in einer sinnvollen Reihenfolge, nach der Sie auch die Analyse der Szene verschriftlichen wollen. Machen Sie sich zusätzliche Notizen zu den o. g. Aspekten. Folgende Fragen können eine mögliche Hilfestellung sein:
- Wer spricht mit wem wo worüber? (Thema/Konflikt)
- Welche Phasen des Gesprächs lassen sich ausmachen? (Phasierung = Gliederung des Textes)
- Gibt es einen Höhe- bzw. Wendepunkt?
- Welche Informationen entnehmen Sie dem Haupttext, welche dem Nebentext (= den Regieanweisungen)?
- Wie ist das Verhalten der Figuren zueinander, wie definieren Sie Ihre Beziehung (Anreden, Aufeinander-Eingehen, Gesprächsabsichten?)?
- Was charakterisiert sich die Sprache von Luise / von Ferdinand (Schlüsselbegriffe, Wiederholung von Wörtern, Wortfelder, Satzbau, rhetorische Mittel, bildliche Sprache, Satzzeichen)? Gibt es Gemeinsamkeiten/Unterschiede?

B ▪ Erläutern Sie Ihrem Lernpartner
a) Ihre Strukturierung der o. g. Aspekte,
b) welche Zusatznotizen Sie sich zu den einzelnen Aspekten gemacht haben.
Diskutieren Sie gemeinsam Ihre Ergebnisse.

C ▪ Wie ist der Gesprächsverlauf? Welches Kommunikationsverhalten zeigen die Protagonisten? Verwenden Sie hier Ihre Kenntnisse des kommunikationstheoretischen Vokabulars: Redeanteile? Superiore versus inferiore Position? Wechsel der Positionen? Ergebnis des Gesprächs? Vgl. S. 7 (Kommunikationsaxiome Watzlawicks).

D ▪ Vergleichen Sie: Welches Konfliktpotenzial wird deutlich? Wie ist die Beziehung zwischen Luise und Ferdinand? Verändert sich ihr Verhältnis zueinander? Wenn ja, welches könnten die Ursachen hierfür sein?

E_1 ▪ Bereiten Sie eine Strichfassung der Szene vor.

E_2 ▪ Verfassen Sie Subtexte (= das, was die Figuren jeweils denken, aber nicht aussprechen) zu Luise bzw. Ferdinand.

Strichfassung

INFO

Striche nennt man in der Theatersprache **gestrichene Passagen im Text.** Streichungen dienen der **bühnenwirksamen Einrichtung** von literarischen Vorlagen. Die Bearbeitung eines dramatischen Textes geschieht dadurch, dass mit Hilfe von Streichungen (einzelner Wörter, ganzer Sätze, Passagen oder auch von Nebenfiguren) die Aussagen des Stücks in **eigener Schwerpunktsetzung** oder **Deutung** neu akzentuiert werden bzw. bei der Inszenierung von Klassikern die Aktualität eines älteren Textes hervorgehoben wird. So kann z. B. ein politischer Konflikt besonders betont werden, während ein persönlicher Konflikt in den Hintergrund tritt oder ganz verschwindet.

Folgendes Schema für die schriftliche Analyse einer Szene hat sich als praktikabel erwiesen:

Schema zur Szenenanalyse

INFO

Einleitung Nennung von Autor (und evtl. biografischem Hintergrund), Titel des Dramas, Gattungsbegriff, Entstehungszeit, Szene, Einordnung in den literarhistorischen Kontext

Thematik der Szene

Einordnung der Szene in das Gesamtdrama: a) inhaltlich (Was geschieht kurz vorher / was geschieht kurz darauf?) und b) funktional (Welche Funktion / welchen Stellenwert / welche Bedeutung innerhalb des gesamten Dramas hat diese Szene?)

Textbeschreibung: sprachlich-formale Auffälligkeiten, keine Details, keine Zitate!

Phasierung der Szene: übersichtliche Gliederung der Szene nach thematischen Aspekten des Gesprächs, nach Brüchen/Wendepunkten innerhalb des Gesprächsverlaufs

Detailanalyse: Achten Sie hierbei auch auf die Regieanweisungen.

a) Überblick über den Gesprächsverlauf unter Anwendung des kommunikationstheoretischen Fachvokabulars: Typ des Gesprächs: Streitgespräch/Entscheidungsgespräch/Verhör ...; – symmetrisch/komplementär – superior/inferior; Brüche/Wendepunkte innerhalb des Gesprächs; Zuspitzung des Konflikts/Lösung des Konflikts

b) Darstellung der inhaltlichen Positionen der Protagonisten: dabei Berücksichtigung ihres biografischen Hintergrundes, ihrer Sprache / ihres Wortschatzes, des Satzbaus, der paraverbalen Äußerungen (s. Satzzeichen: Frage- oder Ausrufezeichen, Pünktchen)

c) Zusammenfassung der Ergebnisse der Szenenanalyse

Begründete Einordnung des Dramas in den literaturgeschichtlichen Kontext unter Anwendung Ihres Wissens über die Epoche/literarische Strömung

A ▪ Verfassen Sie eine Detailanalyse der Szene I,4 (**T83**). Nutzen Sie auch die Leitfragen.
(→ **Leitfragen zur Szenenanalyse**, S. 229)

B ▪ Welche Schritte der Szenen-Analyse (Vorbereitung/Verfassen) sind Ihnen leicht gefallen? Womit hatten Sie noch Schwierigkeiten? Wo benötigen Sie Hilfestellung?

Ausgehend von dieser Szene, der vierten (und mittleren) Szene des 1. Aktes, des Dramas »Kabale und Liebe« haben Sie schon wesentliche Charaktereigenschaften der Protagonisten kennen gelernt; Sie haben etwas über deren Herkunft und ihren sozialen Stand erfahren; Sie kennen bereits entscheidende Themenkreise/Konfliktpotenziale des Dramas. Übernehmen Sie diese Informationen strukturiert in Ihr Portfolio und ergänzen Sie Ihr Glossar mit den neu erarbeiteten Fachbegriffen.

A ▪ Untersuchen Sie den Titel des Dramas. Schiller hatte ursprünglich den Titel »Luise Millerin« gewählt. Der Dramaturg Iffland vom Mannheimer Nationaltheater schlug den Titel »Kabale und Liebe« vor. Was mag Schiller dazu bewogen haben, seinen Titel zu ändern? Ziehen Sie zum Vergleich andere Dramentitel derselben Epoche hinzu.
(→ **Titel und Personenverzeichnis**, S. 226)

B ▪ Untersuchen Sie das Personenverzeichnis des Dramas (S. 115): Welche Hinweise auf den Inhalt und die Konzeption des Dramas ergeben sich bereits hieraus? Beachten Sie auch die Namensgebung sowie den beruflichen Status der Figuren.

Es spitzt sich zu: Welche Konfliktbereiche entfalten sich in »Kabale und Liebe«?

Was kann ich nach der Bearbeitung dieses Unterkapitels?
- Metatexte zum literaturgeschichtlichen Hintergrund funktional nutzen
- Erlerntes zur Analyse einer Szene auf andere Szenen anwenden
- Arbeitsergebnisse sinnvoll und reduziert für andere aufbereiten und präsentieren
- Mich kreativ in eine Figur einfühlen (Rollenbiografie)
- Ein Figurenkabinett entwickeln
- Eine Interpretationsmethode kritisch beurteilen

Schillers Drama »Kabale und Liebe« enthält nahezu alle Konfliktebenen, die im ausgehenden 18. Jahrhundert im bürgerlichen Trauerspiel thematisiert werden (→ **Bürgerliches Trauerspiel**, S. 118):
- die problematische Liebesbeziehung von Ferdinand und Luise, die u. a. den Ständekonflikt widerspiegelt,
- den Generationskonflikt zwischen Vater und Tochter sowie Vater und Sohn,
- den gesellschaftskritischen Aspekt in der Auseinandersetzung zwischen dem Wertekanon des Adels und dem des Bürgertums.

Entstehung und Entwicklung von Konflikten

Erarbeiten Sie im Folgenden in arbeitsteiliger Gruppenarbeit diese drei großen inhaltlichen Bereiche (bei großen Gruppen: je eine Gruppe und eine Kontrollgruppe zu demselben Themenbereich). Für alle Gruppen gilt es, anhand der jeweils ausgewählten Szenen des Dramas, die Sie – analog zu den gemeinsam erarbeiteten Szenen I, 1 und I, 4 – detailliert untersuchen sollen, folgende übergeordnete Fragestellung zu berücksichtigen:
Wie entsteht der Konflikt? Wie entfaltet er sich?

Präsentieren Sie nach der Gruppenarbeit den anderen Kursteilnehmern Ihre Ergebnisse in angemessener Form. Entscheiden Sie sich z. B. für einen Museumsgang oder eine PowerPoint-Präsentation.

I Liebesbeziehung Ferdinand Luise	II Generationskonflikt Vater – Tochter Vater – Sohn	III Autoritätskonflikt Adel – Bürgertum
III,1 III,4 V,7	I,3 V,1 I,7	II,1 II,2 IV,7 IV,9

Aufgabenstellungen für die **Gruppe I**

A ▪ Charakterisieren Sie zunächst den Sachtext (**T84**): Welche kommunikative Funktion erfüllt er (→ **Bühler**, S. 212)? Fassen Sie die zentralen Aussagen des Textes in eigenen Worten in Form von Thesen zusammen.

B ▪ Der Sekretär Wurm löst schon im ersten Akt die Kabale aus, indem er dem Präsidenten berichtet (I,5), was er im Hause Miller erfahren hat (I,2): dass eine ernsthafte Verbindung zwischen Ferdinand und Luise besteht. Da er selbst in Luise verliebt ist, will er seinen Konkurrenten ausschalten; der Präsident jedoch tut die Liebe Ferdinands als Affäre ab. Um seine eigene Macht am Hof zu sichern, will er Ferdinand mit Lady Milford, der Mätresse des Herzogs, verkuppeln. Als Ferdinand sich dem vehement widersetzt, provoziert der Präsident die bürgerliche Familie, indem er Miller als Kuppler und Luise als Hure beschimpft. Als Miller sich wehrt, will der Präsident ihn ins Zuchthaus werfen, Frau Miller und Luise an den Pranger stellen lassen. Ferdinand verteidigt die Familie gegen den Vater. Der Plan der Gewaltanwendung scheitert. Wurm greift zu anderen Mitteln.

- Erklären Sie, warum der Name des Sekretärs ihn zum Intriganten par excellence macht.
- Inwiefern geht Wurm bei der Entfaltung seines Plans psychologisch vor? Wo setzt er an?

C ▪ Legen Sie eine Tabelle für III,4 an und notieren Sie stichwortartig die zentralen Aussagen Ferdinands bzw. Luises sowie Besonderheiten in deren Diktion. (Siehe Beispieltabelle 1.) Anhand Ihrer Tabellen müssten Sie ein klares Bild von Luises und Ferdinands Position und Disposition erhalten.

D ▪ Phasieren Sie das Gespräch in V,7. Kennzeichnen Sie die unterschiedlichen Gesprächstypen. Setzen Sie die jeweilige Befindlichkeit der Figuren (s. Wortwahl, Regieanweisungen) dazu in Beziehung (siehe Beispieltabelle 2). Welche Entwicklung stellen Sie fest? (→ **Dialogführung/Gesprächsführung**, S. 227 f.)

E ▪ Entwickeln Sie für Ferdinand und für Luise einen kurzen inneren Monolog hinsichtlich ihrer Wünsche, Hoffnungen und Träume, bevor sie den Dialog (V,7) führen. (→ **Szenisches Interpretieren**, S. 230) Begründen Sie anschließend, warum Sie wie vorgegangen sind und erläutern Sie ggf. Schwierigkeiten bei der Umsetzung.
Erörtern Sie abschließend die Frage, warum die Liebesbeziehung zwischen Luise und Ferdinand scheitert / scheitern muss. Beziehen Sie hierbei Ihre literaturwissenschaftlichen Kenntnisse ein. Stellen Sie drei Thesen auf.

Beispiel 1

Figuren	Regieanweisungen/ Subtexte	zentrale Aussagen / Schlüsselbegriffe	sprachliche Besonderheiten	Wortfeld	Wirkung
Luise					
Ferdinand					

Beispiel 2

Phase des Gesprächs	Gesprächstyp	Befindlichkeit Luises	Befindlichkeit Ferdinands

Aufgabenstellungen für die **Gruppe II**

A ▪ Charakterisieren Sie zunächst den Sachtext: Welche kommunikative Funktion erfüllt er (→ **Bühler**, S. 212)? Fassen Sie die zentralen Aussagen des Textes in eigenen Worten in Form von Thesen zusammen.

B ▪ Schreiben Sie je eine literarische Charakteristik und eine Rollenbiografie (→ **Rollenbiografie**, S. 230) auf der Basis Ihrer Analyseergebnisse zu Miller und zu dem Präsidenten. Achten Sie darauf, deren typische Verhaltensmuster und Redewendungen einzuarbeiten (s. S. 119, D).

Figuren	soziale Rolle / Beruf	Regieanweisungen / Subtexte	zentrale Aussagen / Schlüsselbegriffe	sprachliche Besonderheiten	Wertvorstellungen / Einstellungen
Miller					
Luise					
v. Walter					
Ferdinand					

C ▪ In V,1: Wie und womit argumentiert Miller? Warum überlässt er seiner Tochter nicht die Wahl ihres Ehemannes?

D ▪ Wie reagiert Luise auf ihren Vater? Wie lässt sich ihre Reaktion im literarhistorischen Kontext deuten? Nutzen Sie die nachfolgende Tabelle.

E ▪ Gestalten Sie ein Interview eines jungen Mannes / einer jungen Frau von heute mit Ferdinand bzw. Luise. Bedenken Sie dabei, dass inzwischen ca. 240 Jahre vergangen sind und die gesellschaftlichen und familiären Bedingungen völlig andere sind. Begründen Sie anschließend, warum Sie wie vorgegangen sind und erläutern Sie ggf. Schwierigkeiten bei der Umsetzung.

Luises Position gegenüber ihrem Vater	Millers Position gegenüber seiner Tochter
Bewertung von Luises Position	**Bewertung von Millers Position**

Aufgabenstellungen für die **Gruppe III**

A ▪ Untersuchen Sie das Motiv des Schmucks in der sog. »Kammerdienerszene« II,2 im Hinblick auf seine Funktion innerhalb der Szene.

B ▪ Lesen Sie den Metatext »Karl Eugen, Herzog von Württemberg« (**T85**). Welche kommunikative Funktion erfüllt er (→ **Bühler**, S. 212)? Fassen Sie die zentralen Aussagen in eigenen Worten in Form von Thesen zusammen. Überprüfen Sie die Aussagen aus II,2 (Aufgabe A) anhand dieses Sachtextes.

C ▪ Wie ist die Haltung der Lady hinsichtlich der gesellschafts- und machtpolitischen Gebahren des Herzogs, der den Hof repräsentiert und dessen Mätresse sie ist? Differenzieren Sie zwischen äußeren Merkmalen und innerer Haltung, um die Ambivalenz der Lady zu verdeutlichen.

D ▪ Untersuchen Sie in der Szene IV,7, die Unterredung zwischen Luise und Lady Milford. Fügen Sie an zentralen Stellen Sprechblasen für Luise bzw. die Lady ein, in denen Sie das, was die Figuren jeweils denken, wie sie sich momentan fühlen, dem Gesprächspartner aber nicht laut mitteilen, formulieren. Lesen Sie die Szene in verteilten Rollen: Luise und Lady Milfords Originaltext (Sprecher 1 und 2) und ihre Sprechblasen (Sprecher 3 und 4).

E ▪ Nach einer Unterredung mit Luise, die eine Kontrastfigur zu ihr bildet, wird der Lady (in IV,7) schmerzlich bewusst, dass ihr bisheriges Leben nur Schein ist, sie im Gegensatz zu Luise nicht wirklich geliebt und geschätzt wird. Stellen Sie anhand der Szene IV,9 in Form von Thesen dar, **a)** wie es ihr gelingt, Selbstbestimmung und Identität zurückzugewinnen, und **b)** welche Kritik am Adel / am System des Absolutismus sie indirekt und direkt formuliert. Belegen Sie Ihre Thesen durch direkte Zitate aus dem Text.

Für alle **Gruppen**:

F ▪ Geben Sie den anderen Gruppen ein Feedback. Beurteilen Sie a) den Inhalt der Vorträge, b) die Form / die Präsentationsidee und c) deren Umsetzung: Passen Inhalt und Form zusammen? Was haben Sie im Bezug auf das Drama / den literarhistorischen Kontext gelernt/behalten?

▪ Text 84

Familie und Gesellschaft (1993) *Elena Vogg*

Nicht von ungefähr beginnt im Sprachgebrauch im 18. Jahrhundert das Wort »Familie« den Begriff des »Hauses« zu ersetzen. Die Herauslösung des Familienkerns aus der traditionellen, zweckrational organisierten Einheit des »ganzen Hauses« bedingte auch eine qualitative Änderung der Familienbeziehungen, der das Wort »Familie« besser gerecht wurde. Die mit diesem Prozess verbundene Intensivierung und Emotionalisierung des Familienlebens brachte die Balance von Ratio und Emotio, die das Gefüge des »ganzen Hauses« stabilisierte, ins Wanken.

Auch die gesellschaftliche Funktion der Familie, die Integration und Sozialisation der Nachkommenschaft, konnte davon nicht unberührt bleiben. Die Familie war und ist die wichtigste Instanz für die Tradierung bestimmter Gemeinschaftswerte und Verhaltensnormen. Verändern sich im familiären Bereich die zugrunde liegenden Wertmuster und Orientierungssysteme, darf angenommen werden, dass sich auch Veränderungen auf gesamtgesellschaftlicher Ebene einstellen werden. Die Familie wird oft als kleinste konstitutive Einheit der Gesellschaft betrachtet.

Umgekehrt aber vermag sich die Familie bis zu einem gewissen Grade den Einflüssen der Gesellschaft zu entziehen. Je intimer und individueller das familiäre Milieu, desto weniger Chancen bieten sich für einen Zugriff von außen. Die Familie bildet eine Enklave innerhalb der Gesellschaft, in der sie ihren familientypischen »Verhaltensstil«, ihre eigene, unverwechselbare Atmosphäre gegen gesellschaftliche Einflüsse zu behaupten vermag. Die funktionale Bedeutung der Familie für die Gesellschaft und ihr gleichzeitiger Enklavencharakter geben ihr eine eigentümliche Zwitterstellung, die sie einerseits als Teil, andererseits jedoch als Freiraum der Gesellschaft kennzeichnet. [...] Die patriarchalische Ordnung hatte sich dementsprechend bewährt und wurde überdies in dreifacher Weise durch die Verankerung in der christlichen Glaubenslehre, die Struktur des absolutistischen Staates und durch die Tradition untermauert. Sie sicherte dem Familienvater die zentrale Rolle in der Familie, in der Gesellschaft und natürlich auch im Drama [...]

Für heutige Begriffe war die Autorität des Vaters im 18. Jahrhundert noch außerordentlich weit reichend und verbindlich. Sie bedeutete fast uneingeschränkte Herrschaft über die Frau, Kinder und Gesinde. Für Tochter, Sohn und Gattin hatte der Vater deshalb oft ein doppeltes Gesicht: Die liebevolle Zuneigung und Fürsorglichkeit konnte im Falle des Ungehorsams schnell in strafende Strenge umschlagen. Der Zweck der Erziehung war, dies bestätigt sich im »bürgerlichen Trauerspiel«, die Ein- und Unterordnung des Einzelnen unter die Interessen der Gemeinschaft, die Kontrolle und Affekte und die Bildung einer eigenen Persönlichkeit. Verstöße gegen den väterlichen Willen oder die Missachtung seiner Anweisungen werden, zumindest im Drama, oft mit wahrhaft drakonischen Strafen belegt. [...]

Bedenkt man die absolut untergeordnete Stellung der Frau in der Familie wie in der Gesellschaft, so ist die relativ hohe Zahl an weiblichen Hauptfiguren im »bürgerlichen Trauerspiel« doch erstaunlich. [...] Ihrer familiären Stellung nach treten diese Hauptfiguren nicht etwa als Mütter oder Gattinnen auf, sondern als Töchter. Sie sind durchwegs noch nicht oder jedenfalls noch nicht lange verheiratet. Sie sind sogar noch in der Ehe ihren Vätern eng verbunden, und selbst in Trauerspielen, in denen der Vater nur im Hintergrund steht oder auch gar nicht vorkommt, haftet den weiblichen Tugendidealen etwas »tochterhaftes« an. Die Tochter ist in besonderer Weise, ganz anders als der Sohn, ein »Geschöpf ihres Vaters«. Besonders in empfindsamen Trauerspielen ist die Beziehung zwischen Vater und Tochter weit emotionaler als die der Ehegatten, ja es scheint, dass in vielen Dramen die Rolle der Mutter unbesetzt bleibt, weil sie in der engen Beziehung zwischen Vater und Tochter störend wirken würde. [...]

Beide Konfliktarten, der Autoritätskonflikt zwischen Vater und Sohn und der sittliche Konflikt zwischen Vater und Tochter, sind nur in der durch das Patriarchat vorgegebenen Familienordnung denkbar. Ein Anliegen des »bürgerlichen Trauerspiels« zwischen 1775 und 1800 war es, gerade solche allgemeingültigen Konfliktsituationen, die Urbilder menschlichen Verhaltens, darzustellen.

▪ Text 85

Karl Eugen, der Herzog von Württemberg (2007) *Rüdiger Safranski*

Ludwigsburg. Die Schillers kamen in eine Stadt, die dabei war, eine Metropole des europäischen Rokoko zu werden. Es war die Zeit, die der Herzog selbst später die Jahre seiner »Lebensgaloppade« nannte. Er presste das Land aus und nahm überall in Europa Kredite auf – Voltaire zum Beispiel lieh ihm zweihundertsechzigtausend Gulden –, um eine beispiellose Prachtentfaltung ins Werk zu setzen. Ludwigsburg wurde tatsächlich zu einem zweiten Versailles, der Ruhm der Residenz verbreitete sich, in Scharen strömte hier zusammen, was Rang, Namen und vor allem Geld genug hatte, um es zu verspielen. William Thackeray lässt in seinem Roman »Barry Lyndon« den gleichnamigen Helden, einen Glücksritter, der die glänzende und bereits morbide höfische Welt am Vorabend der Französischen Revolution durchstreift, auch in der Residenz Ludwigsburg Station machen. Er schildert eine Welt, die der junge Schiller als neugieriger Zaungast erlebte.

»An keinem Hofe Europas«, lässt Thackeray seinen Barry Lyndon berichten, »wurde dem Vergnügen gieriger nachgejagt und wurde es großartiger genossen. Der Fürst residierte nicht in seiner Hauptstadt S., sondern hatte sich, um in jeder Hinsicht den Hof von Versailles nachzuahmen, einige Meilen von seiner Hauptstadt entfernt einen prächtigen Palast bauen und ihn mit einer aristokratischen Stadt umgeben lassen, die ausschließlich die Edelleute, Offiziere und Beamte seines luxuriösen Hofstaates bewohnten. Seine Untertanen wurden allerdings hart bedrückt, damit er sich diese Pracht leisten konnte, denn das Land seiner Hoheit war klein, und so schloss er sich, weise wie er war, aufs strengste von seinen Landeskindern ab ... Die Hofoper wurde nur noch von der französischen übertroffen, und das glänzende herzogliche Ballert, für das seine Hoheit Unsummen ausgab, war in Europa einzigartig. Ich glaube, ich habe nie wieder in meinem Leben so viel Pracht auf einer Bühne bewundern können.«

Aus der idyllischen Weltabgeschiedenheit eines Dorfes kam das Kind [Friedrich Schiller] in eine Stadt, die bis in jeden Winkel von dieser höfischen Welt geprägt war, ein jäher Wechsel von der Natur in die Kultur. Justinus Kerner, der auch in Ludwigsburg aufwuchs, erzählt, wie man überall in den breiten Straßen, den Linden- und Kastanienalleen die Hofleute »in seidenen Fräcken, Haarbeuteln und Degen« unter den Arkaden am Marktplatz lustwandeln sah. An Sommerabenden brannte man Feuerwerke ab. Tag und Nacht amüsierte sich der Hof und ließ sich dabei gern zusehen. Opern, Konzerte, Redouten und Jagden lösten einander ab. In der Galerie am Schloss standen siebzig Spieltische, die eifrig frequentiert wurden. Wie in einem riesigen Aquarium tummelte sich die vergnügliche Gesellschaft. Berühmt waren die Winterfeste. Bei dieser Gelegenheit ließ der Herzog einen Teil der Parkanlagen mit Glaswänden und einer Kuppel einfassen, Öfen verbreiteten Wärme, tausende von Glaslampen zauberten einen prachtvollen Sternenhimmel an die Decke. Da ging man dann durch Weingärten voll Trauben, kam zu Orangenhainen mit Nachbildungen antiker Statuen. In diesem Zaubergarten gab es dramatische Darstellungen und Ballettaufführungen. Einmal ließ der Herzog im Sommer die Allee von der Solitude nach Ludwigsburg mit Salz bestreuen, um eine Schlittenfahrt zu veranstalten. Der Herzog und sein Gefolge glitten mit Schlitten, die von vier Hirschen gezogen wurden, an den aufgestellten Orangenbäumen und am staunenden Volk vorbei.

Zu den Aufführungen im Hoftheater hatten die Offiziere mit ihren Familien freien Zutritt. Hier erlebte Friedrich die ersten Opern- und Theateraufführungen. Der Herzog scheute keine Kosten, um die besten Sänger und Schauspieler aus Europa zu verpflichten, für den weltberühmten Tänzer de Vestris zahlte er zwölftausend Gulden und konnte doch nicht verhindern, dass dieser nach wenigen Wochen, ohne seinen Verpflichtungen nachgekommen zu sein, wieder abreiste, um einem verlockenderen Angebot aus Mailand zu folgen. Nachdem Friedrich einige Aufführungen erlebt hatte, schnitt er sich aus Pappe Figuren zurecht, die an Schnüren bewegt wurden, versammelte die Familie und einige Freunde im Wohnzimmer, hängte alte Röcke über eine Leine und brachte kleine selbstgeschriebene Stücke zur Aufführung. Schon damals war Schiller kein guter Vortragskünstler. »Er übertrieb durch seine Lebhaftigkeit alles«, berichtet die Schwester Christophine.

Gesehen hat Friedrich seinen Herzog zum ersten Mal, als dieser am 11. Juli 1767 von einem seiner verschwenderischen mehrmonatigen Aufenthalte in Venedig mit seinem Hofstaat zurückkehrte. Man stand in Ludwigsburg Spalier, um den Landesherrn zu begrüßen, der Venedig überstürzt verlassen hatte, weil seine Schulden ins Unermessliche gestiegen waren. Für die Rückreise musste er seinen Hausschmuck verpfänden.

Zu diesem Zeitpunkt währte die Regierungszeit des Herzogs schon ein Vierteljahrhundert. Karl Eugen hatte mit sechzehn Jahren die Herrschaft angetreten, zuvor war er bei Friedrich dem Großen erzogen worden, der ihm die folgende Ermahnung auf den Weg gab: »Denken Sie ja nicht, dass das Land Württemberg für Sie geschaffen worden ist, vielmehr, dass die Vorsehung Sie auf die Welt hat kommen lassen, um dieses Volk glücklich zu machen. Ziehen Sie immer dessen Wohlsein Ihrer eigenen Annehmlichkeit vor.« Der Herzog beherzigte diese Ermahnung nicht. Um die aufwendige Hofhaltung finanzieren zu können, verkauft er Soldaten, zuerst an den französischen König, später an England für den überseeischen Einsatz. Schiller wird in einer berühmten Szene aus »Kabale und Liebe« darauf anspielen. Der Herzog erhob gegen den Willen der Landstände Abgaben und verordnete Frondienste, was er nach der Verfassung des Landes nicht durfte. Den Rechtsvertreter der Landstände, den in ganz Deutschland bekannten Johann Jakob Moser, der die Opposition gegen diese Willkür anführte, ließ er für fünf Jahre ins Gefängnis werfen. Beim Reichsgericht in Wien war wegen dieser Rechtsbeugungen ein Prozess anhängig, der nach einigen Jahren 1770 endlich zum Abschluss kam. Es wurde dem Herzog untersagt, einseitig Steuern auszuschreiben, und er wurde verpflichtet, den Landständen zurückzugeben, was er ihnen geraubt hatte. Der Herzog beugte sich, seine wilden Jahre waren zu Ende, er hatte sich ausgetobt.

Das Maitressenwesen und die Beutezüge auf die schönen Schwäbinnen wurden eingestellt, er verliebte sich in die schöne Seele Franziska von Bernardin, die spätere Gräfin von Hohenheim, die ihren sänftigenden Einfluss auf Karl Eugen auszuüben begann, und so verfiel er auf das Projekt, einen kleinen Menschenpark anzulegen: Offiziers- und Beamtennachwuchs sollte herangezogen werden. Aus einem Militär-Waisenhaus wurde 1771 die »Militär-Pflanzschule« auf der Solitude, aus der dann später die Hohe Karlsschule hervorging, die Lehr- und Leidensstätte des jungen Friedrich Schiller.

Das Figurenkabinett

Hier ist Ihre Kreativität gefragt: Sie sollen Ihre Ergebnisse auf der Bühne darbieten. Die Erstellung eines differenzierten Standbildes soll allen vor Augen führen, wie sich die unterschiedlichen Konfliktbereiche entwickelt haben, wie sie sich gegenseitig bedingen und welche Auswirkungen auf die Handlungsmotivation bzw. die Handlungsmöglichkeit der Figuren haben.

A ▪ Bilden Sie fünf Kleingruppen zu Luise, Ferdinand, Präsident, Miller, Lady Milford.
In jeder Kleingruppe sollte jeder Teilnehmer eine individuelle Rollenbiografie zu seiner Figur schreiben. Wichtig ist, dass Sie a) zentrale Aussagen Ihrer Figur durch Textverweise belegen können, b) dass Sie sich bemühen, in der Sprache der damaligen Zeit zu formulieren. Sie können auch Zitate des Originaltextes aufnehmen.
Lesen Sie sich Ihre Rollenbiografien gegenseitig vor. Erarbeiten Sie in einem weiteren Schritt eine gemeinsame Rollenbiografie Ihrer Gruppe. Entscheiden Sie, welche Teile von wessen Rollenbiografie Sie übernehmen, wo/ob Sie erweitern, ergänzen, korrigieren möchten.
Wählen Sie ein Mitglied Ihrer Gruppe aus, das die Rolle Ihrer Figur im Figurenkabinett übernimmt.
Bauen Sie mit Hilfe Ihrer Figuren ein Standbild (→ **Standbilder**, S. 13), in dem die Beziehungen und Abhängigkeiten der Figuren deutlich werden.
Tragen Sie anschließend die Rollenbiografie Ihrer Figur vor. Korrigieren Sie alle gemeinsam jeweils im Anschluss an den einzelnen Vortrag das bisher erarbeitete Standbild und einigen Sie sich auf ein Modell, das Sie einfrieren und das Sie als Dokumentation fotografieren sollten.

B ▪ Reflektieren Sie anschließend die Methode des Figurenkabinetts: Welche Vorteile hat diese Methode im Hinblick auf die gemeinsame Erarbeitung eines Textes? Wo liegen die Grenzen der Methode?

C ▪ Was haben Sie über das Verhältnis von Familie und Gesellschaft in Schillers »Kabale und Liebe« gelernt? Erstellen Sie eine Mind-Map.

Der Schluss des Dramas: Wie lösen sich die Konflikte auf?

Was kann ich nach der Bearbeitung dieses Unterkapitels?
- Die Funktion einer Szene bestimmen (Kontextualisierung)
- Die Entwicklung eines Konflikts umfassend grafisch darstellen
- Das Gesamtverständnis des Textes erarbeiten und deuten
- Die (Wirkungs-)Intention des Dramas formulieren
- Die Lösung der Konflikte auf ihre multikausalen Ursachen überprüfen und benennen
- Metatexte zum Begriff der Tragik erarbeiten, miteinander vergleichen und auf den Schluss des Dramas anwenden

■ Text 86

Kabale und Liebe: Fünfter Akt, Letzte Szene (1774) *Friedrich Schiller*

Ferdinand. Der Präsident. Wurm und Bediente, welche alle voll Schrecken ins Zimmer stürzen, darauf Miller mit Volk und Gerichtsdienern, welche sich im Hintergrund sammeln.

Präsident *(den Brief in der Hand)* Sohn, was ist das? – Ich will doch nimmermehr glauben –

Ferdinand *(wirft ihm das Glas[1] vor die Füße)* So sieh, Mörder!

Präsident *(taumelt hinter sich. Alle erstarren. Eine schreckhafte Pause.)* Mein Sohn, warum hast du mir das getan?

Ferdinand *(ohne ihn anzusehen)* O ja freilich! Ich hätte den Staatsmann erst hören sollen, ob der Streich auch zu seinen Karten passe? – Fein und bewundernswert, ich gesteh's, war die Finte, den Bund unsrer Herzen zu zerreißen durch Eifersucht – Die Rechnung hatte ein Meister gemacht, aber Schade nur, dass die zürnende *Liebe* dem Draht nicht so gehorsam blieb wie deine hölzerne Puppe.

Präsident *(sucht mit verdrehten Augen im ganzen Kreise herum)* Ist hier niemand, der um einen trostlosen Vater weint?

Miller *(hinter der Szene rufend)* Lasst mich hinein! Um Gottes willen! Lasst mich!

Ferdinand Das Mädchen ist eine Heilige – für sie muss ein Anderer rechten. *(Er öffnet Millern die Türe, der mit Volk und Gerichtsdienern hineinstürzt.)*

Miller *(in der fürchterlichsten Angst).* Mein Kind! Mein Kind! – Gift – Gift, schreit man, sei hier genommen worden – Meine Tochter! Wo bist du?

Ferdinand *(führt ihn zwischen den Präsident und Luisens Leiche)* Ich bin unschuldig – danke diesem hier.

Miller *(fällt an ihr zu Boden)* O Jesus!

Ferdinand In wenig Worten, Vater – Sie fangen an mir kostbar zu werden – Ich bin bübisch um mein Leben bestohlen, bestohlen durch Sie. Wie ich mit Gott stehe, zittre ich – doch ein Bösewicht bin ich niemals gewesen. Mein ewiges Los falle, wie es will – auf Sie fall' es nicht – Aber ich hab' einen Mord begangen, *(mit furchtbar erhobener Stimme)* einen Mord, den du mir nicht zumuten wirst, allein vor den Richter der Welt hinzuschleppen. Feierlich wälz' ich dir hier die größte, grässlichste Hälfte zu; wie du damit zurechtkommen magst, siehe du selber. *(ihn zu Luisen hinführend)* Hier, Barbar! Weide dich an der entsetzlichen Frucht deines Witzes, auf dieses Gesicht ist mit Verzerrungen dein Name geschrieben, und die Würgengel werden ihn lesen – Eine Gestalt wie diese ziehe den Vorhang von deinem Bette, wenn du schläfst, und gebe dir ihre eiskalte Hand – Eine Gestalt wie diese stehe vor deiner Seele, wenn du stirbst, und dränge dein letztes Gebet weg – Eine Gestalt wie diese stehe auf deinem Grabe, wenn du auferstehst –

1 In dem Glas Limonade hat Ferdinand Gift aufgelöst und dieses Glas erst Luise zu trinken gegeben, dann trinkt er selbst daraus.

und neben Gott, wenn er dich richtet. *(Er wird ohnmächtig. Bediente halten ihn.)*

Präsident *(eine schreckliche Bewegung des Arms gegen den Himmel)* Von mir nicht, von mir nicht, Richter der Welt, fordre diese Seelen, von diesem! *(Er geht auf Wurm zu.)*

Wurm *(auffahrend)* Von mir?

Präsident Verfluchter, von dir! Von dir, Satan! – Du, du gabst den Schlangenrat – Über dich die Verantwortung – ich wasche die Hände.

Wurm Über mich? *(Er fängt grässlich an zu lachen.)* Lustig! Lustig! So weiß ich doch nun auch, auf was Art sich die Teufel danken. – Über mich, dummer Bösewicht? War es mein Sohn? War ich dein Gebieter? – Über mich die Verantwortung? Ha! Bei diesem Anblick, der alles Mark in meinen Gebeinen erkältet! Über mich soll sie kommen! – Jetzt will ich verloren sein, aber du sollst es mit mir sein – Auf! Auf! Ruft Mord durch die Gassen! Weckt die Justiz auf! Gerichtsdiener, bindet mich! Führt mich von hinnen! Ich will Geheimnisse aufdecken, dass denen, die sie hören, die Haut schauern soll. *(will gehen)* [...]

Miller *(der die ganze Zeit über, den Kopf in Luisens Schoß gesunken, in stummem Schmerz gelegen hat, steht schnell auf und wirft dem Major die Börse vor die Füße)* Giftmischer! Behalt dein verfluchtes Gold! – wolltest du mir mein Kind damit abkaufen? *(Er stürzt aus dem Zimmer.)*

Ferdinand *(mit brechender Stimme)* Geht ihm nach! Er verzweifelt – Das Geld hier soll man ihm retten – Es ist meine fürchterliche Erkenntlichkeit. Luise! – Luise! – Ich komme – – Lebt wohl – – Lasst mich an diesem Altar verscheiden – [...]

Präsident *(in der schrecklichsten Qual vor ihm niederfallend)* Geschöpf und Schöpfer verlassen mich – Soll kein Blick mehr zu meiner letzten Erquickung fallen?

Ferdinand *(reicht ihm seine sterbende Hand)*

Präsident *(steht schnell auf)* Er vergab mir! *(zu den andern)* Jetzt euer Gefangener! *(Er geht ab, Gerichtsdiener folgen ihm, der Vorhang fällt.)*

A ■ Geben Sie den Inhalt der Szene mit eigenen Worten wieder. Was bedeutet der Schluss für Ferdinand, den Präsidenten, Wurm und Miller?

B ■ Wie beurteilen Sie den Schluss? Geben Sie ein kurzes Statement.

Die Frage nach der Schuld am Tod der Protagonisten

Wie im Untertitel des Dramas schon angedeutet, endet die Liebe zwischen Ferdinand und Luise mit dem Tod beider Protagonisten. In der Schlussszene erscheinen alle wichtigen Akteure (bis auf Luise).

A ■ Ist die Katastrophe unvermeidlich? Unterscheiden Sie zwischen äußerer Handlung (Kabale) und innerer Handlung (Entwicklung der Liebesbeziehung zwischen Ferdinand und Luise): In welchem Verhältnis stehen beide Handlungen zueinander? Entscheiden Sie sich für eine grafische Umsetzung.

B ■ Arbeiten Sie – entsprechend Ihrer vorherigen Gruppenbildung – heraus, ob und inwiefern »Ihre« Figur(en) (inklusive der Hauptfiguren selbst) eine Teilschuld am Tod der Protagonisten trägt (tragen). Unterscheiden Sie zwischen innerer/psychologischer Disposition der Figur und äußeren Bedingungen (gesellschaftliche Zwänge, ständische Normen). Stellen Sie Ihre Ergebnisse zur Diskussion vor.

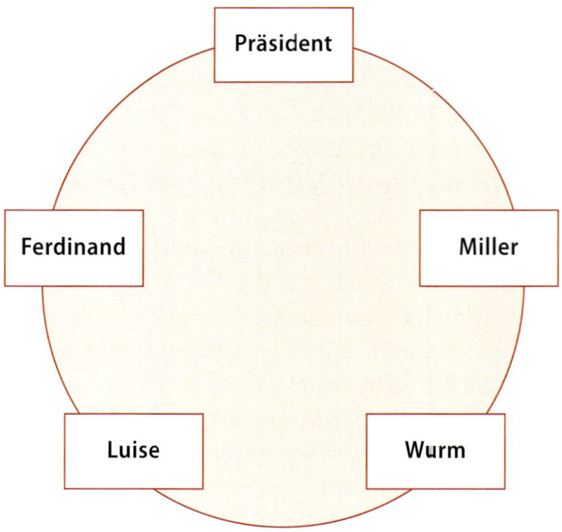

Luise als tragische Figur?

■ Text 87

Sachwörterbuch der Literatur: Tragik

Tragik (griech. *Tragike techne* = Kunst der Tragödie), Grundbegriff nicht nur für die → Tragödie, sondern für das menschliche Dasein schlechthin: der unausweichliche, schicksalshafte Untergang e. Wertvollen im Zusammenstoß oder Widerstreit mit anderen erhabenen Werten oder übermächtigen Gewalten, der die beteiligte(n) Person(en) notwendig in Leid und Vernichtung führt, der sie sich, über sich selbst hinausragend, um des Erhabenen willen unter Ausschlagung der Kompromissmöglichkeiten opfern, während die Werte selbst als Ideen bestehen bleiben. Der tragische Gegenstand erweckt bei Außenstehenden nicht nur Mitleid und Trauer durch das Maß des Leidens, sondern zugleich – durch die Heldenhaftigkeit seines erfolglosen Kampfes gegen das Verhängnis, die dabei entfalteten Seelenkräfte und die Unerbittlichkeit seines Geschicks, das aus höheren Gesetzen, nicht aber aus der bloßen Laune e. Zufalls entspringen muss – Bewunderung, Ehrfurcht u. a. erhabene Gefühle und führt dadurch zur Seelenerschütterung. Voraussetzung der tragischen Wirkung ist die Charaktergröße des Helden, da bei e. absolut schlechten Charakter das Verhängnis als wohlverdiente Strafe erscheinen würde. [...]

A ■ Tragen Sie die zentralen Aussagen aus dem Sachwörterbuch der Literatur in die folgende Tabelle ein: Welche Veränderung hinsichtlich der Tragik vollzieht sich bei der Entwicklung des Bürgerlichen Trauerspiels? (Nutzen Sie untenstehende Tabelle.)

B₁ ■ Erörtern Sie folgende Schlussvarianten:
a) Luise überlebt den Giftanschlag durch Ferdinand.
b) Ferdinand nimmt das tödliche Gift nicht zu sich.
Was verändert sich jeweils hinsichtlich der Gesamtaussage des Dramas bzw. der Wirkung des Schlusses? Sichern Sie Ihre Ergebnisse in Form von Thesen.

B₂ ■ Entwickeln Sie eine neue Szene, (Variante a oder b). Präsentieren Sie Ihre Ergebnisse vor dem Kurs.

B₃ ■ Klären Sie gemeinsam die Frage, was sich hinsichtlich der Gesamtaussage des Dramas bzw. der Wirkung des Schlusses verändert.

C ■ Vervollständigen Sie den Satz: Eine tragische Figur ist …

Aspekte der Untersuchung	Art der Katastrophe	Held/Protagonist	Wirkung
Definition Tragik (nach Aristoteles)			
Tragik Luises (Bürgerliches Trauerspiel)			

Der pyramidale Aufbau des Dramas nach Gustav Freytag

INFO

Das **Modell des fünfaktigen Dramas** mit einer weitgehend festgelegten Funktion für jeden Akt dominierte bis ins 19. Jahrhundert hinein die Dramenproduktion. Gustav Freytag systematisierte in seiner Schrift »Die Technik des Dramas« (1863) entsprechende Aussagen des Aristoteles und erklärte den **»pyramidalen« Aufbau** des Dramas zum Vorbild.

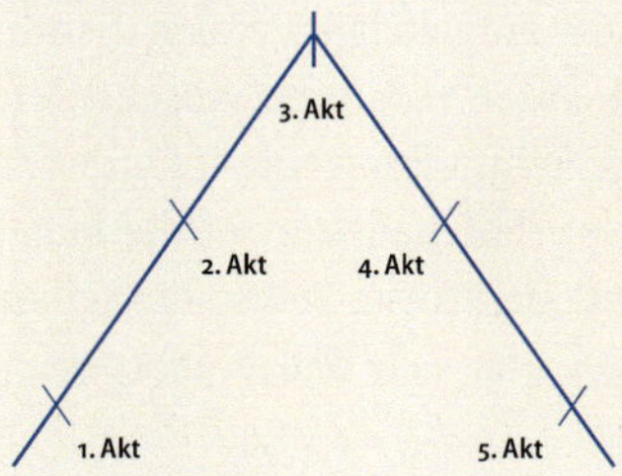

1. Akt = Exposition
2. Akt = Steigerung
3. Akt = Höhepunkt (Peripetie)
4. Akt = retardierendes Moment
5. Akt = Katastrophe

A ■ Erarbeiten Sie mit Hilfe des Info-Kastens die zentralen Kategorien des Dramentyps der Aufklärung / des Sturm und Drang.

B ■ Was müssten Sie für eine Leistungsüberprüfung über das »Bürgerliche Trauerspiel« wissen? Schreiben Sie eine Lernkarteikarte.

Ist das Drama noch aktuell? Zeitgenössische Rezeptionen vergleichen

Was kann ich nach der Bearbeitung dieses Unterkapitels?
- Ergebnisse einer Recherche in strukturierter Form präsentieren
- Die unterschiedlichen Facetten der Aktualität des Dramas »Kabale und Liebe« herausarbeiten
- Eine eigenen aktuellen Inszenierungsansatz diskutieren und in ansprechender Form für eine Pressenotiz aufarbeiten
- Ein Programmheft gestalten

Schillers bürgerliches Trauerspiel »Kabale und Liebe« gehört noch immer zu den am meisten gespielten Theaterstücken des 18. Jahrhunderts an deutschen Bühnen: »Wenn junge Regisseure beweisen wollen, wie wild ihr junges Herz pocht, dann greifen sie stattdessen traditionell zu den ›Räubern‹ oder zu ›Kabale und Liebe‹. Letzteres gilt als eine Art ›Romeo und Julia mit Gesellschaftskritik‹. Schiller hat alles hineingesteckt, was idealistischen jungen Männern bis heute auf der Seele brennt: Die erste Liebe und das erste Entsetzen über ein von fiesen alten Männern beherrschtes System. Niemals brachte das Leid der Spätpubertät größere Literatur hervor.«

(aus: DIE WELT)

■ Text 88

Sieben Thesen zu »Kabale und Liebe« (1977) *Joachim Johannsen*

1. Schiller zeigt hoffnungsvolle junge Leute in einer Zeit großer Hoffnungslosigkeit. Der Adel ist unfähig, die Gesellschaft zu regieren und ihr eine Perspektive zu geben. Das Bürgertum entwickelt Selbstbewusstsein, aber es hat noch nicht die Macht in den deutschen Kleinstaaten.

2. Luise Miller und Major von Walter setzen alle Kraft und Hoffnungen in ihre Liebe zu einander. Ihr gemeinsamer Aufschwung bringt ihnen kurzes Glück und lässt sie auf die Grenzen stoßen, die der Verwirklichung des Einzelnen im aufgeklärten Absolutismus gesetzt waren. Die Liebenden reagieren verschieden: Ferdinand ist bereit, die Schranken seines Standes zu durchbrechen; Luise als Mädchen und bürgerliches Mädchen kann und will sich diese Selbstständigkeit nicht nehmen. Sie widersetzt sich den Fluchtplänen Ferdinands. […]

5. Adel und Bürgertum verhindern die Verbindung von Ferdinand und Luise. Gewaltsam reißen sie die Liebenden auseinander: der Präsident, weil ihm die Affäre nicht in die politische Karriere passt; Vater Miller, weil er Leben und Moral der (Klein-)Bürger abgrenzen will gegen Despotismus und Korruption des Adels.

6. Schiller zeigt neben den äußeren Hindernissen die inneren. In solch barbarischer Zeit haben die Verliebten in sich selber Schwierigkeiten, eine Liebe zu entwickeln, die den Partner auch erkennt. Ferdinands Bekenntnisse gehen oft über Luise hinweg: Luise reklamiert Ferdinand erst fürs Leben im Jenseits. Beide sind so sehr Kinder ihrer Zeit, dass sie die Vernichtung ihrer Liebe und ihres Lebens selber besorgen.

7. Was zu diesem Liebestod führt, können wir nicht abtun als Krankheit der Jugend. Ferdinands Sturm und Drang zielt gegen die Väter, die Verhinderer seines Glücks. Schillers Stück richtet sich gegen die verkommene Gesellschaftsform, die ihren Mitgliedern das Leben (und Sterben!) verbietet. Ferdinands Protest ist nicht in der Lage, konkrete Pläne für eine neue Gesellschaft zu entwerfen. Schillers Stück – wenige Jahre vor der Französischen Revolution – sagt, wie notwendig es ist, Utopien zu entwickeln. Das totale Scheitern menschlicher Ansprüche zeigend, behauptet es deren Richtigkeit und Berechtigung.

■ Text 89

»Ein entsetzliches Schicksal hat die Sprache unsrer Herzen verwirrt.«

Liebe und Zweifel, Intrige und Tod – Schiller hat mit nur 23 Jahren die Tragödie einer absoluten Liebe zweier junger Menschen geschrieben, die an der Ignoranz der Väter scheitert und als Anklage einer zynischen Gesellschaftsordnung verstanden werden kann. Luise Millerin, ein einfaches Bürgermädchen, liebt Ferdinand von Walter, den Sohn des Präsidenten. Und er liebt sie. Ihre Liebe gerät ins Schussfeld unterschiedlichster Interessen, alles scheint sich gegen die Zwei verschworen zu haben. Intrigen werden gesponnen, Hochzeiten beschlossen, Briefe erzwungen. Luise und Ferdinand, im festen Glauben an das Überleben ihrer Liebe, werden getrieben – in den Zwiespalt, die Lüge, den Widerstand und schließlich bis zum Äußersten. Schiller rechnet in »Kabale und Liebe« zugleich mit seiner Vätergeneration und dem Absolutismus ab. Heute, da Standesunterschiede keine bedeutende Rolle mehr spielen, ist das Thema der Ab- und Ausgrenzung ganzer gesellschaftlicher Gruppen von zunehmender Brisanz. Wenn sich Machtkonstellationen verstärkt der Kenntlichkeit entziehen, kulturelle Codes nicht eindeutig lesbar sind, fragt sich der Einzelne: Wer bin ich? Wo stehe ich? Was bin ich wert?

■ Text 90

Boy meets girl

So lässt sich seit Schillers Neuerfindung der Schaubühne als moralische Anstalt jedes Drama zusammenfassen. Die Sprengkraft der Liebe und ihre Folgen werden zum ewigen Anlass von Geschichte und Geschichten. Dass Gefühle stärker sind als böse Väter, intrigante Gesellschaften und vielleicht sogar dem Tod trotzen können, ist der Glaube jeder jungen Generation. Dass diese Gefühle aber auch Väter zu bösen alten Männern machen und die Mechanismen der Macht zu Höchstleistungen provozieren, ist ihre Kehrseite. Der Furor des neuen Lebens will die Ketten sprengen und reißt dabei meistens sich selbst, die Geliebte und die alte Ordnung in den Untergang.

A ■ Erarbeiten Sie aus den Ankündigungen zu einer Inszenierung des Dramas »Kabale und Liebe« (**T 95** und **T 96**) den jeweiligen Interpretationsschwerpunkt.

B ■ Recherchieren Sie die Rezeption des Dramas »Kabale und Liebe« zu seiner Entstehungszeit und präsentieren Sie Ihre Ergebnisse in strukturierter Form (pro/kontra), z. B. mit Hilfe einer Tabelle oder Grafik.

C ■ Erstellen Sie eine Presseinformation zur Vorankündigung Ihrer Inszenierung mit Titel und Ihrer Schwerpunktsetzung im Untertitel. Machen Sie Fotos Ihrer Besetzungsliste. Entwerfen Sie einen kurzen Text (analog zu den oben abgedruckten Texten), der die Besonderheit Ihrer Inszenierung hervorhebt und die Zuschauer anregt, sich das Stück anzusehen.

D ■ Worin sehen Sie die Aktualität des Schillerschen Dramas?

Ein Programmheft gestalten

Programmheft

INFO

Definition: Programmhefte sind Broschüren, die als Ergänzung zu kulturellen Veranstaltungen wie Theater- und Opernaufführungen, Konzerten etc. als Begleitmaterial angeboten werden.
Funktion: Programmhefte sollen den Zuschauern das Verständnis des Stücks erleichtern und ihnen den jeweiligen Inszenierungsansatz erklären. Sie enthalten neben Hinweisen auf die Mitwirkenden und Fotos aus der laufenden Inszenierung häufig auch Auszüge aus dem Originaltext sowie zusätzliche Informationen zum Stück, z. B. zum Zeithintergrund und zum Autor, zum Inhalt, zu Interpretationsansätzen; ergänzende fiktionale und nicht fiktionale Texte zu einem oder mehreren ausgewählten Textschwerpunkten sowie Abbildungen komplettieren das Heft.
Zuständigkeit: Für die Zusammenstellung und Gestaltung der Programmhefte ist der Dramaturg zuständig, der als »Literatursachverständiger am Theater« gilt.

A ■ Entwickeln und gestalten Sie ein Programmheft für eine Inszenierung von »Kabale und Liebe« oder einem Drama, das Sie gerade im Deutschunterricht behandeln.
Das Programmheft soll anderen Personen Ihr Textverständnis, auf dem Ihre Inszenierung beruht, erklären und veranschaulichen. Gehen Sie dabei folgendermaßen vor:
- Bilden Sie arbeitsfähige Gruppen. Sammeln Sie Ideen für produktive Gestaltungen (z. B. Inszenierungsansätze) und aussagekräftige Bilder/Fotos.
- Werten Sie alle Materialien, die Sie während der Unterrichtsreihe gesammelt und bearbeitet haben, aus und überprüfen Sie sie auf Verwertbarkeit.

Ihr Programmheft sollte folgende Teile enthalten:
- ein attraktives, themenbezogenes Titelblatt sowie Lay-out,
- ein Vorwort mit der Schwerpunktsetzung Ihres Programmheftes, mit einer provozierenden Fragestellung, mit zentralen Zitaten, mit der Aktualität des Konfliktes,
- ein Inhaltsverzeichnis,
- Informationen zum Autor / Informationen zum Drama (Entstehungszeit, Epoche, Inhaltsangabe, Figurenkonstellationen, Konfliktpotenzial und -entwicklung),
- Darlegung des Deutungsansatzes durch die Analyse mindestens einer Textstelle, durch die kreative Auseinandersetzung mit einem übergeordneten Thema oder einem Textauszug (z. B. eine Strichfassung, ein Inszenierungsansatz etc.), die Erörterung eines Inszenierungsansatzes),
- Literatur- und Abbildungsverzeichnis.

Zusammenfassung der Ergebnisse: Sturm und Drang

Was kann ich nach der Bearbeitung dieses Unterkapitels?
- Das Drama in seinen literarhistorischen Kontext einordnen
- Zentrale Aspekte der literarischen Strömung des Sturm und Drang übersichtlich und vernetzt darstellen
- Mögliche Abgrenzungen zur übergeordneten Epoche der Aufklärung benennen

▪ Text 91

Sturm und Drang

Die literarische Strömung des »Sturm und Drang«, deren Beginn zumeist auf das Jahr 1769 datiert wird (in diesem Jahr erscheint Johann Gottfried Herders Journal meiner Reise im Jahre 1769), ist eine auf Deutschland beschränkte literarisch-weltanschauliche Bewegung und besitzt keine Entsprechung in Musik, Malerei oder Architektur. Der Begriff war schon bald nach 1770 gebräuchlich, also vor der Veröffentlichung von Friedrich Maximilian Klingers gleichnamigen Drama (1777), das später der ganzen Epoche ihren Namen gab. Traditionellerweise wurde der Sturm und Drang durch den Gegensatz Rationalismus – Irrationalismus als Gegenbewegung zur vorangehenden Epoche der Aufklärung definiert. In der aktuellen Forschung wird dagegen das spannungsvolle Verhältnis von Aufklärung und Sturm und Drang betont, ein Festhalten der Stürmer und Dränger an Idealen der Aufklärung einerseits und eine radikale Kritik an aufklärerischem Gedankengut andererseits. Gegenüber dem aufklärerischen Konzept allgemein menschlicher Rationalität betont der Sturm und Drang insbesondere das Partikular-Menschliche: die Individualität des Einzelnen, die Sinnlichkeit, die Totalität von Herz und Geist, von Vernunft, Fantasie und Gefühl.

A ▪ Stellen Sie Merkmale der literarischen Strömung des Sturm und Drang zusammen.

B ▪ In welchem Zusammenhang steht das Drama »Kabale und Liebe« mit der literarischen Strömung des Sturm und Drang?

C ▪ Suchen Sie aus den Texten dieses Kapitels passende Zitate zur Kennzeichnung des Sturm und Drang heraus.

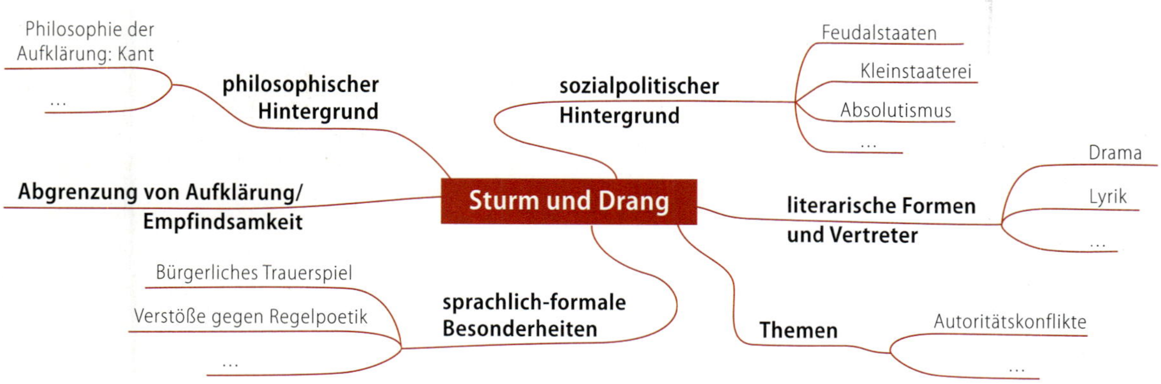

A ▪ Übertragen Sie zum Abschluss Ihrer Erarbeitung die vorliegende Mind-Map in Ihr Portfolio und ergänzen Sie sie, indem Sie die einzelnen Kategorien mit möglichst treffenden Stichworten/Fachtermini füllen. Hierzu benötigen Sie Ihre Mitschriften/Unterlagen und Ihr Glossar.
Ggf. müssen Sie auch noch einmal das ein oder andere nachlesen bzw. recherchieren.

Leistungsüberprüfung

I A: Analyse eines literarischen Textes (Dramenszene)

A ▪ Fassen Sie kurz in eigenen Worten den Inhalt dieser Szene des Dramas zusammen. Geben Sie die Thematik an, benennen Sie die Konfliktbereiche und verknüpfen Sie sie mit dem gesamten Drama (s. S. 122).

B ▪ Phasieren Sie den Dialog. Analysieren Sie den Gesprächsverlauf. Achten Sie auf die Regieanweisungen.

C ▪ Stellen Sie die Gesprächspositionen a) des Präsidenten, b) Ferdinands und c) Millers dar. Achten Sie hierbei auch auf deren Sprache und Ausdrucksweise sowie deren jeweiligen Stand und deren Interessen.

▪ Text 92

Kabale und Liebe: Zweiter Akt, Sechste Szene (1774) *Friedrich Schiller*

Der Präsident mit einem Gefolge von Bedienten. Vorige.

Präsident *(im Hereintreten)* Da ist er schon.

Alle *(erschrocken)*

Ferdinand *(weicht einige Schritte zurück)* Im Hause der Unschuld.

Präsident Wo der Sohn Gehorsam gegen den Vater lernt?

Ferdinand Lassen Sie und das – –

Präsident *(unterbricht ihn, zu Millern)* Er ist der Vater?

Miller Stadtmusikant Miller.

Präsident *(zur Frau)* Sie die Mutter?

Frau Ach ja, die Mutter!

Ferdinand *(zu Millern)* Vater, bring Er die Tochter weg – sie droht eine Ohnmacht.

Präsident Überflüssige Sorgfalt! Ich will sie anstreichen. *(zu Luisen)* Wie lang kennt Sie den Sohn des Präsidenten?

Luise Diesem habe ich nie nachgefragt. Ferdinand von Walter besucht mich seit dem November.

Ferdinand Betet sie an.

Präsident Erhielt sie Versicherungen?

Ferdinand Vor wenig Augenblicken die feierlichste im Angesicht Gottes.

Präsident *(zornig zu seinem Sohn)* Zur Beichte deiner Torheit wird man dir schon das Zeichen geben. *(zu Luisen)* Ich warte auf Antwort.

Luise Er schwur mir Liebe.

Ferdinand Und wird sie halten.

Präsident Muss ich befehlen, dass du schweigst? – Nahm Sie den Schwur an?

Luise *(zärtlich)* Ich erwiderte ihn.

Ferdinand *(mit fester Stimme)* Der Bund ist geschlossen.

Präsident Ich werde das Echo hinaus werfen lassen. *(boshaft zu Luisen)* Aber er bezahlte Sie doch jederzeit bar?

Luise *(aufmerksam)* Diese Frage verstehe ich nicht ganz.

Präsident *(mit beißendem Lachen)* Nicht? Nun! ich meine nur – Jedes Handwerk hat, wie man sagt, einen goldenen Boden – auch Sie, hoff' ich, wird Ihre Gunst nicht verschenkt haben – oder war's Ihr vielleicht mit dem bloßen Verschluss gedient? Wie?

Ferdinand *(fährt wie rasend auf)* Hölle! was war das?

Luise *(zum Major mit Würde und Unwillen)* Herr von Walter, jetzt sind Sie frei.

Ferdinand Vater! Ehrfurcht befiehlt die Tugend auch im Bettlerkleid.

Präsident *(lacht lauter)* Eine lustige Zumutung! Der Vater soll die Hure des Sohns respektieren.

Luise *(stürzt nieder)* O Himmel und Erde!

Ferdinand *(mit Luisen zu gleicher Zeit, indem er den Degen nach dem Präsidenten zückt, den er aber schnell wieder sinken lässt)* Vater! Sie hatten einmal ein Leben an mich zu fordern – Es ist bezahlt. *(den Degen einsteckend)* Der Schuldbrief der kindlichen Pflicht liegt zerrissen da –

Miller *(der bis jetzt furchtsam auf der Seite gestanden, tritt hervor in Bewegung, wechselweis vor Wut mit den Zähnen knirschend und vor Angst damit* *klappernd)* Euer Excellenz – Das Kind ist des Vaters Arbeit – Halten zu Gnaden – Wer das Kind eine Mähre schilt, schlägt den Vater ans Ohr, und Ohrfeig um Ohrfeig – Das ist so Tax bei uns – Halten zu Gnaden.

Frau Hilf, Herr und Heiland! – Jetzt bricht auch der Alte los – über unserm Kopf wird das Wetter zusammenschlagen.

Präsident *(der es nur halb gehört hat)* Regt sich der Kuppler auch? – Wir sprechen uns gleich, Kuppler.

Miller Halten zu Gnaden. Ich heiße Miller, wenn Sie ein Adagio hören wollen – mit Buhlschaften dien' ich nicht. So lang der Hof da noch Vorrat hat, kommt die Lieferung nicht an uns Bürgersleut'. Halten zu Gnaden.

Frau Um des Himmels willen, Mann! Du bringst Weib und Kind um.

Ferdinand Sie spielen hier eine Rolle, mein Vater, wobei Sie sich wenigstens die Zeugen hätten ersparen können.

Miller *(kommt ihm näher, herzhafter)* Deutsch und verständlich. Halten zu Gnaden. Euer Excellenz schalten und walten im Land. Das ist meine Stube. Mein devotestes Kompliment, wenn ich dermaleins ein pro memoria bringe, aber den ungehobelten Gast werf' ich zur Tür hinaus – Halten zu Gnaden.

Präsident *(vor Wut blass)* Was? – Was ist das? *(tritt näher)*

Miller *(zieht sich sachte zurück)* Das war nur so meine Meinung, Herr – Halten zu Gnaden.

Präsident *(in Flammen)* Ha, Spitzbube! Ins Zuchthaus spricht dich deine vermessene Meinung – Fort! Man soll Gerichtsdiener holen. *(einige vom Gefolge gehen ab; der Präsident rennt voll Wut durch das Zimmer)* Vater ins Zuchthaus – an den Pranger Mutter und Metze von Tochter! – Die Gerechtigkeit soll meiner Wut ihre Arme borgen. Für diesen Schimpf muss ich schreckliche Genugtuung haben – Ein solches Gesindel sollte meine Pläne zerschlagen und ungestraft Vater und Sohn aneinander hetzen? – Ha, Verflucht! Ich will meinen Hass an eurem Untergang sättigen, die ganze Brut, Vater, Mutter und Tochter, will ich meiner brennenden Rache opfern.

Ferdinand *(tritt gelassen und standhaft unter sie hin)* O nicht doch! Seit außer Furcht! Ich bin zugegen. *(zum Präsidenten mit Unterwürfigkeit)* Keine Übereilung, mein Vater! Wenn Sie sich selbst lieben, keine Gewalttätigkeit! – Es gibt eine Gegend in meinem Herzen, worin das Wort Vater noch nie gehört worden ist – Dringen Sie nicht bis in diese.

Präsident Nichtswürdiger! Schweig! Reize meinen Grimm nicht noch mehr!

Miller *(kommt aus einer dumpfen Betäubung zu sich selbst)* Schau du nach deinem Kinde, Frau. Ich laufe zum Herzog – Der Leibschneider – das hat mir Gott eingeblasen! – der Leibschneider lernt die Flöte bei mir. Es kann mir nicht fehlen beim Herzog. *(Er will gehen.)*

Präsident Beim Herzog, sagst du? – Hast du vergessen, dass ich die Schwelle bin, worüber du springen oder den Hals brechen musst? – Beim Herzog, du Dummkopf? – Versuch' es, wenn du, lebendig tot, eine Turmhöhe tief, unter dem Boden im Kerker liegst, wo die Nacht mit der Hölle liebäugelt und Schall und Licht wieder umkehren. Rassle dann mit deinen Ketten und wimmre: Mir ist zu viel geschehen.

Erwartungshorizont

Zu Aufgabe A

Die zu analysierende sechste Szene befindet sich im zweiten Akt des Dramas. In den Privaträumen der Familie Miller kommt es zu einer erregten Auseinandersetzung um Luise: Auf der einen Seite steht der Präsident, der eine mögliche Heirat Ferdinands mit Luise auf jeden Fall verhindern will und Luise in unverschämter Weise beleidigt und demütigt. Auf der anderen Seite stehen Ferdinand, der seine unverbrüchliche Liebe zu Luise zeigt und sich mit seinem Vater in scharfer Form anlegt, und Miller, der den Ruf und die Ehre seiner Familie beschmutzt sieht und den Präsidenten des Hauses verweist. Dieser droht der Familie Miller mit Gefängnis. Als Miller sich an den Herzog wenden will, lacht ihn der Präsident aus. Der Machtkampf spielt sich zwischen dem Adel, als dessen Vertreter der Präsident auftritt, und Miller als Repräsentant des Kleinbürgertums sowie Ferdinand, der die Werte des Bürgertums vertritt, ab. Die **Konfliktbereiche**, die schon im ersten Akt angelegt sind, brechen wieder auf: Einmal der **unversöhnliche Gegensatz** zwischen dem korrupten **Adel** und dem sich emanzipierenden **Bürgertum**, zum zweiten der hier eskalierende **Konflikt zwischen Vater und Sohn**, zum dritten wird deutlich, wie **ungleichgewichtig** das **Verhältnis** zwischen der tugendhaften und schüchternen **Luise** und dem dominanten, gewandten **Ferdinand** ist.

Zu Aufgabe B

Mit dem Eindringen des Präsidenten in das »Hause der Unschuld« (Z. 5 f.) der Familie Miller beginnt die unmittelbare Auseinandersetzung der beiden Stände. Der **Gesprächsverlauf** der Szene lässt sich grob in drei Phasen gliedern (phasieren):

Z. 1 – Z. 61: Verhörsituation Luises durch den Präsidenten: Er befragt sie in beleidigender Weise nach ihrem Verhältnis zu Ferdinand und diskriminiert sie als »Hure« (Z. 54). Luise ist seinen zweifelhaften Andeutungen und Anschuldigungen nicht gewachsen, bricht zusammen und wendet sich hilfesuchend an Gott. Ferdinand fühlt sich durch die Aussagen seines Vaters brüskiert, steht zu Luise, droht seinem Vater mit dem Degen (vgl. Z. 57) und kündigt ihm seine Pflicht zur Dankbarkeit als Sohn auf.

Z. 62 – Z. 96: Miller mischt sich in die Unterredung ein und gewinnt an Selbstbewusstsein, indem er den Präsidenten an dessen Manieren erinnert und ihm verbietet, in seinem Haus in diesem Ton mit seiner Tochter zu reden; er weist seinem ungebetenen Gast die Tür.

Z. 97 – Ende: Der Präsident gerät außer sich, ruft Verstärkung herbei und droht, Miller ins »Zuchthaus« (Z. 101) werfen und Frau und Tochter an den »Pranger« (Z. 102) stellen zu lassen. Als Miller sich direkt an den Herzog wenden will, macht ihn der Präsident auf seinen Einfluss bei Hof aufmerksam und wiederholt seine Drohung.

Zu Aufgabe C

Der **Präsident** ist anmaßend und demonstriert von vornherein seine Machtfülle gegenüber den Anwesenden, die »erschrocken« (Z. 4) sind, als er eintritt. Unhöflich, ohne zu grüßen, wendet er sich indirekt an Ferdinand und gemahnt ihn in Form einer rhetorischen, ironischen Frage an seine Rolle als Sohn, dem Vater gegenüber Gehorsam zu zeigen (vgl. Z. 7 f.). Er unterbricht Ferdinand, um sich im weiteren Verlauf des Gesprächs als Richter aufzuspielen. Wie in einem Verhör fordert er zunächst in knappen, teils elliptischen Fragen die Identität der Anwesenden ein, bevor er sich dann in ähnlicher Weise Luise zuwendet und sie nach Dauer, Charakter und Stand der Beziehung befragt. Statt den Vornamen seines Sohnes Ferdinand zu benutzen, wählt er die Periphrase »Sohn des Präsidenten« (Z. 18 f.), um sowohl seine eigene Machtposition als auch den Standesunterschied zwischen beiden zu betonen. Bei dieser sachlichen Befragung hat man den Eindruck, als handle es sich um eine Geschäfts- anstelle einer Liebesbeziehung. Der Präsident disqualifiziert Ferdinands Eheversprechen als »Torheit« (Z. 27), womit er Ferdinand in seiner überheblichen Art als dummen Jungen abwertet. Mehrfach droht er, Ferdinand entfernen zu lassen; seine Diktion ist geprägt von knappen Fragen und Imperativen. Die Regieanweisungen verdeutlichen, wie er voll bösartigem Zorn beginnt, Luise zu quälen. Als Luise seine Anspielungen, Ferdinand habe sie doch wohl entlohnt, nicht versteht, macht er sich einen Spaß daraus, seine Überlegenheit durch eine ihr ebenfalls unverständliche Redewendung: »Jedes Handwerk hat, wie man sagt, einen goldenen Boden« (Z. 42 f.) zu zeigen und sie damit nur noch mehr zu verunsichern. Er weiß als gewiefter Stratege nur zu gut, dass er seinen Sohn damit zur Raserei bringt. Seine abschließende rhetorische, spöttische Frage (vgl. Z. 45 f.) unterstellt, ihre Treffen mit Ferdinand seien allein auf Grund sexueller Befriedigung zustande gekommen, worauf Ferdinand völlig die Contenance verliert. Schließlich beleidigt der Präsident Luise als »Hure« (Z. 54) und demütigt die Familie Miller, denn die Ehre der bürgerlichen Familie und deren guter Leumund sind eng verknüpft mit der Tugend der Töchter. Miller wird von oben herab gleich zwei Mal als »Kuppler« (Z. 74/75) tituliert. Zum Schluss gerät der Präsident »in Flammen« (Z. 97): Er ist außer sich vor Zorn, weil a) sein Plan, Ferdinand mit Lady Milford zu verkuppeln, nicht aufgegangen ist, b) Ferdinand zu Luise hält und sich von ihm lossagt und c) Miller wagt, gegen ihn aufzubegehren. In seiner Gekränktheit und Selbstüberschätzung kann er gar nicht anders, als mit all seiner autokratischen Machtfülle zu drohen. Er steigert sich in seine Wut, was an den Parenthesen und den Interjektionen deutlich wird (vgl. Z. 97 ff., Z. 127 ff.). Seine Egomanie zeigt sich ebenfalls deutlich an der Akkumulation des Personalpronomens »ich«: Er ist es nicht gewohnt, dass man sich ihm widersetzt. Auch Miller gegenüber verliert er seine Umgangsformen: Er beleidigt ihn wiederholt und duzt ihn (vgl. Z. 98 ff.) Er wird zu einem gefährlichen und skrupellosen Gegner, der nichts unversucht lassen wird, sich zu rächen.

Ferdinand von Walter zeigt sich in dieser Szene nur bedingt als der »Stürmer und Dränger«: Erstaunlich lange wahrt er anfangs seinem Vater gegenüber Respekt und lässt sich unterbrechen und zurechtweisen. Interessant ist, dass er Miller mit »Vater« (Z. 15/58) anredet und nicht den Präsidenten. Auch zeigt er durch seine Sorge und sein Beschützerverhalten emotionale Nähe zu der gesamten Familie Miller; er antwortet oft an Luises Stelle bzw. ergänzt ihre sachlichen Antworten mit sehr gefühlvollen Äußerungen über beider Beziehung. Er wird zwar zunehmend wütender und weist seinen Vater zurecht, behauptet sich aber bravourös den zynischen Bemerkungen seines Vaters gegenüber und kann relativ flexibel reagieren. Er traut sich auch, vor Zeugen die Bindung zu seinem Vater zu zerschlagen (vgl. Z. 60 f.). »Gelassen« und »standhaft« mahnt er seinen Vater, nicht gewalttätig zu werden, andernfalls werde er ebenfalls Gewalt anwenden. Diese implizite Drohung spricht er ruhig und mit »Unterwürfigkeit« (Z. 113), aus und wächst hier geradezu über sich hinaus, indem er nicht blind vor Wut auf seinen Vater los stürzt, sondern sich zurückhält und deeskalierend wirkt.

Miller scheint zu Beginn der Unterredung wie gelähmt zu sein: Er hält sich aus Furcht zurück (vgl. Z. 62 ff.) und findet seine Sprache erst wieder, als Luise und damit er selbst aufs Äußerste beleidigt worden sind. Wie unsicher er anfangs agiert, macht die Ambivalenz in der Regieanweisung deutlich: »wechselweis vor Wut mit den Zähnen knirschend und vor Angst damit klappernd« (Z. 63 ff.). Auch seine wiederholt elliptisch gestammelten Sätze, durchsetzt mit standesgemäßen devoten Floskeln der Ehrerbietung einem Adeligen gegenüber: »Euer Excellenz«, »Halten zu Gnaden« (Z. 65 ff.) unterstreichen seine Unsicherheit sowie seine Zerrissenheit zwischen Anpassung und Unterwerfung einerseits, aber auch Aufbegehren und zunehmender Standfestigkeit andrerseits. Sein stolzer Ausruf: »ich heiße Miller« (vgl. das Ende der Szene eins im ersten Akt) zeigt sein Selbst- und Standesbewusstsein. Er kritisiert deutlich das amoralische Mätressenwesen des Adels mit der Synechdoche: »der Hof« (Z. 78) und verweist damit auf den gegensätzlichen Wertekanon von Bürgertum und Adel. Seine Sprache ist direkt und eindeutig, »deutsch und verständlich« (Z. 86 f.). Durch die Zurechtweisung des Präsidenten auf dessen Machtbereich (vgl. Z. 87 f.) hebt er hervor, dass er Herr im eigenen Haus ist (vgl. Z. 88 f.) und sich auch jederzeit das Recht nimmt, den »ungehobelten Gast« (Z. 90 f.) hinauszuwerfen, womit er das Verhalten und die Wortwahl des Präsidenten scharf kritisiert, indem er ihn indirekt an seine gute Kinderstube gemahnt. Als Miller merkt, dass er sich zu weit vorgewagt hat, zieht er sich zurück, wird kleinlaut und verstummt wieder: »kommt aus einer dumpfen Betäubung zu sich selbst« (Z. 121 f.), bevor er sich nicht anders zu helfen weiß und den Schutz der Obrigkeit in der Person des Herzogs suchen will. Zum Schluss wird seine Nervosität wieder überdeutlich: Er wird hektisch, er redet in Ellipsen, unterbrochen von Parenthesen; der Präsident scheint ihn mit seinen Drohungen in Angst versetzt zu haben.

Eine Lektüre erarbeiten –
am Beispiel von U. Timms »Die Entdeckung der Currywurst«

Eine Lektüre erarbeiten – aber wie? Diese Frage stellen sich viele Schülerinnen und Schüler. Eine systematische Vorgehensweise erleichtert Ihnen das Verständnis des Textes. Hilfreich ist es, den eigenen Lese- und Arbeitsprozess gezielt zu planen und zu organisieren. Jede Lese- und Arbeitsphase wirft bestimmte Fragen auf, die mit Hilfe ausgewählter Arbeitsinstrumente bearbeitet werden können.

Die Auszüge aus der Novelle »Die Entdeckung der Currywurst« von Uwe Timm dienen als ein Beispiel, um die Lesestrategien und die Arbeitstechniken bei der Erarbeitung eines konkreten literarischen Textes zu veranschaulichen. Die Arbeitsmethoden lassen sich jedoch problemlos auf die Erarbeitung anderer literarischer Texte übertragen.

Der Advance Organizer (s. rechte Seite) gibt Ihnen einen ersten Überblick darüber,

- welche Arbeitsphasen Sie bei der Erarbeitung einer Lektüre einplanen sollten,
- welche Fragen Sie stellen können,
- welche Arbeits- und Lesestrategien Sie einsetzen können,
- welche Hilfsmittel Sie in welcher Form nutzen können.

A ▪ Wie sind Sie bei der Erarbeitung eines umfangreicheren literarischen Textes, einer Novelle, eines Romans oder eines Dramas bisher vorgegangen? Welche Arbeitsstrategien haben Sie verwendet? Tauschen Sie sich mit einer Lernpartnerin / einem Lernpartner aus.

B ▪ Stellen Sie Zusammenhänge zwischen Ihrem bisherigen Arbeitsverhalten und dem Advance Organizer her.

Eine Lektüre erarbeiten – aber wie?

Wie bereite ich mich vor?
- Was weiß ich schon?
- Was möchte ich wissen?
- Was interessiert mich?

→ Text → Autor/-in → historischer Hintergrund

Wie organisiere ich meine Arbeit?

Portfolio
Lektüre:

Name:
Jahrgangsstufe:

Kursarbeit

↓

Wie kann eine Leistungsüberprüfung aussehen?
z. B.
- Textanalyse
- Textvergleich
- Rezension
- Lesung
- Feature
- …

Worum geht es in dem Text?
- Textstellen markieren
- Leseeindrücke festhalten / Fragen stellen
- Zeit und Ort der Handlung bestimmen
- Handlungsverlauf erarbeiten / Inhalt zusammenfassen
- Personen beschreiben und charakterisieren
- Register anlegen
- …

Welche Erarbeitungsschwerpunkte setze ich?
- Welche Themen muss ich bearbeiten?
- Womit möchte ich mich unbedingt beschäftigen?
- Was interessiert mich außerdem?
- Welche Fragen sind für mich offen geblieben?

Wie analysiere und interpretiere ich den Text?

Dem Text auf der Spur: Texterschließung
- Textsorte
- Darstellungsstrategien des Autors
- Arbeit mit Lektürehilfen
- …

Der Blick über den Tellerrand: Textbeurteilung
- Literaturkritik: Rezensionen
- Verfilmunge(n), Hörbuch
- andere Texte des Autors / der Autorin
- thematisch vergleichbare Texte
- …

In diesem Kapitel lernen Sie, …
- umfangreiche literarische Texte systematisch zu analysieren,
- die Arbeitsergebnisse zu überprüfen und in einer schlüssigen Deutung zusammenzuführen,
- analytische und kreative Verfahren für die Erschließung literarischer Texte zu nutzen,
- textinterne und textexterne Verfahren der Texterschließung zielgerichtet einzusetzen,
- selbstständig Leseziele zur Erschließung eines literarischen Textes abzuleiten und entsprechende Lesestrategien effektiv einzusetzen,
- mit anderen über literarische Texte zu kommunizieren,
- sich auf eine Leistungsüberprüfung vorzubereiten,
- den eigenen Arbeits- und Lernprozess zu reflektieren.

Ein Portfolio anlegen

Funktionen:
- Orientierung während der Erarbeitung der Lektüre
- Vorbereitung auf eine mündliche oder schriftliche Leistungsüberprüfung
- Überblick über die erprobten Lesestrategien und Arbeitstechniken
- Nachschlagewerk
- evtl. Teil der Leistungsbewertung

Zusatzmaterial (Text, Bild und Tondokumente)
z. B. Informationen zum Autor und seinem Werk, zur Entstehungsgeschichte des Textes, zum historischen Hintergrund der Handlung, Auszüge aus Interpretationen (z. B. Lektürehilfen), Buchbesprechungen, Arbeitsmethoden ...

Eigene Texte
z. B. Cluster, Zusammenfassungen, Exzerpte, Mind-Maps, Schaubilder, Forschungsfragen, Textanalysen, kreative Schreibaufgaben ...

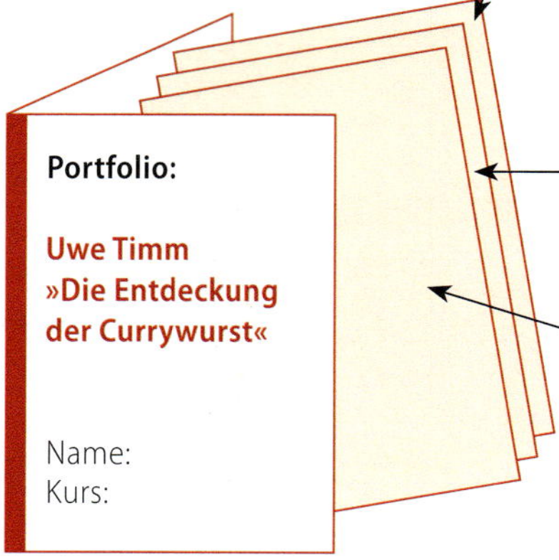

Reflexionsaufgaben
z. B. Selbsteinschätzung des Lernzuwachses, Beurteilung ausgewählter Arbeits- und Lesestrategien mit Blick auf die eigene Arbeit ...

Anlage und Layout
- Schnellhefter in DIN-A4
- fortlaufendes Inhaltsverzeichnis
- Methodenglossar
- Verzeichnis von Fachbegriffen
- Gestaltung eines inhaltsbezogenen Covers
- Einführung in das Portfolio oder Schlusswort
- ...

Einführung oder Schlusswort
Reflexion des gesamten Arbeitsprozesses
- Wie habe ich mit dieser Arbeitseinheit gearbeitet?
  (selbstständig, im Unterricht, an dem vorgegebenen Text, an einem anderen literarischen Text)
- Was habe ich in dieser Arbeitseinheit gelernt?
  (Lektüre, Arbeits- und Lesestrategien)
- Was ist mir besonders gut gelungen, was würde ich anders machen?
  (Belege anführen)
- Woran würde ich gern weiterarbeiten?
  (andere Lektüren, mediale Umsetzung, Arbeits- und Lesestrategien)
- ...

A ■ Legen Sie während der Arbeit mit der Lektüre ein Portfolio an. Klären Sie, inwieweit das Portfolio oder Teile davon in die Leistungsbewertung eingehen. Bewertungsrelevant könnten z. B. sein: Pflichtaufgaben, wie die Charakterisierung einzelner Personen, eine Inhaltsangabe, eine grafische Darstellung der Figurenkonstellation etc. oder auch die Dokumentation und Reflexion des Arbeitsprozesses zu einer bestimmten Frage.
(→ **Arbeitsmappe/Portfolio**, S. 234)

Wie bereite ich mich auf die Lektüre vor?

Was kann ich nach der Bearbeitung dieses Unterkapitels?
- Persönliche Leseerwartungen formulieren
- Informationen über den Autor, den Text, den historischen Kontext etc. als Vorbereitung auf die Lektüre nutzen
- Beziehungen zu eigenen Erfahrungen herstellen, Vorwissen abrufen und mit neuem Wissen verknüpfen

Annäherung an einen literarischen Text

A ■ Machen Sie sich Notizen zu folgenden Fragen:
- Welche Informationsquellen benutzen Sie, um sich über einen literarischen Text zu informieren (Titel, Cover Klappentext, Textauszug, Werbematerial, Gespräche mit anderen etc.)?
- Was macht Sie neugierig, einen literarischen Text zu lesen?

B ■ Betrachten Sie das vorliegende Cover zu Uwe Timms Novelle »Die Entdeckung der Currywurst«, lesen Sie den Klappentext, den Textauszug sowie das Interview mit dem Autor.
- Was könnte Sie neugierig machen, den Text zu lesen?
- Was erwarten Sie vom Inhalt des Textes?
- Was möchten Sie gern genauer wissen?

■ Text 93

Klappentext

Wie schmeckt die Erinnerung? Und wie kommt es zu großen und kleinen Entdeckungen? Der Erzähler besucht im Altersheim eine Frau, von der er glaubt, sie habe gerade die Currywurst entdeckt. Lena Brücker, weit über achtzig, rückt aber auf seine Fragen nicht so schnell mit der Antwort heraus. Vielmehr erzählt sie eine ganz andere Geschichte, die zunächst recht alltäglich beginnt, sich dann aber als eine unerhörte Begebenheit erweist. Im April 1945, kurz vor Kriegsende, hat sie einen Marinesoldaten in ihrer Wohnung versteckt und mit ihm ein Liebesverhältnis angefangen. Dann aber kapituliert Hamburg. Die vierzigjährige Lena Brücker will den jungen Deserteur noch nicht heim zu Frau und Kind lassen. Sie verschweigt ihm, dass der Krieg zu Ende ist. So sitzt er in der Wohnung fest und wird mit Ersatzgenüssen umsorgt, mit Geschichten und Gerichten: Wildgemüse, Eichelkaffee und falscher Krebssuppe. Bis er eines Tages den Geschmackssinn verliert.

■ Text 94

Die Entdeckung der Currywurst: Ein Textauszug (1993) *Uwe Timm*

... und da war sie auf der dunklen Treppe ins Stolpern gekommen. Klatsch. Drei Flaschen Ketchup waren kaputt. Sie machte oben Licht, schloss die Tür auf. Ein roter Matsch. Und in dem Matsch auch noch das Currypulver aus der Dose, die sie im Auto aufgemacht hatte, um an dem Curry zu lecken. Und da setzte sie sich auf die Treppe und begann zu heulen ... Sie nahm den Karton mit den heilen und den drei kaputten Flaschen hoch und trug sie in die Küche. Glücklicherweise waren die Flaschen nicht so kleingesplittert, dass man den rotbraunen Matsch nur noch wegkippen musste. Sie fischte die Scherben aus dem Ketchup. Aber das Ketchup war verdorben, es war mit dem Currypuder vermischt. Sie holte den Abfalleimer, wollte es wegschmeißen, da leckte sie gedankenverloren an den verschmierten Fingern – leckte nochmals, hellwach, und nochmals, das schmeckte, das schmeckt, so, dass sie lachen musste, scharf, aber nicht nur scharf, etwas Fruchtigfeuchtscharfes, lachte über dieses Missgeschick, diesen schönen Zufall, lachte. [...] Sie stellte die Pfanne auf das Gas und schüttete den vom Boden zusammengeschobenen Curry samt Ketchup hinein. Da, langsam erfüllte sich die Küche mit einem Duft, einem Duft wie aus tausend und einer Nacht. Sie probierte von diesem rötlichbraunen Matsch und schmeckte, das schmeckte, ja, wie schmeckte das? Es war ein Kribbeln auf der Zunge, der Gaumen schien sich zu weiten, genau, das war es, was so schwer beschreibbar ist, mit bitter oder süß und schon gar nicht mit scharf, nein der Gaumen wölbte sich, machte sich und die Zunge spürbar, ein Erstaunen, etwas, das sich auf sich selbst, auf das Schmecken richtete. Ali Baba und die vierzig Räuber, Rose von Stambul, das Paradies. Den Abend über experimentierte sie ... Und weil sie seit dem Frühstück nichts gegessen hatte, schnipselte sie sich eine von den hautlosen Kalbsbratwürsten in die Pfanne, briet sie mit dem Currymatsch. Und was sonst nur dröge und labberig schmeckte, war fruchtig feucht mit diesem unbeschreibbaren Geschmack. Sie saß und aß mit Genuss die erste Currywurst.

■ Text 95

Uwe Timm: »Es ist ja eigentlich eine Liebesgeschichte« – Ein Interview mit dem Autor (2003)

Abendblatt *Sie sind gerade in Hamburgs Partnerstadt Shanghai. [...] Aus welchem Buch lesen Sie?*

Timm [...] Ich lese aus der »Entdeckung der Currywurst«, wie könnte es anders sein. Es ist ins Chinesische übersetzt und gerade in China erschienen.

Abendblatt *Kennt man Currywurst in China?*

Timm Nein, nein, natürlich nicht. Es geht ja auch nicht so sehr um die Currywurst. Es ist ja eigentlich eine Liebesgeschichte.

Abendblatt [...] *Wie sind Sie überhaupt auf die Wurst gekommen?*

Timm Der Ausgangspunkt für dieses Buch ist die Erinnerung an eine Tante, die in der Brüderstraße wohnte und die ich als Kind besuchte. Da gab es eine Frau im Haus, von der erzählt wurde, sie habe kurz vor der Kapitulation einen Soldaten in ihrer Wohnung versteckt. Ich weiß nicht, ob das stimmt. Diese Frau hatte eine Imbissbude am Großneumarkt. Das ist authentisch, alles andere ist Fiktion.

Abendblatt *Diese Lena Brücker ist eine Erfindung von Ihnen. Gibt es Frauengestalten, an die Sie beim Schreiben gedacht haben?*

Timm Das ist sehr schwer zu sagen. Es ist keine konkrete Person, die ich nachgeschrieben habe. Aber diese Frau, die den Imbissstand hatte, das ist meine Erinnerung, bei ihr habe ich als Kind 1947 eine Currywurst gegessen. Ich war oft bei dieser Tante und habe da in der Küche gesessen. Das ist in der Novelle beschrieben. Das ist eine sehr spannende Küche gewesen, weil da die Nutten saßen, die Schieber, buntes Volk. Außer der Tante gab es einen Onkel, der sehr viel Zeit für Kinder hatte. Mit dem muss ich an diesem Stand gewesen sein. Lena Brücker ist eine dieser wunderbaren Frauen, von denen es viele gab. Die haben den Großteil des Wiederaufbaus gestemmt, die waren sehr präsent damals. [...] Das setzt sich zusammen aus ganz frühen Erinnerungen, die ich noch habe, Nachkriegserinnerungen vom Schwarzmarkt beispielsweise. Es war für mich als Kind faszinierend, mit dem Vater zum Schwarzmarkt zu gehen und dort die Leute zu beobachten. Ich weiß, was das für Anstrengungen waren. Das ist auch in der Novelle beschrieben. [...]

A ■ Lesen Sie das Interview mit dem Autor. Welche Aspekte des Textes hebt der Autor besonders hervor?

B ■ Welche Aspekte könnten Sie besonders interessieren? Tauschen Sie sich mit anderen Kursmitgliedern über Ihr jeweiliges Leseinteresse an der Lektüre aus.

Den historischen Hintergrund erkunden

Das Denken und Handeln der Figuren muss immer auch vor dem jeweiligen historischen Zeithintergrund verstanden werden. Dementsprechend ermöglicht z. B. die Kenntnis der geschichtlichen, gesellschaftspolitischen und wirtschaftlichen Zusammenhänge des Kriegsendes in Hamburg dem Leser, sich die Lebensumstände der Protagonisten besser vorzustellen.

■ Text 96

Der historische Hintergrund der Novelle »Die Entdeckung der Currywurst« von Uwe Timm

Die Novelle spielt im April/Mai 1945 in Hamburg. Deutschland ist zu großen Teilen von den Alliierten Truppen besetzt. Das Kriegsende steht kurz bevor.

Kriegsende in Hamburg

Am Abend des 2. Mai 1945 macht sich der Hamburger Stadtkommandant Generalmajor Alwin Wolz auf den Weg zu den Briten. Gegen 21:00 Uhr besteigt er eine graue Wehrmachtslimousine, an der eine große weiße Fahne befestigt ist. Sein Ziel: die britischen Stellungen bei Meckelfeld. Bis spät in die Nacht dauern die Gespräche über die Kapitulation Hamburgs. Danach ist klar: Hamburg wird kampflos an die britischen Truppen übergeben. [...] Im Hauptquartier der Briten nahe Lüneburg unterzeichnet Alwin Wolz am 3. Mai die Kapitulationsurkunde. Der Einmarsch verzögert sich um einige Stunden und soll nun erst gegen 18:00 Uhr stattfinden. Aus drei verschiedenen Richtungen – Buxtehude, Tötensen und Hittfeld – setzen sich die englischen Truppen in Bewegung. Über die Elbbrücken, weiter über den Heidenkampsweg und die Mönckebergstraße bis zum Rathausmarkt. Am Portal des Rathauses erwartet Generalmajor Wolz den britischen Brigadegeneral Spurling. Um 18:25 Uhr wird die Stadt offiziell übergeben. Hamburg ist in britischer Hand.

Hamburg 1945

A ■ Informieren Sie sich über den historischen Hintergrund der Lektüre. Tipp: Sie können dafür sowohl Ihr Geschichtsbuch als auch das Internet nutzen, z. B. »LeMO« (Lebendiges virtuelles Museum online, ein multimediales Informationssystem über die deutsche Geschichte des 20. Jahrhunderts http://www.dhm.de/lemo/).

B ■ Erstellen Sie eine Zeitleiste über den Handlungsverlauf der Lektüre. Ordnen Sie während der Lektüre die einzelnen Handlungsstationen und wichtige Ereignisse in die Zeitleiste ein. (Tipp: Die Zeitleiste wird besonders übersichtlich, wenn Sie DIN-A3-Papier im Querformat benutzen.)

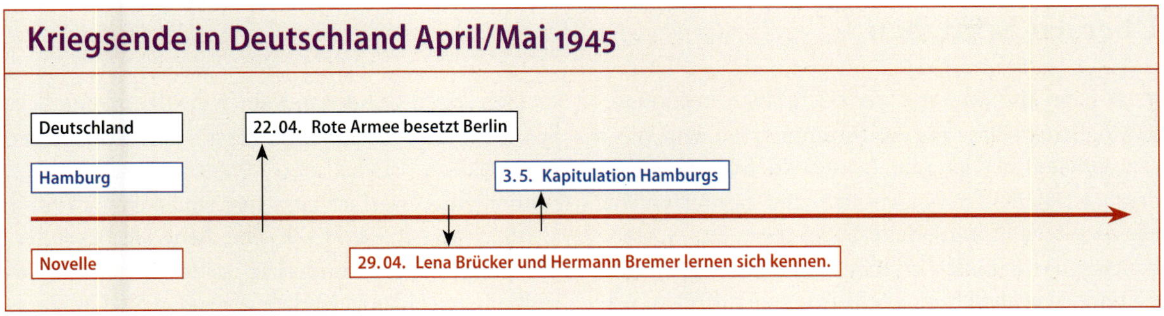

Biografisches Wissen erarbeiten

Der Autor: Hintergrundinformationen über die Autorin oder den Autor erleichtern den Zugang zu einem Text. Sie erfahren als Leser nicht nur etwas über deren Lebens- und Arbeitsbedingungen, sondern auch welche Themen sie besonders interessieren bzw. welche Positionen sie zu bestimmten gesellschaftspolitischen Fragen einnehmen.

A ▪ Welche zusätzlichen Informationen hätten Sie gern über den Autor, dessen Text Sie gerade lesen?

▪ Text 97

Biografisches zu Uwe Timm

Uwe Timm, geboren 1940 in Hamburg, ist einer der erfolgreichsten deutschen Schriftsteller. Geschichten faszinierten ihn schon als Kind, gebannt lauschte er den Erzählungen seiner Tante und ihrer bunten Gästeschar im Hamburger »Gängeviertel«. Uwe Timm gehört zu den wichtigsten Vertretern der 68er-Generation. Die Aufarbeitung der deutschen NS-Vergangenheit ist ein wesentlicher Aspekt seines Schaffens. Berühmt wurde er auch als Kinderbuchautor.

Martin Hielscher

Uwe Timm [...] war der Nachzügler in der Familie und stand bei seinem autoritären Vater im Schatten des 16 Jahre älteren Bruders Karl-Heinz, der sich freiwillig zur SS-Totenkopfdivision meldete und 1943 in einem Lazarett in der Ukraine starb. In seiner autobiografischen Erzählung »Am Beispiel meines Bruders« (2003) unternahm Uwe Timm Jahrzehnte später den Versuch einer literarischen Annäherung an Bruder und Vater. [...] Er machte eine Kürschnerlehre, die Prüfung bestand er mit Auszeichnung. Nach dem Tod des Vaters leitete er 3 Jahre lang das Kürschnergeschäft, machte dann am Braunschweig-Kolleg sein Abitur und studierte in München und Paris Philosophie und Germanistik. [...] Den Aufbruch Ende der Sechzigerjahre erlebte Uwe Timm als Student aktiv mit – und setzte der Studentenrevolte mit seinem ersten Roman »Heißer Sommer« (1974) ein literarisches Denkmal. [...] Neben der Auseinandersetzung mit der eigenen reizen den Autor auch fremde Kulturen: Seine Recherche- und Entdeckungsreisen führten ihn unter anderem bis nach Namibia, Peru und auf die Osterinseln. [...] Heute lebt er in München und Berlin. Uwe Timm ist dem Besonderen im Alltäglichen auf der Spur. [...] Und doch geht es dem Schriftsteller nie um ein getreues Abbild der Wirklichkeit: »Der Erzähler erzählt nicht nur nach, sondern neu und anders, nämlich wie es sein könnte, er erzählt eine andere Wirklichkeit.«

Tina Rausch

▪ Text 98

Über das Schreiben *Uwe Timm*

Ich habe als Kind mit dem Schreiben begonnen. Möglicherweise hing das zusammen mit dem Wissen und dem sich langsam herausbildenden Staunen, dass ich bin, der ich bin, endlich, und dass sich nicht alles wiederholt und wiederholen lässt. Das Schreiben wie das Erzählen erlaubt, sich ein wenig in der Zeit und also auch in sich selbst zurechtzufinden. Bei meinen ersten Versuchen war ich zwölf und unglücklich. Bis auf einen Romananfang – recht vermessen und tollkühn – sind all diese Versuche verschwunden. Schon damals warf ich gern weg, und wenn ich heute am Rechner sitze und schreibe, liebe ich besonders die Delete-Taste. Wunderbar ist das Zerstören, das ins saubere Nichts Verschwindenlassen des Geschriebenen, ganz anders als früher, als das Durchgestrichene oder mit Tipp-Ex Zugepinselte immer darauf hinwies, es sei doch schon verbessert worden. Es brauchte dann einige Zeit, um das noch nicht Gelungene zu erkennen. Jetzt erscheint der Text sauber auf dem Display, und Störendes fällt sogleich ins Auge, verlangt danach, schnell entfernt zu werden.

A ▪ Gestalten Sie ein Kurzporträt des Autors in Form eines Handzettels für eine Autorenlesung in Ihrer Stadtbibliothek. Recherchieren Sie in Bibliotheken und im Internet.

B ▪ Stellen Sie für die Zeit, in der Sie mit der Lektüre arbeiten, eine Präsenzbibliothek mit weiteren Texten des Autors und ergänzenden Materialien zusammen. Nutzen Sie die Präsenzbibliothek als Anreiz zum Schmökern und als zusätzliche Informationsquelle.

Wie kann ich mich auf eine (Unterrichts-)Lektüre vorbereiten – ein Reflexionsbogen

In diesem Teilkapitel haben Sie verschiedene Möglichkeiten kennen gelernt, sich auf die Lektüre eines umfangreicheren literarischen Textes vorzubereiten.

Wie kann ich mich auf eine Lektüre eines literarischen Textes vorbereiten?	**Wie hilfreich ist für mich dieser Ansatz bei der Vorbereitung auf die vorliegende Lektüre gewesen?**	**Welche Ergänzungsvorschläge habe ich?**
Das Cover in den Blick nehmen (Autor, Titel, Bild, Textsorte)	**z. B.:** **Titel:** *hat mich neugierig gemacht, musste an große historische Ereignisse denken wie »Die Entdeckung Amerikas«* **Bild:** *könnte Vorstellungen über die Handlung auslösen, vorliegendes Cover für mich eher nichtssagend* **Textsorte:** *Den Begriff »Novelle« kenne ich aus der SI.*	**z. B.:** *wenn es verschiedene Ausgaben eines Textes gibt, die Titelbilder vergleichen*
Klappentext lesen		
Textauszug lesen		
Äußerungen des Autors über seinen Text nutzen		
…		

A ▪ Was haben Sie persönlich in dieser Arbeitseinheit gelernt? Ergänzen Sie den Reflexionsbogen und füllen Sie ihn aus.

Wie gehe ich während der (ersten) Lektüre vor?

Was kann ich nach der Bearbeitung dieses Unterkapitels?
- Mich in der Lektüre orientieren
- Figuren und ihr Verhältnis zueinander beschreiben
- Den Handlungsverlauf kennzeichnen
- Leseeindrücke formulieren
- Wort- und Sacherklärungen zusammenstellen

Orientierung schaffen

Orientierungsmöglichkeiten

INFO

Orientierungshilfen ermöglichen Ihnen, sich **schnell und sicher** in einer Lektüre zurechtzufinden. Sie können effektiv arbeiten und vermeiden zeitaufwändiges Suchen in mehr oder weniger umfangreichen Lektüren. Sie können schnell auf bestimmte Textstellen zurückgreifen, Textauszüge miteinander vergleichen, textübergreifende Interpretationsansätze verfolgen.

- Lesen Sie **mit dem Stift in der Hand**. Markieren Sie Textstellen, die für den Handlungsverlauf wichtig sind, die Personen charakterisieren, die Informationen über den historischen Hintergrund geben etc. Arbeiten Sie mit **Randbemerkungen**, nutzen Sie verschiedene Farben.
- Legen Sie eine **Legende** an, in der Sie die Bedeutung der Farben und Symbole erklären. Achten Sie darauf, dass die Legende jederzeit griffbereit ist. Nutzen Sie z. B. die Innenseiten des Umschlags oder ein Einlegeblatt für die Legende.
- Verwenden Sie **Lesezeichen** (z. B. farbige Klebezettel), um einzelne Kapitel oder Textstellen ohne langes Suchen schnell auffinden zu können.

■ Text 99

Die Entdeckung der Currywurst: Kapitel 1 (1993) *Uwe Timm*

Sie arbeitete in einer Kantine, in der Lebensmittelbehörde. Wie nahrhaft, sagte er. Nein. Nur hin und wieder gab es eine Sonderzuteilung oder mal etwas Essen, das sie aus der Kantine mitbringen konnte. Prost. Ob sie ein Radio habe?

Ja. Aber die Röhre ist kaputt. Eine neue habe sie nicht auftreiben können. Außerdem, hören kann man nur noch selten, wenn mal Strom da ist. [...] Sie tranken Kaffee und dazu ein zweites Gläschen Birnenschnaps. Hatte er Hunger? Natürlich hatte er Hunger. Sie könne ihm eine falsche Krebssuppe anbieten. Ein Rezept, das sie selbst entwickelt habe. Ein Gericht, sagte sie, wie falscher Hase, und band sich die Schürze um. Karotten und ein Stück Sellerie habe sie im Haus. Auch etwas von dem Tomatenmark, das der Kantine gerade geliefert worden sei. Ein Zentner Tomatenmark, ohne jeden Zusammenhang. Sie holte Karotten, drei Kartoffeln und ein Stück Sellerie aus der Kammer, setzte gut einen Liter Wasser auf, begann, die Karotten zu schälen. Also, wie war er zu dem Reiterabzeichen gekommen?

Er kam aus Petershagen an der Weser. Sein Vater war Tierarzt und hatte zwei Reitpferde, und von dem Vater lernte er das Dressurreiten. Natürlich ist er auch ausgeritten. Dann ging es hinunter zur Weser. Da saß er ab und hatte nur den einen Wunsch, raus aus dem Kaff, möglichst weit weg, dorthin, wohin die Weser floss, zur See. Machte seine Mittlere Reife, dann eine Maschinenbaulehre und danach als Maschinenassi eine Fahrt auf einem Schiff nach Indien, unmittelbar vor dem Krieg. 39 kam er zur Marine. Nach der Grundausbildung wurde er zu einer Strandbatterie nach Sylt versetzt. Nix passierte, aber auch gar nix. Geschütz putzen. Im Ort war ein Reitstall. Hatte jede Menge Zeit. Dort legte er die Prüfung für das Reiterabzeichen ab. Kurz darauf wurde er versetzt, kam auf einen Zerstörer. Ausbildung zum Maat, dann Bootsmann. Dienst auf dem Vorpostenboot. Lena schnitt die Karotten in den Topf, gab dann den Sellerie dazu, drei kleingeschnittene Kartoffeln, sprach den Zauberspruch darüber: Sellerie, Sellerie, Sipprisa, sipprisapprisumm, schüttete das Gemüse in das kochende Wasser, salzte kräftig. So, sagte sie, nu muss das kochen, bis alles sämig ist.

Mein Talisman, sagte er. Jedenfalls bis jetzt, denn wahrscheinlich war der Offizier durch dieses Reiterabzeichen darauf gekommen, ihn einer Panzerjagd-Einheit zuzuteilen. [...] Sie war ganz darauf konzentriert, den Kaffee einzugießen, dieser Duft. Sie sah, wie sich im Filter dunkelbraun der Schaum an den Rändern hochwölbte, die kleinen helleren Blasen verwandelten sich in Duft.

Waren Sie bei Ihrer Frau?

Nein, bei den Eltern, danach noch in Braunschweig.

Und Sie? Ihr Mann? Ist er an der Front?

Weiß nicht, sagte sie. Hab ihn vor fast sechs Jahren zuletzt gesehen. Wurde gleich 39 eingezogen. Hat ne andere Frau kennen gelernt, in Tilsit. Er war in der Etappe. Hin und wieder schreibt er mal.

Vermissen Sie ihn?

Was sollte sie sagen? Sie hätte sagen können – und das wäre die Wahrheit gewesen: Nein. Aber das hätte sich für ihn wie eine Aufforderung anhören müssen.

Kann ich nicht ja und nicht nein sagen. Er war Barkassenführer, später Fernlastfahrer. Aber egal, sagte sie, jetzt ist er irgendwo. Der kommt durch. Ist kein Held. Wahrscheinlich spielt er Krankenschwestern was auf dem Kamm vor. Das kann er. Kann die Leute um den Finger wickeln, nicht nur Frauen. Aber das ist mir egal. Solange der Staat für die Kinder zahlt.

Zwei Kinder?

Ja, einen Sohn, der ist sechzehn. Ist bei der Flak, irgendwo im Ruhrgebiet. Hoffentlich gehts dem Jungen gut. Und eine Tochter, die – sie stockte, sie sagte nicht, die ist zwanzig, mein Gott schon zwanzig, sie sagte, die lernt, obwohl Edith schon vor zwei Jahren als Arzthelferin ausgelernt hatte. Sie ist in Hannover. Da sind jetzt schon die Engländer, sagte er. Auch in Petershagen. Die haben es hinter sich. Hoffentlich gabs keine Vergewaltigungen.

Nein, nicht bei den Engländern.

Sie beobachtete ihn und sah in seinem Gesicht, dass er nachdachte, er rechnet, dachte sie, er rechnet jetzt dein Alter aus. Er bemerkt in diesem Augenblick, dass du seine Mutter sein könntest, dieser Blick, der nicht sie, sondern nur einen Teil von ihr traf, etwas an der Oberfläche. Irritiert drehte sie sich dem Herd zu und rührte die aufwallende falsche Krebssuppe um, schmeckte ab, gab noch etwas Salz hinzu und getrockneten Dill. [...]

Ein Figurenverzeichnis anlegen

Die Figuren bestimmen neben Ort und Zeit wesentlich die Handlung. Eine Auseinandersetzung mit den Figuren ist dementsprechend ein wesentlicher Bestandteil jeder Textanalyse.

A ▪ Legen Sie während der Lektüre ein Figurenverzeichnis an, das Sie fortlaufend ergänzen. Vergessen Sie dabei nicht die Verweise auf Seitenzahlen. Orientieren Sie sich an der nachfolgenden Tabelle.

	Alter, äußere Erscheinung	sozialer Hintergrund: Elternhaus, Beruf, familiäre Verhältnisse	Verhaltensweisen	Gefühle, Wünsche, Ängste	Sonstiges
Lena Brücker 1945					
...					

B ▪ Wählen Sie eine Figur aus und verfassen Sie ein Selbstporträt. Welche Informationen können Sie nutzen, welche Leerstellen müssen Sie ergänzen?

C ▪ Vergleichen Sie die Charaktere der Protagonisten. Lässt sich eine Entwicklung der Charaktere feststellen? Begründen Sie Ihre Meinung.

D ▪ Wer beschreibt die Personen? Was bedeutet das für den Leser?

E ▪ Erläutern Sie die Figurenkonstellation. (→ **Figuren und Figurenkonstellation**, S. 220) Schreiben Sie den Namen jeder Figur auf ein Kärtchen. Ordnen Sie die Kärtchen so an, dass die Beziehungen der Personen zueinander deutlich werden. Kennzeichnen Sie diese zusätzlich durch Pfeile, Symbole und Randbemerkungen.

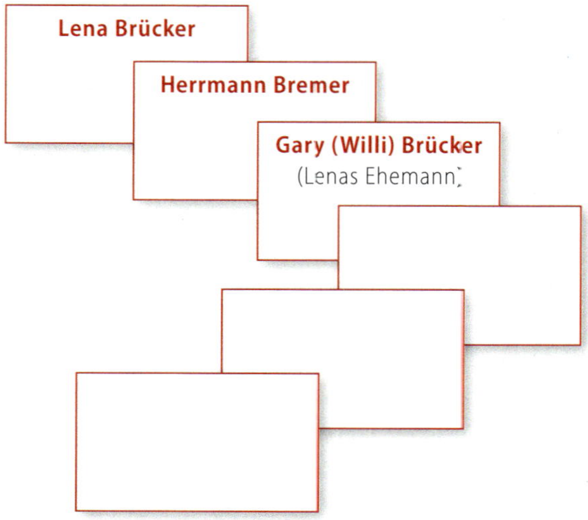

Den Handlungsverlauf skizzieren

Ein Überblick über den Handlungsverlauf erleichtert Ihnen das Verständnis der Lektüre. Sie können Handlungsstränge erkennen, die Entwicklungen der Figuren nachzeichnen, die Bedeutung bestimmter Orte erfassen, Details im Handlungsverlauf verorten etc.

A ▪ Erstellen Sie parallel zur Lektüre eine Übersicht über den Handlungsverlauf der Geschichte. Orientieren Sie sich an dem Beispiel für den Handlungsverlauf der Novelle von Uwe Timm.

	Kapitel 1	**...**	**Kapitel 7**
Thema	Beginn der Liebesgeschichte: »Fahnenflucht«		
Zeit/Ort der Handlung	29. 4. / 30. 4. 45 Hamburg (Kino, Luftschutzkeller, Lenas Wohnung)		
Inhalt	Bremer und Lena lernen sich in Hamburg kennen Bremer: Marinesoldat Lena: Zivilistin in Hamburg		
zentrale Textstellen	Bremers Lüge (S. 37) ...		
historisch-gesellschaftlicher Hintergrund (z. B. Hinweise auf das Kriegsende)	Hochzeit Adolf Hitler – Eva Braun Ernennung von Dönitz zu Hitlers Nachfolger		
Sonstiges (z. B. Rezepte)			
Unterbrechungen des Erzählflusses (z. B. Besuche des Ich-Erzählers bei Lena Brücker)			

■ Text 100

Die Entdeckung der Currywurst: Kapitel 1 (1993) *Uwe Timm*

Ja, sagte sie, ich habe die Currywurst entdeckt. Und wie?
Is ne lange Geschichte, sagte sie. Musste schon 'n bisschen Zeit haben.

Hab ich.

Vielleicht, sagte sie, kannste nächstes Mal 'n Stück Torte mitbringen. Ich mach uns 'n Kaffee.

Siebenmal fuhr ich nach Harburg, sieben Nachmittage der Geruch nach Bohnerwachs, Lysol und altem Talg, siebenmal half ich ihr, die sich langsam in den Abend ziehenden Nachmittage zu verkürzen.

A ■ Klären Sie die Begriffe »Rahmenerzählung« und »Binnenerzählung«. Wenden Sie Ihre Ergebnisse auf die vorliegende Novelle an. Wie werden Rahmenerzählung und Binnenerzählung miteinander verknüpft?

Der Currywurst-Krieg

ERFINDUNG für eilige Hungrige. 70 Mio. Currywürste im Jahr essen die Berliner, 72 Mio. schaffen die Hamburger.

Hamburg und Berlin kämpfen um die Erfindung

Eine Frage der Ehre: Die Hansestadt und die Hauptstadt fordern das Recht auf die erste Currywurst in Deutschland. Berlin hat die Soße 1949 patentieren lassen, aber in Hamburg soll sie 1945 „geboren" worden sein. **Alles über die Wurst auf den S. 10/11**

Leseeindrücke festhalten – Fragen formulieren

Wenn Sie einen literarischen Text lesen, werden automatisch persönliche Erfahrungen, Erlebnisse sowie bestimmte Vorkenntnisse wachgerufen. Auch Fragen werden aufgeworfen. Das können inhaltliche Fragen sein, die sich auf einzelnen Textaussagen oder auch Textzusammenhänge beziehen. Das können aber auch Fragen sein, die z.B Ihr Unverständnis darüber ausdrücken, warum eine bestimmte Figur so und nicht anders gehandelt hat.

A ■ Halten Sie nach der Lektüre eines Kapitels jeweils Leseeindrücke und Textkommentare in Ihrem Portfolio fest. Nutzen Sie sie als Grundlage für einen ersten Austausch über den Text. Orientieren Sie sich an folgenden Anregungen:

Leseeindrücke festhalten

INFO

Verständnisfragen formulieren

- Ich habe nicht verstanden, warum ...
- Mir ist unklar ...
- Ich weiß nicht genau ...
- Ich bin etwas irritiert ...

Vernetzungen mit der eigenen Erfahrungswelt oder anderen Texten herstellen

- Das erinnert mich an ...
- Ich kann das gut nachvollziehen, weil ...
- Ich habe eine ähnliche Situation schon einmal in folgendem Film, Roman wahrgenommen ...
- Das steht meinen Erfahrungen insofern entgegen, als ...

Vorstellungen entwickeln

- Ich stelle mir vor, ...
- Ich sehe folgendes Bild vor mir ...
- Ich glaube, im nächsten Kapitel ...

Das eigene Leseverhalten kommentieren

- Bevor ich weiterlese, muss ich erst klären ...
- Ich habe noch einmal zurückgeblättert, um ...
- Ich habe die Textstelle noch einmal gelesen, weil ...
- Ich habe meine Legende um folgende Punkte erweitert ...
- Ich habe eine kurze Pause bei der Lektüre gemacht, weil ...

■ Text 101

Die Entdeckung der Currywurst: Kapitel 2 (1993) *Uwe Timm*

1. Auszug

Herrmann Bremer kehrt nach der gemeinsamen Nacht mit Lena Brücker nicht zu seinem Regiment zurück.

In seinem Kopf, der auf der weichen Schulter von Lena Brücker lag, bewegte er die Fragen: Liegenbleiben oder aufstehen? Sollte er nicht versuchen, im letzten, im allerletzten Augenblick loszulaufen, nicht, weil er an seinen Fahneneid dachte, weil er es für unwürdig hielt, sich einfach zu verdrücken, sondern weil er seine Überlebenschancen abwog, hier zu bleiben und abzuwarten, bis der Krieg zu Ende war, oder sich in der Landschaft, irgendwo in der Lüneburger Heide, seitwärts in die Büsche zu schlagen, sich dann vom Engländer gefangen nehmen zu lassen, was, wie er gehört hatte, weit schwerer war, als man vermuten sollte. Man tritt von einem Ordnungssystem in ein anderes, feindliches, über. Das führte leicht zu Missverständnissen, tödlichen. Oder sollte er hier das Kriegsende abwarten, auf die Gefahr hin, entdeckt und erschossen zu werden? Zumal er von jetzt an auf Gedeih und Verderb von dieser Frau, die er erst ein paar Stunden kannte, abhing.

2. Auszug

Der Blockwart Lammers überprüft, ob Lena unerlaubt Personen in ihrer Wohnung untergebracht hat.

In dem Moment klingelte es. Sie standen einen Augenblick da wie erstarrt. Los! Teller weg! Besteck weg! Die Gläser! Da klingelte es schon wieder, länger, dringlicher. Moment! Komme gleich, ruft sie, schiebt Bremer in die Kammer, da wird von draußen an die Tür geklopft, was heißt geklopft, gehämmert. Sie läuft ins Schlafzimmer, sammelt die Sachen von Bremer zusammen, die Mütze, einen Pullover, Socken, wirft alles in die Kammer, in der Bremer steht, bleich, starr, es klingelt im Dauerton, Hämmern an der Tür, hallo, ruft eine Männerstimme, die Stimme von Lammers, dem Block- und Luftschutzwart, bin aufm Klo, ruft sie, läuft auf Zehenspitzen ins Klo, zieht auch ab, denn Lammers horcht natürlich an der Tür, läuft auf Zehenspitzen ins Bad, da liegt auch noch das Rasierzeug. Wohin damit? In den Wäschesack. Sie schließt die Kammertür ab. Hallo, ruft Lammers Stimme, die Briefklappe in der Wohnungstür wird hochhoben, die Finger, dann Lammers Stimme, er ruft durch den Briefschlitz: Frau Brücker! Sie sind doch da. Machen Sie auf! Ich hör Sie doch. Machen Sie sofort auf! Aufmachen!

Ja doch, Moment. Sie riegelt die Tür auf.

Bremer hat sich in der Kammer vorsichtig auf einen Koffer gesetzt und starrt wie ein verstecktes Kind durch das Schlüsselloch in den Korridor: ein Paar Schnürstiefel, schwarz, der eine, links, kleiner, buckeliger, ein orthopädischer Schuh, darüber Ledergamaschen, ein grauer fadenscheiniger Militärmantel, am Koppel ein Luftschutzhelm, ein Gasmaskenbehälter. Eine Altmännerstimme sagt, die Verdunkelung in der Wohnung müsse kontrolliert werden. Fragt, ob die Eimer mit Löschsand gefüllt seien. Kann ja mal eine Brandbombe aufs Haus fallen, sagt die Stimme. […]

Ich habe doch Stimmen gehört, sagt Lammers. Ist Ihr Sohn da? Wieso, sagt sie, der ist doch bei der Flak, im Ruhrgebiet, das heißt, er wird in Gefangenschaft sein. Der Ruhrkessel hat ja kapituliert. […]

Lammers ging ins Wohnzimmer, ins Schlafzimmer, als er sich dort niederkniete – etwas mühevoll erst auf das eine, dann auf das andere Knie niederließ, um unter das Bett zu blicken – sagte Lena Brücker, jetzt reichts, da muss keine Feuerpatsche liegen und auch kein Sand.

So, sagte er, ich werde dafür sorgen, dass Sie Einquartierung bekommen. Zwei Zimmer, eine Küche für eine Person, und draußen liegen Tausende von Volksgenossen auf der Straße, Flüchtlinge, Ausgebombte.

Wollen Sie damit sagen, der Führer hat den Krieg nicht erfolgreich geführt? Er zögerte, er merkte, da war eine Falle aufgebaut, in die er hineintappen sollte.

Falls Ihr Sohn da ist, melden Sie das besser der Polizei. Sonst tue ichs. Und dann sind Sie beide dran. Lammers hinkte wieder über den Flur. Es riecht so. Bremer sah ihn im Flur stehen und schnüffeln. Ein Geruch nach Leder, nach Kommiss. Den Geruch kenne ich als alter Soldat.

Raus, sagte Lena Brücker, sofort raus, aber dalli. Sie warf die Wohnungstür hinter ihm zu, traf noch die

Hacke seines orthopädischen Stiefels. Sie lehnte sich einen Moment an die Tür, hörte, wie er die Treppe hinuntertappte, schimpfend, aber sie konnte nur einzelne Worte verstehen: Sperrfeuer, Kyffhäuser, Verdun, Hammelbeine langziehen. Sie dachte, jetzt isses aus, der geht zur Gestapo, der zeigt dich an, sagt, die hält einen in der Wohnung versteckt.

Sie ging zur Kammer, schloss die Tür auf. Bremer kam heraus, bleich, Schweiß auf der Stirn, obwohl es in der Kammer eiskalt war. Er stand da, und sie sah, trotz der recht weitgeschnittenen blauen Hosen, dass ihm die Knie zitterten. Sie gingen in die Küche, setzten sich. Und sie sagte in das ängstliche, nein, entsetzt blickende Gesicht von Bremer: Das war Lammers.

Sie stützte die Arme auf den Küchentisch, den Kopf in die Hände und lachte, ein angestrengtes Lachen, das kurz vor einem Schluchzen war. Lammers is Blockwart, wohnt im Nebenhaus, war im Katasteramt, jetzt is er pensioniert und Luftschutzwart. Sie nahm die Kartoffeln vom Feuer, die inzwischen zerkocht waren. Bremer sagte, ihm sei der Appetit vergangen, aber dann aß er doch schnell, auch ihren Teil noch, nur hin und wieder hielt er inne und lauschte, wie sie, zum Treppenhaus. Dann aß er weiter. Das schmeckt, sagte er, einfach tosca.

A ■ Formulieren Sie erste Leseeindrücke zu den beiden Textauszügen aus Uwe Timms Novelle »Die Entdeckung der Currywurst«.

Ein Glossar erstellen

Wort- und Sacherklärungen erleichtern Leserinnen und Lesern das Textverständnis. Sie werden häufig in einem so genannten »Glossar« (lat. *glossarium*: Zunge, Sprache, fremdartiges Wort) zusammengefasst. Ein Glossar ist eine alphabetisch geordnete Begriffsliste. Die einzelnen Begriffe werden kurz erklärt; ein Seitenverweis hilft, den Begriff in einem umfangreicheren Text zu finden, ohne dass das gesamte Werk selbst durchsucht werden muss. Glossare findet man auch oft im Anhang von Sachtexten. Sie dienen als Nachschlagemöglichkeit. Sie können – je nach Text – Glossare mit unterschiedlichen Schwerpunkten erstellen (s. Beispiele).

Beispiel 1 **Glossar: historischer Hintergrund**	*Beispiel 2* **Glossar: literaturwissenschaftliche Fachbegriffe**
»Deutschland 1945 – Das Ende des Nationalsozialismus« **Kommissbrot (S. 21):** haltbares Brot zur Versorgung der Soldaten **Volkssturm (S. 20):** Alle wehrfähigen Männer zwischen 16 und 60 Jahren wurden ab 1944 von den Nationalsozialisten zur militärischen Verteidigung Deutschlands herangezogen.	**Ich-Erzähler:** Ein Ich-Erzähler ist ein Erzähler, der die Geschehnisse so erzählt, als hätte er sie selbst erlebt. Beispiel: Uwe Timm: Die Entdeckung der Currywurst **Rahmenerzählung:** …

A ■ Erstellen Sie zu Ihrer Lektüre ein Glossar. Verteilen Sie die Aufgaben: Je zwei Kursmitglieder sind für die Worterklärungen in einem Kapitel zuständig. Zwei andere Kursmitglieder stellen die Wort- und Sacherklärungen am PC zu einem Glossar zusammen. Diese sind für das Lay-out des Glossars verantwortlich. In Absprache mit ihnen können Ergänzungen vorgenommen werden. Das Glossar ist für alle Kursteilnehmer zugänglich.

B ■ Welche Verfahren haben Ihnen bei der Erarbeitung der Lektüre besonders geholfen? Erläutern Sie warum. Belegen Sie Ihre Meinung möglichst mit Hilfe von Auszügen aus Ihrem Portfolio. Welche Strategie war für Sie weniger hilfreich und warum? Gibt es ein oder mehrere Verfahren, die Sie anderen Schülern für die Erschließung eines umfangreicheren literarischen Textes empfehlen würden? Halten Sie Ihre Überlegungen in Ihrem Portfolio fest.

Welche Schwerpunkte setze ich bei der Erarbeitung der Lektüre?

Was kann ich nach der Bearbeitung dieses Unterkapitels?
- Deutungshypothesen formulieren
- Schwerpunkte für die Texterschließung literarischer Texte festlegen
- Forschungsfragen formulieren und individuelle Erarbeitungsinteressen artikulieren
- Einen literarischen Text themenorientiert erarbeiten
- Einen Arbeitsplan erstellen

Deutungshypothesen aufstellen

Ein erstes Textverständnis formulieren

INFO

Nach der ersten Lektüre formulieren routinierte Leser ein erstes Textverständnis. Das heißt, sie formulieren ausgehend von ihrem ersten Leseeindruck, worum es für sie in diesem Text geht, welche Aspekte für sie in dem Text wichtig sind, wie sie das Denken und Handeln der Figuren erleben, wie sie sich den Schauplatz vorstellen etc. Dieses subjektive Textverständnis dient als Ausgangspunkt für die detaillierte Texterarbeitung. Es wird im Laufe der Auseinandersetzung mit dem Text erweitert, in Frage gestellt, verworfen, neu formuliert.

Wählen Sie einen der folgenden Arbeitsaufträge:

A_1 ■ Freunde, Eltern oder Großeltern interessieren sich dafür, welche Lektüre Sie im Deutschunterricht behandeln. Schreiben Sie ihnen eine E-Mail oder einen Brief und stellen Sie die Lektüre kurz vor. Fassen Sie dafür den Inhalt des Textes kurz mit eigenen Worten zusammen und formulieren Sie das Ihrer Meinung nach zentrale Thema. Legen Sie kurz dar, was Sie an dem Text besonders interessiert.

A_2 ■ Führen Sie ein fiktives Interview mit dem Erzähler. Nehmen Sie den folgenden Fragenkatalog als Ausgangspunkt und ergänzen Sie ihn im Hinblick auf Ihr persönliches Leseinteresse:
- In welcher Beziehung stehen Sie zur Hauptfigur?
- Warum interessieren Sie sich für das Leben oder besondere Ereignisse aus dem Leben der Figur?
- Was finden Sie am Leben der Figur besonders interessant?
- Warum erzählen Sie die Geschichte der Hauptfigur? …

Suchen Sie sich einen Lernpartner, der die Rolle des Erzählers einnimmt und Ihre Fragen beantwortet. Tauschen Sie im Anschluss die Rollen. Werten Sie Ihre Interviews aus.

A_3 ■ Verfassen Sie einen Brief an eine der Hauptfiguren des literarischen Textes. Gehen Sie dabei auf folgende Aspekte ein:
- Wie sehen Sie die Figur? Mit Staunen, Bewunderung, Kopfschütteln, Ablehnung? Sie sind frei zu beurteilen und zu bewerten.
- Ist Ihnen die Figur nahegekommen? Wenn ja, in welcher Hinsicht? Oder blieb sie Ihnen eher fremd und unverständlich? Wenn ja, in welchen Verhaltensweisen, Gedankengängen?
- Haben Sie Mitgefühl für ihre Situation entwickelt; oder hat Sie die Person in keiner Weise emotional angerührt; oder schwanken Sie vielleicht zwischen verschiedenen Sichtweisen auf die Person?
- Inwiefern haben die Zeitumstände die Figuren geprägt?
- Inwiefern ist das Handeln der Figuren geschlechtsspezifisch bestimmt?

- Gibt es Situationen, in denen Sie grundsätzlich anders gehandelt hätten als die Figur? Welche Fragen haben Sie an die Figur?
  Wenn Sie einen Brief an Lena Brücker, die Hauptfigur in Uwe Timms Novelle, schreiben, können Sie ihren Brief z. B. so beginnen: *Liebe Lena Brücker, du bist zwar schon verstorben, dennoch möchte ich dir einmal sagen, was ich über dich und dein Verhalten bei Kriegsende und in der Nachkriegszeit denke …*
  Werten Sie Ihren Text aus: Mit welchen Aspekten möchten Sie sich intensiver auseinandersetzen?

Schwerpunkte setzen

Bevor man mit der Erarbeitung der Lektüre beginnt, ist es sinnvoll, die zentralen Themen zusammenzustellen. Dieses Vorgehen erleichtert eine systematische, zielgerichtete und damit effektive Auseinandersetzung mit dem Text.

A ▪ Ergänzen Sie auf der Grundlage Ihres Portfolios die Mind-Map. Tauschen Sie sich dazu auch mit Ihren Mitschülerinnen und Mitschülern aus.

B ▪ Mit welchem thematischen Schwerpunkt möchten Sie sich intensiver auseinandersetzen? Formulieren Sie drei Fragen, die Sie in diesem Zusammenhang unbedingt klären möchten. Sehen Sie sich dafür noch einmal Ihre Lektürenotizen in Ihrer Lesemappe an. Alternativ: Nehmen Sie sich drei Minuten Zeit und schreiben Sie ohne Pause, was Sie an diesem Schwerpunkt interessiert.

Uwe Timm: »Die Entdeckung der Currywurst« – Schwerpunkte:

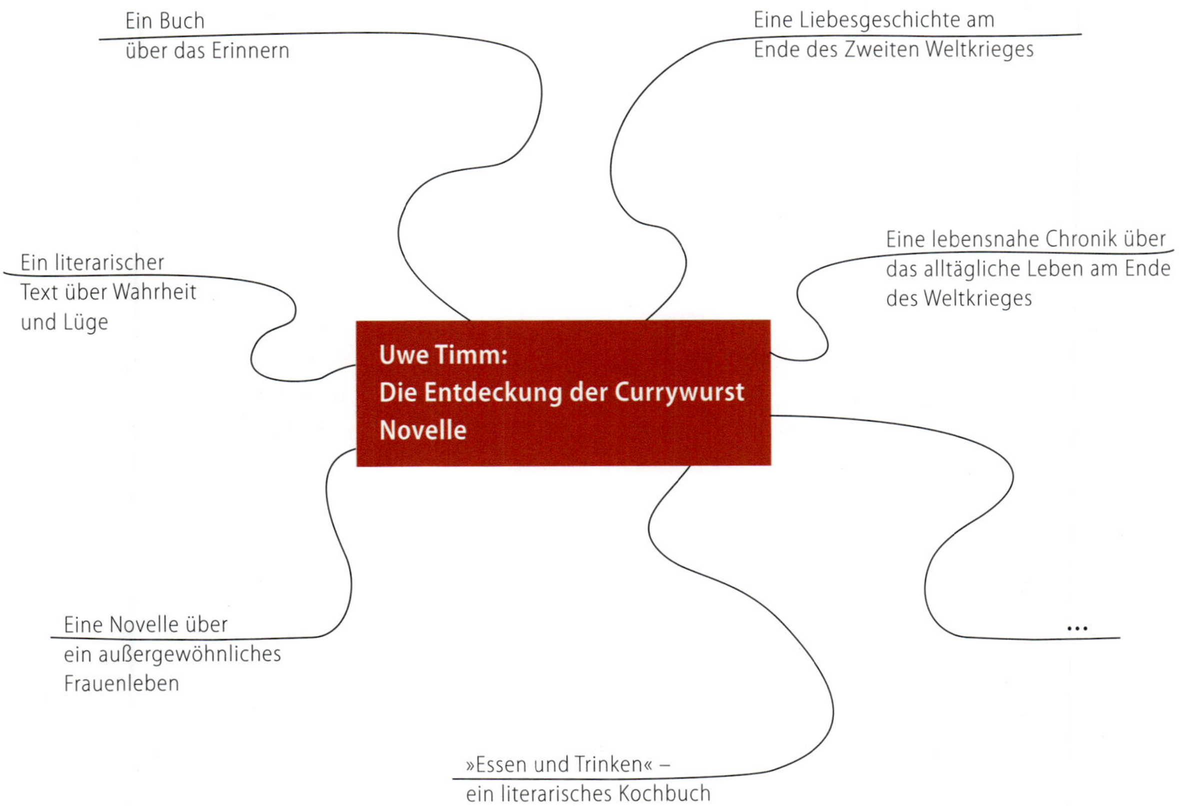

Schüler begründen ihre Schwerpunktsetzung

Max: Ich würde mich gern mit dem Thema »Wahrheit und Lüge« beschäftigen. Ich finde, dass das das zentrale Thema der Novelle ist. Wenn Bremer Lena nicht schon bei ihrer ersten Begegnung angelogen hätte – er hat seine Frau und seinen kleinen Sohn verschwiegen – wäre das Ganze nicht passiert. Lena hätte ihn vermutlich nicht bei sich behalten. Insofern verstehe ich nicht, dass Bremer so scharf reagiert, als er erfährt, dass Lena ihm das Kriegsende verschwiegen hat. Meines Erachtens hätten beide noch einmal miteinander reden müssen. Beide waren nicht ehrlich zueinander und hätten ihre Hintergründe nennen müssen. So bleibt ein ungutes Gefühl da, auch wenn Lena meint, dass es eine schöne Zeit in ihrem Leben gewesen ist.

Anke: Ich würde mir gern das Thema »Essen und Trinken« näher ansehen. Der Autor kommt an verschiedenen Stellen der Novelle immer wieder auf die Themen »Kochen, Essen, Schmecken, Riechen« etc. zu sprechen. Lena kocht für Bremer, z. B. falsche Krebssuppe, Lena arbeitet in einer Kantine und hat Zugang zu Lebensmitteln, der Koch der Kantine »vergiftet« das Essen, um gegen den Nationalsozialismus und seine Vertreter Stellung zu beziehen, Bremer verliert vorübergehend seinen Geschmackssinn, die alte Frau Brücker isst gern Torte. Außerdem weist der Titel der Novelle »Die Entdeckung der Currywurst« darauf hin, dass das Essen eine besondere Bedeutung hat. Meines Erachtens geht es nicht nur darum, Rezepte aufzulisten …

A ▪ Welche Interessenschwerpunkte formulieren die Schülerin und der Schüler?

B ▪ Nutzen Sie diese Statements, um gegebenenfalls Ihre eigenen Leseinteressen und Schwerpunktsetzungen zu ergänzen.

Einen literarischen Text(auszug) themenorientiert erarbeiten?

Wenn Sie sich mit einem Text oder einem Textauszug auseinandersetzen, müssen sie wissen, was Sie erarbeiten wollen. Das heißt: Welche Frage wollen Sie klären? Die Formulierung einer Forschungsfrage ermöglicht Ihnen, zielorientiert zu arbeiten. Alle Ihre Arbeitsergebnisse müssen im Zusammenhang mit der Forschungsfrage stehen. In Klassenarbeiten und Klausuren wird die Forschungsfrage zumeist vorgegeben. Entsprechende Formulierungen lauten dann: *Analysieren Sie den Text im Hinblick auf …; berücksichtigen Sie besonders …* etc.

▪ Text 102

Die Entdeckung der Currywurst: Kapitel 3 (1993) *Uwe Timm*

1. Auszug

Längst suchte er nicht mehr eine Radioröhre, sondern er stöberte neugierig in den Ecken der Wohnung, er suchte Spuren von ihr, von ihrem Leben, das er nicht kannte. zwar sagte er sich, das ist nicht fein, was du da machst, aber dann dachte er, es wäre nützlich, einen Atlas zu haben, er könnte dann genau den Vormarsch der englischen Truppen verfolgen und das war ein Grund, auch im Wohnzimmerschrank mit einem weniger schlechten Gewissen weiterzusuchen. […]

Bremer wühlte weiter: Versicherungspolicen, Strom- und Gasabrechnungen, ein Bündel Briefe, mit einer blauroten Kordel zusammengeschnürt. Der Name des Absenders: Klaus Meyer. Einen Moment zögerte er, dann knüpfte er das Bündel auf und las den zuoberst liegenden Brief:

»Liebes, ich sitze in meinem Zimmer im Gasthof ›Zur Sonne‹, und von unten, aus der Gaststube, höre ich die Skatrunde. Ich wünschte, du wärest jetzt hier. Wir hätten zusammen gegessen, Scholle, gebraten und fangfrisch aus der Elbe, hätten von dem roten spanischen Wein getrunken, der über Glückstadt geliefert wird, und wären hier heraufgekommen. Der

Wind drückt gegen die Fenster, und von der Elbe kommen wie das Stöhnen und Ächzen der Erde die Geräusche eines Eimerbaggers.

Morgens habe ich im hiesigen Kurzwarenladen zwei Packungen Marineknöpfe verkauft und ein Dutzend Perlmuttknöpfe, das war alles.« […]

Sonderbar, dachte Bremer und steckte den Brief zurück, zögerte, ob er einen anderen Brief lesen sollte, band dann aber wieder die Kordel um die Briefe und sagte sich, dass er so einen Brief nicht schreiben könne. Wie das Stöhnen und Ächzen der Erde. Tatsächlich wurde die Erde beim Baggern ja aufgerissen. Wer war dieser Klaus Meyer? Er würde sie nicht fragen können.

2. Auszug

Bremer hatte sich nach dem Essen eine Zigarre angesteckt, eine der fünf echten Havanna, die Gary in kleinen Blechröhren zurückgelassen hatte, gut verschraubt, inzwischen aber strohtrocken, mit bröseligem Deckblatt. Bremer musste nach dem Anstecken die kleine Flamme ausblasen, die am Zigarrenende brannte und ihm die Zigarre beinahe in der Hand abgefackelt hätte. Geh aufs Klo, sagte Lena Brücker, riecht man doch im ganzen Haus, wenn der Lammers ne Zigarre riecht, dann is er sofort hier. Bremer zog sich also aufs Klo zurück, öffnete die Luke. Lena Brücker stellte die Teller in die Spüle, ging in die Kammer, um den Handbesen zu holen, da sah sie auf dem Boden, neben dem Koffer, wo er seine Marinejacke abgelegt hatte, eine Brieftasche liegen. Ein Teil der Fotos, Papiere, Marschbefehle, das Soldbuch waren fächerförmig herausgerutscht. Er musste die Jacke einfach über den Koffer geworfen haben. Sie hob die Papiere und die Brieftasche auf, wollte sie zurückstecken. Als sie das Foto sah, in Postkartengröße, ging sie zur Lampe: Bremer in Uniform, auf dem Arm ein kleines Kind, daneben eine Frau, dunkelhaarig, mit pechschwarzen Augen, und im Kinn so ein kleines Grübchen. Das Kind, das Bremer auf dem Arm trug, war noch kein Jahr alt. Er und die Frau sahen aus, als müssten sie gleich losprusten vor Lachen. Der Fotograf wird einen Witz gemacht haben. Sie starrte das Foto an. Auch ein Datum fand sie. 10.4.45 stand drauf. Er hatte nichts von einem Kind, von einer Frau gesagt.

Ich hab mich gefragt: Warum betrügt man eine so hübsche Frau? Warum hatte er seine Frau verschwiegen? Hätte er es gesagt, auch dann hätte ich ihn versteckt. Vielleicht auch mit ihm geschlafen – bestimmt sogar. Aber alles, was dann kam, wäre ohne sein Verschweigen so nicht gekommen.

Als er nach einer guten halben Stunde aus dem Klo zurückkam, als er sie umfasste, nach kaltem Rauch riechend, sie an der Hand ins Schlafzimmer führte, als er ihr mit seiner großen Hand in die Bluse fuhr, packte sie plötzlich seine Hand, hielt sie wie in einem Schraubstock fest. Aua, sagte er. Sie drückte ihn sich etwas vom Leib, um ihm in die Augen sehen zu können, und fragte: Hast du eigentlich ne Frau? Da sagte er nach einem kleinen Zögern: Nein. Sie schüttelte den Kopf. Sie lachte ein wenig, ein künstliches Lachen. Sie ließ seine Hand los und hielt still, damit seine Hand ihr nicht noch einen Knopf von der Bluse riss, und sie sagte sich, dass sie genaugenommen kein Recht habe, ihn zu fragen.

A ▪ Ordnen Sie die Textauszüge kurz in den Handlungszusammenhang ein.

B ▪ Welcher thematische Schwerpunkt steht Ihrer Ansicht nach in den Textauszügen im Vordergrund? Formulieren Sie eine oder mehrere Forschungsfragen, die Sie anhand dieser Textstellen untersuchen wollen.
Welche weiteren Textstellen können Sie zur Beantwortung Ihrer Forschungsfragen heranziehen?
Nutzen Sie Ihre Forschungsfragen für die Analyse der Textauszüge.

C ▪ Stellen Sie sich vor, das Gespräch zwischen Lena und Bremer wäre folgendermaßen abgelaufen:
»Hast du eigentlich ne Frau? Da sagte er nach einem kleinen Zögern: ›Ja.‹« Schreiben Sie den zweiten Textauszug entsprechend um. Welche Folgen hätte diese Äußerung für den weiteren Verlauf der Handlung?
(→ **Gestaltendes Interpretieren**, S. 222)

Einen Arbeitsplan (für eine komplexe themenorientierte Texterarbeitung) erstellen

Mit einem Arbeitsplan behalten Sie die Übersicht über Ihr Arbeitsvorhaben. Sie haben jederzeit vor Augen, welches Arbeitsziel Sie haben, welche Fragen Sie beantworten müssen, wie Sie vorgehen wollen, welche Hilfen Sie evtl. benötigen etc.

Mein Arbeitsplan

INFO

Rahmenbedingungen:
- Welcher Zeitraum steht mir für meine Arbeit zur Verfügung?
- Wo werde ich insbesondere arbeiten (zuhause – in der Schule)?
- Welche Kriterien muss meine Texterarbeitung erfüllen?
- Mit wem tausche ich mich über meine Arbeitsergebnisse aus?

Arbeit am Text:
- Mit welchem Schwerpunkt will/muss ich mich auseinandersetzen?
- Welche Forschungsfrage(n) will ich beantworten?
- Welche Unterpunkte gehören zu diesen Fragen unbedingt dazu?
- Welche Textauszüge sind für die Bearbeitung meiner Forschungsfrage(n) besonders geeignet?
- Welche Bearbeitungsformen sind vorgegeben bzw. wähle ich? (Textanalyse, kreative Ansätze: Leerstellen füllen, Textteil umschreiben etc.)
- Wie will/muss ich meine Arbeitsergebnisse präsentieren? (z. B. als Kursarbeit, als PC-gestützte Präsentation, als Multimediaprojekt ...)

A ▪ Beschreiben Sie, wie Sie persönlich vorgegangen sind, um ein erstes Textverständnis zu formulieren:
- Welchen Arbeitsschwerpunkt haben Sie ausgewählt? Wie ist es zu dieser Entscheidung gekommen?
- Welche Forschungsfrage(n) haben Sie gestellt?
- Wie wollen Sie diesen Schwerpunkt bearbeiten?
- Was bereitet Ihnen mit Blick auf die Erarbeitung eventuell Schwierigkeiten?
- Wer könnte Sie bei der Erarbeitung und der Bewältigung möglicher Schwierigkeiten unterstützen?
- Welche konkreten Hilfen benötigen Sie?

Welche Strategien helfen mir bei der Erarbeitung der Lektüre?

Was kann ich nach der Bearbeitung dieses Unterkapitels?
- Gattungs- und Textsortenwissen für die Texterarbeitung nutzen
- Darstellungsstrategien literarischer Texte erfassen
- Sekundärliteratur heranziehen und auswerten

Gattungs- und Textsortenwissen nutzen

Die Literaturwissenschaft unterteilt literarische Texte in drei Gattungen: Dramatik, Epik, Lyrik. Die Gattungen umfassen jeweils verschiedene Textsorten.

A ▪ Erläutern Sie, warum es sich bei dem Text »Die Entdeckung der Currywurst« um eine Novelle handelt.

Roman, Erzählung und Novelle

INFO

Roman: Unter einem Roman versteht man einen längeren fiktionalen Text, in dem in einem oder mehreren Handlungssträngen die Auseinandersetzung des Individuums mit der Gesellschaft detailliert und oft weit verzweigt entfaltet wird. Für den Romanautor Martin Walser ist der Roman »ein Fluss, der ohne Nebenflüsse nichts werden kann. Er käme nicht ins Meer«. Die Literaturwissenschaft unterscheidet verschiedene Romantypen: Abenteuerroman, Bildungsroman, Briefroman, Kriminalroman etc.

Erzählung: Unter einer Erzählung versteht die Literaturwissenschaft im Allgemeinen einen kürzeren Prosatext, der weniger weitschweifig als ein Roman und weniger durchstrukturiert als eine Novelle ein Geschehen vorstellt. Dabei wird fast immer aus einer Perspektive erzählt.

Novelle (ital. novella = kleine Neuigkeit): Für Goethe ist die Novelle »eine sich ereignete unerhörte Begebenheit« Diese unerhörte Begebenheit – die Neuigkeit – wird ohne Abschweifungen erzählt. Die Handlung drängt auf einen Höhepunkt zu. Zentrale Kriterien der klassischen Novelle sind – im Unterschied zu epischen Langformen wie dem Roman – der begrenzte Umfang, die Ausrichtung auf ein zentrales Ereignis, das Herausstellen von Höhe- und Wendepunkt, die Leitmotivtechnik sowie die Verwendung von Dingsymbolen. Häufig ist die Handlung in eine Rahmenhandlung eingebettet.

Typisches erzählerisches Gestaltungsmittel einer Novelle ist die Leitmotivtechnik. Darunter versteht man, dass eine bestimmte Formulierung, eine Situation, ein Gegenstand an verschiedenen Stellen in einem literarischen Text immer wieder aufgegriffen werden und ihn wie ein Netzwerk durchziehen. Leitmotive strukturieren einen literarischen Text wie ein roter Faden. Sie machen besondere Sinnzusammenhänge deutlich und bieten damit einen Ansatz für die Analyse und Deutung des Textes. Das zentrale Motiv in einer Novelle wird in der Literaturwissenschaft als »Dingsymbol« oder auch »Falkenmotiv« bezeichnet. Der »Falke« in der »Falkennovelle« von Giovanni Boccaccio (1313–1375) hat dem Symbol seinen Namen gegeben. Ein verarmter Ritter serviert einer Dame zum Abendessen seinen letzten wertvollen Besitz, einen Jagdfalken. Diese wollte den Falken jedoch für ihren kranken Sohn erbitten, damit dieser geheilt werden könne. Der Falke ist damit Ausdruck für den zentralen Konflikt der Novelle.

■ Text 103

Die Entdeckung der Currywurst: Kapitel 4 (1993) *Uwe Timm*

1. Auszug

Sie eilt nach Hause. Menschen, denen sie begegnet, ruft sie zu: Der Krieg ist aus. Hamburg wird kampflos übergeben. Niemand, dem sie begegnete, kannte den Aufruf. Die fürchteten noch, dass es zu Straßenkämpfen kommt, wie in Berlin, Breslau und Königsberg. Häuser, die von Mörsern plattgelegt werden, zähe Brände, Bajonettkämpfe in der Kanalisation.

Aber dann, am Karl-Muck-Platz, dachte sie daran, dass sie das ja auch Bremer sagen musste: Der Krieg ist aus! Hamburg hat kapituliert. Er wird, stellte sie sich vor, wenn ich es sage, erst stutzen, er wird dann, wenn er sitzt, aufstehen, wenn er steht, wird er die Hände heben, sein Gesicht wird sich verändern, die Augen, diese hellgrauen Augen, werden dunkler werden, er wird, dachte sie, strahlen, ja strahlen, kleine Falten werden sich um die Augen bilden, Falten, die man sonst nicht sehen kann, eben nur, wenn er lacht. Er wird mich womöglich packen und durch das Zimmer wirbeln, er wird rufen: Wunderbar, oder, das ist wahrscheinlicher: tosca. Etwas Kindliches ist, wenn er sich freut, an ihm. Und kindlich ist auch sein Zuhören, dieses staunende Ach was, das er hervorstößt, wenn ich ihm etwas erzähle. Er wird noch dableiben, voller Ungeduld, denn noch konnte man ja nicht auf die Straßen. Es gab Sperrstunden. Die Züge würden noch nicht fahren. Die Engländer würden die Straßen kontrollieren. Er wäre hier, aber schon nicht mehr hier, in allem, was er macht, wäre er immer schon auf dem Sprung, weg, nach Braunschweig. Das ist, wie es ist, dachte sie, daran war nichts zu ändern, das war, wenn sie daran dachte, wie ein Schatten, der sie ihr weiteres Leben ohne Blendung sehen ließ. Es war ein Abschnitt ihres Lebens, aus dem sie normalerweise kaum merklich herausgeglitten wäre. Es war eine kurze Zeitspanne gewesen, ein paar Tage nur, aber damit ging in ihrem Leben etwas endgültig zu Ende. Jugend konnte sie nicht sagen, denn jung war sie ja nicht mehr, nein, sie würde danach alt sein. [...]

Sie schloss die Tür auf, rief nicht: In Hamburg ist der Krieg aus. Schluss. Aus und vorbei. Sagte nur: Hitler ist tot. Einen winzigen Augenblick, sagte sie mir, habe sie gezögert, wollte sagen, der Krieg ist aus, hier, in Hamburg, aber da hatte er sie schon in die Arme genommen, geküsst, hatte sie auf das Sofa gedrückt, dieses durchgesessene Sofa. Vielleicht hätte ich es ihm danach gesagt. Es wäre einfach gewesen, aber dann sagte er: Jetzt gehts gegen die Russen, zusammen mit den Amis und den Tommys. Und er sagte: Ich hab einen Bärenhunger.

Sie stellte den Topf mit der Erbsensuppe zum Aufwärmen auf den Kanonenofen. [...] am Anfang, die ersten Tage, da hat sie immer wieder mit sich ringen müssen, nicht einfach mit der Wahrheit herauszuplatzen. Und natürlich später, aber das war dann eine andere Geschichte. Aber so inner Mitte, eigentlich nicht. Ich denk, ich hab was verschwiegen, und er hat was verschwiegen: seine Frau und sein Kind. [...]. Er ging auf Socken. Der Krieg in Hamburg war aus und vorbei. Aber er geht weiterhin leise auf Socken herum. Es wurde nicht mehr gekämpft, und ich hatte einen in der Wohnung, der auf Strumpfsocken herumschlich. Nicht, dass ich mich über ihn lustig gemacht hab, aber ich fand ihn komisch. Sie lachte. Wenn man jemanden komisch findet, muss man nicht aufhören, ihn gernzuhaben, aber man nimmt ihn nicht mehr so furchtbar ernst.

2. Auszug

Frau Brücker hinterlässt dem Erzähler nach ihrem Tod den Pullover, den sie während seiner Besuche im Altersheim gestrickt hat.

Als er das Paket öffnet. fällt ein Stück Papier heraus – darauf standen in der großschleifigen Schrift von Frau Brücker die Zutaten für die Currywurst. Auf der Rückseite ist das Stück eines Kreuzworträtsels zu sehen, ausgefüllt in Blockbuchstaben, die, vermute ich, von Bremer stammen. Einige Buchstaben ergeben keinen Wortsinn, andere kann man ergänzen, wie beispielsweise das fehlende *sit* zum *Til.* Fünf Wörter aber sind noch ganz zu lesen: *Kapriole, Ingwer, Rose, Kalypso, Eichkatz* und etwas eingerissen – auch wenn es mir niemand glauben wird – *Novelle.*«

A ■ Fassen Sie das Thema des ersten Textauszugs in einem Satz zusammen. Worin liegt die »unerhörte Begebenheit«, die in der Novelle erzählt wird?

Wählen Sie einen der folgenden Arbeitsaufträge:

A1 ■ Stellen Sie sich vor, Lena hätte gerufen: »In Hamburg ist der Krieg aus. Schluss. Aus und vorbei.« Schreiben Sie den Schluss des Textauszugs um. Vergleichen Sie beide Fassungen und beurteilen Sie ihre Funktion und Leistung für den weiteren Handlungsverlauf.

A2 ■ Untersuchen Sie die Leitmotivtechnik anhand der Auszüge aus Uwe Timms Novelle. Klären Sie die Funktion und Bedeutung des Dingsymbols »Currywurst« für die Handlung und die zentralen Figuren der Novelle.

A3 ■ Wenn Sie die Novelle ganz gelesen haben, wählen Sie ein weiteres Motiv aus und erläutern Sie dessen Funktion und Bedeutung im Zusammenhang des Gesamttextes: der Pullover, das Reiterabzeichen, die Matratzeninsel, das Kreuzworträtsel, das Currygewürz, die Speisen.

(→ **Motive und Leitmotive**, S. 220)

Erzählstrategien erfassen – Wie wird erzählt?

Erzählstrategien sind erzählerische Gestaltungsmittel. Der Autor kann z. B. durch den Einsatz formaler Gestaltungsmittel die Handlungszeit raffen oder dehnen, er kann die Gedanken, Gefühle und das Verhalten aller Figuren wiedergeben oder sich nur auf die Beschreibung einer Figur beschränken. Erzählstrategien sind literarische Gestaltungsmittel, die sowohl dem Autor als auch dem erfahrenen Leser bekannt sind.

A ■ Klären Sie – evtl. mit Hilfe eines Fachlexikons – folgende Begriffe: Erzähler – Autor, Zeitraffung – Zeitdehnung, Erzählzeit – erzählte Zeit, Erzählperspektive: Ich-Erzähler, personaler Erzähler, Erzählerrede, Figurenrede. Nutzen Sie auch das Orientierungswissen auf den Seiten 219 ff.. Übernehmen Sie die Arbeitsergebnisse in Ihr Glossar.

Uwe Timm: Die Entdeckung der Currywurst: 5. Kapitel	Erzählerische Gestaltungsmittel
Klar doch, sagte Frau Brücker, dem fiel die Decke aufn Kopp. Was konnte er auch tun, Küche putzen, Kreuzworträtsel lösen, aus dem Fenster gucken. Aber jetzt war er munter. Eine Generalamnestie. Mann, sagte er, Mann in der Tonne. Endlich. Und an dem Tag wollte sie ihm auch etwas ganz Besonderes kochen, was Kräftiges. Ordentlich Eier. Brauchte er, sagte sie, er war ja auch mächtig rangenommen worden. Sie lachte, ließ den blauen Faden fallen, nahm den grünen vorsichtig über den Finger. Wie halten Sie die Fäden auseinander, wollte ich wissen. Reihenfolge. Muss man sich merken. Reine Kopfarbeit. So bleibt man jung im Kopf. Bremer deckte, legte Servietten hin, stellte ein Hindenburglicht auf. Er musste sich setzen. Sie gab ihm zwei Klacks von dem frisch gepressten Mus – gut gerührt und ohne Klüten – auf den Teller, schob dann vorsichtig die vier gebratenen Eier drauf, träufelte die gebräunte Butter darüber und setzte sich ihm gegenüber. Sie hatte sich nur etwas Kartoffelmus genommen, sagte: ich mach mir nichts aus Eiern, was glatt gelogen war, und sah ihm zu, wie er den ersten Bissen in den Mund schob, Kartoffelmus mit der kostbaren gebräunten Butter, er schmeckte, und ein Nachdenken, etwas Grüblerisches huschte über sein Gesicht. Nanu, dachte sie, hab ich was falsch gemacht? Fehlt Salz?, fragte sie. Nein. Fehlt etwas, fragte sie, weil sie sah, er verglich den Geschmack mit dem Erinnerten aus seiner Kindheit.	■ Frau Brücker erzählt rückblickend aus der Ich-Perspektive, deutet das Geschehen. ■ Der Erzähler gibt Frau Brückers Darstellung wieder. ■ Der Erzähler ... ■ ...

A ▪ Fassen Sie den Textauszug kurz zusammen und ordnen Sie ihn in den Handlungsverlauf ein. Welchen Stellenwert hat dieses Ereignis für das Handlungsgeschehen?

B ▪ Untersuchen Sie die erzählerische Gestaltung des vorliegenden Textauszugs: Welche Erzählebenen lassen sich unterscheiden? Welche Erzählperspektiven können Sie erkennen? z. B. Frau Brücker erzählt rückblickend (Ich-Perspektive), der Erzähler gibt Frau Brückers Darstellung wieder; der Erzähler kommentiert etc. (→ **Erzählperspektive und Darbietungsformen**, S. 219)

C ▪ Welche Darstellungsabsicht verfolgt der Autor mit den gewählten Erzählstrategien? Welchen Nutzen zieht der Leser daraus, wenn er die Erzählstrategien erkennt und unterscheiden kann?

Sekundärliteratur auswerten – Exzerpieren, Paraphrasieren, Zitieren

Sekundärliteratur heranziehen

INFO

Wer sich mit einem literarischen Text beschäftigt, kann sein Textverständnis durch die Auseinandersetzung mit Texten der Sekundärliteratur ergänzen und erweitern. Unter **Sekundärliteratur** versteht man Texte, die sich mit anderen Texten (die dann Primärliteratur genannt werden) auseinandersetzen. Sekundärtexte sind in der Regel wissenschaftliche Texte, aber z. B. auch Erläuterungen zu **Primärtexten**, die im Unterricht gelesen werden.

Der literarische Text – hier: »Die Entdeckung der Currywurst« von Uwe Timm – ist der Primärtext; Texte über die Novelle sind Sekundärtexte.

Zu einigen Autoren gibt es inzwischen mehrere tausend Titel. Hier ist es schier unmöglich, einen vernünftigen Überblick zu gewinnen und die Qualität der einzelnen Texte einzuschätzen. Deshalb ist es auch wichtig, die **Äußerungen aus der Sekundärliteratur** nicht einfach zu übernehmen, sondern sie **kritisch** zu sichten.

A ▪ Wie gehen Sie vor, wenn Sie Sekundärliteratur zu einer Lektüre benötigen? Wie haben Sie bisher Lektürehilfen für die Erarbeitung einer Lektüre genutzt?

▪ **Text 104**

Erzählen – Lena Brückner und der Ich-Erzähler (2006) *Ulrike Ladnar*

Lena Brücker und der Ich-Erzähler kennen sich seit dessen Kindheit, da sie zum einen in Nachbarschaft zu seiner Tante in der Brüderstraße gelebt hat und da zum andern sein Vater den Fehmantel herstellt, der einen der Grundstöcke für Lenas komplexes Tauschgeschäft darstellt. Der Ich-Erzähler erinnert sich an Lena Brücker und ihren Currywurststand, aber auch an Lenas Erzählungen in der Küche seiner Tante oder ihr Verhalten beim Anprobieren des Fellmantels im Keller seines Vaters. Auch später, als der Ich-Erzähler längst nicht mehr in Hamburg wohnt, pflegt er bei seinen Besuchen in Hamburg stets einen Abstecher zu Lena Brücker zu machen und an ihrem Stand eine Currywurst zu essen, wobei es immer zu einem kleinen Gespräch mit einer ritualisierten Abfolge kommt. Nachdem sie ihren Stand geschlossen hat, verliert der Ich-Erzähler sie aus den Augen, will jedoch irgendwann wissen, ob die von ihm sorgfältig gehegte und häufig in geselliger Runde verteidigte Kindheitserinnerung, dass die Currywurst von Lena Brücker entdeckt worden sei, zutrifft und auch beweisbar ist. Deswegen stellt er Nachforschungen an und findet Lena Brücker schließlich im trostlosen Ambiente eines Altersheims. Auch sie erinnert sich an den Ich-Erzähler als den Neffen ihrer Nachbarin Hilde und als Kunden an ihrem Imbissstand. Ihre unterschiedlichen Anredeformen (er siezt sie, sie duzt ihn) spiegeln noch die Kommunikationsstrukturen der Kindheit des Ich-Erzählers wider.

[Es] zeigt sich, dass Lena und der Ich-Erzähler völlig unterschiedliche Interessen an den Gesprächen haben, die sich an sieben Nachmittagen zwischen ihnen entfalten. Der Ich-Erzähler möchte lediglich alles über die Entdeckung der Currywurst wissen, an Lena selbst, ihrer tristen und isolierten Existenz im Altersheim sowie an ihrer Lebensgeschichte im Ganzen scheint er (zunächst) weniger interessiert. Lena wiederum möchte zum einen keinen einmaligen Besuch, sondern wiederholte kommunikative Kontakte, zum andern aber möchte sie ihr Leben nicht auf eine einzige Begebenheit reduziert wissen und nutzt die sich ihr bietende Gelegenheit zur umfassenden Erinnerung und Reflexion einer entscheidenden Phase ihres Lebens, die mit dieser Begebenheit zusammenhängt. Diese unterschiedlichen Kommunikationsinteressen bilden unterschiedliche Kommunikationsstrategien aus; so wendet Lena durchaus Scheherezade-Techniken an, d.h., sie macht den Ich-Erzähler neugierig, verleitet ihn zum Wiederkommen, stellt ihm durch gelegentliche Andeutungen aber stets in Aussicht, dass sein Kommunikationsziel erreichbar ist. Er hingegen drängt Lena auf sein Ziel hin; immer wieder fragt er nach, unterbricht er sie, zeigt Zeichen von (fast schon beleidigender) Ungeduld.

Lenas Stricken gleicht ihrem Erzählen, was vom Ich-Erzähler ja auch an verschiedenen Textstellen eindeutig herausgestellt wird, so z.B. S.15f. oder S.96f. Sie arbeitet mit verschiedenen (Woll- bzw. Erzähl-)Fäden, »ohne jede Hast, aber auch ohne zu stocken« tastet sich heran, manchmal auch zielgenau; wenn sie beispielsweise [...] fragt: »Kannste den Horizont sehn?«, lässt sich diese Frage nicht nur auf den wolkenlosen Himmel des Pulloverhimmels beziehen, sondern deutet genüsslich an, dass sie um seinen von ihr hintertriebenen Kampf um den Horizont der Pointe weiß.

Mit Exzerpten arbeiten

Das Exzerpt

INFO

Ein Exzerpt ist die **Zusammenfassung eines Textes** unter einer bestimmten **Fragestellung**.
Das Exzerpt hilft Ihnen,

- Ihr Textverständnis mit anderen Positionen zu vergleichen,
- den gelesenen Text auch zu einem späteren Zeitpunkt zu nutzen,
- einen eigenen Text zu einem bestimmten Thema zu verfassen.

Dafür werden die **zentralen Aussagen** des Textes **paraphrasiert**, d.h. mit eigenen Worten umschrieben. Zentrale Aussagen des Textes werden als wörtliche Zitate notiert. Eigene Ideen, Erkenntnisse und Vernetzungsmöglichkeiten mit anderen Textstellen/Texten werden ergänzt.

Beispiel für die Anlage eines Exzerpts:

Bibliografische Angabe des Textes:
Ulrike Ladnar: Erzählen – Lena Brücker und der Ich-Erzähler
in: Uwe Timm. Die Entdeckung der Currywurst.
Erarbeitet von Ulrike Ladnar

Lese- und Exzerpierdatum:
15.4.2010

Thema: Das Erzählinteresse und die Erzählweise von Lena Brücker und dem Ich-Erzähler in Uwe Timms Novelle »Die Entdeckung der Currywurst«

Frage, unter der der Text bearbeitet wird: Wodurch ist nach Ansicht der Autorin die jeweilige Erzählweise von Lena Brücker und dem Ich-Erzähler gekennzeichnet und welche Interessen verfolgen beide damit?

Zentrale Aussagen bezogen auf die Fragestellung (Paraphrasen, wörtliche Zitate)	**Eigene Ideen, Kommentare …**
Lena Brücker und der Ich-Erzähler knüpfen an alte Kommunikationsstrukturen aus der Kindheit des Ich-Erzählers an (Z. 13, 14).	
Beide haben »*völlig unterschiedliche Interessen an den Gesprächen*« (Z. …).	Stimmt nur zum Teil, den Ich-Erzähler berührt Lenas Schicksal durchaus!
…	…

A ▪ Vervollständigen Sie das Exzerpt oder erstellen Sie ein Exzerpt zu einem anderen Sekundärtext Ihrer Schullektüre. (→ **Exzerpt**, S. 163)

Hinweise zum Gebrauch von Zitaten und Textbelegen

Zitate und Textbelege sichern die eigenen Aussagen über einen Sachverhalt durch Verweise auf den Ausgangstext ab. Man unterscheidet zwei Arten von Zitaten: wörtliche Zitate und sinngemäße Zitate.

Wörtliche und sinngemäße Zitate

INFO

Wörtliche Zitate: Eine Textstelle wird aus einer Vorlage **originalgetreu** übernommen, d. h., man muss alles wortwörtlich abschreiben und darf keine Änderungen vornehmen, es sei denn, dies wird kenntlich gemacht. Wörtliche Zitate stehen in **Anführungszeichen**. Kürzungen in wörtlichen Zitaten werden durch drei Punkte in eckigen Klammern [...] angegeben. Dabei kann es sich um ein einzelnes ausgelassenes Wort, mehrere aufeinanderfolgende Wörter oder einen (Teil-)Satz handeln. Zusätze werden ebenfalls durch eckige Klammern verdeutlicht.

Sinngemäße Zitate: Eine Textstelle wird **mit eigenen Worten** umschrieben (Paraphrase). Bei sinngemäßen Zitaten zeigt der Gebrauch des **Konjunktivs** und/oder der Einschub eines Einleitungssatzes, dass es sich um Aussagen eines anderen handelt. Sinngemäße Zitate macht man durch einen **Seiten- bzw. Zeilenverweis** kenntlich.

A ▪ Welche Lesestrategien helfen mir bei der Erarbeitung einer Lektüre?
Nehmen Sie sich für die Beantwortung der folgenden Fragen 5 Minuten Zeit.
- Ich habe bei der Erschließung der Lektüre folgende Lesestrategien angewendet: …
  (Verwendung von Gattungs- und Textsortenwissen, Untersuchung der Erzählstrategien, Nutzung von Sekundärliteratur inkl. Anfertigung eines Exzerpts …)
- Folgende Strategie hat mir bei der Erarbeitung des Textes besonders geholfen: …, weil …
- Folgende Strategie hat mir noch Schwierigkeiten bereitet: …, weil …
- Was würden Sie bei der Erarbeitung einer weiteren Lektüre anders machen? …
- Was möchten Sie dazu noch lernen? …

(→ **Lesestrategien zielführend einsetzen**, S. 217)

Wie erarbeite ich ein textübergreifendes Verständnis der Lektüre?

Was kann ich nach der Bearbeitung dieses Unterkapitels?
- Ein Gesamtverständnis des Textes erarbeiten
- Einen literarischen Text deuten
- Einen eigenen Standpunkt zu einem Text einnehmen
- Mediale Umsetzungen in den Blick nehmen
- Die Lektüre in einen textübergreifenden Kontext stellen
- Mit anderen sachkundig über literarische Texte sprechen

Ein Gesamtverständnis des Textes erarbeiten

Als Leser sollten Sie sich nicht nur mit Teilausschnitten des Textes auseinandersetzen, sondern Ihr bisher erworbenes Wissen auch zu einem Gesamtverständnis zusammenführen. Es geht darum, dass Sie auf der Basis Ihrer Textarbeit Ihr persönliches Textverständnis artikulieren.

A ▪ Setzen Sie sich rückblickend mit der Lektüre auseinander. Fragen Sie sich: Welche Einstellung habe ich zur Lektüre? Was sehe ich positiv? Wo habe ich Vorbehalte? Welche Teile fand ich interessant, wo habe ich Einwände? Sind mir die Figuren, ihre Gedanken und Handlungen nahegekommen, ist die Handlung für mich überzeugend dargestellt, hat die literarische Gestaltung mich überzeugt etc.? Begründen Sie Ihre Position.

▪ **Text 105**

Die Entdeckung der Currywurst: Kapitel 6 (1993) *Uwe Timm*

Aber dann, am nächsten Tag, sah Lena Brücker die Fotos. Die Fotos waren in der Zeitung erschienen. Fotos, bei denen Lena Brücker der Hunger verging, obwohl sie morgens nichts gegessen hatte, Fotos, die sie wie benommen nach Hause gehen ließen, Fotos, die ihr die Frage stellten, was sie all die Jahre gedacht und gesehen hatte, oder genauer, woran sie nicht gedacht hatte und was sie nicht hatte sehen wollen. Es waren Fotos, wie sie zu der Zeit viele, die meisten, genaugenommen alle Deutschen zu sehen bekamen. Fotos aus den von den Alliierten befreiten KZs. Dachau, Buchenwald, Bergen-Belsen. Waggons voller Leichen, nur noch mit Haut überzogene Skelette. [...] Als sie nach Hause kam, fragte Bremer, ist dir schlecht? Und sie erzählte, was sie vorgab, in der Stadt gehört zu haben, was ihr aber, während sie es sagte, als Lüge erschien, eine dreckige Lüge, mit der sie sich beschmutzte, weil sie sagte, sie habe es gehört: Es habe Lager gegeben, in denen Menschen umgebracht worden seien, und zwar systematisch, Zehntausende, Hunderttausende, einige sagen Millionen.

Gerüchte, sagte Bremer. Sie konnte doch nicht sagen, ich hab es schwarz auf weiß gesehen. Ich habe in der Zeitung Fotos gesehen. [...] Menschen, Juden, sollen, sagte sie zu Bremer, und zwang sich, ruhig zu bleiben, vergast und dann verbrannt worden sein. Unvorstellbare Dinge sind passiert. Es soll Fabriken des Todes gegeben haben. Märchen, sagte Bremer, alles Quatsch. Feindpropaganda. Wer hat ein Interesse, solche Gerüchte in die Welt zu setzen? Der Russe. Und dann sagte er etwas, was Lena Brücker aus der Fassung brachte. Sie hatte aufgehört zu stricken, das Strickzeug im Schoß, sah ein wenig über mich hinweg, schüttelte den Kopf: Ist schon Breslau entsetzt, hat er gefragt. Da, es war das erste, das einzige Mal, schrie sie ihn an: Nein. Die Stadt ist im Arsch! Schon längst. Platt. Verstehste. Nix. Gauleiter Handke abgehauen. Mit nem Fieseler Storch. Ein großes Schwein, wie dieser Dr. Fröhlich ein kleines Schwein ist. Alles Schweine. jeder in Uniform is n Schwein. Du mit deinem dämlichen Kriegsspiel. Der Krieg ist aus. Verstehste. aus. Längst. Aus. Vorbei. Futschikato. Wir haben ihn verloren, total. Gott sei Dank. Er stand da, wie soll ich sagen, guckte mich an, nicht entsetzt, auch nicht mal fragend, nein, dösig. Und dann habe ich meinen Regenmantel genommen und bin raus. [...]

Es hatte aufgehört zu regnen, und sie war nach Hause gegangen. Sie wollte mit Bremer reden. Sie wollte versuchen, ihm alles zu erklären. Sie schloss die Wohnungstür auf. Er stand nicht im Korridor, saß nicht mit muulschem Gesicht am Küchentisch, nicht wütend im Wohnzimmer, nicht im Schlafzimmer. Sie lief zur Kammer. Die war leer. Im Schrank fehlte der graue Anzug ihres Mannes. Dafür hing da, säuberlich gebürstet, die Uniform von ihm, mit diesem ulkigen Reiterabzeichen. Sie suchte nach einem Zettel, einem Brief, einer Nachricht. Nichts.

Was sie peinigte, war sonderbarerweise nicht, dass er weggegangen war, sondern dass sie nicht mehr mit ihm darüber hatte reden können, warum sie ihm die Kapitulation verschwiegen hatte. Vor allem hätte sie ihm sagen wollen, dass sie ihm mit ihrem Verschweigen nicht geschadet habe. Er hätte nicht viel früher gehen können, selbst jetzt konnte er noch aufgegriffen werden, konnte in Gefangenschaft kommen, denn bei einer Kontrolle durch die Militärpolizei musste er seine Entlassungspapiere vorzeigen. Er hatte sich ja nur selbst entlassen.

Einige Zeit später, Lena Brücker besitzt einen Imbissstand.

So stand eines Tages auch Bremer an dem Imbissstand. [...] So eine kleingehackte Wurst, bitte! Sie erkannte Bremer sofort. Sie musste sich umdrehen, um durchzuatmen, um das Zittern ihrer Hände zu verbergen, als sie die Bratwurst zerschnitt. [...] Kaffee, fragte sie in seine Richtung, echte Bohne? Er sah aus wie ein erfolgreicher Schieber. Egal, sagte er. Und dachte, sie müsse ihn an der Stimme erkennen. Also was, sagte sie, echte Bohne sind zwei Amis oder dreißig Mark. [...] Echte Bohne. Ne Currywurst dazu, sagte sie, sind fünf Amis. Die Preise waren saftig. Aber er nickte. Sie hatte ihre Currymischung in die Pfanne geschüttet, ein ferner Duft, gab dann das Ketchup hinein und zum Schluss die angebratenen Wurstscheiben dazu. Sie schob ihm die Wurstscheiben auf einen kleinen Blechteller. Und er pikte sich mit dem Holzstäbchen eine Wurstscheibe auf, tunkte sie nochmals in diesen dunkelroten Saft. Und da, plötzlich, schmeckte er, auf seiner Zunge öffnete sich ein paradiesischer Garten. Er aß die Wurst und beobachtete, wie sie bediente, freundlich und schnell, wie sie mit den Leuten sprach, wie sie einen Spaß machte, wie sie lachte, einmal sah sie zu ihm herüber, kurz nur und ohne jedes Erstaunen oder Überraschtsein, sah sein freundliches, nein, strahlendes Gesicht, so als habe er gerade etwas Wunderbares entdeckt, sie wiedererkannt, einen Augenblick zögerte sie, wollte sagen: Hallo, aber da verlangte ein anderer Kunde einen Eichelkaffee.

Nehmen Sie die gesamte Lektüre in den Blick.
Wählen Sie einen der folgenden Arbeitsaufträge:

A1 ■ *Eine Rollenbiografie verfassen:* Stellen Sie sich vor, der Roman soll verfilmt werden. Sie übernehmen die Rolle der Lena Brücker oder von Hermann Bremer. Schreiben Sie eine Rollenbiografie aus der Ich-Perspektive. (→ **Rollenbiografie**, S. 230)

A2 ■ *Ein Verhör simulieren:* Setzen Sie die Hauptfiguren auf den so genannten »heißen Stuhl«. Stellen Sie ihnen Fragen: Was für Motive hatten sie für ihr Handeln, warum haben sie so und nicht anders gehandelt, welche Alternativen hätte es gegeben? Wie beurteilen sie rückblickend die Geschehnisse etc.?

A3 ■ *Ein Werbeplakat oder einen Flyer für eine Lesung gestalten:* Ihr Kurs plant einen Leseabend zu der Lektüre, die Sie gerade im Unterricht behandeln? Entwerfen Sie ein Werbeplakat oder einen Flyer für die Veranstaltung. Erläutern Sie in einem ergänzenden Text, warum Sie das Plakat bzw. den Flyer in dieser Form gestaltet haben.

Einen literarischen Text deuten

Literarische Texte sind im Unterschied zu Sachtexten nicht in erster Linie informierende Texte. Ein Sachtext will informieren, Wissen vermitteln, Hilfestellung bei der Lösung von Problemen geben, Argumente für die eigene Meinungsbildung bereitstellen etc. Ein literarischer Text lässt sich nicht 1:1 auf einen Ausschnitt aus der Lebenswelt übertragen. Sie müssen als Leser selbst Zusammenhänge zwischen dem Text und Ihren Lebenserfahrungen herstellen. Dementsprechend ist ein literarischer Text immer mehrdeutig, es gibt nicht nur die *eine* Deutungsmöglichkeit. Die Textdeutung ist das Ergebnis einer detaillierten Erarbeitung des jeweiligen Textes.

A ▪ Wenn Sie sich mit der Novelle von Uwe Timm als Unterrichtslektüre beschäftigt haben, überlegen Sie, welche der folgenden Deutungsansätze (**T 106**) für Sie im Vordergrund stehen. Begründen Sie kurz Ihre Meinung.

▪ **Text 106**

Pressestimmen zu U. Timms »Die Entdeckung der Currywurst«

»Uwe Timm hat ein kleines, feines Buch geschrieben über die Macht der Erinnerung und darüber, wie aus einem erinnerten Geschmack eine ganze Welt entsteht. [...]« *Christian Kracht in »Tempo«*

»Es ist höchst unterhaltsam, wie geschickt Mr. Timm uns dazu bringt, in dem fettigen Stück Wurst auf unserem Pappteller eine Melange [...] aus menschlichem Schicksal und historischem Moment zu sehen.« *New York Times Book Review*

»Uwe Timm gestaltet eine ebenso groteske wie rührende, phantastische wie im konkreten Alltag verwurzelte Liebesgeschichte ...« *Detlef Grumbach in der »Woche«*

»Timms Novelle ist die Würdigung eines schweren, aber mutigen Frauenlebens und zugleich das späte Denkmal für einen Deserteur ... eine lebensnahe Chronik.« *Peter Jokostra in der »Rheinischen Post«*

Mediale Umsetzungen betrachten

Die meisten literarischen Texte erscheinen heute parallel zur Printausgabe auch in einer Hörbuchversion oder in einer Filmfassung. Die mediale Gestaltung eines literarischen Textes ist immer eine Interpretation der Textvorlage.

A ▪ Vergleichen Sie Ihren Deutungsansatz des literarischen Textes mit dem Deutungsansatz der Verfilmung oder des Hörbuchs.

B ▪ Machen Sie sich mit der Hörbuchfassung der Lektüre vertraut. Bearbeiten Sie eine der folgenden Aufgaben:
- Wählen Sie aus der Hörbuchfassung Auszüge für eine Präsentation aus und begründen Sie Ihre Auswahl. Auswahlpunkte können z. B. sein: Interpretationsansatz, Eingriffe in das Original (Kürzungen, Dialogisierungen etc., Personengestaltung ...).
- Gestalten Sie ausgewählte Textauszüge für eine eigene Hörbuchfassung.

C ▪ Welche Aspekte hebt die Verfilmung nach Meinung des Rezensenten in **T 107** besonders hervor?

■ Text 107

Die Entdeckung der Currywurst – Der Film (2008) *Harald Witz*

Ulla Wagner verfilmt Uwe Timms ironische Novelle **Die Entdeckung der Currywurst** und setzt damit die Tradition der Filme über das III. Reich und den 2. Weltkrieg fort […]. Aber anders als die preisgekrönten Vorgänger vermeidet Wagner eine politische Erörterung und setzt mit ihrer melodramatischen Liebesgeschichte auf kommerzielle Kinounterhaltung. […] Doch spürt man zu jeder Sekunde, dass es hier vornehmlich um das Gefühlsleben von Lena geht. Vielmehr besticht **Die Entdeckung der Currywurst** durch die sensible Beschreibung einer starken Frau, die sich das Recht auf Glück leider zu Unrecht nimmt. Dafür legt die Regisseurin vor allem Wert auf ein sehr detailreiches Setdesign, das mit historischen Kostümen, Kulissen und Locations einen beeindruckenden Hintergrund erschafft. Kameramann Theo Bierkens entzündet so bewegende Bilder einer glaubhaften Endzeit-Atmosphäre. Wie schon der Fokus der Regisseurin auf Lenas Gefühlswelt verrät, steht und fällt der ganze Aufwand mit der lebensfrohen, gestandenen Hauptfigur. Lena bietet mit kesser Schnauze dem sterbenden System Paroli und wird gleichzeitig selbst zur Betrügerin, weil sie die ersehnte Liebe krampfhaft festhalten will. […] **Die Entdeckung der Currywurst** kann zwar nicht immer ein hohes Niveau halten, funktioniert aber am Ende trotzdem als einfühlsames Liebesdrama, das ausreichend Kinopotenzial besitzt, um sein Publikum ordentlich zu unterhalten. Wie die Currywurst entdeckt wird, wird allerdings nur nebenbei beschrieben.

Die Lektüre mit anderen Texten des Autors vergleichen

Die Auseinandersetzung mit anderen Texten des Autors kann weitere Aspekte aufzeigen, die für das Verständnis der Lektüre hilfreich sind. So greift z. B. der Autor Uwe Timm immer wieder auf autobiografische Ereignisse zurück, die er dann literarisch ausgestaltet.

■ Text 108

Am Beispiel meines Bruders (2003) *Uwe Timm*

Uwe Timm schreibt in seiner autobiografischen Erzählung über seinen sechzehn Jahre älteren Bruder Karl Heinz Timm, der sich freiwillig zur Waffen-SS gemeldet hat und 1943 mit 19 Jahren gefallen ist.

Erhoben werden – Lachen, Jubel, eine unbändige Freude – diese Empfindung begleitet die Erinnerung an ein Erlebnis, ein Bild, das erste, das sich mir eingeprägt hat, mit ihm beginnt für mich das Wissen von mir selbst, das Gedächtnis: Ich komme aus dem Garten in die Küche, wo die Erwachsenen stehen, meine Mutter, mein Vater, meine Schwester. Sie stehen da und sehen mich an. Sie werden etwas gesagt haben, woran ich mich nicht mehr erinnere, vielleicht: Schau mal, oder sie werden gefragt haben: Siehst du etwas? Und sie werden zu dem weißen Schrank geblickt haben, von dem mir später erzählt wurde, es sei ein Besenschrank gewesen. Dort, das hat sich als Bild mir genau eingeprägt, über dem Schrank, sind Haare zu sehen, blonde Haare. Dahinter hat sich jemand versteckt – und dann kommt er hervor, der Bruder, und hebt mich hoch. An sein Ge-

sicht kann ich mich nicht erinnern, auch nicht an das, was er trug, wahrscheinlich Uniform, aber ganz deutlich ist diese Situation: Wie mich alle ansehen, wie ich das blonde Haar hinter dem Schrank entdecke, und dann dieses Gefühl, ich werde hochgehoben – ich schwebe.

Es ist die einzige Erinnerung an den 16 Jahre älteren Bruder, der einige Monate später, Ende September, in der Ukraine schwer verwundet wurde.

Mein Lieber Papi *30. 9. 1943*
Leider bin ich am 19. schwer verwundet ich bekam ein Panzerbüchsenschuss durch beide Beine die die sie mir nun abgenommen haben. Dass rechte Bein haben sie unterm Knie abgenommen und dass linke Bein wurde am Oberschenkel abgenommen sehr große Schmerzen hab ich nicht mehr tröste die Mutti es geht alles vorbei in ein paar Wochen bin ich in Deutschland dann kanns Du Mich besuchen ich bin nicht waghalsig gewesen
Nun will ich schließen
Es Grüßt Dich und Mama, Uwe und alle
Dein Kurdel

Am 16. 10. 1943 um 20 Uhr starb er in dem Feldlazarett 623.

Abwesend und doch anwesend hat er mich durch meine Kindheit begleitet, in der Trauer der Mutter, den Zweifeln des Vaters, den Andeutungen zwischen den Eltern. Von ihm wurde erzählt, das waren kleine, immer ähnliche Situationen, die ihn als mutig und anständig auswiesen. Auch wenn nicht von ihm die Rede war, war er doch gegenwärtig, gegenwärtiger als andere Tote, durch Erzählungen, Fotos und in den Vergleichen des Vaters, die mich, den Nachkömmling, einbezogen.

Mehrmals habe ich den Versuch gemacht, über den Bruder zu schreiben. Aber es blieb jedes Mal bei dem Versuch. Ich las in seinen Feldpostbriefen und in dem Tagebuch, das er während seines Einsatzes in Russland geführt hat. Ein kleines Heft in einem hellbraunen Einband mit der Aufschrift Notizen.

A ▪ Untersuchen Sie den Textausschnitt im Hinblick auf folgende Fragen:
- Was erfährt der Leser auf den ersten Seiten der Erzählung über die Familie Timm und das Verhältnis der beiden Brüder?
- Warum möchte Uwe Timm »über den Bruder schreiben«?

B ▪ Machen Sie sich mit dem Inhalt der gesamten Erzählung vertraut. Welche Parallelen sehen Sie zwischen dieser Erzählung und der Novelle »Die Entdeckung der Currywurst«?
Vergleichen Sie Thema, Figuren und ihre Beziehung zum Erzähler, Erzählanlass und die Erzählweise usw.

Reflexion – ein Leitfaden

A ▪ Haben die Aufgaben Ihnen geholfen, ein Gesamtverständnis der Lektüre zu entwickeln?
Welche Aufgaben fanden Sie besonders interessant, welche eher unergiebig?
Gibt es Aspekte, mit denen Sie sich gern ausführlicher beschäftigt hätten, wenn ja, welche?
Welche Unterstützung benötigen Sie dafür?

B ▪ Erstellen Sie auf der Basis Ihres Portfolios ein Präsentationsportfolio als Grundlage für eine Leistungsbewertung.
- Klären Sie, welche Teile der Mappe in die Leistungsbewertung eingehen (z. B. eine Charakterisierung, eine Sachtextanalyse, ein Text aus dem Bereich des gestaltenden Interpretierens, eine Rechercheaufgabe).
- Wählen Sie aus Ihrer Mappe die Texte aus, die Sie bezogen auf die Anforderungen für besonders gelungen halten und erläutern Sie warum.
- Gestalten Sie ein ansprechendes Titelblatt, das Aspekte der Lektüre aufnimmt.
- Erstellen Sie ein Inhaltsverzeichnis.
- Stellen Sie Ihr Präsentationsportfolio in Form einer Mappe zusammen.

Leistungsüberprüfung

Vorwissen für eine Leistungsüberprüfung aufbauen

Aufgabeninsel

Bei Leistungsüberprüfungen in der Sekundarstufe II ist die die Auseinandersetzung mit Textauszügen aus Lektüren, die im Unterricht erarbeitet wurden, eine zentrale Herausforderung. Das gilt sowohl für mündliche Prüfungen als auch für Klausuren. Ein gutes Vorwissen hilft, den Stress in der Prüfungssituation zu reduzieren. Ein Prüfling, der über gutes Vorwissen verfügt, kann sich ganz auf die Aufgabenstellung konzentrieren. Er wird gezielt auf Wissensbestände zurückgreifen und diese im Sinne der Fragestellung miteinander vernetzen.

1. Wie erarbeite ich mir Vorwissen zu einer Lektüre, die im Unterricht behandelt wurde?
   - Erstellen Sie zu den einzelnen Unterpunkten der folgenden Mind-Map jeweils eine Teil-Mind-Map. Nutzen Sie dafür Ihr Portfolio, das Sie während der Unterrichtsreihe erstellt haben (s. S. 141).
   - Klären Sie, an welchen Stellen Sie noch Wissenslücken haben.

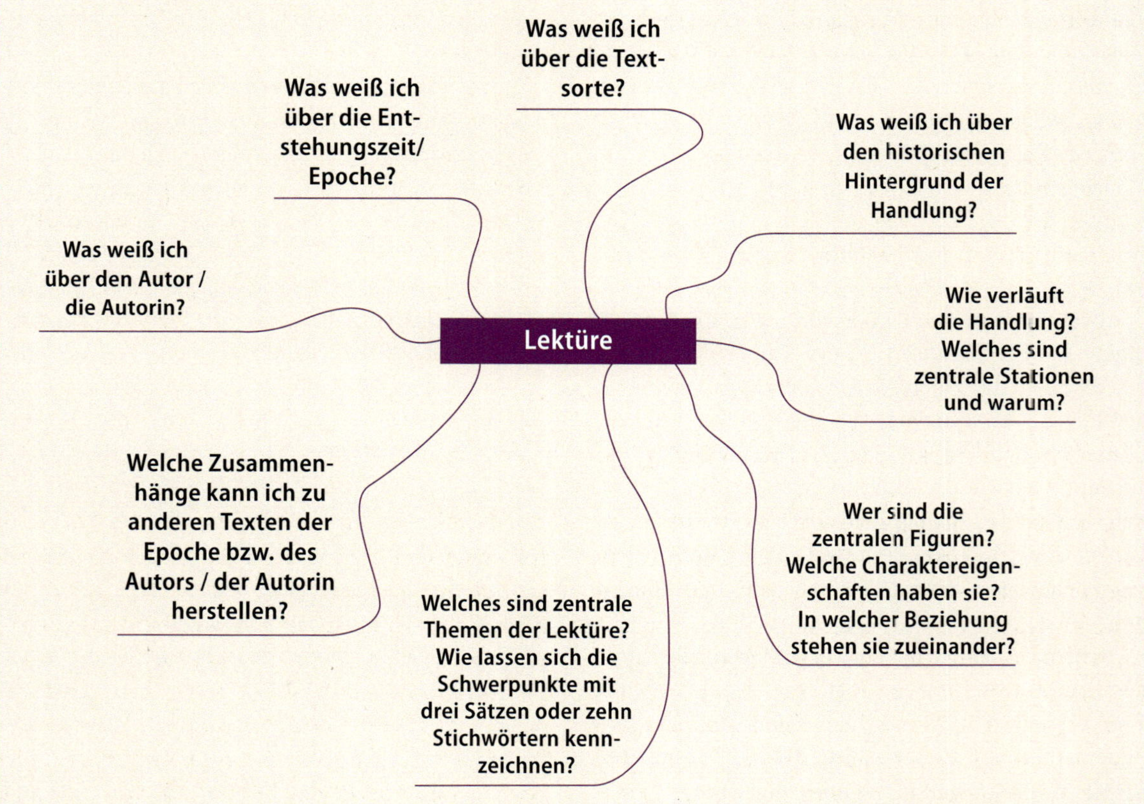

- Erläutern Sie sich in einer Lerngruppe gegenseitig Ihre Teil-Mind-Maps und versuchen Sie im Austausch, Ihre Wissenslücken zu füllen. Fügen Sie Ihre Teil-Mind-Maps zu einer »Wissenslandkarte« zusammen.
  Gehen Sie die einzelnen Äste der Mind-Map vor der Leistungsüberprüfung noch einmal laut durch.

2. Klären Sie, welche Aufgabenformate in der Leistungsüberprüfung vorkommen können. Sichten Sie dafür Aufgabenstelllungen und Hausaufgaben und alte Klausuren und fragen Sie Ihre Lehrerin / Ihren Lehrer. Verfassen Sie eine Probeklausur oder halten Sie einen Probevortrag. Reflektieren Sie im Anschluss, wo und wie Sie Ihr Vorwissen einsetzen konnten.

II B: Vergleichende Analyse von Sachtexten

Was ist eine Rezension?

INFO

Eine **Rezension** gehört zur Textsorte **»Kritik«**. Damit dient sie der Meinungsbildung. Die Rezension informiert den Leser über einen Text, ein Medium oder ein Medienereignis (Sachbuch, literarischer Text, CD, Film, Konzert, Theateraufführung etc.) und bewertet diese kritisch. Eine Rezension umfasst je nach Gegenstand in der Regel folgende Aspekte:

- **allgemeine Daten** des Gegenstands, der besprochen wird: Autor Titel, Erscheinungsjahr, knappe Inhaltsangabe
- **Einzelkommentare** zu ausgewählten **Aspekten** (z. B. Figurendarstellung, besondere Textstellen) verbunden mit einer **Bewertung**
- **formale Gestaltung:** Textsorte, Sprache, mediale Gestaltung verbunden mit einer kritischen Würdigung
- Einbettung in **übergeordnete Zusammenhänge**: Werk des Autors, Epoche, Vernetzung zu anderen Texten, die eine ähnliche Problemstellung aufweisen …
- **wertende Stellungnahme** zum Gesamtwerk
- evtl. Vorschlag für eine Lese- oder Hörprobe bzw. ausgewähltes Bildmaterial

A ▪ Vergleichen Sie die beiden Rezensionen. Gehen Sie folgendermaßen vor:
- Führen Sie kurz in den Inhalt der Novelle ein.
- Legen Sie dar, wie Fritz Gesing (**T 109**) die Novelle beurteilt und wie er sein Urteil begründet. Berücksichtigen Sie inhaltliche und formale Aspekte.
- Vergleichen Sie die Einschätzung und Argumentation Gesings mit der Einschätzung von Joachim Campe (**T 110**).

B ▪ Verfassen Sie ausgehend von Ihrer Leseerfahrung, Ihrem Textverständnis eine eigene Rezension als »Der Lesetipp der Woche« oder »Der Verriss der Woche« für die Kulturseite Ihrer Schulhomepage. Greifen Sie auch auf Argumente der vorliegenden Rezensionen zurück.

▪ **Text 109**

Gewürzte Wurst (1993) *Fritz Gesing*

Die jetzt erschienene Novelle »Die Entdeckung der Currywurst« […] führt nach Hamburg, in den Zeitenwechsel um 1945. Die Currywurst, wie der Erzähler sie früher am Imbissstand der Frau Brücker aß, wurde, so glaubt er, von dieser Frau erfunden. Er sucht die inzwischen erblindete Siebenundachtzigjährige auf und lässt sich von ihr eine Geschichte erzählen, die schließlich, nach Ab- und Umwegen, in der Entdeckung dieser ungewöhnlich gewürzten Wurst endet. […] Er malt die Auskünfte der alten Frau aus und lässt auf diese Weise »eine unglaubliche Geschichte« entstehen, »mit diesem Geschmack auf der Zunge, wie die Zeit damals war, aus der die Currywurst kam: Trümmer und Neubeginn, süßlichscharfe Anarchie«.

April 1945. Die vierzigjährige Lena Brücker verführt den zur nahen Front abgeordneten Marinesoldaten Bremer zum Bleiben und damit zum Desertieren, versteckt ihn und hält ihn in ihrer Wohnung auch über den Termin der Kapitulation hinaus, indem sie ihm vorgaukelt, der Krieg sei noch nicht zu Ende. Die flüchtige Liebesgeschichte, die am Leben gehalten wird durch eine Lügengeschichte und die ihre sprachlosen Höhepunkte auf dem »Matratzenfloß« in der Küche findet, zerbricht, als Lena Brücker Bilder aus den KZs sieht: Sie schreit Bremer, der noch immer von einem Endsieg im Osten träumt, die verschwiegene, geleugnete Wahrheit ins Gesicht. Bremer verschwindet spurlos, nicht ohne seine Uniform zurückzulassen und mit ihr seinen Talisman, ein Reiterabzeichen, das schließlich im Tauschhandel der Nachkriegszeit durch eine unerhörte Zufallsbegebenheit zur Entstehung der Currywurst führt.

Uwe Timm erzählt seine Novelle anschaulich und konkret, mit viel Sympathie für seine Figuren, ohne formale und sprachliche Manierismen. Ihm geht es um das Alltägliche in einer wenig alltäglichen Zeit und das »Unerhörte« im Gewand des (scheinbar) Banalen: privates Glück im kollektiven Unglück. »Dass es auch in dunklen Zeiten helle Augenblicke gibt und dass die umso heller erscheinen, je dunkler die Zeiten sind.«

Was sich so einfach, aber zunehmend suggestiv liest, ist raffinierter erzählt, als es den Anschein hat: die Stimmführung und die Perspektivenwechsel, die unterschiedliche Grade der Nähe und Distanz erlauben, die Verschränkung der Alltagsdinge, die zu Motiven werden und sich schließlich symbolisch überhöhen, unaufdringlich, aber wirksam. Geschickt werden die Erzählfäden miteinander verknüpft, manchmal scheinbar fallen gelassen, um dann zu einem späteren Zeitpunkt überraschend wieder aufgegriffen zu werden. Der Pullover, den die alte Frau während ihrer Erzählung strickt und den sie mit einer idyllischen Landschaft schmückt, steht für ihre Erinnerungsarbeit. Sie vermacht ihn schließlich nach ihrem Tod dem Mann, der ihre Geschichte dem Vergessen entreißt. [...] Im Vordergrund steht neben der wehmütigen Liebesgeschichte, auch dies typisch für die Zeit um 1945, die Welt des (oralen) Genusses: das Organisieren von Lebensmitteln, Zubereiten und Kochen, schließlich das Abschmecken und Essen. Bremer verliert in »Gefangenschaft« sein Geschmacksvermögen und findet es später zufällig wieder: »Gewürze, das sind auf der Zunge die Erinnerungen an das Paradies.«Uwe Timm versteht sich aufs Räsonnieren und Fabulieren, er vereint Recherche und Erinnerung: ein Mittel gegen literarische Anämie.

▪ Text 110

Uwe Timm – Die Entdeckung der Currywurst (1993) *Joachim Campe*

Seine [Uwe Timms] erste Novelle, Die Entdeckung der Currywurst, ist vielleicht das beste Buch, das er bisher geschrieben hat – konzentriert auf zwei Figuren, die in unerhörter Zeit für eine unerhörte Begebenheit sorgen. Die dann freilich nicht tragisch verpufft, sondern auf skurrile Weise zu einer Erfindung führt: der der Currywurst immerhin.

Im April lernt die Hamburger Kantinenangestellte Lena Brücker in einer Warteschlange vor einem Kino den jungen Marinesoldaten Bremer kennen. Er soll an irgendeiner letzten Front gegen die anrückenden Engländer kämpfen, doch lässt er sich, nach Kino und Luftschutzkeller, von der Frau mitnehmen, die ihm gefällt, obwohl sie deutlich älter ist, und desertiert in ihr Bett. Glück und Angst sind freilich gleich groß, denn noch geht der Blockwart um und Nachbarn lauern auf verdächtige Geräusche. Doch als dann zwei Wochen später der Krieg beendet ist, tut Lena Brücker etwas Merkwürdiges: Um ihren Bremer als Liebesgefangenen zu behalten, erzählt sie ihm, der Krieg gehe weiter, nur jetzt in anderer Richtung – Engländer und Amerikaner hätten sich mit den Deutschen gegen die Russen verbündet. Bremer glaubt auf Anhieb, was die Katastrophen der letzten Kriegsjahre zu deutschem Wunschdenken gemacht hatten – und so malt er sich neue, diesmal siegreiche Schlachten aus. Bis ihm plötzlich mulmig wird: An seiner Lage stimmt irgendetwas nicht. Schließlich kommt es zum Streit und Lena Brücker gesteht ihre Lüge. Am nächsten Tag ist er weg. Nach Braunschweig, zu Frau und Kind.

Lena Brücker erinnert sich freilich ein Leben lang an die paar Wochen, und auch ihr Lebenswerk hat mit Bremer zu tun. Denn als sie einen Imbissstand eröffnen will, bietet ihr ein Schieber auch einen Posten Curry an. Sie greift zu, obwohl sie das Zeug eigentlich nicht braucht. Doch Bremer, der mit der Marine in Indien war, hatte vom Curry stets als einem Wundermittel gegen Schwermut und alle möglichen Krankheiten gesprochen. Und als sie dann die Sauce für die Würste zubereiten will, fällt ihr versehentlich das Currypulver in den Tomatenketchup: Eine Entdeckung ist gemacht. Vielleicht eine, die gar nicht so verschieden ist von der, die Timm selber gemacht hat. Und Tims Novellenerzählen besitzt erst recht die Kräfte, die Lena Brücker ihren Currywürsten zuschreibt: »Den Blick schärfen und die Zunge lösen.« [...] Das Einströmen von Wirklichkeit, von Alltagsstoff verleiht der Geschichte erst ihre Atmosphäre, ihr tatsächlich Unerhörtes – gemessen an Geist und Reglement der Zeit. Timm weiß zu erzählen, was das hieß; Hausgemeinschaft kurz vor und nach Kriegsende. Da ist nicht nur der zackige Blockwart Lammers, der der Heldin einen obrigkeitlichen Besuch abstattet und dienstlich drohend feststellt: Hier müsse vor Kurzem ein Mann gewesen sein, Leder und Uniform könne er riechen. Da gibt es auch die hochanständige Nachbarin, die ihre Gründe hat, auf Schritte in der angeblich männerleeren Wohnung zu achten. Und zu dem Haus gehört auch eine Figur aus Lenas Vergangenheit, Ehemann Gary, ein kaltschnäuziger Weiberheld und Ganove, der sich nach Kriegsende prompt wieder bei ihr einnisten will. So ist der eigentlich ganz durchschnittliche Schlawiner Bremer doch etwas Besonderes in diesem Haus, für Lena Brücker so etwas wie eine persönliche Utopie. Das Lager auf den Küchenfliesen, auf dem sie mit ihm aus nur zu berechtigter Furcht vor der Nachbarin schläft, nennt sie ihr »Matratzenfloß«: Weit soll es sie tragen, weit weg. Vielleicht dorthin, wo der Curry wächst.

Die neue Form hat aber nicht nur Timms Blick für Vorder- und Hintergründe des Alltags weiter geschärft. Sie hat ihm vor allem die Zunge gelöst. Denn offensichtlich geht es um Erinnerung an die Kindheitswelt oder einen wichtigen Teil der Kindheitswelt. [...] In der Novelle [...] gewinnt das Haus Leben, von den alltäglichen Reibereien seiner Bewohner bis zu Farben und Gerüchen. Offensichtlich ist Timm dem Schreibimpuls gefolgt, den er im Essayband »Erzählen und kein Ende« (1993) nur andeutete: dem Verlangen, die »Bildwelt der Kindheit einzuholen«.

Erwartungshorizont

Zu Aufgabe A

Fritz Gesing: Gewürzte Wurst

Inhaltliche Aspekte

- Alltag der Kriegs- und allerersten Nachkriegszeit wird zu einer »unglaublichen Geschichte« ausgestaltet.
- Charakter einer wehmütigen Liebesgeschichte, die auf kurze Zeit angelegt ist
- Realität (Gräuel der Konzentrationslager) erlaubt keinen dauerhaften Rückzug in die Privatheit (Matratzenfloß).
- Essen und Trinken als Ausdruck einer besonderen Genusswelt in der Nachkriegszeit

Darstellung

- Erzählen als »Erinnerungsarbeit«
- »anschaulich konkret«, »mit viel Sympathie für seine Figuren«
- gekonnter »Perspektivenwechsel«, der es dem Leser erlaubt, sich den Figuren anzunähern, aber auch ihr Verhalten aus der Sicht eines anderen zu beobachten und zu beurteilen (Binnengeschichte und Rahmenerzählung)
- verschiedene »Erzählfäden«, die zu einem Ganzen verbunden (vgl. Pullover als Bild für die Erzählfäden, die zu einem Ganzen zusammengeführt werden)

Positive Bewertung: Autor versteht es, Realität und Fiktion, d. h. »Räsonnieren und Fabulieren«, »Recherche und Erinnerung« zu verbinden.

Joachim Campe: Die Entdeckung der Currywurst

Inhaltliche Aspekte

- Liebe als kurzfristige Möglichkeit, eine persönliche Utopie in Krisenzeiten aufzubauen (Matratzenfloß) Verbindung von Alltagsgeschichte (Hauswart als Vertreter des NS-Regimes, Denunziation durch die Nachbarin, der Ehemann als Kleinkrimineller, Schieber und Casanova) und dem Unerhörten (Liebesbeziehung Lena und Bremer)

Darstellung

- Erzählen als Erinnerung an die Welt der eigenen Kindheit, ausgelöst durch sinnliche Erfahrungen, z. B. die Wirkung von Gewürzen (Curry): »Den Blick schärfen und die Zunge lösen.«
- Konzentration auf zwei Figuren
- Textsorte Novelle: unerhörte Begebenheit in unerhörter Zeit

Positive Bewertung: »Vielleicht das beste Buch, das er bisher geschrieben hat.«

Zu Aufgabe B

Hier wird von Ihnen erwartet, dass Sie eine eigenständige Bewertung des literarischen Textes vornehmen, d. h. ein begründetes Sachurteil fällen.

Dafür müssen Sie bestimmte schlagkräftige Argumente auswählen. Die Auswahl der Argumente und ihre Gewichtung sollten auf den Adressatenkreis abgestimmt sein.

Die Argumente können sich sowohl auf inhaltliche Aspekte als auf die sprachliche und formale Gestaltung beziehen. Dabei sollten Sie die Argumente mit Hinweisen auf den Text konkretisieren und veranschaulichen. Selbstverständlich können Sie auch Gegenargumente aufgreifen. Dabei sollten Sie jedoch beachten, dass Ihre Position für den Adressaten klar erkennbar bleibt.

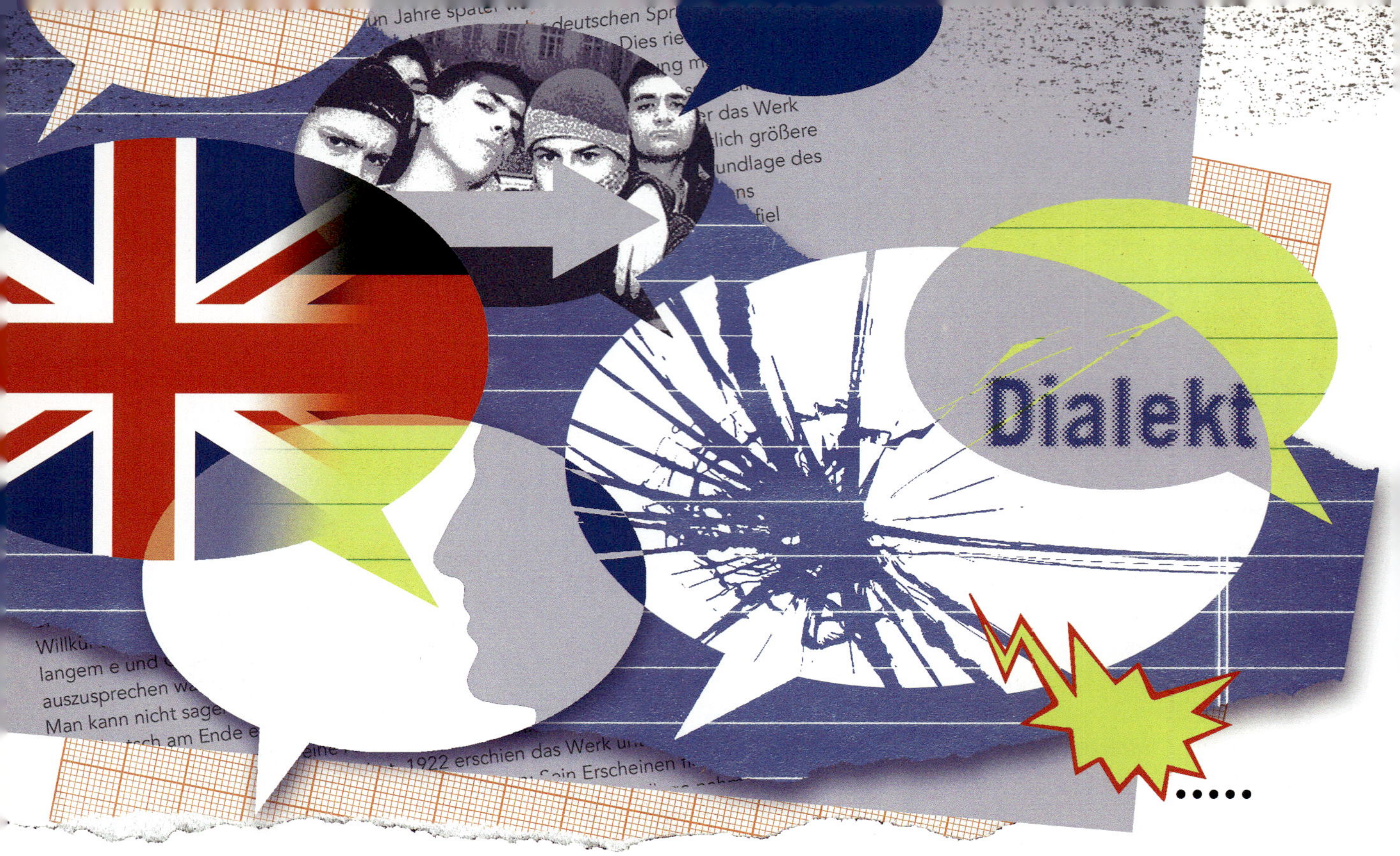

Sachtexte analysieren und zu dem Inhalt Stellung beziehen –
Sprachvielfalt heute

»Abgeordnete, die zu keiner Fraktion oder Gruppe gehören, sind fraktionslos.«

»Isch kann misch gut bewegen, wa? Ischwöre. Egal, was für ein Hiphopmusik isch höre, ey, mein Körper drinne tanzt voll, lan.«

»Er hat eine Angina Pectoris.«

»Saach ens, wo es dann minge Ware! De stund doch he.«
»Nä, dat wor he nit. He es jo nix. Dat wor bestemp em Kümpchenshoff.«

»Oh, mein Gott, sie ist totally freaked out!«

»Gestern in der Disko war es voll porno.«

»Er trug seine langen Haare offen und rauchte provokativ seine Zigarette.«

A ▪ Alle Aussagen können uns in unserem Alltag begegnen. Betten Sie die Aussagen in einen situativen Kontext ein und erläutern Sie vor diesem Hintergrund den Sprachgebrauch.

B ▪ Woher kennen Sie diese »Sprachen«? Welche Funktion und Adressatengruppe ordnen Sie ihnen zu?

C ▪ Versuchen Sie, die Sätze in Ihre eigene Sprache zu übersetzen und erläutern Sie den Inhalt der Aussagen.

▪ Text 111

Die deutsche Sprache – ein Irrgarten? Ein linguistischer Wegweiser durch die Zwiebelfisch-Kolumnen (2008)

Elvira Topalović und Stephan Elspaß

Sprachliche Variation und innere Mehrsprachigkeit sind […] Kennzeichen jeder lebenden modernen Sprache. Die häufig als »homogen« dargestellte deutsche Sprache besteht eben nicht nur aus der in Grammatiken kodifizierten geschriebenen Standardsprache. Zum Deutschen gehören die zahlreichen regionalen Sprachvarietäten, die Dialekte und Umgangssprachen, sowie die variierenden sozialen und funktionalen Sprachformen (»Jugendsprachen«, Fachsprachen etc.). Die meisten Sprecher/innen verfügen i. d. R. über Kompetenzen in mehreren Varietäten einer Sprache und gebrauchen die Letzteren in Abhängigkeit von individuellen, sozialen oder kommunikativen Einflussfaktoren; gerade dies führt letztlich auch zu ihrer gegenseitigen Beeinflussung.

A ▪ Dieser Textauszug enthält einige Fremdwörter und ist für jüngere Schüler nicht verständlich. Sven hat angefangen, ihn für ein Schülerlexikon umzuschreiben, setzen Sie seine Arbeit fort:
Sprachliche Unterschiede und die Fähigkeit, mehrere Sprachen zu sprechen, sind Kennzeichen jeder modernen Sprache, die noch verwendet wird. Die häufig als »einheitlich« dargestellte deutsche Sprache besteht eben nicht nur aus der in Grammatiken systematisch erfassten, d. h. ordentlich gegliederten, und geschriebenen für alle verbindlichen Sprache. …

B ▪ Besprechen Sie die Stolpersteine, die der Text für Sie enthalten hat, und Ihr Vorgehen, diese zu bewältigen. Was zeigen Ihre Erfahrungen hinsichtlich des Themas »Sprachenvielfalt«?

C_1 ▪ Reflektieren Sie, wann und in welchen Situationen Sie Fachsprachen verwenden.

C_1 ▪ Fertigen Sie eine Aufnahme von einem Gespräch auf dem Schulhof und/oder einem Gespräch in ihrer Familie etc. an und untersuchen Sie es. Was fällt Ihnen hinsichtlich der Sprachverwendung auf?

In diesem Kapitel lernen Sie, …

- komplexe kontinuierliche und diskontinuierliche Sachtexte zu analysieren,
- Sprachvarietäten zu erläutern und die Funktion zu beschreiben,
- aktuelle Entwicklungen in der deutschen Sprache und ihre soziokulturelle Bedingtheit zu erklären,
- sach- und adressatengerecht komplexe Beiträge zu präsentieren,
- unterschiedliche sprachliche Elemente im Hinblick auf ihre informierende, argumentierende oder appellierende Wirkung zu erläutern.

Diskontinuierliche Texte erschließen – Funktionen und Strukturmerkmale der Sprache kennen

Was kann ich nach der Bearbeitung dieses Unterkapitels?
- Diskontinuierliche Texte erschließen
- Verschiedene Ebenen von Sprache unterscheiden
- Die Gestalt, Flexion und Bildung von Wörtern beschreiben und ihre Bedeutung erklären und bewerten
- Beliebigkeit und Konventionalität als zentrale Merkmale der Sprache als Zeichensystem erklären und anhand ausgewählter Beispiele veranschaulichen

Wortbildung: Komposition und Derivation

Bei einer **Komposition** werden zwei lexikalische Morpheme zu einem Wort verbunden, z. B. *Deutsch/lehrer, Schreib/tafel* oder *süß-sauer*, bei einer **Derivation** handelt es sich um eine Ableitung, z. B. *Schönheit, unschön* oder *beschönigen*.

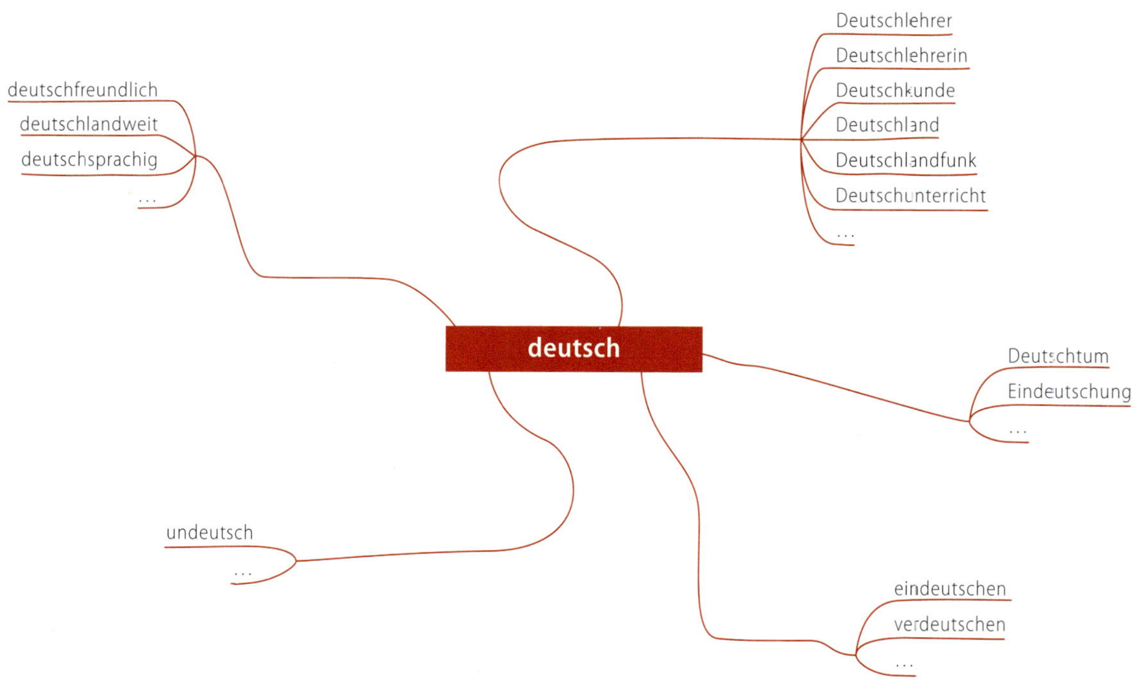

A ▪ Untersuchen Sie die Mind-Map: Kennen Sie alle Wörter? Fallen Ihnen noch mehr zu dem Wortfeld ein? Um welche Wortbildung handelt es sich jeweils bei den Bezeichnungen?

B ▪ Im Deutschen gibt es einige ganz lange Komposita, z. B. die berühmte »Donaudampfschifffahrtselektrizitätenhauptbetriebswerkbauunterbeamtengesellschaft«. Untersuchen Sie, ob es diese langen Komposita auch im Englischen oder Französischen gibt.

Semantik – Wörter und ihre Bedeutung

Unterschiedliche Verkehrsschilder – unterschiedliche Welten?

A ▪ Beschreiben Sie die Verkehrszeichen und erläutern Sie ihre Bedeutung. Wodurch werden sie ihrer Funktion gerecht, obwohl sie aus unterschiedlichen Ländern stammen? Was bleibt unklar?

B ▪ Untersuchen Sie Emoticons aus ihrem Alltag hinsichtlich ihrer Funktionalität: Wann bzw. in welchen Schreibsituationen nutzen Sie Emoticons, wann würden Sie eher darauf verzichten?

Einen diskontinuierlichen Text erschließen

INFO

Diskontinuierliche Texte werden auch als »nichtlineare Texte« bezeichnet. Dabei handelt es sich z. B. um Bilder, Diagramme, Tabellen, Grafiken, Karten, schematische Darstellungen. **Kontinuierliche Texte** sind in Abgrenzung zu den diskontinuierlichen Texten lineare Texte, d. h., es sind geschriebene Texte unterschiedlichen Umfangs. Manchmal werden sie durch diskontinuierliche Texte zur Veranschaulichung ergänzt.

Bei der Erschließung eines diskontinuierlichen Textes kann man folgendermaßen vorgehen:

- Thema und den Untersuchungsbereich bestimmen, den Titel benennen
- Einen Überblick mit Hilfe folgender Fragen gewinnen:
  - Um welche Form handelt es sich?
  - Welche Art von diskontinuierlichem Text liegt vor?
  - Was ist die Quelle, wann wurden die Daten erhoben, wer wurde befragt?
  - Welche grafischen Mittel (Farben, Schrifttypen, Schriftgröße etc.) wurden wie genutzt?
  - Was ist die Bezugsgröße (z. B. Prozente, Zahleinheiten)?
- Unter Beachtung der Zuordnungen beschreiben: Achten Sie hierbei darauf, wie sie die Grafik lesen müssen (von rechts nach links, von oben nach unten, …).
- Ergebnisse miteinander vergleichen
- Schlüsse ziehen
- ggf. die Informationsabsicht und den Adressaten bestimmen

■ Text 112

Die besondere Dynamik von Kiezdeutsch (2012) *Heike Wiese*

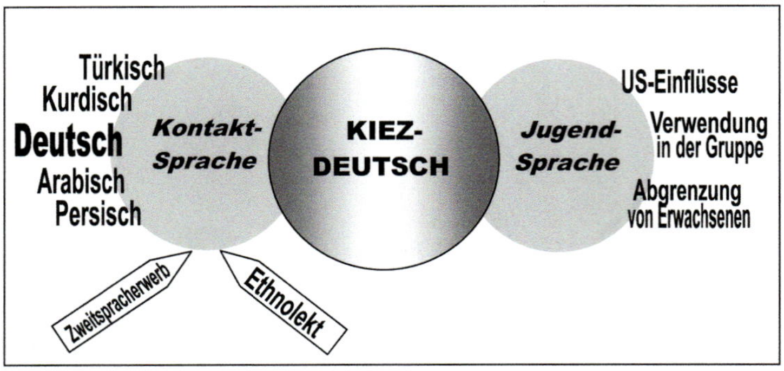

Kiezdeutsch als Jugend- und Kontaktsprache

Mit anderen Jugendsprachen teilt Kiezdeutsch Charakteristika wie die Abgrenzung gegenüber Erwachsenen und auf sprachlicher Ebene etwa den Einfluss des US-Amerikanischen (Letzteres zeigt sich zum Beispiel im Gebrauch von Wörtern wie »dissen« im Sinne von »missachten«, »verächtlich behandeln« vom amerikanischen »to dis« / »disrespect«). Im Vergleich zu anderen Jugendsprachen finden wir aber [...] in Kiezdeutsch noch kontaktsprachliche Zugänge: Kiezdeutsch kann durch den vielsprachigen Kontext, in dem es sich entwickelt hat, auf eine Fülle unterschiedlicher Sprachen und Varietäten zugreifen.

A ■ Erklären Sie am Beispiel des Wortes »dissen«, wie Kiezdeutsch entsteht, und untersuchen Sie, ob die Bedeutung des Wortes noch der Bedeutung von »to dis« im Amerikanischen entspricht.

B ■ Beschreiben Sie – auch unter Zuhilfenahme des Info-Kastens auf S. 177 –, wie Heike Wiese bei der Erläuterung der Grafik vorgeht. Welche Schritte oder Aspekte würden Sie ergänzen?

C ■ Reflektieren Sie Ihre Rolle als Adressat der Grafik und der schriftlichen Erläuterung: Was leistet die Grafik für Ihr Verständnis des Sachverhalts? Was leistet der Text für Ihr Verständnis des Sachverhalts?

Die Sprache als Zeichensystem

INFO

Das sprachliche Zeichen wird nach **Ferdinand de Saussure** (1857–1913), einem Schweizer Sprachwissenschaftler, gebildet durch das Verhältnis zwischen **Signifikant (Bezeichnendes)** und **Signifikat (Bezeichnetes)**. Das heißt, das sprachliche Zeichen kommt zustande durch die Synthese von Lautbild und Bedeutung, wobei nicht, wie nach allgemeinem Verständnis üblich, das Zeichen mit dem Lautbild identifiziert werden darf. Ebenfalls von grundlegender Bedeutung für die Sprachwissenschaften wurde **Saussures Lehre von der Arbitrarität** (Beliebigkeit) des sprachlichen Zeichens. Demnach besteht bei den meisten sprachlichen Zeichen keine innere Beziehung zwischen dem Signifkant und dem Signifkat (z. B. zwischen dem Signifikant »Baum« und dem Signifikat B-A-U-M). Ein Beweis dafür ist die unterschiedliche Zuordnung von Signifikaten für denselben Signifkant in verschiedenen Sprachen.

Die Arbitrarität des sprachlichen Zeichens bedeutet allerdings nicht, dass die Entscheidung für eine Bezeichnung von der individuellen Wahl einer Person abhängt, da in einer Sprachgemeinschaft die Zuordnung von Signifikant und Signifikat durch **Konventionalität** festgelegt ist.

Eine Ausnahme davon stellen zum Beispiel onomatopoetische sprachliche Zeichen in einer Sprache dar, die in der Lautgestalt den Naturlaut nachahmen: im Deutschen z. B. »Kuckuck«. Saussures Auffassung von der Arbitrarität des sprachlichen Zeichens, die eine Debatte unter Sprachwissenschaftlern ausgelöst hat, wird heute nicht mehr ernsthaft bestritten.

A ▪ Weisen Sie an ausgewählten Wörtern unserer Sprache de Saussures Auffassung von der Arbitrarität des sprachlichen Zeichens nach. Beziehen Sie sich dabei evtl. auch auf die Übersetzung ausgewählter Wörter in andere Sprachen.

B ▪ Erklären Sie den scheinbaren Widerspruch zwischen der Arbitrarität und der Konventionalität sprachlicher Zeichen.

▪ Text 113

Spinn ich oder spinnen die? (2006)

In dem folgenden Gespräch treffen eine Deutsche und eine Neuseeländerin aufeinander:

A ▪ Beschreiben Sie die Grafik und erklären Sie anhand dieser, inwiefern auch Konventionalität beschränkt sein kann. (→ **Einen diskontinuierlichen Text erschließen**, S. 177)

▪ Text 114

Missverständnis

A Mir geht es nicht gut, ich habe heute eine Brücke bekommen.
B Herrje, gefiel sie dir nicht?
A Ach, was soll sie mir denn gefallen, sie muss nur lange halten.
B Aber warum geht es dir denn jetzt nicht gut?
A Man, die Schmerzen – hast du noch nie eine Brücke bekommen?
B Ich besitze keine teuren Teppiche – aber warum hast du Schmerzen?

A ▪ Bestimmen Sie das Missverständnis in diesem Gespräch.

B ▪ Schreiben Sie den Dialog so um, dass ein Missverständnis nicht auftreten kann.

C ▪ Tauschen Sie sich darüber aus, ob Sie ähnliche Situationen kennen und welche Bedeutung Doppeldeutigkeiten in unserer Kommunikation haben.

Phonologie – Wörter in Abhängigkeit vom Klang

■ Text 115

Das signalphonetische Kommunikationsmodell

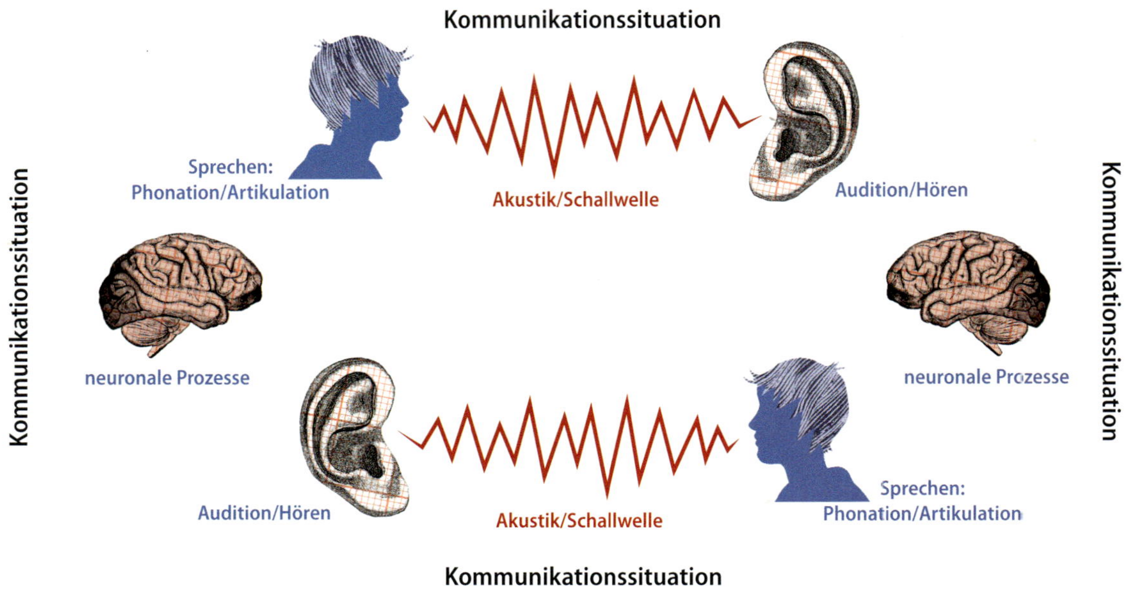

A ■ Beschreiben Sie die Grafik und erläutern Sie anschließend die Bedeutung von Phonologie (= Lehre der Laute) in einer Kommunikationssituation.

B ■ In einigen Regionen wird »ch« wie »sch« ausgesprochen. Welches Missverständnis könnte die Aussage: »Wir haben im Dorf eine sehr alte und sehr schöne Kirche!« auslösen? Stellen Sie weitere Möglichkeiten für Missverständnisse dieser Art zusammen.

C ■ Beschreiben Sie die nebenstehenden Abbildungen und erläutern Sie die Auswirkungen der Vokalisierung im Berliner Dialekt.

D ■ Suchen Sie nach ähnlichen Sprachauffälligkeiten in Ihrer Gegend, sammeln Sie diese und gestalten Sie ein Plakat zur Information Ihrer Mitschüler.

Beschäftigen Sie sich zum Abschluss des Unterkapitels mit folgender Aufgabe:

A ■ Die Bildung einer eigenen Sprache der jungen Generation stellt in gewisser Weise einen Eingriff in die Konventionalität der Sprache dar. (→ **Die Sprache als Zeichensystem**, S. 178) Wie beurteilen Sie das Entstehen solcher Sprachen?

Kontinuierliche Texte erschließen –
Sprachvarietäten

Was kann ich nach der Bearbeitung dieses Unterkapitels?
- Kontinuierliche Texte erschließen
- Die überregionale Standardsprache als Zusammenführung zahlreicher Sprachvarietäten erkennen
- Sprachvarietäten unterscheiden und an Beispielen untersuchen und vergleichen
- Den Sprachstil und die Intention eines Verfassers bestimmen

Sachtexte erschließen

INFO

Die Analyse von Sachtexten umfasst zusammenfassende, beschreibende, erklärend-deutende und wertende Teile, die jeweils eng miteinander verknüpft sind. Grundsätzlich kann man sich an folgendem Schema orientieren:

Einleitung
- Benennung der äußeren Textmerkmale: Autor, Text, Textsorte, Erscheinungsort, -zeit, Adressaten
- Angabe des Themas / der These
- knappe Einordnung des Textes in einen größeren Zusammenhang (z. B.: In welchem größeren Problemfeld steht die Auseinandersetzung mit dem vorliegenden Sachtext, an welches gesellschaftliche oder politische Problem knüpft er an, welche literarhistorische Diskussion greift er auf, welche Fragen wirft er auf?)

Hauptteil
- Textzusammenfassung: knappe Wiedergabe der Kernaussagen mit eigenen Worten
- Erarbeitung der inhaltlichen und gedanklich-argumentativen Struktur des Textes durch:
  - Analyse der Makrostruktur,
  - Analyse der Mikrostruktur im Hinblick auf Detailaussagen und die Funktion einzelner Textteile,
  - Analyse der Mikrostruktur im Hinblick auf die Bedeutung der sprachlichen und formalen Gestaltung für die Aussagen,
  - Aufzeigen des sachlogischen Zusammenhangs einzelner Textteile,
  - Differenzierung zwischen Sachaussagen und Bewertung.

Schlussteil
Formulierung einer Stellungnahme bezogen auf …
- die im Text vertretenen Positionen,
- die Schlüssigkeit des Argumentationsgangs,
- die Zielsetzung des Textes,
- die Überzeugungskraft,
- die Machart des Textes,
- das Aufzeigen von möglichen Schlussfolgerungen, die sich aus dem Text ergeben

Grundsätzliche Hinweise
- Die Adressaten sind ein fachlich orientiertes Publikum.
- Die Sachtextanalyse wird im Präsens geschrieben.
- Zitate werden kenntlich gemacht und in den eigenen Satzbau integriert.
- Der Konjunktiv I der indirekten Rede sowie die Verwendung entsprechender Redeeinleitungen machen deutlich, dass die Aussagen eines anderen wiedergegeben werden.
- Mit Hilfe von Redeeinleitungen kann man die Aussagen indirekt kommentieren. Solche Redeeinleitungen sind z. B.: *Der Autor stellt heraus, die Autorin behauptet, der Verfasser / die Verfasserin hebt hervor, dass* etc.
- Erwartet wird ein sachlicher Sprachstil unter Verwendung entsprechender Fachausdrücke.

Die überregionale Standardsprache

Standardsprache

INFO

Die Sprachwissenschaft unterscheidet seit Ferdinand de Saussure (1857–1913) zwischen **langage** (Sprachfähigkeit), **langue** (abstraktes Sprachsystem) und **parole** (konkrete, individuelle Sprachverwendung in mündlicher oder schriftlicher Form). Um die Beziehungen zwischen langue und parole genauer analysieren zu können, hat Eugenio Coseriu den Begriff der **Sprach(gebrauchs)norm** eingeführt. Die Summe dieser Normen wird, um die Verständigung aller Mitglieder einer Sprachgemeinschaft zu ermöglichen, in Wörterbüchern und Grammatiken niedergelegt und als **Standardsprache** (früher: Hochsprache) bezeichnet. Sie ist überregional, schriftnah, stark normiert und in der Regel nicht die primäre Sprache im Spracherwerb. Jede Standardsprache setzt sich aus zahlreichen Sprachvarietäten zusammen.

Alle Bereiche eines Sprachsystems – Phonologie, Morphologie, Syntax, Lexik, Semantik – unterliegen dem **Sprachwandel**. Dieser vollzieht sich normalerweise zunächst auf der Ebene der parole, d.h., ein Sprecher verwendet beispielsweise ein Wort in einem anderen Sinn oder spricht etwas anders aus. Wenn ein großer Anteil der Sprecher diese Neuerungen als Norm auffasst, gehen sie auch in das Sprachsystem ein.

Sprachlenkung liegt demgegenüber vor, wenn der umgekehrte Weg beschritten wird, d.h., ein System liegt zunächst vor und geht in die Sprachverwendung über. Sie findet sich beispielsweise unter totalitären Regimes, die ihrer Bevölkerung die Verwendung bestimmter Wörter verbieten und sprachliche Strukturen durch Propaganda verbreiten. Aber auch die Sprachnormierung durch staatliche Akademien wie etwa der Académie française in Frankreich kann man dazuzählen.

A ▪ Referieren Sie über die Arbeit der »Académie française« und der »Deutschen Akademie für Sprache und Dichtung«. Welche Rolle beziehen sie gegenüber der jeweiligen Standardsprache?

Das „Kleine Glückert-Haus", ein Haus im Jugendstil in der Künstlerkolonie auf der Mathildenhöhe in Darmstadt, ist seit 1971 Sitz der Deutschen Akademie für Sprache und Dichtung. Das Haus wurde nach einem Entwurf von Joseph Maria Olbrich 1901 als Wohnhaus des Möbelfabrikanten Julius Glückert errichtet.

■ Text 116

Die deutsche Standardsprache: Fiktion oder Wirklichkeit? (2005) *Csaba Földes*

Die deutsche Sprache ist gleichsam eine Bezeichnung, ein Name, der – wie ein Netz – vieles einsammelt, was einen gemeinsamen Bezugspunkt hat, den man »Standardsprache«, »Hochsprache/ Hochdeutsch« oder »Gemeinsprache« nennt. Die germanistische Linguistik ist bemüht, die Vielfalt zu ordnen und spricht dabei (in strukturalistischer Tradition) von »Sprachvarietäten«. Es gibt verschiedene Varietätenmodelle hinsichtlich der Differenziertheit; bei allen geht es aber darum, einen funktionalen Zusammenhang zwischen linguistisch beschreibbaren sprachlichen Merkmalen und außersprachlichen Faktoren herzustellen. Die vier strukturalistisch konzipierten Variationsrichtungen (diatopisch, diastratisch, diaphasisch und diasituativ) können allerdings den Reichtum und die Vielgestaltigkeit der in der sprachkommunikativen Wirklichkeit stattfindenden Variationsverhältnisse nicht hinreichend genug abbilden. Denn die sprachkommunikative Variation verläuft in der Realität entlang von weit mehr Dimensionen und diese Dimensionen weisen oft eine recht komplexe Vernetzung auf. Eine Gesamtsystematik des Phänomenbereichs »sprachkommunikative Variation« steht in der Forschung noch aus; dieser Aufsatz möchte lediglich zum Aspekt »Regionalität« beitragen.

Die Sprachgeschichte lehrt, dass die »Leitvarietät«, die sog. deutsche Standardsprache (nach anderen terminologischen und inhaltlichen Konzepten: Gemeinsprache, Hochsprache, Schriftsprache oder Literatursprache) Ergebnis eines viele Jahrhunderte dauernden Entwicklungsprozesses ist: Ihre grammatischen, stilistischen, orthographischen u. a. Normen wurden erst im 19. (und teilweise sogar erst im 20.) Jahrhundert festgelegt. Auch sie selbst ist aber im historisch gewachsenen Spannungsfeld zwischen Standardisierung und Regionalisierung – in Sonderheit in der mündlichen Kommunikation – bei weitem kein homogenes Gebilde. Man darf gar davon ausgehen, dass es von den Anfängen bis heute in der gesprochenen und geschriebenen Praxis eigentlich keine deutsche Einheitssprache gegeben hat, sondern nur regionale Varietäten bzw. Ausprägungsstrukturen. Folglich gelten eigentlich die Regiolekte als die sowohl chronologisch wie auch funktional primären Varietäten des Deutschen, während die sog. Standardsprache – die letztlich nur ein theoretisches Konstrukt ist – etwas Sekundäres darstellt.

Die ungeheure regionale Mannigfaltigkeit des Deutschen ist eine Kulturrealität, die fest zu seiner Substanz gehört. Insofern war die radikale Forderung etwa des Germanistik-Professors SCHWANZER (1969) nach einer »Vereinheitlichung der deutschen Sprache« bzw. nach einer »überregionale[n] Regelung und Vereinheitlichung der deutschen Sprachnorm« wenig plausibel und ging an der Wirklichkeit vorbei.

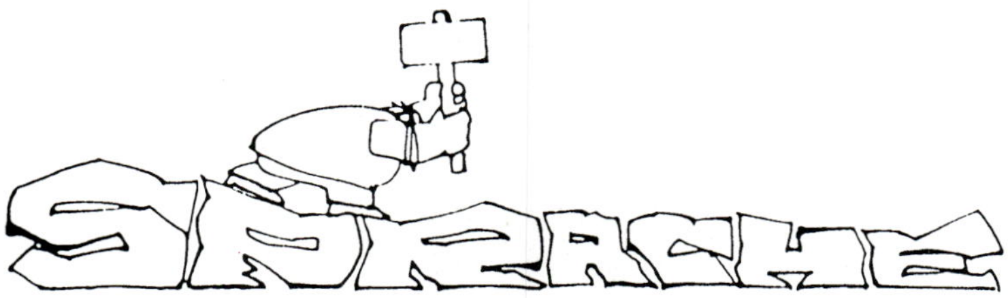

A ■ Klären Sie zunächst alle Fachbegriffe. Sie können dazu auch den Info-Kasten auf S. 192 nutzen.

B ■ Erschließen Sie den Text von C. Földes mit Hilfe des Info-Kasten **Sachtexte erschließen** auf S. 181 unter folgender Fragestellung: Wie charakterisiert die Autorin das Verhältnis zwischen Standardsprache und Sprachvarietäten?

Dialekte in Deutschland

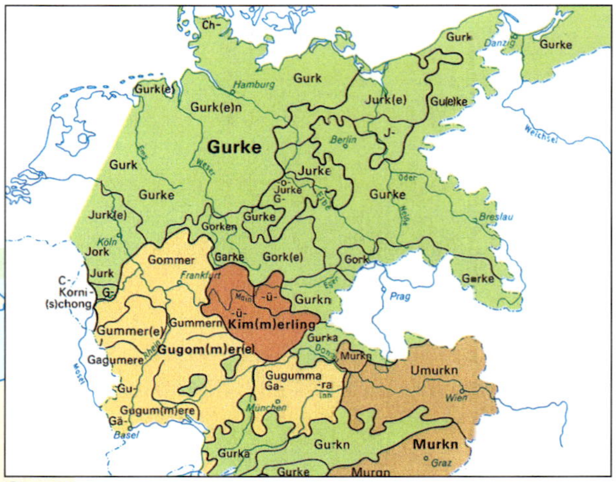

A ■ Betrachten Sie die Karten und tauschen Sie sich darüber aus, welche Dialekte Sie kennen und was Sie über diese wissen. Ordnen Sie folgende Sätze Dialekten zu:
- Sache gibts, die gibts goar net.
- Et kütt wie et kütt.
- Ei verbibbsch nu ober schnell.
- A alte Kuh vergisst gern, dass se au amal a Kalb gwesa isch.

■ **Text 117**

Dialäkt. Us der alemannische Wikipedia, der freie Dialäkt-Enzyklopedy

En Dialäkt – odr aun ä Mundart – isch e Variante vo dr mänschliche Sproch wo vunere bstimmti Grupp vo Mänsche bnutzt wird. Des cha sich um e régionali oder au e soziali Variante (z. B. s Patrizierbärndütsch) vonäre Sprâch handle. I dr Sprochwüsseschaft gälte wege dem au Standardsproche als Dialäkt, trotz dass si kodifizierti un prestigiöseri Variante sin. D Ûrsprungssprâch vome Dialäkt muess nüt e Standardsprâch sy – im Fall vom alemannische Diäläkt ischs s Altalemannisch. Fryli stât hütt s Alemannisch unter starchem Yfluss un Âpassigsdruck vo dr Standardsprâch.

S git au Dialekt, wo nyt mit ere Standardsproch z due hän – so diä altgriächische Dialäkt bis ins 4. Jh. v. Chr. oder s Alemannisch im Mittelalter.

A ■ Übersetzen Sie die Definition in Ihre Standardsprache. Was erfahren Sie über Dialekte?

B ■ Recherchieren Sie, was Dialekte, Regiolekte und Soziolekte sind. Verfassen Sie jeweils eine Definition und erläutern Sie die Unterschiede anhand von Beispielen.

Regiolekte in Deutschland

Text 118

Regionales Hochdeutsch (2011) *Karl-Heinz Göttert*

Am Anfang war der Dialekt, am Ende steht Hochdeutsch – dem würden wohl viele ohne weiteres zustimmen. Es stimmt trotzdem nicht, jedenfalls dann nicht, wenn man damit die Vorstellung verbindet, die deutsche Sprache sei nur an ihrem Anfang zersplittert aufgetreten, habe jedoch am Ende zur ungestörten, von Gralswächtern im Mannheimer Duden-Verlag wohlbehüteten Einheit gefunden. Das Hochdeutsch ist zwar heute viel einheitlicher als alles, was in früheren Zeiten existierte, aber wirklich einheitlich ist es nicht.

[…] In Deutschland gibt es Einheit, aber auf regionaler Basis. Was sich wie ein Paradox anhört, spiegelt gleichwohl die Wirklichkeit wider: »regionales Hochdeutsch«, ein je nach Region unterschiedliches Hochdeutsch. Dreimal darf man raten, woher diese Unterschiedlichkeit stammt: natürlich von den Dialekten oder davon, was aus diesen geworden ist. Für alle Liebhaber klarer Fälle ist es zweifellos eine Enttäuschung. Es ist nichts mit dem reinen Hochdeutsch (so wenig wie andersherum mit dem Tod der Dialekte). Auch wenn es die Geduld ein wenig strapaziert, sei zunächst in Kurzfassung die Geschichte erzählt, wie es nach all den Anläufen in der Neuzeit zum heutigen Hochdeutsch kam.

Natürlich spielt dabei die große Politik eine Rolle, vor allem die Gründung des Deutschen Reiches im Jahre 1871. Damals wurde viel geregelt und vereinheitlicht, die Wirtschaft, der Verkehr, das Erziehungswesen, das Militär. Neun Jahre später war es auch mit der Sprache so weit. 1880 legte Konrad Duden sein *Vollständiges Wörterbuch der deutschen Sprache* vor. Damit war zunächst einmal die Rechtschreibung erfasst, die Orthographie. Dies rief den uns hier mehr interessierenden nächsten Akteur auf den Plan, der sich an die Rechtlautung machte, an die Orthographie [:] […] Theodor Siebs. 1898 brachte er seine *Deutsche Bühnenaussprache* heraus, die sich tatsächlich auf das Theater bezog und für dieses bestimmt war. Aber das Werk sprengte den zunächst ins Auge gefassten Interessentenkreis und erlangte eine deutlich größere Reichweite, wurde die Grundlage des gesprochenen Deutsch, wie der *Duden* die Grundlage des geschriebenen war. Bei Lichte besehen fällt der Vergleich jedoch ungünstig aus. Dudens Rechtschreibung nahm mehr Rücksicht auf die gewachsene Vielfalt, Siebs' Rechtlautung fiel deutlich einseitiger aus. Woran liegt das?

Siebs wandte sich zunächst einmal in einer Fragebogenaktion an Theaterintendanten und Germanistikprofessoren, um Rat einzuholen. Aber nicht nur, dass er seine eigene norddeutsche Aussprache stets im Ohr hatte, er bezog Süddeutsches schon deshalb kaum ein, weil er es im Zweifel für falsch hielt. Im Norddeutschen haben die *Städte* ein langes *ä*, die *Stätte* wird mit kurzem gesprochen – für Siebs war die bedeutungsunterscheidende Funktion des langen bzw. kurzen Vokals ein objektiver Vorteil, den er sofort zur Vorschrift machte. Den *Tag* ließ er gegen die typisch süddeutsche Kürze in einsilbigen Wörtern mit langem *a* sprechen, um den Zusammenhang mit den Pluralformen, also den *Tagen*, zu wahren, die immer und überall lang sind (so wie Konrad Duden den »Tag« wegen des Plurals »Tage« mit *g* schrieb, obwohl das geschriebene *g* für ein gesprochenes *k* steht). Siebs nannte das Ergebnis »phonetisch richtige Bildung«, auch wenn es in der Regel nur die phonetische Bildung Norddeutschlands war. Einige Willkür schlich sich auf diese Weise ein, zum Beispiel die Unterscheidung von *Gewehr* mit langem *e* und *Gewähr* mit langem *ä*, während *kräftig* und *heftig* trotz *ä* und *e* gleich auszusprechen waren.

Man kann nicht sagen, dass Siebs planlos vorgegangen wäre, aber man kann sagen, dass sein Hochdeutsch am Ende ein niederdeutsch gesprochenes Hochdeutsch war. […].

Aus einer Privatmeinung war eine Art Gesetz geworden. Schon 1909 hatte sich das Preußische Ministerium als Interessent zugeschaltet, 1922 erschien das Werk unter der Flagge der »Hochsprache«. Womit niemand hatte rechnen können: Sein Erscheinen fiel zusammen mit dem Beginn des Rundfunks im Jahre 1923, der den *Siebs* sofort zur Grundlage nahm.

Damit war alles entschieden. Die deutschsprachigen Länder hatten neben einer geregelten Rechtschreibung nun auch eine geregelte Rechtlautung.

Es fehlte nur noch der letzte Schritt: ihre Integration in das Projekt des Gesamtduden. Sie erfolgte 1964 in Form des *Wörterbuchs der Deutschen Aussprache*, ab 1974 als *Duden-Aussprachewörterbuch*. Im Vorwort ist die Rede von der Ablösung der Bühnenaussprache durch die »Standardaussprache« oder »Standardlautung«. Zugleich ließ man daneben eine »Umgangslautung« mit liberaleren Regeln zu, womit man im Übrigen auf den *Siebs* reagierte, der schon vorher neben der »reinen« Hochlautung eine »gemäßigte« eingeführt hatte.

Auch die genormte oder Standardlautung, so ist im Vorwort zu lesen, habe also auf die Sprachentwicklung insgesamt Rücksicht zu nehmen, aus ihr sei eine »Gebrauchsnorm« abzuleiten, die der »Sprechwirklichkeit nahekommt«. Allerdings soll die Standardlautung »überregional«, »einheitlich« (mit der Beschränkung von Varianten »auf ein Mindestmaß«), »schriftnah« und »deutlich« (wozu die Unterscheidung von *d* und *t* gehört) sein.

[...] Uns interessiert mehr die Umgangslautung, die Rücksicht auf das im Umgang Gesprochene und damit letztlich auf die (Reste der alten) Dialekte nimmt. Tatsächlich lenkte der *Duden* bei den Vokalen in sechs Fällen gegenüber den allzu rigiden Entscheidungen der Standardlautung ein. Dazu gehörte als Erstes der Ersatz von langem *ä* durch langes *e*, also die *Rääder* durch die *Reeder* (womit ganz nebenbei also die Verwechslung mit dem »Reeder« in Kauf genommen wird). Weiter ging es mit den einsilbigen Wörtern, die mit langem Vokal gesprochen werden sollen, aber nun auch den kurzen zugestanden bekommen: das *Bat* statt *Baat* (für »Bad«) beispielsweise. Als besonders spektakulär (in den Fernsehnachrichten damals eigens erwähnt, wie ich mich erinnere) wurde es in der Öffentlichkeit empfunden, dass der »König« nun nicht mehr nur mit *ich*-Laut gesprochen werden musste, sondern auch mit *k* erlaubt war. Was aber wohl die wenigsten mitbekamen: Auch das *g* in Wörtern wie *legt, legen* durfte nun als *ch* oder sogar als *j* gesprochen werden, also *leecht* bzw. *leejen*. Dasselbe galt auch für den ach-Laut in Fällen wie *gesacht* für *gesaakt* (»gesagt«). Dass »anpassen« als *ampassen* durchgehen sollte, hatte ebenso etwas mit Bequemlichkeit zu tun (weil *m* und *p* gleichermaßen mit den Lippen gebildet werden) wie die Neuerung, dass »Ausschank« auch als *Auschschank* möglich, war.

[...] Es dominierte aber weiter die niederdeutsche Lautung, speziell die *Reeder* und das *lecht*. Statt eine Demokratisierung der Aussprache und damit die Aufhebung der Dominanz des Nordens zu erreichen, wurde also einmal mehr der niederdeutsche Vorrang bestätigt. Auch Regionalismen sind im Aussprachewörterbuch bis heute vor allem dann erwähnt bzw. erlaubt, wenn sie niederdeutsch sind. Anders ausgedrückt: Niederdeutsch prägt nicht nur ohnehin das Hochdeutsche, es gilt auch mit seinen dialektalen Abweichungen offenbar als hochsprachlicher, jedenfalls als eher tolerierbar denn alles Süddeutsche.

Das ist zweifellos ein enttäuschendes Ergebnis für das Projekt einer einheitlichen Rechtlautung. Man könnte auch von einer vertanen Chance sprechen, nachdem der *Duden* zu Recht eingesehen hatte, dass es ein einheitliches Hochdeutsch nicht anders geben kann als in jener gemäßigten Form, die die alten Dialekte mit einbezieht. Nur wurden eben wieder einmal nicht *alle* Dialekte berücksichtigt, sondern bestimmte bevorzugt. Übrigens ist die Praxis in diesem Punkt weiter. An den Rundfunkanstalten wird zwar Wert auf eine Sprecherziehung gelegt, die in Deutschland an zwei Hochschulen institutionalisiert ist (in Stuttgart und Halle). Außerdem verfügt jedes Haus über die vom Hessischen Rundfunk verwaltete Aussprachedatenbank (ADB), die insbesondere die Aussprache der Namen regelt (mit ständiger Überarbeitung). Akzeptiert und zum Teil auch gefordert ist aber, zumindest in den Regionalprogrammen, der so genannte »Wellenton«, eine regional gefärbte, authentische Aussprache. Insoweit gilt also bei Funk und Fernsehen das Aussprachewörterbuch *nicht* dogmatisch.

A ▪ Erschließen Sie den Text »Regionales Hochdeutsch«. (→ **Sachtexte erschließen**, S. 181) Berücksichtigen Sie hierbei besonders folgende Aspekte:
- Was meint Karl-Heinz Göttert mit seinem Satz »In Deutschland gibt es Einheit, aber auf regionaler Basis.« (Z. 12 f.)?
- Was ist die Vermittlungsabsicht des Autors?

Achten Sie hierbei besonders auf die Art der Darlegung (Bericht, Beschreibung, ...), auf Schlüsselwörter, seine Argumente und seine Sprachwahl.

B ■ Stellen Sie Ihre Ergebnisse grafisch dar, entweder in einem Flussdiagramm oder in einer Concept-Map.

Beispiel für ein Flussdiagramm:

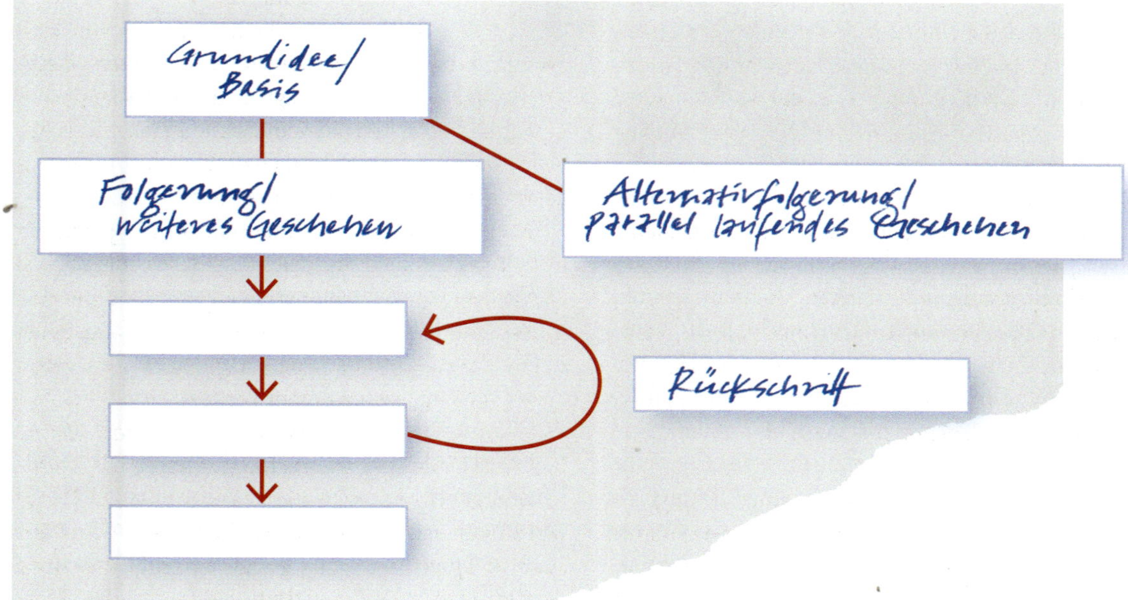

Beispiel für eine Concept-Map:

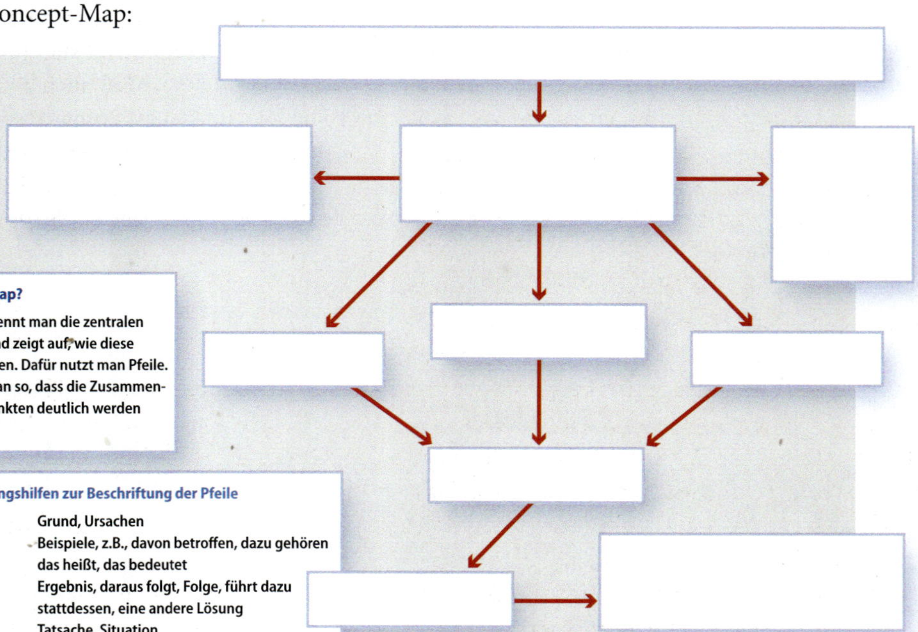

Was ist eine Concept-Map?

In einer Concept-Map nennt man die zentralen Punkte eines Themas und zeigt auf, wie diese Punkte zusammenhängen. Dafür nutzt man Pfeile. Die Pfeile beschriftet man so, dass die Zusammenhänge zwischen den Punkten deutlich werden (s. Sprachbox).

Sprachbox: Formulierungshilfen zur Beschriftung der Pfeile

Ursache:	Grund, Ursachen
Veranschaulichung:	Beispiele, z.B., davon betroffen, dazu gehören
Erklärung:	das heißt, das bedeutet
Folge:	Ergebnis, daraus folgt, Folge, führt dazu
Alternativen:	stattdessen, eine andere Lösung
Ausgangssituation:	Tatsache, Situation

C ■ Verfassen Sie einen Leserbrief an den Autor, in dem Sie Ihre Meinung zu Hochsprache und Dialekten äußern.

Soziolekte in Deutschland

■ Text 119

Jugendsprache: Voll normal? Megasupergeil! (2011)

Wie verändert sich die Sprache der Jugendlichen durch Facebook und Chatten? Hört und liest man von Teenagern bald nur noch Kurzsätze im SMS-Stil? Ein Gespräch mit der Linguistin Christa Dürscheid.

Bei einer SMS wird nicht immer auf Grammatik, Kommasetzung und Rechtschreibung geachtet. Es werden Smileys eingefügt, Wörter, Abkürzungen und lautmalerische Ausdrucksweisen erfunden. Muss man sich deshalb um die Sprache der Jugend Sorgen machen? Werden auch in Deutschaufsätzen künftig nur noch unvollständige Sätze stehen? Und: Sind Teenager von heute überhaupt noch in der Lage, eine Diskussion mündlich zu führen?

Ja, das sind sie, beruhigt die Linguistin Christa Dürscheid von der Universität Zürich. In ihrer jüngsten Forschungsarbeit fand sie heraus, dass die neuen Medien keinen Einfluss auf die Rechtschreibkenntnisse und die Ausdrucksweise der Schüler haben. Der Beweis wird heute in Berlin erbracht, beim verbalen Schlagabtausch auf höchster Ebene: im Bundesfinale des größten Schüler-Rhetorikwettbewerbs »Jugend debattiert«.

FOCUS-SCHULE Frau Dürscheid, die Veranstaltung »Jugend debattiert«erscheint im Zeitalter von Skype, Facebook und Chat schon fast antiquiert. Diskutieren Jugendliche heute überhaupt noch?

Christa Dürscheid Natürlich gibt es auch heute noch genug Situationen, in denen Jugendliche ihre Standpunkte mündlich vertreten müssen. Sei es in der Schule oder auch später im Studium oder im Beruf. Streitgespräche werden immer noch von Angesicht zu Angesicht geführt. Wenn Jugendliche miteinander chatten, hat das eher Plaudercharakter.

FOCUS-SCHULE Man hat den Eindruck, dass Jugendliche heute nur noch online diskutieren und nicht mehr im realen Leben debattieren.

Dürscheid Ich glaube nicht, dass das Internet oder die neuen Medien Einfluss darauf haben, ob Jugendliche heute noch diskutieren. Ein Chat ersetzt schließlich keine hitzige Diskussion, die muss man schon mündlich führen.

FOCUS-SCHULE Und dann heißt es in jedem zweiten Satz: *megasupergeil* oder *voll krass*.

Dürscheid Diese Kraftausdrücke sind völlig normal. Die Jugendlichen gebrauchen ihre eigene Sprache, um sich von den Erwachsenen abzugrenzen und eine Gruppenzugehörigkeit zu signalisieren.

FOCUS-SCHULE Aber nicht immer sind solche Ausdrücke angemessen.

Dürscheid Genau hier liegt die Herausforderung für die Jugendlichen. Sie müssen lernen, sich der Situation angemessen auszudrücken. Mit ihren Freunden können sie anders reden als mit ihren Eltern. Unsere Erfahrung ist, dass

Teenager auch heute klar zwischen einem Vortrag in der Schule oder einer Diskussion mit den Freunden unterscheiden und ihre Ausdrucksweise anpassen können.

FOCUS-SCHULE Inwiefern sollten Eltern denn die mündliche Sprache korrigieren? Wann sollten sie eingreifen?

Dürscheid Gerade in emotionalen Situationen reagieren Jugendliche mit verbalen Kraftausdrücken.
Hier ist es wichtig, Grenzen zu setzen und zu signalisieren, dass diese Ausdrücke nicht in jeder Situation angemessen sind. Aber letztendlich gilt hier – anders als in der Orthographie: Es gibt kein Richtig oder Falsch.

FOCUS-SCHULE Apropos Orthographie: Sie haben in Ihren Studien herausgefunden, dass Chatten und Simsen sich nicht negativ auf die orthographischen Fähigkeiten der Schüler auswirken. Ist also die Sorge unbegründet, dass diese Art zu schreiben in der Schule Einzug hält?

Dürscheid Ja, auch wenn der öffentliche Eindruck ein anderer ist. Die meisten Schüler wissen sehr wohl, ob sie einen Deutschaufsatz schreiben oder bei Facebook eine Nachricht auf die Pinnwand posten.

FOCUS-SCHULE Wir müssen also keine Sorgen haben, dass in Zukunft in Deutschaufsätzen alles klein geschrieben wird oder Lehrer anstelle von »er lacht« Smileys oder »lol« vorfinden?

Dürscheid Die Sprache verhunzt nicht. Schüler, die gut in Deutsch sind, können noch so viele SMS- und Chatnachrichten schreiben – ihre Fähigkeit zum grammatikalisch richtigen Schreiben wird

nicht beeinflusst. Beim Chatten wird die mündliche Sprache der schriftlichen angenähert. Das heißt aber nicht, dass die Schüler sich in allen Situationen so ausdrücken.

FOCUS-SCHULE Wissen Sie eigentlich, was ein Niveaulimbo ist?

Dürscheid Sicher. Das ist das Jugendwort des Jahres 2010.

FOCUS-SCHULE Es bezeichnet den Niveau-Verfall bei zum Beispiel Fernsehserien wie »Deutschland sucht den Superstar«. Sprechen Jugendliche wirklich so?

Dürscheid Ich bezweifle stark, dass Jugendliche dieses Wort häufig benutzen. Ich glaube eher, dass hier nach Originalität ausgewählt wurde.

A ▪ Sammeln Sie Wörter, die in ihrer Altersgruppe zurzeit aktuell sind, und erstellen Sie ein Lexikon der Jugendsprache in Ihrem Deutschkurs.

B ▪ Vergleichen Sie Ihren Sprachgebrauch untereinander mit der Sprache im Unterricht. Was fällt Ihnen auf?

C ▪ Benennen Sie nach dem Lesen des Einleitungstextes die Bedenken, die gegenüber Jugendsprache geäußert werden und die Position Christa Dürscheids zu dieser Haltung.

D ▪ Analysieren Sie den Text hinsichtlich der Aussagen Christa Dürscheids zu:
- den Fähigkeiten der Jugendlichen,
- der Jugendsprache und ihrer Bedeutung für Jugendliche.

(→ **Sachtexte erschließen**, S. 181)

E ▪ Erörtern Sie, ob Sie Christa Dürscheids Argumentation überzeugt: Welchen Aussagen stimmen Sie zu, welchen nicht?

(→ **Textgebundene Erörterung**, S. 55)

■ Text 120

Zu alt, um Gleichaltrige zu verstehen (2012) *Svenja Kemper*

Jugendsprache. Unsere Autorin Svenja Kemper weiß nicht, was »gezwergt« bedeuten soll …

Woran merkt man, dass man alt wird? An den ersten grauen Haaren? An den dritten Zähnen? Alles richtig, aber auch daran, dass man seine Mitmenschen nicht mehr versteht – inhaltlich, akustisch oder gleich beides auf einmal!

Ersteres passiert mir auch.

Jugendliche benutzen heute Redewendungen wie »voll Porno«, ich habe dagegen als Teenager noch »cool« oder »krass« gesagt, wenn mir eine Sache gut gefiel. »Voll Porno« waren für mich höchstens die Werbesendungen, die spät abends auf irgendwelchen Sportsendern liefen.

Als ich kürzlich bei einer Lesung war, dachte ich erst, ich hätte mich verhört, als ein 12- oder 13-jähriger Junge zu seinem Vater sagte: »Jetzt bist du gezwergt!« »Gezwergt«, was sollte das sein? Ich kannte bis dahin nur gezwickt. Aber machte das denn Sinn? Hatten Vater und Sohn Streit? Wurden sie sogar handgreiflich? Ich drehte mich um. Sie saßen bloß eine Reihe hinter mir. Von Streit war nichts zu sehen, stattdessen lachte der Junge und deutete auf den Kopf seines Vaters. Da begriff ich! Der Mann trug eine Kapuze, die sein Sohn ihm wohl spaßeshalber über den Kopf gezogen hatte. »Gezwergt« bedeutete also nichts anderes, als jemandem die Kapuze über den Kopf zu ziehen und ihn somit zum »Zwerg« zu machen. Nicht schlecht, auf so eine Wortschöpfung muss man erst einmal kommen. […]

A ■ Scannen Sie den Text im Hinblick auf Wörter der Jugendsprache.

B ■ Ordnen Sie diese Wörter hinsichtlich ihres zeitlichen Gebrauchs (früher – heute) und untersuchen Sie sie hinsichtlich ihrer Semantik und Morphologie.

C ■ Untersuchen Sie die Gefühle der Autorin und formulieren Sie den im Text erkennbaren Appell.

D ■ Bestimmen Sie mit Hilfe ihrer Erkenntnisse die Funktion von Jugendsprache.

E ■ Diskutieren Sie, welche Bedeutung Dialekten, Regiolekten und Soziolekten vor dem Hintergrund der Globalisierung und der damit verbundenen Tendenz zur weltweiten Kommunikation zukommt.

Fachsprache – ein Unfall, zwei Darstellungen

■ Text 121

Unfallmeldung des Hausarztes

Ärztliche Unfallmeldung

Lfd. Nr.

Unfallversicherungsträger GUV (Gemeindeunfallversicherungsverbund)		Eingetroffen am 25.09.2013			Uhrzeit 15.15
Name, Vorname des Versicherten Pechvogel, Niccolo	Geburtsdatum 18.08.1997	Krankenkasse TKK			
Beschäftigt als Schüler	Seit	Bei Pflegeunfall Pflegekasse des Pflegebedürftigen /			
Unfallbetrieb, ggf. mit Telefon-Nr. (Bezeichnung bzw. Name und Anschrift des Arbeitgebers, der Kindertageseinrichtung, der Schule oder Hochschule, des Pflegebedürftigen) Geschwister-Scholl-Gymnasium, Springfield					
Vollständige Anschrift des Versicherten Goethestraße 3, 53819 Neunkirchen-Seelscheid		Telefon-Nr. des Versicherten	Staatsangehörigkeit Deutsch		Geschlecht männlich
Unfalltag 25.09.2013	Uhrzeit 12.45	Beginn der Arbeitszeit 7.30 Uhr	Ende der Arbeitszeit 12.45 Uhr		

Vorstellungspflicht beim Durchgangsarzt

☒ Der Verletzte wird am 25.09.2013 bei dem D-Arzt (bitte genaue Anschrift angeben)
Dr. Werdegesund, Invalidenstr. 113, 51789 Lindlar vorgestellt, weil
- ☒ die Unfallverletzung über den Unfalltag hinaus zur Arbeitsunfähigkeit führt,
- ☐ die Behandlungsbedürftigkeit voraussichtlich mehr als eine Woche beträgt,
- ☒ die Verordnung von Heilmitteln (z. B. Physiotherapie) oder Hilfsmitteln (z. B. Gehstützen) erforderlich ist,
- ☐ eine Wiedererkrankung an Unfallfolgen vorliegt.

☐ Eine Vorstellungspflicht beim D-Arzt besteht nicht, weil keine der oben aufgeführten Voraussetzungen erfüllt ist (nur in diesem Fall bitte weiter mit Pkt. 1).

1. Angaben des Versicherten zum Unfallort, Unfallhergang und zur Tätigkeit, bei der der Unfall eingetreten ist

Turnhalle des o.a. Gymnasiums, während Sportunterricht beim Basketball mit gegnerischem Spieler kollidiert, anschließend gestolpert und mit rechtem Fuß nach innen umgeknickt

2. Kurze Angabe des Befundes (ggf. mit Röntgenergebnis)

Druckschmerz über Fußspann, ausgeprägte, bläulich-livide Schwellung über rechtem Fußrücken und rechtem Außenknöchel, Kantungsschmerz mit deutlicher Bewegungseinschränkung

3. Diagnose

Prellung rechter Fußrücken, Distorsion OSG re (OSG = oberes Sprunggelenk), V. a. Außenbandruptur, V. a. Mittelfußfraktur

4. Ist weitere **allgemeine Heilbehandlung** erforderlich?

☐ nein
☒ ja
- ☐ durch mich
- ☒ durch anderen Arzt (bitte genaue Anschrift angeben) Dr. Knöchelmann, Herderstraße 4, 51789 Lindlar

Ort, Datum Lindlar, 25.09.2013	Unterschrift *Dr. Werdegesund*	Anschrift/Stempel Datenschutz: Ich habe die Hinweise nach § 201 SGB VII gegeben.

▪ Text 122

Erzählung des verletzten Schülers

Als Niccolo auf seinem Nachhauseweg seinen Freund Felix trifft, erzählt er ihm von seinem Unfall in der Schule:

Man, mir ist heute ein Mist passiert, und das genau zwei Tage vor der Matheklausur. Ich hatte in der letzten Stunde Sport beim Herrn Klasen und wir haben in der Stunde für unser Schulbasketballturnier trainiert. Und was ist – mitten im Spiel – ich habe gerade den Ball und setze an, den Korb zu treffen – rempelt mich Jan-Niklas an und tritt mir voll auf den Fuß. Das tat höllisch weh und bei meinen nächsten Schritten bin ich dann auch noch total umgeknickt.

Jetzt wird der Fuß immer dicker und ich glaube auch, dass er blau wird. Zudem kann ich kaum auftreten, da er im Gelenk und unten vorne wahnsinnig weh tut.

Ich glaube, ich fahre jetzt erst einmal zum Arzt. Hoffentlich ist nichts gebrochen, Mathe nachzuschreiben, habe ich überhaupt keinen Bock.

A ▪ Untersuchen Sie die beiden Texte zu Niccolos Unfall. Arbeiten Sie hierbei zu zweit, jeder ist verantwortlich für einen Text, klären Sie gemeinsam unklare Begriffe oder Abkürzungen, z. B. bläulich-livide, Kantung, Distorsion, u. a. Vergleichen Sie:
- die Informationen in Ihren Texten,
- die sprachliche Darstellung,
- den jeweiligen Adressaten.

B ▪ Versetzen Sie sich in Niccolos Lage: Welche Gedanken könnten ihm durch den Kopf gehen, wenn er diese ärztliche Unfallmeldung liest?

Sprachvarietät

INFO

Sprachvarietät meint in der Sprachwissenschaft die Teilmenge einer Einzelsprache, die die Einzelsprache ergänzt oder modifiziert aber nicht unabhängig von ihr existieren kann.

Im Aufbau unserer und vieler anderer Sprachen lassen sich folgende Varietäten unterscheiden:
- **geografischer Bezug (diatopisch): Dialekte, Regiolekte,** nationale Varietäten
- in Bezug auf die **Gesellschaftsschicht (diastratisch):** Identität der Sprecher: **Jugendsprache,** Idiolekt, Genderlekt (Frauensprache, Männersprache), Berufsjargon; Zugehörigkeit zu einer Schicht oder Gruppe: **Soziolekt,** Gruppensprache
- in Bezug auf die **Kommunikationssituation (diaphasisch): Fachsprachen,** Umgangssprache, Alltagssprache bzw. poetische Sprache

Auch **Mündlichkeit** und **Schriftlichkeit** sind Varietäten der Sprache:
- **gesprochene Sprache:** Ad-hoc-Formulieren ohne Vorbereitung, keine Zeit-Ort-Distanz, Ellipsen, Satzabbrüche, Wiederholungen, Nachträge und Ausklammerungen, deiktische (zeigende) Elemente, umgangssprachliche Elemente,
- **geschriebene Sprache:** Orientierung an der Standardsprache (Grammatik, Orthografie), Schaffung eines Kontextes durch den Text (Ort, Zeit), komplexere Satzstrukturen, syntaktisch vollständige Sätze, Textgliederung (Überschriften, Absätze).

A ▪ Untersuchen Sie das Verhältnis von gesprochener und geschriebener Sprache im Deutschen, indem Sie typische Formulierungen benennen und gegenüberstellen.

B ▪ Diskutieren Sie Leistung und Grenzen der unterschiedlichen »Sprachen« (= Dialekte, Fachsprache, Standardsprache usw.).

Eine Stellungnahme verfassen –
Tendenzen der Gegenwartssprache untersuchen und bewerten

Was kann ich nach der Bearbeitung dieses Unterkapitels?
- Strategien zur Erschließung informativer und argumentativer Texte einsetzen
- Textaussagen miteinander vergleichen und Stellung zu einem Text beziehen
- Materialgestützt einen Text zu einem vorgegeben Thema verfassen
- Grenzen und Möglichkeiten von Anglizismen untersuchen
- Tendenzen der Gegenwartssprache reflektieren

Anglizismen

Strategien zur Erschließung von argumentierenden Texten

INFO

Makro- und Mikrostruktur in den Blick nehmen
Bei der Analyse der **Makrostruktur** wird der Text in Sinnabschnitte unterteilt. Dabei wird die Funktion der Sinnabschnitte für den Gesamttext herausgearbeitet. Kategorien zur Beschreibung des Textaufbaus sind u. a. (Anti-)These, (Gegen-)Argument, Beispiel, Folgerung, Einschränkung, Zusammenfassung, Vergleich, Beurteilung, Voraussetzung, Stellungnahme.

Bei der Analyse der **Mikrostruktur** werden die Sinnabschnitte im Hinblick auf Detailaussagen untersucht. Die Analyse der sprachlichen Gestaltungsmittel konzentriert sich auf Besonderheiten des Satzbaus, die Wortwahl des Textes, die Verwendung poetischer und rhetorischer Mittel, das Aufgreifen von Zitaten etc. Dabei reicht es nicht, die sprachlichen Gestaltungsmittel zu benennen, vielmehr muss ihre Funktion für die Aussageabsicht des Textes deutlich werden. Das folgende Raster hilft bei der Anwendung dieser Strategie:

Zeile	Makrostruktur: Kernaussagen im Hinblick auf Funktionen und Inhalt	Mikrostruktur 1: Detailaussagen im Hinblick auf Funktion und Inhalt	Sprachliche und formale Gestaltung und ihre Funktion
…	…	…	…

Plato-Methode
Der Einsatz der Plato-Methode hilft, den Erarbeitungsvorgang klar zu strukturieren. Erarbeitet werden das Problem bzw. die Fragestellung des Textes, die Antwort, die der Text auf die Fragestellung gibt, die Argumentation und ihre Stichhaltigkeit sowie die Formulierung einer eigenen Stellungnahme. Hilfreich ist folgende Matrix:

P Welches Problem, Thema, welche Fragestellung behandelt der Text?
L Welchen Lösungsvorschlag gibt es? Welche Position vertritt die Autorin / der Autor?
A Welche Argumente werden angeführt? Welche Schlussfolgerungen werden daraus gezogen?
T Sind die Argumente tragfähig? Sind die Angaben sachlich richtig, werden wichtige Aspekte außer Acht gelassen?
O Gibt der Text den Lesern eine Orientierung? Erweitert der Text meinen Horizont als Leser?

Positionen zu dem Thema »Anglizismen – Gefahr oder Gewinn für die deutsche Sprache?« erschließen und Stellung beziehen

Aufgabeninsel

Zu T 123

A ▪ Erarbeiten Sie den Text mit Hilfe der Strategie »Makro- und Mikrostruktur in den Blick nehmen« (S. 193). Achten Sie hierbei besonders auf Aussagen zu folgenden Aspekten: Integration der Anglizismen in die deutsche Sprache, Bereiche, in denen Anglizismen verwendet werden, Bedeutung der Anglizismen für die Ausgrenzung einzelner.

B ▪ Untersuchen Sie Argumentation und Sprache.

C ▪ Bestimmen Sie die Position der beiden Autoren.

D ▪ Recherchieren Sie weitere Informationen zu den angesprochenen Aspekten.

E ▪ Vergleichen Sie die Auswirkung von Anglizismen mit der von Dialekten.

Zu T 124

A ▪ Erarbeiten Sie den Text mit Hilfe der Plato-Methode (S. 193). Achten Sie hierbei besonders auf Aussagen zu folgenden Aspekten: Integration der Anglizismen in die deutsche Sprache, Bereiche, in denen Anglizismen verwendet werden, Vor- und Nachteile der Aufnahme der Festschreibung der deutschen Sprache ins Grundgesetz.

B ▪ Recherchieren Sie weitere Informationen zu den angesprochenen Aspekten.

C ▪ Entwerfen Sie ein Plakat zur Rettung der deutschen Sprache vor Anglizismen oder zur Bedeutung der Anglizismen für die Weiterentwicklung des Deutschen.

Zu T 125

A ▪ Verschaffen Sie sich einen Überblick über die Grafik und erklären Sie den Titel »Man spricht Deutsch«.

B ▪ Beschreiben Sie die Grafik. Achten Sie hierbei auf die Anordnung der Elemente, die Verwendung von Bildern, Farben, Schriftarten und -größen. (→ **Einen diskontinuierlichen Text erschließen**, S. 177)

C ▪ Deuten Sie die Grafik und bestimmen Sie die Aussageabsicht bzw. Wirkung.

Zu T 126

A ▪ Verschaffen Sie sich einen Überblick über die Karikatur und erklären Sie den Titel »Anglizismen auf der Zunge«.

B ▪ Beschreiben Sie die Karikatur. Achten Sie hierbei auf die Anordnung der Elemente, die Verwendung von Bildern, Farben und Schrift. (→ **Einen diskontinuierlichen Text erschließen**, S. 177)

C ▪ Deuten Sie die Karikatur und bestimmen Sie die Aussageabsicht bzw. Wirkung.

Zum Vergleich

A ▪ Verdeutlichen Sie sich die Positionen der Autoren Markus Denkler, Dorothee Meer und Karl-Heinz Göttert, indem Sie ihre Argumente in ein Venn-Diagramm eintragen (vgl. hierzu den Info-Kasten auf S. 232).

B ▪ Vergleichen Sie in einer Tabelle oder in einem Venn-Diagramm die sprachliche und formale Gestaltung ihrer Texte.

C ▪ Entscheiden sie sich für die lineare oder vernetzte Darstellung und verschriftlichen Sie Ihre Ergebnisse.

D ▪ Beziehen Sie selbst Stellung zu der Fragestellung der Texte und erläutern Sie, welcher Text Sie mehr überzeugt hat und welche Schwächen Sie in der Argumentation der Autoren festgestellt haben. Bei Ihrer Stellungnahme sollten Sie auch Ihre Erkenntnisse aus der Untersuchung der diskontinuierlichen Texte mit einbringen.

▪ Text 123

Die deutsche Sprache baumelt völlig orientierungslos vor sich hin – Die »Verlotterung« der deutschen Sprache und die Sprachwissenschaft. (2008)

Markus Denkler, Dorothee Meer

Kernbereiche der Diskussion – Anglizismen

Einen prominenten Platz in der öffentlichen Diskussion über den Verfall der deutschen Sprache nehmen die Anglizismen ein. Viele Leserbriefschreiber/-innen klagen Zeitungsredaktionen an, wenn sie »überflüssige« englische Wörter wie *Cash Flow, Support, Public Viewing* oder »denglische« Wörter wie *Handy, Dokusoap* oder *Talkmaster* benutzen.

Besonders häufig wird die Deutsche Bahn gerügt, unnötigerweise deutsche Ausdrücke durch englische zu ersetzen, sodass in deutschen Bahnhöfen heutzutage viele Wörter wie *BahnCard, Intercity, Service-Point* oder *Ticket* zu lesen sind. Der Wortschatz der Deutschen Bahn wird somit zunehmend anglifiziert – nachdem er nach der Reichsgründung 1871 durch Dienstanweisungen zunächst einmal vom ursprünglich französischen (»entbehrlichen«) Fachvokabular »befreit« wurde: *Controlleur, Perron, Waggon, Coups* und *Billet* (in der Schweiz sind diese Wörter noch heute üblich) wurden durch Schaffner, Bahnsteig, Wagen, Abteil und Fahrkarte ersetzt.

Man schätzt, dass 4.000 bis 6.000 Entlehnungen aus dem Englischen Teil des deutschen Wortschatzes geworden sind (Köpcke). Ab dem Ende des 18. Jahrhunderts gelangten zahlreiche englische Wörter ins Deutsche, da England im Handel und in der Technik führend war. Nach dem Zweiten Weltkrieg ist natürlich in erster Linie der Einfluss der USA zu veranschlagen. Die Wortentlehnungen betreffen vor allem die Bereiche Sport (*Foul, Team, Tennis, Training*), elegantes Leben (*Pudding, Steak; Frack, Smoking*), Technik (*Byte, Cockpit, Computer, Hardware, Laser*), Wirtschaft (*Boom, Holding, Job, Leasing, Recycling*), Jugendkultur (*Band, Chillout, cool, Flyer, hip, Hit, O.K., Rock, super*) aber auch den Alltag (*Babysitter, Supermarkt, Teenager*). In der zweiten Hälfte des 20. Jahrhunderts hat sich der Gebrauch von Anglizismen in den Zeitungen zwar verdoppelt, er ist aber auf einem insgesamt niedrigen Niveau (Keller).

Aus sprachwissenschaftlicher Sicht ist zunächst einmal festzuhalten, dass die Entlehnungen relativ gut integriert werden, wodurch sich die Vitalität und Leistungsfähigkeit des deutschen Sprachsystems zeigt (Köpcke): Substantive erhalten ein Genus – *der Job, die Band, das Steak* – und einen deutschen Plural – *die Bosse, die Surfer*. Adjektive werden in attributiver Funktion dekliniert: *eine coole Studentin*. Wenn man also dem Wortschatz und der Wortbildung des Deutschen »Schwäche« vorwirft, ist gleichzeitig die »Stärke« des Flexionssystems zu beachten. Des Weiteren ist mit Rudi Keller darauf zu verweisen, dass zwischen dem Englischen und dem Deutschen in der lautlichen Struktur große Ähnlichkeiten bestehen. Daher passen englische Wörter wie etwa *Keks, Partner* oder *Tank* gut ins Deutsche hinein und sind nach relativ kurzer Zeit nicht mehr als Entlehnungen zu erkennen.

Ob Anglizismen eine besondere Rolle bei der Ausgrenzung bestimmter Gruppen aus kommunikativen Prozessen spielen und damit als Sprachbarriere wirken, ist eine kontrovers diskutierte Frage. Wenn ein Friseur mit dem Slogan *Cut 'n' Go* wirbt, so liegt zweifelsohne rezipientenspezifischer Sprachgebrauch im Sinne von gezielter Werbung vor. Mit anderen Worten: Wer den Slogan nicht versteht oder sich daran stößt, gehört mit großer Wahrscheinlichkeit nicht zur Zielgruppe dieses Friseurs (Keller).

In diesem Zusammenhang weist Klaus-Michael Köpcke aus grundsätzlicher Perspektive darauf hin, dass jeglicher Sprachgebrauch jenseits von Anglizismen immer zugleich einschließende und ausschließende Momente beinhaltet:

»Ich denke, dass Sprache oder Sprachverwendung immer etwas Einschließendes und Ausschließendes zugleich hat. Nehmen wir mal an, dass wir uns über die Sprache des 19. Jahrhunderts unterhalten. Da hat man eine so genannte Hochsprache, heute sagt man eher Standardsprache. Aber gesprochen wurde ja in Dialekten. Und die Sprache des Bürgertums, die wir ja heute so hoch halten – nicht alle von uns, aber doch viele vielleicht – wurde von der Allgemeinheit überhaupt nicht verstanden. Eigentlich haben sie dort dasselbe Problem wie heute auch mit vielen Anglizismen.« (Köpcke)

[...] »Dass in der öffentlichen Meinung gerade den Fremdwörtern ausgrenzende Funktion und »Verunreinigung« der deutschen Sprache angelastet wird, hat eine Tradition, die sich bis ins 17. Jahrhundert zurückverfolgen lässt. Als Ausdruck des sprachlichen Purismus entstanden dann seit der Aufklärung Fremdwörterbücher – anfangs als Verständnishilfen gedacht, um die aufklärerischen Ideen auch verständlich unters Volk zu bringen –, kam es im Laufe der Zeit zu einer immer stärkeren Diskriminierung, sodass sie schon bald in erster Linie zur Verdrängung der fremden Wörter dienten. Der Wörterbuchtyp »Fremdwörterbuch« ist auch heute in Deutschland – neben dem Rechtschreibwörterbuch – noch sehr populär.« [...]

■ Text 124

Dauerbrenner Anglizismen (2010) *Karl-Heinz Göttert*

Es gibt noch ein weiteres Problem von großer öffentlicher Beachtung, bei dem unsere professionellen Sprachbeobachter Stellung bezogen – gemeint sind die Anglizismen, die Aufnahme englischen Wortguts in die deutsche Sprache mit dem Ergebnis eines Denglisch (im Gegensatz zu einem kompletten Übergang zum Englischen im Sinne von Globalesisch).

In diesem Punkt betrieb man entgegen modischen Pressemeldungen seit Langem Abwiegelung, die auch dem Stand der wissenschaftlichen Forschung entspricht. Es stimmt, dass die Übernahme englischen Wortguts enorm zugenommen hat. Teilweise erklärt sich dies jedoch lediglich aus einem Entwicklungsstau, der im Purismus des 19. und 20. Jahrhunderts wurzelt: Die deutsche Sprache war lange Zeit künstlich von der internationalen Entwicklung ferngehalten worden und holt nun nach, was andernorts bereits Normalität ist. Im Übrigen löst die gegenwärtige englische Dominanz nur die ältere französische ab (Goethe: »[Die französische Sprache] ist die Sprache des Umgangs und ganz besonders auf Reisen unentbehrlich, weil sie jeder versteht und man sich in allen Ländern mit ihr, statt eines guten Dolmetschers aushelfen kann«). Zwischen 1800 und 1980 schrumpfte der Anteil des Französischen innerhalb der Übernahmen insgesamt von über 58 Prozent auf 8 Prozent, der des Englischen stieg von 8 Prozent im Jahre 1800 auf 88 Prozent im Jahre 1980.

Dabei kommt in diesen Zahlen nicht zum Ausdruck, dass die Übernahme erstens auf den Gesamtwortschatz bezogen immer noch gering bleibt (weshalb der Begriff Denglisch eine arge Übertreibung darstellt). Zum anderen spielt die dem Deutschen eigene Verarbeitung des Entlehnten eine ganz hervorragende und vor allem ständig wachsende Rolle. Beispiele wie quantifizierbar (mit deutschem *-bar* also) oder Robustheit (mit deutschem *-heit*) haben stark zugenommen, die fremden Bestandteile wurden also mehr und mehr mit deutschen vermischt.

Und schließlich am wichtigsten: 80 Prozent der so genannten Anglizismen erwiesen sich als Wörter, die selbst im Griechischen, Lateinischen oder Romanischen wurzeln – man hat treffend von »Eurolatein« gesprochen. Viele übernommene Wörter sind im Übrigen schlicht Internationalismen, die in fast allen europäischen Sprachen zuhause sind und in gewissem Sinne die Vielfalt reduzieren. Den deutschen Tourismus, den wohl niemand weder als Tatsache noch als Wort abschaffen möchte, gibt es als englischen *tourism*, französischen *tourisme*, spanischen *turismo*, niederländischen *toerisme*, dänischen *turisme*, polnischem *turystiyke* und so weiter. Die Allensbach-Umfrage von 2008 förderte eine ziemliche Gelassenheit der Deutschen gegenüber den Anglizismen zutage: Etwas mehr als ein Drittel fühlte sich von ihnen gestört, die Mehrheit jedoch sah in ihnen keine Gefahr, sondern eher eine Bereicherung.

Dies erscheint deshalb bemerkenswert, weil sich zeigt, dass der Versuch, Anglizismen mit Hilfe von Gesetzen abzuwehren, eher kontraproduktiv ist. Das macht ein Blick auf unsere französischen Nachbarn deutlich. Dort ist der Staat zwar mit einer Orthografiereform am Widerstand der Öffentlichkeit gescheitert, wohl aber gab es einen staatlichen Feldzug gegen die Anglizismen, gegen die französische Variante unseres Denglisch, das Franglais.

[...] Auch bei uns wurde nach der Bundestagswahl im November 2009 die Festschreibung der deutschen Sprache als Verfassungsgrundsatz diskutiert (als Ergänzung von § 22 des Grundgesetzes über die Bundesflagge). Jutta Limbach hat als ehemalige Präsidentin des Bundesverfassungsgerichts darauf hingewiesen, dass mit einer Grundgesetzänderung nur eines provoziert würde – Tausende Klagen pro Jahr. Wer zum Beispiel etwas gegen bilingualen Unterricht hätte, könnte sich dann darauf berufen, dass das Grundgesetz Deutsch als Sprache in Deutschland vorschreibt. Was übrigens wenige zu wissen scheinen: In § 23 des Bundesverwaltungsverfahrensgesetzes ist die deutsche Sprache in Parlament und Gerichten längst verpflichtend gemacht.

Nun mögen die Ängste angesichts der Anglizismen trotz ständigen Hochspielens in der Presse zu beschwichtigen sein. Aber die Ängste sitzen ja tiefer: Hinter dem Denglisch droht ja das Englische insgesamt mit Übernahme, und es gibt durchaus ein Terrain, auf dem sie tatsächlich bereits weitgehend vollzogen ist: in den Wissenschaften, besonders in den Naturwissenschaften. »Die Spitzenforschung spricht englisch« lautete die Überschrift eines Beitrags zu einer Fachtagung schon im Jahre 1985 (Hartwig Kalverkämper, Harald Weinrich). Zwei Drittel der weltweiten medizinischen Fachliteratur beispielsweise lagen damals bereits auf Englisch vor. Die Notwendigkeiten eines raschen Austauschs in Schrift und Vorträgen, die Karriereplanung der Beteiligten und vieles andere mehr haben zu dieser Form von Monokultur beigetragen.

Am Faktum ist nicht mehr zu rütteln, gefragt sind allenfalls Abmilderungen wie die Aufforderung zu zweisprachigen Publikationen (für Welt und Region) oder die Gründung englischsprachiger Fachzeitschriften in deutscher Regie, um Wettbewerbsnachteile deutschsprachiger Wissenschaftler zu kompensieren. Dabei geht es nicht nur um die Beteiligung von Wissenschaftlern, die nicht englische Muttersprachler sind, sondern auch um die Vertretung einer anderen als nur angloamerikanischen Wissenschaftskultur mit einem anderen Sprachstil (weniger essayistisch), der in der globalisierten Gemeinschaft nicht wegfallen soll.

■ Text 125

Man spricht Deutsch (2013)

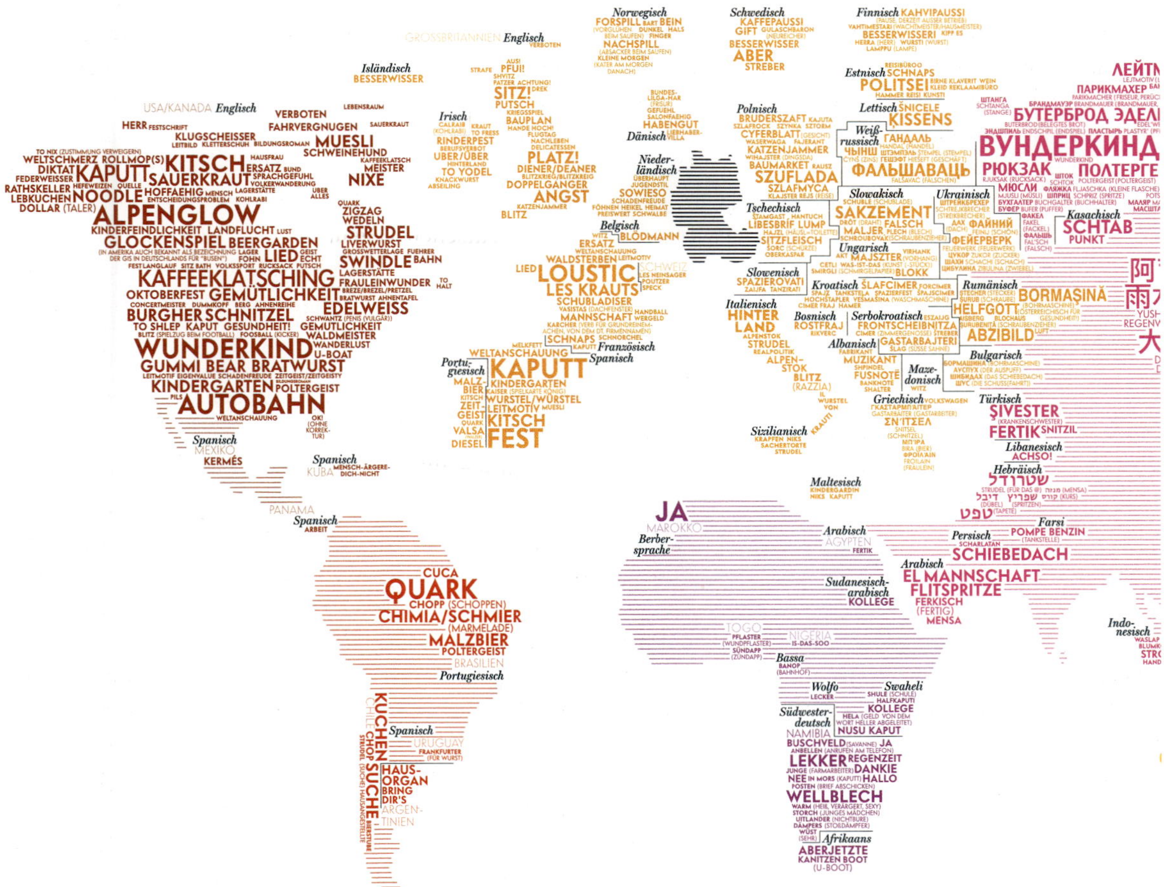

■ Text 126

Anglizismen auf der Zunge (2008) *Juli Sanchis*

Airbag babysitten Blockbuster Bluff Boom

Briefing Camping Casting Catering checken

chillen clever Clown Coach Comedian

Comic Container Controlling Cool Couch

Cover DNA Drink Dumping-Preis

Event Flyer Flop Gangster Handout

Hearing High High-Tech Hobby

Homepage Hype Image Internet

Jackpot Konvoi

Label Live

Look Lotion

Manager

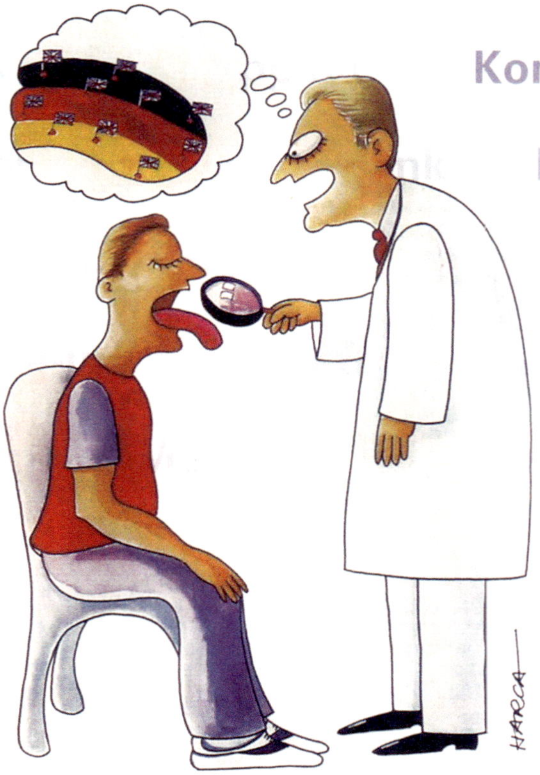

Gefährdung der deutschen Sprache?

A ■ Untersuchen Sie den folgenden Text und die Grafik hinsichtlich ihrer Informationen und Thesen zum Thema »Gefährdung der deutschen Sprache«.

■ Text 127

Vollpfosten unter sich (2013) *Peter Dausend*

Der Duden ist jetzt ein Berliner – das sieht man ihm auch an

Wenn *Vollpfosten* via *social media* einen *Flashmob* organisieren und *Spackos* in ihren *tweets* so lange die *Schuldenbremse dissen*, bis die *Rabaukin* im *Shitstorm* ihren *Compi* zertrümmert, dann ist das kein Aufstand der Malediktologie, der Lehre von den Schimpfwörtern, gegen Sitte, Anstand und den Zustand der Welt, sondern korrektes Deutsch. Und zwar seit diesem Mittwoch. Da überreichten Vertreter des Bibliographischen Instituts Klaus Wowereit am Brandenburger Tor das erste Exemplar des neuen Duden. In ihm lassen sich nun erstmals die Vollpfosten genauso leicht finden wie der Spacko, der Shitstorm, das Dissen und die Rabaukin – unter dem richtigen Anfangsbuchstaben. Kaum ist sein Verlag nach Berlin gezogen, mutiert der Duden zum Prolo. Haste mal 'ne *App*?

Glücklicherweise finden sprachliche Eigenarten des Berliners wie der unmotivierte Infinitiv (»Ick hab da noch 'n Fahrrad zu stehen«) oder der Ersatz des Determinativpronomens »solche« durch das dingsähnliche »so ne« (»so ne Sachen«) zunächst keinen Zugang in die Sprachbibel der Deutschen.

So ne Duden hat niemand im Regal zu stehen. Noch nicht. Denn vom Vollpfosten zu *Isch geh Karstadt* ist der Weg ähnlich kurz wie vom Shitstorm zur *Backup solution*. Und wenn dann, in nicht allzu ferner Zukunft, der Duden wimmelt von Kraftausdrücken, Szenesprech und Anglizismen, wird er auch nicht mehr Duden heißen, sondern *Waswillstduden, you Asshole?* Gott schütze the German language.

■ Text 128

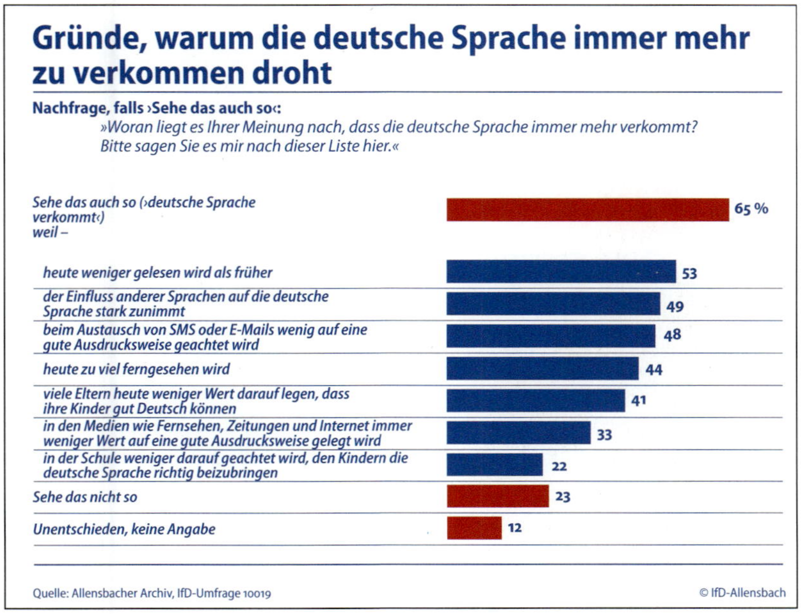

Sprachverfall

INFO

Die Klage über den Verfall der Sprache ist seit der Antike ein **Thema der Kulturkritik**: Leserbriefschreiber warnen vor einer Zunahme der **Anglizismen** im Deutschen oder bedauern das Verschwinden von Wörtern, sprachpflegerische Vereine widmen sich dem Konservieren eines für erhaltenswert befundenen Sprachgebrauchs. Was als Sprachverfall bezeichnet wird, ist aber nichts als »der allgegenwärtige **Sprachwandel**, aus der historischen Froschperspektive betrachtet« (Rudi Keller). Sprachwandel vollzieht sich, wenn Regeln und Konventionen übertreten werden. Aus solchen »Fehlern« werden im Laufe der Zeit neue Regeln (z. B. Präteritum von schrauben: *schrob – schraubte*, von backen: *buk – backte*; Verschwinden der Dativ-Endung e: *in dem Haus<e>*).

Als Regelabweichungen, die zu Regeln werden dürften, nennt Keller u. a.: Gebrauch der ehemals temporalen (!), nun kausalen Konjunktion »weil« als *epistemische Konjunktion* (*»Ist Peter noch hier? – Nein, der ist schon weg, weil sein Auto steht nicht mehr im Hof.«* S. 7 f.) – »weil« also synonym zu »denn«; Etablierung eines unbestimmten Demonstrativartikels: der → dieser, ein → *son* (S. 8 f.).

Eine der Ursachen des Sprachwandels ist die »Maxime der Energieersparnis« (Keller): »Wir artikulieren das Hilfsverb *haben* normalerweise als [ham]. Noch ist dies eine ausschließlich umgangssprachliche Ausdrucksform, aber irgendwann einmal wird sie auch in die Hoch- und Schriftsprache Eingang finden, und dann wird etwas Ähnliches passiert sein wie beim Wandel von Latein zum Spanischen, wo lat. *habent* zu span. *han* geworden ist.«

Sprachwandel wird vollzogen durch **Abweichung** von Normen bis hin zum **Verstoß** gegen Normen, durch **Aufnahme** neuer Wörter und **Ausscheidung** veralteter. Über die Entwicklung, die eine Sprache nimmt, entscheidet jedes Mitglied einer Sprachgemeinschaft mit. Nicht »Sprache verändert sich« muss es daher heißen, sondern »Sprache wird verändert«.

A ▪ Stellen Sie in einem Referat die Möglichkeiten der Sprachkritik und die Arbeit von Sprachvereinen vor.

B ▪ Analysieren Sie Leserbriefe in Tageszeitungen und Beiträge in Internet-Foren zum Thema »Sprachverfall« nach Kriterien wie: Einstellung der Verfasser, Überzeugungskraft der Argumente, Anschaulichkeit der Beispiele, Diskussion von Gegenargumenten, Sprachniveau usw.

C ▪ Verfassen Sie mit Hilfe Ihrer Ergebnisse und unter Einbezug Ihrer Vorkenntnisse einen möglichst objektiven Zeitungsartikel zu der aktuellen Diskussion der »Gefährdung der deutschen Sprache«.

Leistungsüberprüfung

II A: Analyse eines Sachtextes

A ▪ Analysieren Sie den Text unter besonderer Berücksichtigung der Argumentation und der sprachlichen Gestaltung.

B ▪ Der vorliegende Artikel ist vom 09. November 2011. Beziehen Sie unter Einbezug Ihrer Kenntnisse aus dem Unterricht zu der Position und zu den Argumenten von Helga Kotthoff Stellung.

▪ **Text 129**

Anglizismen sind das neue Imponier-Deutsch (2011) *Helga Kotthoff*

Wir joggen, walken, trinken Kaffee to go: Schick ist, wer Anglizismen nutzt. Auch an Hochschulen wird Deutsch stetig entwertet. Muss das sein?

»Dauerlauf?« Das sei ja ein lächerliches Wort. Natürlich müsse es »joggen« heißen, mokierte sich vor etwa 15 Jahren eine Dame in einer Talk-Runde zum Thema Anglizismen.

Seit 1965 Broder Carstensens Buch *Englische Einflüsse auf die deutsche Sprache* nach 1945 erschien, beschäftigt sich die Fachwelt mit dem Phänomen, dass inzwischen in der deutschsprachigen Welt keiner mehr vom Dauerlauf spricht, die Leute aber um die Wette joggen und walken. Auch im Hochschulbetrieb hat die Affinität zum Englischen deutliche Spuren hinterlassen.

Deutsch hat hier mittlerweile so schlechte Karten, dass der Deutsche Akademische Austauschdienst (DAAD) und das Goethe-Institut junge Grafiker, Mediendesigner, Texter, Wissenschaftler, Studierende und Freunde der deutschen Sprache im In- und Ausland zu einem Wettbewerb der Ideen aufgerufen haben. Am 10. November wird in der Zeche Zollverein in Essen ausgezeichnet, wer den gelungensten Werbespruch oder das ansprechendste Plakatmotiv zum Thema »Deutsch in den Wissenschaften« produziert und eingereicht hat.

Immer schon wurde Sprache für feine Unterschiede genutzt. Der französische Soziologe Pierre Bourdieu hat dafür sensibilisiert, wie Menschen über Mode, Wohnungseinrichtung, Musikstil, Autoauswahl – kurz über alles, was im Leben Stil hat, feine Abgrenzungen von anderen betreiben, Distinktion eben. So grenzen sich die Reicheren stilistisch von den Ärmeren ab, die Jüngeren von den Älteren, die Fortschrittlichen von den Konservativen und die Flotten von den Unflotten. »Kaffee zum Mitnehmen« – das ist der für die Unflotten, ganz klar. Die anderen nehmen den »to go« – die Allerflottesten sprechen das allerdings wie »Togo«, dabei hat das westafrikanische Land herzlich wenig damit zu tun.

Anglisierung kommuniziert »ich bin gebildet und international«

An Universitäten und Akademien wird Kommunikation auf Deutsch allmählich entwertet. Ganz unabhängig von der Debatte, dass die deutsche Wissenschaft natürlich in englischen Fachzeitschriften präsent sein will. Neuerdings anglisieren die Gebildeten

aber selbst die Latinismen. Wer auch heute noch Latein oder auch Griechisch lernt, dem genügt dies zur Distinktion wohl auch nicht mehr. Auffällig wird dies bei Begriffen wie »dual career« oder »diversity«, der im wichtigen Feld der Beschäftigung mit kultureller Diversität grassiert; jede Menge Buchtitel zeugen davon: *Diversity Management – Eine neue Managementkultur der Vielfalt, Diversity statt Integratio , Diversity für morgen, Migration – Integration – Diversity.*

Diese Werke beschäftigen sich mit kultureller Unterschiedlichkeit, vor allem in Deutschland lebender Menschen. Das scheinen einige sprachpolitisch aufwerten zu wollen.

Englisch ist eben die internationale Lingua franca und eignet sich insofern zur Anzeige eines Anspruchs auf internationale Orientierung. Funktional ist das bei einem deutschen Buch trotzdem nicht. Es ist rituell. Die Anglisierung kommuniziert jenseits der Wortebene »ich bin nicht nur gebildet, sondern ich gehöre auch einer internationalen community (!) an.«

Die Leidenschaft für das Englische hat längst falsche Passagiere an Bord gebracht, wie das Handy und den Beamer. Die sind im deutschen Sprachraum gleich als Marke englischer Eigenbau gemacht worden. Die Linguisten denken, dass niemandem eine Sprache gehört. Alle können sich bei allen Sprachen bedienen. Wenn es aufgegriffen wird, hat es in einer Gemeinschaft Gültigkeit. Alternativ hätte man »Projektor« ja zwecks ritueller Aufladung auch in der Aussprache anglisieren können; das steht jetzt denen offen, die sich tatsächlich oft auf englischsprachigen Konferenzen tummeln.

Das Englische führt im Deutschen ein Eigenleben. Nehmen wir den Fall »gender«.

Im Englischen bedeutete der Begriff vor der Frauenforschung, die dann als Geschlechterforschung weitergeführt wurde, Genus, hauptsächlich grammatisches Genus. Im Englischen wurde »gender« schließlich ausgedehnt auf das kulturelle und soziale Geschlecht – in Abgrenzung vom biologischen Geschlecht. Wer auf Englisch »gender« benutzt, kann über Sprachen sprechen, die kein »gender« haben oder davon gleich 16 (ein Buch von Greville Corbett tut genau dieses) oder über kulturelle Zuschreibungen, über »gender as a cultural role or as social behaviour« (wie etwa bei der Zeitschrift *Gender&Society*). Im Deutschen dient der Begriff nun exklusiv als Konzept für's Kulturelle. So konnte dann auch das immer etwas anrüchige Wort »Geschlechterforschung« auf »gender studies« angehoben werden. Dachte man/frau bei »Geschlechterforschung« nicht irgendwie auch an die Untersuchung der Geschlechtsorgane? Mit »gender studies« entkam das Fach der Schmuddelecke; es klingt neutraler – und natürlich international, womit primär der englische Sprachraum gemeint ist, aber auch die anderen, die sich des Englischen bedienen. […].

Generationen von Linguist(inn)en haben gezeigt, wie zentral Prestige für den Sprachwandel ist. So haben unsere Altvorderen im 17. Jahrhundert aufgehört, das »r« zu rollen und sind auf die schicke französische Aussprache umgestiegen. Das hat dem Deutschen nicht geschadet. Es gibt sachliche Gründe für Entlehnungen aus dem Englischen. Wie aber ist das Grassieren zu verstehen, die Anglisierungsmanie, die aus jedem Leiter des Rechenzentrums einer Hochschule den »information officer« gemacht hat? Verstehen ausländische Mitarbeiter »Leiter/-in des Rechenzentrums« nicht? Sie verstehen das und auch die werbliche Beflissenheit, mit der eine internationale Orientierung angezeigt wird, ob nötig oder nicht.

Die Tagung von DAAD und Goethe-Institut in der Zeche Zollverein stellt sich hoffentlich dem Preis, den dauernde Verlangweiligung einer Sprache durch ihre Zurücksetzung und symbolische Unterordnung hat. Erst einmal liegt der Preis in einer hochgeschraubten rituellen Dimension. Mary Douglas mokierte sich in Ritual, Tabu und Körpersymbolik darüber, dass viele Westler denken, andere Völker seien dauernd mit Ritualen beschäftigt, während wir so sachorientiert und funktional veranlagt seien. Dabei ist Ritualität in viele unserer Handlungen eingeschrieben. Das Englische ist als Ritualschicht fest in unserem Stilrepertoire angekommen. Ob bei »assessment center« oder bei »dual career couple« – immer heischt das im deutschen Kontext mehr, als mit dem Konzept gemeint ist. Deutsch wirkt fast wie eine Demontage: Bewertungszentrum oder Paar mit doppelter Karriere. So schnöde wie sie jetzt klingen, sind die gemeinten Veranstaltungen ohne den werblichen Putz. Ist das nun langweilig oder nicht doch einfach nur ehrlicher?

Erwartungshorizont

Zu Aufgabe A

Zur Einleitung: Hier wird erwartet, dass zunächst die Autorin Helga Kotthoff, der Titel »Anglizismen sind das neue Imponier-Deutsch«, die Textsorte Sachtext, das Erscheinungsdatum 2011 und das Thema des Artikels, z. B. »Kritik an der Entwertung des Deutschen durch das stetige Zunehmen des Nutzens von Anglizismen«, genannt werden. Der Artikel erschien im Kontext einer Tagung des DAAD und des Goetheinstituts in der Zeche Zollverein in Essen, bei der am 10. November der beste Werbespruch bzw. das beste Plakatmotiv zum Thema »Deutsch in den Wissenschaften« ausgezeichnet werden sollte und richtet sich vor allem an die Jury (vgl. Z. 120 – 123).

Bezüglich der Argumentation der Autorin sollten folgende Aspekte benannt werden:

Der Text beginnt mit einem kursiv abgedruckten Einleitungstext, in dem die Hauptthesen schon benannt werden: Ständig nutzen wir Anglizismen (»Wir joggen, walken, trinken Kaffee to go«), Anglizismen zu nutzen ist »[s]chick«, sogar »an Hochschulen wird Deutsch stetig entwertet«.

Ihre Position legt die Autorin mit der rhetorischen Frage »Muss das sein?« offen dar. Sie selbst hält Anglizismen für »Imponier-Deutsch« (vgl. Titel) und Deutsch für »ehrlicher« (Z. 139).

Hauptteil: Im Hauptteil sollte die Argumentation der Autorin und ihre sprachliche Gestaltung untersucht werden.

Ausführungen zu ihren Thesen

- die Diskussion des Werts von Anglizismen bestehe schon seit »15 Jahren« (Z. 1 – 15),
- sogar Wettbewerbe zur Werbung für Deutsch würden konzipiert, um die Sprache aufzuwerten (Z. 16 – 26),
- Sprache sei schon immer zur »feine[n] Abgrenzung von anderen […], [zur] Distinktion eben« genutzt worden (Z. 27 – 40),
- »[a]n Universitäten und Akademien [werde] Kommunikation auf Deutsch allmählich entwertet« (Z. 43 f.),
- selbst Latinismen werden anglisiert (Z. 47 – 56),
- diese Anglisierung diene einer sprachpolitischen Aufwertung (vgl. Z. 57 – 60), Englisch sei »die internationale Lingua franca und eigne[…] sich insofern zur Anzeige eines Anspruchs auf internationale Orientierung« (Z. 61 – 63),
- es werden sogar Anglizismen selbst erschaffen, wie z. B. »Handy« und »Beamer« (Z. 69 – 80),
- englische Begriffe führen im Deutschen ein »Eigenleben«, so gilt der Begriff »gender« dort »nun exklusiv als Konzept für's Kulturelle« (Z. 81 – 105),
- das Deutsche werde gegenüber dem Englischen zurückgesetzt, die Sprache werde langweilig (Z. 120 – 123), Deutsch wirke »fast wie eine Demontage« (Z. 135),
- Englisch sei »als Ritualschicht fest in unserem Stilrepertoire angekommen« (Z. 129 – 132),

Sprachliche Gestaltung

Durchweg ist die Position der Autorin erkennbar. In ihren Ausführungen werden einzelne Thesen als Zwischenüberschriften optisch noch einmal besonders hervorgehoben: »Anglisierung kommuniziert ›ich bin gebildet und international‹« (Z. 41 f.) und »Das Englische führt im Deutschen ein Eigenleben. Nehmen wir den Fall ›gender‹« (Z. 81 f.). Dass sie jedoch nicht vom Wert der Anglizismen überzeugt ist, erkennt man an ihren rhetorischen Fragen: »Auch an Hochschulen wird Deutsch stetig entwertet. Muss das sein?« (Z. 2 f.), »Ist das nun langweilig oder nicht doch einfach nur ehrlicher?« (Z. 138 f.), an indirekten Wertungen durch Wörter wie »eben« (Z. 32, 61) und »hoffentlich« (vgl. Z. 121), durch die Markierung einer Aussage durch ein Ausrufezeichen (Z. 68), durch direkte Kommentare (vgl. Z. 63: »Funktional ist das bei einem deutschen Buch trotzdem nicht. Es ist rituell.«) und ironische Darstellung, z. B. »die Allerflottesten sprechen das allerdings wie ›Togo‹, dabei hat das westafrikanische Land herzlich wenig damit zu tun.« (Z. 38 – 40) oder »Alternativ hätte man ›Projektor‹ ja zwecks ritueller Aufladung auch in der Aussprache anglisieren können« (Z. 76 – 78).

Wie schon der Titel zeigt, dient die Verwendung von Anglizismen nach Ansicht der Autorin nur dem Imponiergehabe und der Abgrenzung von anderen, funktional und ehrlich ist sie für sie nicht.

Ihre Thesen untermauert sie einerseits mit dem Verweis auf Wissenschaftler und Literatur (vgl. Z. 8 ff., 28 ff., 125 ff.) bzw. auf einen aktuellen Wettbewerb zur Rettung der deutschen Sprache (vgl. Z. 16 ff.), andererseits durch konkrete Beispiele für alltägliche Anglizismen (Z. 5: »joggen«, Z. 13: »joggen und walken«, Z. 38 »to go« usw.), für anglisierte Latinismen (Z. 54–56), für selbst erdachte Anglizismen (Z. 69 ff.), für in ihrer Bedeutung umdefinierte Begriffe (Z. 81 ff. zum Begriff »gender«) usw.

Sie appelliert an die Tagungsteilnehmer in der Zeche Zollverein, sich gegen die »Zurückversetzung und symbolische Unterordnung« (Z. 123) des Deutschen zu wehren und bezieht den Leser / die Leserin ihres Artikels durch Verwendung des Personalpronomens »wir« in ihren Denkprozess mit ein. Die Sprache des Artikels ist gut verständlich und durch Verwendung bildlicher Ausdrücke (z. B. Z. 14–16: »hat die Affinität zum Englischen deutliche Spuren hinterlassen. Deutsch hat hier mittlerweile so schlechte Karten«) ansprechend gestaltet. Durch das Nutzen einiger Latinismen (z. B. Z. 14: »Affinität«, Z. 32: »Distinktion«) sind als Adressaten besonders die Bildungsbürger und Tagungsteilnehmer hervorgehoben.

Schlussteil: Hier wird eine kurzes Resümee erwartet. Dieses sollte auf folgende Fragen eingehen: Welche Position vertritt Helga Kotthoff hinsichtlich der Bewertung von Anglizismen, wie schlüssig ist ihre Argumentation, welches Ziel verfolgt sie, überzeugt sie?

Zu Aufgabe B

Bei dieser Aufgabe sollte Stellung bezogen werden, d. h., die in der ersten Teilaufgabe herausgearbeiteten Thesen sollten hinsichtlich ihrer Überzeugungskraft hinterfragt und gewichtet werden.

Zum Beispiel könnte man Helga Kotthoff in Bezug auf die Länge der Diskussion von Anglizismen und ihre Aktualität zustimmen, aber ihr mit Hinweis auf den Artikel von Karl-Heinz Göttert bezüglich ihrer Bewertung dieser widersprechen. Zwar sei man auch der Meinung, dass Übernahmen aus dem Englischen zugenommen hätten, jedoch seien diese mit Blick auf den Gesamtwortschatz nicht übermäßig und stellten somit keine Gefahr für das Deutsche dar, geschweige denn führten sie zu einer Unterordnung des Deutschen. Selbst erdachte Anglizismen bewirkten zudem Ökonomie, Handy sei als Begriff viel klarer als eine sperrige rein deutsche Umschreibung wie ein Telefon für die Hand (vgl. das selbst von Helga Kotthoff angeführte Beispiel »Kaffee zum Mitnehmen« für »to go«).

Will man Helga Kotthoff zustimmen, könnte man z. B. ihre Kritik an den anglisierten Latinismen in den Blick nehmen, indem man z. B. darauf hinweist, dass man auch der Meinung sei, dass manche Begriffe »grassieren«, d. h. um sich greifen wie Seuchen, ohne dabei einen Gewinn darzustellen. Der Begriff »diversity« habe gegenüber dem deutschen Begriff »Vielfalt« keinen Bedeutungsgewinn, er sei genauso kurz und prägnant, und eine Verbindung von einem englischen und deutschen Begriff in einem deutschen Buchtitel »Diversity statt Integratio« statt der Titulierung »Vielfalt statt Integration« gibt keinen Sinn, außer dem Eindruck, dass man Anerkennung aufgrund seiner Bildung erhaschen möchte.
Wichtig ist, dass nach der Bekräftigung bzw. Entwertung der Argumente Helga Kotthoffs die eigene Position deutlich und gut durch eigenes Wissen belegt wird.

Darstellungsleistung

Die Bearbeitung der Aufgaben sollte schlüssig, stringent und gedanklich klar sein, Fachsprache sollte korrekt genutzt werden, Aussagen belegt, Zitate angemessen und korrekt in den Text integriert werden. Insgesamt sollten die Ausführungen sprachlich richtig sein, der Ausdruck sollte in sich differenziert, stilistisch angemessen und genau sein, Syntax, Lexik sollten erkennbar beherrscht werden.

IV: Materialgestütztes Verfassen eines Textes mit fachspezifischem Bezug

A ■ Untersuchen Sie die folgenden Materialien hinsichtlich ihrer Informationen, Argumentation und Thesen zu dem Soziolekt »Kiezdeutsch«.

B ■ Verfassen Sie in Anknüpfung an den Spiegelartikel **T 131** einen Leserbrief, in dem Sie zu der Frage »Kiezdeutsch – Eine Bereicherung oder Gefahr?« kritisch Stellung nehmen.

■ **Text 130**

Plädoyer einer Professorin. Kiezdeutsch rockt, ischwör! (2012)

Sprachbewahrer kämpfen verbissen gegen Kiezdeutsch. Der Schulhof-Slang verhunzt unsere Sprache, meinen sie. Alles Quatsch, sagt die Sprachforscherin Heike Wiese. Denn Kiezdeutsch sei genauso ein Dialekt wie Bayerisch und Schwäbisch. Ein Gastbeitrag.

»Ein eigenartiges nicht Duden-kompatibles Gossen-Stakkato«, stand schon in der Zeitung. Und: »Der Wortschatz dieser Straßensprache gleicht einer Notration.« Kiezdeutsch gilt oft als falsches, reduziertes Deutsch ohne Grammatik. Dabei ist Kiezdeutsch ein neuer, komplexer Dialekt, der fest im System der deutschen Grammatik verankert ist.

Kiezdeutsch weist – wie alle Dialekte – eine Reihe von Besonderheiten auf. Allerdings handelt es sich nicht um sprachliche Fehler, sondern um systematische Neuerungen in Grammatik, Wortschatz und Aussprache. So wird aus »ich« beispielsweise »isch«, was ähnlich im Rheinland vorkommt und im Berliner »nüscht«. Wir finden neue Funktionswörter wie »lassma« und »musstu« (»lass uns mal« und »musst du«) und Zusammenziehungen wie »ischwör« (»ich schwöre«), mit dem eine Aussage bekräftigt wird – ganz ähnlich, wie umgangssprachlich die Zusammenziehung »glaubich« (»glaube ich«) eine Aussage abschwächt. Das Wort »so« wird nicht nur zum Vergleich verwendet, sondern auch zur Betonung (»Ich höre Alpa Gun, weil er so aus Schöneberg kommt.«), so entsteht ein neues Funktionswort, das wir übrigens auch außerhalb von Kiezdeutsch finden. Das ist nicht schlampig formuliert, sondern hat System.

Warum denken viele, Kiezdeutsch sei falsches Deutsch?

Wie ein Dialekt bewertet wird, hängt immer auch mit der sozioökonomischen Stellung derjenigen zusammen, die ihn sprechen. Wenn jemand einen niedrigeren sozialen Status hat, dann wird seine Sprechweise eher negativ bewertet. Kiezdeutsch wird in multiethnischen Wohngebieten gesprochen, und in Deutschland sind diese oft sozial besonders benachteiligt, das Einkommen ist niedrig, die Arbeitslosenquote hoch. Dementsprechend wird Kiezdeutsch als Sprechweise sozial Schwächerer wahrgenommen – und damit schnell als »schlechtes Deutsch« abgewertet.

Kiezdeutsch hat aber noch mit einem zweiten Handicap zu kämpfen: Es wird typischerweise unter Jugendlichen gesprochen – das war noch nie günstig für die Bewertung einer Sprechweise. Denn die Kritik an Jugendsprache ist so alt wie die Kritik an Jugendkulturen insgesamt.

»Sacklzement, schleich di, sonst fangst oane, du Saupreiß du greisliger! Dieses Sprachkauderwelsch ist keine Bereicherung, sondern eine Verhunzung der deutschen Sprache; bayerische Mitbürger haben die Pflicht, die deutsche Sprache zu lernen, wenn sie tatsächlich den Willen haben, sich zu integrieren.«

Dialektgebrauch mit mangelnder Integration gleichsetzen? Eigentlich absurd – es sei denn, es geht um Kiezdeutsch. Doch davon handelte das Zitat ursprünglich: Ein Nutzer empörte sich in einem Internetforum über meine Forschungsergebnisse. Ich habe in seinem Beitrag »türkische Migranten« durch »bayerische Mitbürger« ersetzt und seine angeblichen Kiezdeutsch-Zitate durch bayerische Pendants ersetzt.

Warum sollte Kiezdeutsch die Integration behindern? Wenn ein Passauer das »r« rollt, schottet er sich auch nicht von der deutschen Gesellschaft ab. Wieso sollte das »sch« in Kiezdeutsch ein Problem sein, während es im Rheinland völlig in Ordnung ist?

Auch würde niemand fragen: »Ist das Thüringisch oder Deutsch?«

Kiezdeutsch als Beispiel für gelungene Integration

Niemand spricht nur »ein Deutsch«. Wir sprechen im Dienstgespräch mit einem Vorgesetzten anders als beim Telefonat mit der Schwester. Wenn ich mit meiner Schwester so sprechen würde wie bei einem Vortrag, wäre das kein Zeichen dafür, dass ich gut Deutsch spreche, sondern ein Hinweis auf mangelnde Sprachkompetenz: Ich könnte offensichtlich nicht situationsangemessen aus meinem Sprachrepertoire auswählen. Auch Kiezdeutsch ist für seine Sprecher immer ein Teil eines größeren sprachlichen Repertoires. Für die gesellschaftliche Teilhabe Jugendlicher ist es wichtig, dass zu diesem Repertoire auch das Standarddeutsche gehört. Das ist aber unabhängig davon, ob sie Kiezdeutsch sprechen. Eine Kreuzberger Lehrerin meinte dazu: »Manche unserer Schüler sind hervorragend im schriftlichen Ausdruck, manche sind noch schwächer, aber an Kiezdeutsch liegt das nicht: Kiezdeutsch sprechen sie alle untereinander!«

Alle Kinder gleichermaßen beim Erwerb des Schriftdeutschen in der Schule zu unterstützen, ist eine wichtige Aufgabe unseres Bildungssystems. Dem wird man aber nicht dadurch gerecht, dass man dialektale Kompetenzen als »schlechtes Deutsch« missachtet, und dies gilt für herkömmliche Dialekte ebenso wie für Kiezdeutsch.

Kiezdeutsch ist eine legitime sprachliche Variante, die die Zugehörigkeit zur Jugendkultur anzeigt. Dabei ist Kiezdeutsch nicht der Sprachgebrauch einer isolierten, sich abschottenden Gruppe einer bestimmten Herkunft, sondern bezieht alle Jugendlichen in multiethnischen Wohngebieten ein. Es ist ein Beispiel für eine besonders gelungene sprachliche Integration: ein neuer, integrativer Dialekt, der sich im gemeinsamen Alltag ein- und mehrsprachiger Jugendlicher, deutscher ebenso wie anderer Herkunft, entwickelt hat.

Kiezdeutsch bereichert das Standarddeutsche

Kiezdeutsch wird oft als Bedrohung angesehen, das einen massiven Einfluss des Türkischen anzeige oder gar zum »Sprachverfall« führen könne. So behauptete die Tageszeitung »Die Welt«: »Deutsche Sprache driftet ins Türkische ab.« Kiezdeutsch ist aber keine deutsch-türkische Mischsprache, es verwendet keine türkischen Satzmuster oder überträgt gar die türkische Grammatik auf das Deutsche: Die grammatischen Neuerungen in Kiezdeutsch erklären sich aus dem System der deutschen Grammatik heraus, Kiezdeutsch ist typisch deutsch! Entsprechend werden neue Fremdwörter aus dem Türkischen in Kiezdeutsch auch sofort eingedeutscht, sie werden deutsch ausgesprochen, deutsch geschrieben und in die deutsche Grammatik integriert.

Jede Sprache wandelt sich ständig. Eine Sprache hört erst auf, sich zu verändern, wenn sie nicht mehr gesprochen wird. Bedroht sind Sprachen, die nur noch sehr wenige Sprecher und Sprecherinnen haben oder von dominanteren Landessprachen verdrängt werden, etwa das Niedersächsische Platt. Selbst das Bairische steht inzwischen auf der Liste der bedrohten Sprachen. Die Realität ist also genau umgekehrt:

Das Standarddeutsche wird nicht durch Dialekte bedroht, sondern es bedroht im Gegenteil die Dialekte. Kiezdeutsch ist ein deutscher Dialekt, der das Deutsche bereichert, indem es dem Spektrum der deutschen Varietäten ein neues, vitales Element hinzufügt.

■ Text 131

Kiezdeutsch ist kein Dialekt (2012) *Lothar Schröder*

Düsseldorf (RP). Diese These sorgte für Schlagzeilen: Das »Kiezdeutsch«, das Jugendliche in Berliner Hinterhöfen sprechen, sei ein neuer Dialekt, behauptete unlängst die Potsdamer Germanistin Heike Wiese. Das aber sei grundfalsch, erwidert ihr nun der Bamberger Sprachwissenschaftler Helmut Glück (62) im Interview. Für ihn ist es nur eine aktuelle Jugendsprechweise. Die jüngste Dialektthese bezeichnet er hingegen als »einigermaßen skandalös«.

Die These der Sprachwissenschaftlerin Heike Wiese hatte durchaus etwas Beruhigendes, dass nämlich das so genannte Kiezdeutsch gar keine Verhunzung der deutschen Sprache sei, sondern ein neuer Dialekt.

Glück Das sehe ich deutlich anders. Weil ein Dialekt immer eine Redeweise ist, die für eine bestimmte Region charakteristisch ist und zudem eine historische Tiefe hat. So sprechen die Men-

schen am Niederrhein seit etwa 1500 Jahren niederfränkisch. Neuere Dialekte, die es auch gibt wie etwa das Berlinerische, existieren seit rund 500 Jahren.
Das ist etwas völlig anderes als irgendeine aktuelle Jugendsprechweise wie das Kiezdeutsch. Frau Wiese versucht einfach, am Prestige des Dialekts zu partizipieren, indem sie diesen Begriff auf eine Sprechweise überträgt, die alles andere als ein Dialekt ist.

Frau Wiese verweist aber darauf, dass die grammatikalischen Regelverstöße im Kiezdeutsch sehr gezielt und stets die gleichen seien. Das soll darauf hindeuten, dass die Sprecher der deutschen Sprache noch mächtig seien.

Glück Letzteres kann man bei den jungen Leuten nur hoffen, die irgendwann die Schule verlassen und eine Lehrstelle brauchen, bei der man das Hochdeutsche in Wort und Schrift einigermaßen beherrschen sollte. So etwas kann Frau Wiese ja schlecht finden, nur ist es eben so – in Düsseldorf wie in Frankfurt und Berlin. Unsere Hoch- und Standardsprache ist ein Wert, der in Jahrhunderten entstanden ist und den man nicht einfach zur Disposition stellen kann.

Droht mit der Dialektthese von Frau Wiese die Gefahr, dass schlechtes Deutsch gleichsam salonfähig gemacht wird?

Glück Das scheint mir die Absicht von Frau Wiese zu sein, und das ist auch der Grund, warum es jetzt an der Zeit ist, einmal Tacheles zu reden. Denn ihre Thesen drücken eine Wurschtigkeit gegenüber der Funktion einer Hochsprache aus – einmal abgesehen von ästhetischen Gesichtspunkten –, die einigermaßen skandalös ist.

Was ist das Kiezdeutsch dann, nur ein Code von Jugendlichen einer bestimmten sozialen Schicht?

Glück Das ist der Fall. Und es ist ja nun auch nicht das erste Mal, dass sich eine Jugendgeneration sprachlich gegen die Elterngeneration abgrenzt; jugendliche Sprechweisen sind seit dem 18. Jahrhundert belegt. Sie hatten und haben die Funktion, sich abzugrenzen gegen die Älteren – verbunden mit einer guten Portion Angeberei.

▪ Text 132

Karikatur

Erwartungshorizont

Zu Aufgabe A

Zur Einleitung: Hier wird erwartet, dass zunächst das zu behandelnde Thema und die vorliegenden Materialien benannt werden, z. B. In dem Gastbeitrag »Plädoyer einer Professorin. Kiezdeutsch rockt, ischwör!« von 2012 und in dem Interview »Kiezdeutsch ist kein Dialekt« von Lothar Schröder, veröffentlicht 2012, geht es um die Bewertung des Kiezdeutschen. Die Texte geben zwei konträre Positionen wieder. Während Heike Wiese Kiezdeutsch als Dialekt ansieht, lehnt Helmut Glück diese Bewertung völlig ab und bezeichnet Kiezdeutsch als die sprachliche Abgrenzung von Jugendlichen. Auch in der Karikatur geht es um Jugendsprache und die Frage nach ihrer Bewertung.

Hauptteil:

Im Hauptteil sollten die einzelnen Materialien zunächst jeweils im Hinblick auf ihre Informationen, ihrer Argumentation und ihrer Thesen untersucht werden.

Bei der Untersuchung des Textes »Plädoyer einer Professorin. Kiezdeutsch rockt, ischwör!« sollten folgende Aspekte erfasst werden:

Thesen und Informationen

- Der Text gibt die Position der Professorin Heike Wiese wieder und ist ein Plädoyer für Kiezdeutsch, d. h., er spiegelt das Engagement der Professorin für Kiezdeutsch wider (vgl. Titel).
- Diese hält die Position ihrer Gegner (»[d]er Schulhof-Slang verhunz[e] unsere Sprache«) für »Quatsch« (vgl. Einleitung).
- Ihrer Meinung nach ist Kiezdeutsch ein Dialekt.
- »Kiezdeutsch g[e]lt[e] oft als falsches, reduziertes Deutsch ohne Grammatik« (Z. 4 f.), dies sei jedoch falsch, da der Dialekt »fest im System der deutschen Grammatik verankert« (Z. 6 f.) sei.
- Kiezdeutsch »weis[e] Besonderheiten auf«, die jedoch »systematische Neuerungen in Grammatik, Wortschatz und Aussprache« (Z. 10 ff.) seien.
- Es weise ähnliche Strukturen wie Dialekte oder Umgangssprache auf (Z. 8 ff.).
- Die Bewertung eines Dialektes hänge »immer auch mit der sozioökonomischen Stellung derjenigen zusammen, die ihn sprechen« (Z. 27 ff.), Kiezdeutsch werde deshalb »als ›schlechtes Deutsch‹ abgewertet« (Z. 36 ff.), da es von sozial Benachteiligten gesprochen werde (vgl. Z. 33).
- Hinzu käme noch die immer schon kritische Haltung Jugendsprachen gegenüber (vgl. Z. 40 ff.).
- Anderen Dialekten werfe man auch nicht mangelnde Integration vor (vgl. Z. 44 ff.).
- In unterschiedlichen Situationen sprächen wir unterschiedliches Deutsch (Z. 66 ff.).
- Die situationsangemessene Sprachwahl zeige Sprachkompetenz (Z. 73 ff.).
- Auch »Kiezdeutsch [sei] eine legitime sprachliche Variante, die die Zugehörigkeit zur Jugendkultur anzeig[e]« (Z. 93 f.).
- Es sei nicht die Sprache einer »sich abschottenden Gruppe«, sondern es »bezieh[e] alle Jugendlichen in multiethnischen Wohngebieten ein« (Z. 94 ff.).
- Kiezdeutsch sei keine »deutsch-türkische Mischsprache«, Neuerungen dieses Dialekts könnten mit Hilfe der deutschen Grammatik erklärt werden (vgl. Z. 108 ff.).
- Solange eine Sprache gesprochen werde, verändere sie sich (vgl. Z. 119 ff.),
- Das Standarddeutsche bedrohe die Dialekte und nicht umgekehrt (Z. 127 ff.).

Argumentationsgang

- Der kursiv gedruckte Einleitungstext fasst knapp die Position Heike Wieses zusammen.
- Im Anschluss daran werden in Form von Zitaten (Z. 1 f.) oder durch Fragen (Z. 26, Z. 69 f.) zunächst die Kritik an dem Kiezdeutschen aufgeführt (Z. 1 – 5, vgl. Z. 105 ff.) und von ihr widerlegt, hierzu führt sie unter anderem Beispiele an (vgl. z. B. Z. 12 ff.) oder ersetzt in einer Kritik am Kiezdeutschen das Beispiel durch eine Aussage im bayerischen Dialekt (vgl. Z. 44 ff.).
- Den Abschluss bilden zwei Kapitel, die Vorteile des Kiezdeutschen beinhalten: »Kiezdeutsch als Beispiel für gelungene Integration« (Z. 66 – 102) und Kiezdeutsch als Bereicherung der deutschen Standardsprache (Z. 103 – 132).

Sprachliche Gestaltung

- Wertungen finden sich im Text unter anderem durch die Wahl der Adjektive, während die Gegner des Kiezdeutschen z. B. als »verbissen« (vgl. Einleitung) bezeichnet werden, wird Kiezdeutsch selbst als »eine besonders gelungene sprachliche Integration« (Z. 99) und ein »neuer, integrativer Dialekt« (Z. 100 f.) bewertet, der »typisch deutsch« ist (vgl. das Ausrufezeichen in Z. 114).

- Die Kritik an dieser Jugendsprache wird durch die Bezeichnungen »Quatsch« und »absurd« (Z. 51) als irrational bewertet und die Vorurteile dem Kiezdeutsch gegenüber werden als »Handicap« (Z. 38 f.), unberechtigter Nachteil, gesehen.
- Der Vergleich mit anderen Dialekten, wie »Bayerisch und Schwäbisch«, Rheinländisch und Berlinerisch und mit der Aussprache in unterschiedlichen Regionen Deutschlands (vgl. Z. 50 ff.) dient der Aufwertung des Kiezdeutschen.
- Durch Zitate von einer Lehrerin (Z. 80 ff.) und aus der Zeitung »Die Welt« wird die Glaubwürdigkeit Heike Wieses Ausführungen betont.

Schlussteil:
Jede Untersuchung sollte mit einem kurzen Resümee bzgl. der Erkenntnisse der Untersuchung enden: welche Position wird deutlich, wie schlüssig ist die jeweilige Argumentation, überzeugt sie diese?

Überleitung:
Die Untersuchungen der einzelnen Texte sollten mit Hilfe einer treffenden Überleitung, die an das Resümee und an die Aufgabenstellung anknüpft, miteinander verbunden werden, z. B.: Während Heike Wiese klar für das Kiezdeutsche als Dialekt kämpft, wehrt sich der Bamberger Sprachwissenschaftler entschieden gegen diese Definition des Kiezdeutschen. Für ihn stellt dieses »eine aktuelle Jugendsprechweise« (Z. 6 f.) dar.

Bei der Untersuchung des Textes **»Kiezdeutsch ist kein Dialekt«** sollten folgende Aspekte erfasst werden:

Thesen und Informationen

- »Kiezdeutsch [sei] kein Dialekt« (vgl. Titel), sondern »eine aktuelle Jugendsprechweise« (Z. 6 f.).
- Dialekte seien regional und besäßen »historische Tiefe« (Z. 17), d. h., es gibt sie schon lange.
- »Frau Wiese versuch[e] […], am Prestige des Dialekts zu partizipieren« (Z. 24 f.).
- Die »Standardsprache [sei] ein Wert, der in Jahrhunderten entstanden sei und den man nicht einfach zur Disposition stellen« könne (Z. 40 – 42), die Jugendlichen bräuchten die Fähigkeit, diese zu beherrschen.
- Kiezdeutsch sei ein »Code«, mit dem »sich eine Jugendgeneration sprachlich gegen die Elterngeneration abgrenz[e]« (Z. 54 – 56), jugendliche Sprechweisen gebe es »seit dem 18. Jahrhundert« (Z. 57 f.) und sie seien »verbunden mit einer guten Portion Angeberei« (Z. 60).

Argumentationsgang

- Der einleitende Text (Z. 1 – 8) führt die umstrittene These und die konträren Positionen der beiden Germanisten Heike Wiese und Helmut Glück an.
- Die folgenden kursiv gedruckten Passagen geben wertend Thesen der Professorin wieder (Z. 9 – 13), zu denen Helmut Glück dann Stellung nimmt.

Sprachliche Gestaltung

- Verwendung der Vergangenheitsform und des Begriffs »These« in dem Satz des Interviewers (»Die These der Sprachwissenschaftlerin Heike Wiese hatte durchaus etwas Beruhigendes«) als Hinweis auf die Widerlegung der nicht haltbaren Behauptung der Professorin (vgl. Z. 30: »Das soll darauf hindeuten, […]«).
- Bezeichnung der Theorie Heike Wieses von Seiten Helmut Glücks als »einigermaßen skandalös« (Z. 8), »Wurschtigkeit gegenüber der Funktion einer Hochsprache« (Z. 48 f.) und Betonung, dass es »Zeit [sei], einmal Tacheles zu reden« (Z. 47) als Zeichen seiner abschätzigen Haltung dieser gegenüber
- Stützung einzelner Thesen durch Beispiele, z. B. Niederfränkisch und Berlinerisch als Beweis der langen Existenz von Dialekten

Schlussteil: s. o.

Bei der Untersuchung der **Karikatur** (s. Abbildung unten) sollten folgende Aspekte erfasst werden:

Thema

situationsangemessene Sprache, Gefahr jugendlicher Sprechweisen für ihr Können der Standardsprache

Beschreibung

Auf dem Bild sieht man einen Lehrer vor einer Tafel an einem Pult stehen, auf dem aus Sicht der Lerngruppe auf der linken Seite ein Stapel Hefte und rechts ein bis zwei einzelne Hefte liegen. Der Lehrer guckt auf letztere, bewegt sich rhythmisch, die Finger auseinandergestreckt, die Arme angewinkelt auf Schulterhöhe und sagt »Ey Alder, Dein Deutscharbeit! … Ey weisstu … hastu voll krass verkackt!« (vgl. Sprechblase). Vor ihm sitzen zwei Schüler mit dem Rücken zum Betrachter und zwei Schüler und eine Schülerin, deren Gesichter man erkennt. Ihre Mundwinkel sind nach unten gezogen, ein Schüler hat eine Kappe auf.

Deutung

Die Karikatur überzeichnet eine Situation im Deutschunterricht, der Lehrer nutzt bei der Rückgabe einer Deutscharbeit Jugendsprache und bewegt sich rhythmisch dabei. Mit seiner Aussage spricht er einen Schüler an, der eine schlechte Note in seiner Deutscharbeit hat. Durch die Verwendung der Jugendsprache und seine Bewegungen könnte er Kritik an der Haltung seines Schülers der deutschen Sprache und der Lebenshaltung gegenüber äußern. Eventuell sieht er in der Abgrenzung des Schülers durch seine Sprache einen Grund seines Versagens in der Deutscharbeit. Die Gesichter der Schüler und Schülerinnen spiegeln zudem ihr Entsetzen über die Darstellung des Lehrers, was sein situationsunangemessenes Verhalten und seinen Bruch der Rollenzuordnung besonders betont.

Schlussteil: s.o.

Zu Aufgabe B

Bei dieser Aufgabe sollte Stellung bezogen werden, d. h., die in der ersten Teilaufgabe herausgearbeiteten Informationen und Argumente Kiezdeutsch betreffend sollten hinsichtlich ihrer Überzeugungskraft hinterfragt und gewichtet werden und es sollte begründet eine Positionierung erfolgen.

Formal sollte der Leserbrief schon in seiner Überschrift an den Spiegelartikel (Angabe des Titels, der Autorin, des Erscheinungsdatums) anknüpfen und eine Positionierung erkennbar machen. Im Hauptteil sollten Ihre Emotionen beim Lesen des Artikels deutlich werden und Sie sollten Ihre Position argumentativ belegen, d. h. Kontra-Argumente entkräften und Pro-Argumente belegen. Auch eine Schlussformel nach der Stellungnahme ist sinnvoll.

Zum Beispiel könnte man seine negativen Empfindungen, wenn Gleichaltrige eine Sprache verwenden, die man nicht versteht, anführen und gegenüber Heike Wiese die Position beziehen, dass Kiezdeutsch hauptsächlich der Abgrenzung einer Gruppe diene und, da es durch die Integration z. B. ursprünglich türkischer Begriffe nicht für alle verständlich ist, entgegen ihrer Argumentation nicht »als Beispiel für gelungene Integration« (Wiese, Z. 99) angesehen werden könne. Dies dokumentiere auch die Karikatur, in der aufgezeigt wird, dass das Nutzen des Kiezdeutschen von Seiten eines Lehrers auf Seiten der Lerngruppe Irritationen hervorruft. Zudem seien Dialekte, wie die Aussage des Sprachwissenschaftlers Helmut Glück bestätigt, von »historische[r] Tiefe« (Glück, Z. 17) und nicht ein Zeitphänomen. …

Möchte man Heike Wiese zustimmen, könnte man z. B. an die Erfahrungen der Lehrerin, die von Heike Wiese zitiert wird, anknüpfen und erklären, dass man selbst in seinem Freundeskreis einige kennt, die zwischen perfekter Standardsprache und ihrer Jugendsprache perfekt situations- und adressatenangemessen wechseln können. Zudem sei Kiezdeutsch ein Gewinn für die deutsche Sprache, da z. B. bei *ischwör* ökonomisch zwei Wörter zusammengezogen werden, ohne dass es zu Verständnisschwierigkeiten kommt. Zwar zeige Kiezdeutsch, wie auch Heike Wiese betont, die »Zugehörigkeit zur Jugendkultur«, aber es sei nicht, wie Helmut Glück behauptet, »verbunden mit einer guten Portion Angeberei«, denn es dient dem Austausch in bestimmten Wohngebieten und nicht als Ausgrenzung anderer. Die meisten, die Kiezdeutsch sprechen, beherrschten genauso gut die Standardsprache und nutzten diese, wenn sie mit anderen zusammen sind. Es gibt auch eine Karikatur, wo dieser Sachverhalt völlig falsch dargestellt wird. Auf dieser wirft ein Lehrer in jugendsprachlichem Slang einem Schüler vor, seine Deutscharbeit »verkackt« zu haben, weder wird in dieser Darstellung zwischen inhaltlicher und sprachlicher Leistung unterschieden noch werden die Vorurteile des Lehrers, die auch Heike Wiese in Bezug auf die Kritiker des Kiezdeutsch erwähnt, hinterfragt. Als Fakt wird in der Karikatur angenommen, dass das Ausdrücken in einer Jugendsprache die Beherrschung des Deutschen negativ beeinflusst. …

Auch ist es möglich, in seinem Leserbrief Heike Wiese in einzelnen Aspekten zuzustimmen und andere zu widerlegen.

Darstellungsleistung

Die Bearbeitung der Aufgaben sollte schlüssig, stringent und gedanklich klar sein, Fachsprache sollte korrekt genutzt werden, Aussagen belegt, Zitate angemessen und korrekt in den Text integriert werden. Insgesamt sollten die Ausführungen sprachlich richtig sein, der Ausdruck sollte in sich differenziert, stilistisch angemessen und genau sein, Syntax, Lexik sollten erkennbar beherrscht werden.

Orientierungswissen

Im Orientierungswissen finden Sie die wichtigsten Kompetenzen und Fachbegriffe aufgelistet, die Sie auch in der Qualifikationsphase für das Fach Deutsch, aber auch für andere Fächer benötigen. Geordnet ist das Orientierungswissen nach den unterschiedlichen Kompetenzbereichen des Faches Deutsch: *Sprechen und Zuhören, Schreiben, Lesen, Literarische Texte analysieren und interpretieren* (Erzähltexte, Gedichte, Dramen), *Umgang mit Sachtexten, Reflexion über Sprache.* Ergänzt werden die Kompetenzbereiche durch die Rubrik *Lernen reflektieren und organisieren.*

Sprechen und Zuhören

▪ Bühlers Organon-Modell und seine Weiterentwicklungen

Der Psychologe und Sprachwissenschaftler Karl Bühler (1879–1963) unterscheidet in seinem 1934 erschienen Werk *Sprachtheorie. Die Darstellungsfunktion der Sprache* grundsätzlich drei Funktionen der Sprache bei jeder sprachlichen Äußerung: **Darstellung, Ausdruck** und **Appell.** Nach Bühler besteht jede Äußerung aus einem Zusammenwirkungen dieser drei Funktionen, wobei einzelne Funktionen in ganz unterschiedlicher Intensität vorliegen. In dem Ausruf »Hilfe!« dominiert die Appellfunktion, da der Rufende mit seinem Rufen dazu auffordert, dass man ihm hilft. Gleichzeitig enthält der Ausruf aber auch Momente des Ausdrucks und der Darstellung, denn der Rufende beschreibt andeutungsweise seine Notsituation (Darstellungsfunktion) und bringt gleichzeitig seine Angstgefühle (Ausdrucksfunktion) zum Ausdruck.

Für Bühler sind immer mindestens drei Elemente an sprachlichen Äußerungen beteiligt, die über das Sprachzeichen (Z) zueinander in Bezug treten: mindestens ein Sender, ein Empfänger sowie Sachverhalte oder Gegenstände, die den Anlass der Kommunikation darstellen. Die **Intention des Sprechens** entscheidet darüber, welche der **drei Funktionen der Sprache** jeweils überwiegt.

Alle sprachlichen Äußerungen – ob in mündlicher oder geschriebener Form – lassen sich daraufhin überprüfen, welche der Bühlerschen Funktionen dominierend ist. In Werbeanzeigen z. B. steht der Appell »Kauf mich!« in der Regel ganz im Vordergrund, während der informative Gehalt (Darstellung) bei der Beschreibung des Produktes häufig eher gering ausgeprägt ist. Die Auseinandersetzung mit den Bühlerschen Funktionen der Sprache im Rahmen des Analysierens und Interpretierens ist ein hilfreiches Instrument zur Beurteilung und Bewertung der spezifischen Leistung von Sprache.

Bühlers Organon-Modell wurde von anderen Sprachwissenschaftlern modifiziert, indem weitere Aufgaben der Sprache akzentuiert und ergänzt wurden. Dazu gehören z. B. die Funktion der Sprache, den *Kontakt* zwischen Kommunikationspartnern aufrecht zu erhalten, die *metasprachliche Funktion* (sprachliche Äußerungen, mit denen der Sprecher sich auf sich selbst bezieht) oder die *poetische Funktion* der Sprache.

▪ Das Nachrichten-Quadrat nach F. Schulz von Thun (S. 8)

▪ Das Vier-Ohren-Modell nach F. Schulz von Thun (S. 9)

▪ Anwendung der Kommunikationsmodelle (S. 10)

▪ Verhalten im Raum / Distanzregelung (S. 14)

▪ Bezug zwischen verbalen und nonverbalen Elementen (S. 16)

▪ Nonverbale Elemente der Kommunikation in literarischen Texten (S. 20)

Begriffe zur Beschreibung der Makrostruktur von Gesprächen

Gesprächsschritt (turn): Äußerungseinheit in einem Gesprächstext; meist begrenzt durch Sprecherwechsel (siehe unten *Sprecherwechsel*)

Gesprächseröffnung: wie das *Gesprächsende* eine Phase der Makroebene des Gesprächstextes, in der der Kontakt zwischen den Gesprächspartner hergestellt und die Gesprächssituation definiert wird

Gesprächsmitte (Kernphase): Das Gesprächsthema wird inhaltlich entfaltet und das *Hauptziel des Gesprächs* wird realisiert. In der Überleitung von der Gesprächseröffnung zur Gesprächsmitte wird im Allgemeinen das Gesprächsthema festgelegt.

Gesprächsende: Abgesehen von Gesprächen, die abrupt abgebrochen werden, wird das Gesprächsende in dieser Phase durch eine Beendigungsinitiative (z. B.: »Wir sollten jetzt erst mal abwarten ...«) eingeleitet, der eine Zustimmung durch den Gesprächspartner folgt.

Gespräche im Sinne der Gewaltfreien Kommunikation nach Rosenberg (S. 23)

Schwierigkeiten der Methode »Gewaltfreie Kommunikation« (S. 25)

Debatte und Debattenkultur (S. 59)

Die Methode des Aktiven Zuhörens

Das Zuhören, speziell das professionelle Zuhören, will gelernt sein. Eine Methode, die auch im Rahmen der Lehrgänge für Streitschlichter (Mediation) Anwendung findet, ist das Aktive Zuhören.

Das Aktive Zuhören ist eine Methode, mit der der Gesprächspartner »geöffnet« und zum Reden gebracht wird, indem der Zuhörende ihm das Gefühl gibt, verstanden zu werden. Der Gesprächspartner kann sich aussprechen und der Zuhörende erhält dabei die Informationen, die er für die Gesprächsführung benötigt. Der Zuhörende ist also nicht passiv, sondern derjenige, der den Gesprächsverlauf strukturiert und lenkt, indem er bestimmte Techniken der Gesprächsführung einsetzt.

Gesprächsverlauf beim Aktiven Zuhören

Beim Aktiven Zuhören sollten bestimmte Schritte eingehalten werden, um dem Gespräch eine klare Struktur zu geben. Schulz von Thun schlägt dazu ein Dreistufigkeit vor:

1. Stufe (Beziehungsebene)

Auf der Beziehungsebene soll dem Gesprächspartner signalisiert werden, dass man »ganz Ohr ist«. Dazu ist es nötig, dass Störquellen (Telefon, andere Personen usw.) ausgestellt werden und dass man sich dem Gesprächspartner durch Blickkontakt und Körperhaltung zuwendet. »Telefonlaute« wie »Ja« oder »Hm« sind hörbarer Ausdruck der eigenen Aufmerksamkeit.

2. Stufe (Inhaltliches Verständnis)

Der Zuhörende fasst an wichtigen Stellen des Gesprächs die Kernaussagen zusammen und überprüft dadurch sein inhaltliches Verständnis. Bei Gesprächspartnern, die sehr flüssig und viel sprechen, muss der Zuhörende von Zeit zu Zeit freundlich unterbrechen. Z. B. *»Darf ich Sie kurz unterbrechen, um noch einmal zusammenzufassen, was ich bisher verstanden habe?«*

3. Stufe (Gefühle verbalisieren)

Der Zuhörende versucht, dem Gesprächspartner »aus dem Herzen zu sprechen«, indem er die Gefühle, die sein Gegenüber ausgesprochen oder die er selbst wahrgenommen hat (Tonfall, Körperhaltung, Mimik), zum Ausdruck bringt. Der Zuhörende versucht, die Gefühle seines Gegenübers damit zu spiegeln, um dem Gesprächspartner sein Verständnis zu bekunden bzw. Gelegenheit zur Präzisierung zu geben.

Schreiben

▪ Formulierungshilfen

Mit Überleitungen arbeiten

Um die gedanklichen Zusammenhänge in einem Text für den Leser deutlich zu machen, ist es wichtig, Aussagen in Beziehungen zueinander zu setzen. Dafür nutzt man Überleitungen. Der Text wird auf diese Weise verständlicher und lässt sich flüssiger lesen.

Funktion der Überleitungen	Beispiele
Aneinanderreihung von Aussagen oder Argumenten	*zunächst, darüber hinaus, weiterhin, ergänzend, diese unterstützend, ferner, auch …*
allgemeine logische Verknüpfungen	*dabei, hier, in diesem Zusammenhang, so, da, weil, obwohl, dennoch, indem, dementsprechend …*
Verweise auf Gegenargumente / Einschränkungen	*andererseits, im Gegensatz dazu, demgegenüber ist zu bedenken, auf der anderen Seite, zwar … aber …*
Schlussfolgerungen / Sicherung von Ergebnissen	*zusammenfassend, aus alledem ist zu ersehen, man kann also festhalten*

Komplexe Formulierungen auflösen

Verschachtelte Sätze und komplizierte Formulierungen erschweren unnötig die Lesbarkeit und damit das Verständnis eines Textes. Um Lesbarkeit und Verständnis zu verbessern, kann man …

- komplexe Sätze, sog. »Bandwurmsätze«, in mehrere kurze Sätze auflösen,
- Satzteile umstellen,
- Wörter bzw. Wortgruppen weglassen,
- andere Wörter bzw. Wortgruppen einsetzen.

Beispiel

Emilia Galotti, die Tochter Odoardos, der ein Feind des Prinzen ist und sich zu dem ebenfalls bürgerlichen Wertvorstellungen anhängendem Grafen Appiani, dem Verlobten Emilias, hingezogen fühlt, wird von Bedienten des Prinzen auf sein Lustschloss Dosalo, auf das der Prinz sich mit seinen Geliebten zurückzieht, entführt.

Verbesserter Text: *Emilia Galotti wird von Bedienten des Prinzen auf dessen Lustschloss entführt. Emilias Vater Odoardo ist ein Feind des Prinzen. Wie Emilias Verlobter, Graf Appiani, richtet sich Odoardo an bürgerlichen Wertvorstellungen aus. Nicht zuletzt deshalb fühlt er sich zu Appiani hingezogen.*

Fachsprache und Fachvokabular benutzen

Ziel eines Fachtextes ist es, einen Sachverhalt unvoreingenommen und nüchtern darzustellen. Daher nimmt sich die schreibende Person zurück. Dementsprechend verzichtet man auf die Ich-Form und wählt das unpersönliche »man«.

Eine gelungene Textanalyse zeichnet sich auch durch den Gebrauch des entsprechenden Fachvokabulars aus. Das gilt sowohl im Hinblick auf den zu analysierenden Gegenstand als auch auf das Fachvokabular beim Umgang mit Texten.

Beispiel

- Fachvokabular, bezogen auf den Untersuchungsgegenstand Lessing, »Emilia Galotti«: *Bürgerliches Trauerspiel, Aufzug, Ständeklausel, Aufklärung, bürgerliches Tugendsystem …*
- Fachvokabular bezogen auf die Textanalyse im Allgemeinen: *Drama, Szene, Protagonist, Antagonist, Regieanweisungen, Dialog, indirektes Sprechen …*

Vermeiden sollte man folgende Wörter bzw. Formulierungen:

- **Füllwörter** sind nichtssagend und blähen einen Text unnötig auf. Man sollte deshalb auf sie verzichten. **Beispiel:** *also, nämlich, überhaupt, ich würde sagen, man könnte hervorheben …*
- **Modewörter**, d.h. Wörter, die zeitabhängig häufig gebraucht werden und oft Schlagwörter sind. **Beispiel:** *ultimativ, multimedial, ein Ergebnis festzurren, eine Sache fokussieren …*
- **Umgangssprachliche Formulierungen** entsprechen nicht den Erwartungen an eine wissenschaftlich ausgerichtete Arbeit.

Überblick über zentrale Schreibhandlungen (Operatoren)

Wiedergeben

Der Inhalt eines Textes bzw. eines Textauszuges wird mit eigenen Worten knapp wiedergegeben. Das kann – je nach dem, wie es die Aufgabenstellung vorsieht – in Form eines Fließtextes oder in Form von Thesen erfolgen.

Die Inhaltswiedergabe leitet zumeist eine ausführliche Textanalyse und -interpretation ein.

Beschreiben

Beim Beschreiben werden Beobachtungen in Worte gefasst. Man beschreibt, was man wahrnimmt und erlebt, ohne es zu analysieren oder zu bewerten. Beschreiben ist oft formalisiert, z. B. die Versuchsbeschreibung: Man spricht dann vom Protokollieren.

An die Beschreibung schließt sich die Auswertung an.

Zusammenfassen

Zwischenergebnisse werden im Verlauf der Arbeit hervorgehoben. Zentrale Ergebnisse werden zumeist zu Beginn des Schlussteils einer Arbeit in knapper Form ausgeführt, ohne dass dabei noch einmal alle Einzelergebnisse der Arbeit dargelegt werden.

Zusammenfassungen dienen dem Leser als Orientierung.

Analysieren

Ein Text wird im Hinblick auf seine inhaltliche und formale Machart untersucht. Häufig wird auch noch das Lay-out zur Analyse herangezogen: D. h., man zergliedert den Text in seine Bestandteile, um auf diese Weise Erkenntnisse zu gewinnen.

Untersuchungsgegenstände sind u. a.:

- *inhaltliche Gestaltung:* Gedankenführung, Aufbau des Textes, Argumentationsführung, Adressatenbezug etc.;
- *sprachliche Gestaltung:* Wortwahl, Satzbau, Verwendung rhetorischer Mittel etc.;
- *Lay-out:* Schriftart und -größe, Verwendung zusätzlicher Abbildungen etc.

Interpretieren

Die Aussage eines Textes wird herausgearbeitet. Dafür ordnet man den Sachverhalt, mit dem sich der Text beschäftigt, in einen größeren Zusammenhang ein, z. B. in einen gesellschaftspolitischen Kontext oder eine kulturelle Fragestellung. Die Interpretation literarischer Werke kann sich z. B. an folgenden Aspekten orientieren:

- Biografie der Autorin / des Autors (biograf. Ansatz);
- Entstehungszeit des Textes und seinem historisch-politischen bzw. kulturellen Umfeld (literaturgeschichtl. Ansatz);
- Wirkung des Textes auf die Leser zu verschiedenen Zeiten.

Interpretationen setzen die Textanalyse voraus.

Vergleichen / Kontrastieren

Festgehalten werden sowohl Übereinstimmungen als auch Unterschiede, bezogen auf einen vorgegebenen Untersuchungsgegenstand. Verglichen werden können Texte, Personen, Fragestellungen, Probleme, Gestaltungsformen etc. Wichtig dabei ist die Benennung von Vergleichskriterien.

Argumentieren / Erörtern

Es werden Argumente für und gegen eine Behauptung angeführt bzw. kontroverse Gesichtspunkte in Betrachtung eines Gegenstands dargelegt.

Die Argumente müssen klar auf die Behauptung bezogen und überprüfbar sein. Sie werden durch Beispiele veranschaulicht.

Stellung nehmen / Bewerten

Auf der Basis von Argumenten wird eine persönliche Stellungnahme entwickelt, in der die eigene Position, die der Schreibende dem Sachverhalt gegenüber vertritt, deutlich wird. Es geht um eine klare Darstellung der eigenen Meinung.

Für die Bewertung eines Sachverhalts müssen die Bewertungskriterien offen gelegt werden.

Orientieren – Recherchieren – Verarbeiten – (vorläufig) Gliedern

Die folgenden Schritte bieten sich an, um im gegebenen Zeitrahmen zielorientiert auf die Präsentation hin zu arbeiten. Sie werden an einem vorgegebenen Thema erläutert, dem Vergleich von Männer- und Frauensprache.

- **Gezieltes Befragen des Themas** *(Gibt es Definitionsbedarf? Sind z. B. Stereotypen des Männlichen und Weiblichen Voraussetzung für den Vergleich?)*

- **Erstes Entwerfen** von zentraler **Leitfrage**, rotem Faden bzw. Problemstellung *(Soll das Thema eher den Vergleich von Männer- und Frauensprache hierzulande oder im interkulturellen Bereich in den Blick nehmen? Sollen aus der – angenommenen – Unterschiedlichkeit womöglich resultierende Kommunikationsprobleme einbezogen werden?)*
- **Informationsquellen** zur (auch kritischen) Recherche **nutzen**, u. a. Lexika, Befragung von Experten, das Internet, Bibliotheken und Archive, Zeitungen und Zeitschriften, v. a. Feuilletons, Fernsehen, Radio, aber auch Buchhandlungen und Verlage besonders bei Recherchen zu aktuellen Büchern *(Kann eine Frauenzeitschrift mit gesellschaftspolitischem Anspruch wie EMMA eine gute Quelle sein? Wie wahre ich kritische Distanz zu besonders engagierten Veröffentlichungen?)*
- **Logische Reihenfolge entwickeln** – chronologisch, vergleichend oder untergliedert *(Sollte zunächst eine Darstellung allgemeiner Befunde zu Männer- und Frauensprache stattfinden? Oder könnten Beispiele den Vergleich direkter einleiten? Kann an einzelnen Sprachphänomenen wie Frageverhalten entlang gegliedert werden oder müssten zunächst übergreifende Sprachmuster dargestellt werden?)*

Empfehlenswert ist ein **Arbeitsplan**, der die Bearbeitung (Themenbefragung, erste Problementwicklung, Recherchen, vorläufige Gliederung) zu strukturieren hilft.

▪ Zitieren

Zum wissenschaftlichen Arbeiten gehört es, die Ausführungen mit **Zitaten** zu **belegen**. Hierfür gibt es folgende Möglichkeiten:

- Das Zitat wird in den Satz integriert.
- Ein umfangreiches Zitat wird selbstständig angeführt.
- Das Gelesene wird in Form der indirekten Rede wiedergegeben. Wörtliche Textübernahmen werden durch Anführungsstriche gekennzeichnet. Auslassungen durch runde oder eckige Klammern und drei Auslassungspunkte (...) / [...], Hinzufügungen durch eckige Klammern [ ] markiert. Die Orthografie und die Zeichensetzung der Quelle werden beibehalten.

▪ Wörtliche und sinngemäße Zitate (S. 164)

▪ Argumentieren – eine Alltagskompetenz (S. 35)

▪ Argumenttypen (S. 43 f.)

▪ Die Qualität von Argumenten (S. 44)

▪ Argumente gegenüberstellen und für die eigene Position nutzen (S. 45)

▪ Argumente verknüpfen, gewichten und zu Positionen Stellung nehmen (S. 58)

▪ Lineare Erörterung und dialektische Erörterung (S. 51)

▪ Wie verfasst man eine textgebundene Erörterung? (S. 55)

▪ Die freie Erörterung (S. 56)

▪ Eine Stellungnahme verfassen (S. 49)

▪ Aufbau einer Stellungnahme (S. 60)

Lesen

▪ Leseeindrücke festhalten (S. 151)

▪ Ein erstes Textverständnis formulieren (S. 154)

▪ Lesestrategien zielführend einsetzen

Vor der Lektüre: Vorwissen aktivieren

- Was verbinde ich mit dem Titel und Untertitel des Textes?
- Was weiß ich bereits über das Thema des Textes?
- Welche zusätzlichen Informationen könnte der Text mir bieten?
- Was könnte ich lernen?
- Was weiß ich evtl. über den Autor? Kenne ich andere Texte, die er verfasst hat?
- Welche Schlussfolgerungen lassen sich aus Entstehungszeit, Textsorte und Veröffentlichungsort ziehen?

Während der Lektüre des Textes

Schritt 1: Beim ersten überfliegenden Lesen des Textes

- Welche Hinweise auf den Inhalt des Textes geben mir neben dem Titel der Einleitungs- und Schlusssatz sowie die ersten Sätze der einzelnen Abschnitte?
- Welche Hinweise geben mir der Klappentext, das Inhaltsverzeichnis und – wenn vorhanden – eine vorangestellte Zusammenfassung des Textes?
- Wie kann ich das Thema nach einer ersten flüchtigen Lektüre des Textes in einem Satz zusammenfassen?
- Welche Schlüsselwörter fallen beim ersten Lesen auf?
- Welche Gliederungsmerkmale werden deutlich?
- Welche Stolpersteine muss ich in dem vorliegenden Text beseitigen, z. B. unbekannte Wörter, unklare Formulierungen oder Sätze?

Schritt 2: Beim vertiefenden Lesen des Textes

- Welches sind die zentralen Wörter/Formulierungen in einem Abschnitt?
- Wie lassen sich die Aussagen der einzelnen Abschnitte in einem Satz zusammenfassen?
- Wie ist der Text aufgebaut? Wie verläuft der Gedankengang?
- Wie lassen sich die zentralen Gedanken veranschaulichen (z. B. in einer Mind-Map, einem Schaubild)?
- Welche sprachlichen Mittel (Satzbau, rhetorische Mittel usw.) unterstützen die Textaussagen?
- Welcher Zusammenhang besteht zwischen Lay-out und Textaussagen?

Nach der Lektüre des Textes

- Wie halte ich meinen Lernzuwachs fest (Exzerpt, Zusammenfassung …)?
- Was wusste ich schon? Was war neu für mich? Was habe ich nicht verstanden? Worüber möchte ich sprechen?
- Worin unterscheidet sich der vorliegende Text von anderen Texten, die sich mit dem Thema beschäftigen?
- Welche Lesestrategien haben mir bei der Erarbeitung des Textes besonders geholfen?

▪ Die Fünf-Schritt-Lesemethode im Überblick

1. Antizipierendes Lesen: Vorwissen mit neuen Informationen verknüpfen

- Über welches Vorwissen zu diesem Bereich verfügen Sie bereits?
- Zu welchen Aspekten benötigen Sie noch Informationen?
- Welche ersten Informationen erhalten Sie durch Cover, Name des Autors, Titel, Untertitel, Klappentext, Inhaltsverzeichnis und Lay-out?

Ziel: Klärung des eigenen Leseinteresses, Aufbau eines Erwartungshorizonts

2. Überfliegendes Lesen: Ein erstes Textverständnis aufbauen

- Welche Informationen geben die äußeren Textmerkmale im Hinblick auf Thema und Intention des Textes?
- Welche Informationen geben erste innertextliche Signale wie Anfang und Ende des Textes, Zwischenüberschriften, Absatzanfänge etc. über den Inhalt, das Thema und die Intention des Textes?

Ziel: grober Überblick über Themenrelevanz und Informationsgehalt des Textes für das eigene Leseinteresse

3. Vertiefendes konzentriertes Lesen I: Erarbeitung eines detaillierten Textverständnisses

- Welche Begriffe bzw. Textstellen müssen geklärt werden?
- Welches sind die zentralen Aussagen des Textes in Bezug auf mein Leseinteresse bzw. die vorliegende Aufgabenstellung?
- Wie ist der Text gedanklich aufgebaut?

Ziel: Klärung des Textinhalts und Textaufbaus

4. Vertiefendes konzentriertes Lesen II: Erarbeitung der formalen und sprachlichen Gestaltung des Textes

- Welche sprachlichen Mittel verwendet der Autor, um seine Aussageabsicht deutlich zu machen?
- Welche Aspekte des Lay-outs unterstützen die Textaussagen?

Ziel: Verknüpfung von inhaltlichen Aussagen und sprachlicher sowie formaler Gestaltung des Textes

5. Reflektierendes und beurteilendes Lesen: Entwicklung einer eigenen Position

- Inwieweit werden der Text und seine formale und sprachliche Gestaltung dem Thema sowie der Aussageabsicht des Textes gerecht?
- Welche Aspekte sprechen für, welche gegen die Position bzw. einzelnen Aussagen des Textes?
- Welche Schlussfolgerungen, welche Perspektiven lassen sich aus dem Text entwickeln?

Trainieren Sie die einzelnen Schritte der Lesemethode zunächst systematisch. Bei mehr Routine gehen sie automatisch ineinander über.

▪ Kooperative Lesestrategien einsetzen

Kompetente Leser sprechen mit anderen Lesern über Texte, die sie lesen, und Lesestrategien, die sie anwenden. Dieser gemeinsame Austausch führt zu einem vertieften Textverständnis und erweitert das Repertoire an Lesestrategien.

Fragen an einen Text stellen

Auf welche Frage gibt der Text eine Antwort?
Einsatzmöglichkeiten: Informationen ermitteln, Aufbau und sprachlich-formale Gestaltung, Stellung nehmen
Durchführung: Jeder formuliert 3–4 Fragen an den Text. Die Fragen werden einem anderen Leser beantwortet.

Partnerinterview

Einsatzmöglichkeiten: Informationen ermitteln, Aufbau und sprachlich-formale Gestaltung, Stellung nehmen
Durchführung: Der Text wird in Abschnitte aufgeteilt und diese werden durchnummeriert. Beide Partner lesen den Text. Partner A entwickelt Fragen zu den Abschnitten 1, 3, 5 etc., Partner B zu den Abschnitten 2, 4, 6 etc. Der jeweils andere beantwortet die Fragen.

Textzusammenfassungen austauschen

Einsatzmöglichkeiten: zentrale Informationen entnehmen, Textverständnis klären, Wichtiges von Unwichtigem unterscheiden
Durchführung: Jeder schreibt zu einem Text eine Zusammenfassung. Ein anderer Leser liest die Zusammenfassung unter folgenden Aspekten: Ist klar, worum es in dem Text geht? Sind alle wichtigen Aussagen enthalten? Was könnte gestrichen werden?

Wortgitter aufstellen

Einsatzmöglichkeiten: zentrale Informationen entnehmen, Textaufbau klären
Durchführung: Zwei Partner lesen den Text. Jeder notiert 8–10 Schlüsselbegriffe, mit deren Hilfe der Textinhalt erfasst wird. Die Partner stellen sich die Begriffe vor. Die Begriffe werden auf 8–10 Begriffe reduziert. Auf der Basis dieser reduzierten Begriffe wird ein Schaubild zum Text erstellt.

Vorhersagen zum Text machen

Einsatzmöglichkeiten: genaues textnahes Lesen, Erfassen von Textzusammenhängen, Gedankengänge nachvollziehen
Durchführung: Ein Text wird abschnittsweise gelesen. Die Partner tauschen sich darüber aus, welche Informationen der Abschnitt erhält und welche Aussagen als nächstes zu erwarten sind. Erarbeitet wird eine Checkliste zum Vorhersagen von Textinhalten.

▪ Das Exzerpt (S. 163)

Erzähltexte analysieren und interpretieren

▪ Was ist eine Geschichte? (S. 67)

▪ Erzählperspektive und Darbietungsformen

Entscheidend für die Vermittlung der fiktiven Welt und die damit verbundene Lenkung des Lesers ist die **Erzählperspektive.** Diese kann in verschiedene Formen des Erzählens kategorisiert werden, wobei diese jedoch selten in Reinform vorliegen, sondern sich oft miteinander vermischen. Zudem ist die Frage zu klären, in welcher Person der Erzähler spricht (1. oder 3.).

Auktoriales Erzählen: Der allwissende Erzähler steht außerhalb oder allenfalls am Rande der fiktionalen Welt. Er verfügt souverän über alle Elemente seiner Erzählung, er hat den Überblick über den gesamten Geschehensablauf, er kann in das Geschehen eingreifen, kann rückblicken und vorausschauen, bewerten und kommentieren. Er kann sich in die Figuren hineinversetzen (Innensicht) und sowohl Figuren als auch den Leser direkt ansprechen. Die Haupt-Darbietungsform des auktorialen Erzählens ist der Erzählerbericht (inklusive Beschreibungen, Kommentare, Reflexionen, s. u.).

Personales Erzählen: Erzählt wird aus der Perspektive einer bestimmten Figur, hinter die der Erzähler oft sogar ganz zurücktritt. Diese Figur wird nicht explizit als Erzählerinstanz eingeführt und sie ist unmittelbar am Geschehen beteiligt. Dargestellt werden kann lediglich die Innenwelt dieser Figur sowie die von ihr unmittelbar erlebte Außenwelt. Dem Leser wird somit ein unmittelbarer Einblick in das subjektive Erleben der Figuren gegeben. Eine Variante ist die Erzählung aus den Perspektiven mehrerer Figuren im Wechsel (Polyperspektivität). Haupt-Darbietungsformen des personalen Erzählens sind die szenische Darstellung sowie die erlebte Rede und der innere Monolog.

Neutrales Erzählen: Es wird weder aus der Sicht einer Figur erzählt noch ist ein den Leser lenkender Erzähler erkennbar. Das neutrale Erzählen erweckt den Anschein (!) höchster Objektivität, denn Gespräche der Figuren werden ohne Zwischenbemerkungen wiedergegeben.

Ich-Erzählung: Der Erzähler ist in der Ich-Form anwesend und Teil der fiktiven Welt. Er kann als erzählendes (sich erinnerndes) Ich und als erlebendes (erinnertes) Ich auftreten. Die Ich-Form ist sowohl mit der auktorialen als auch der personalen Erzählperspektive verbindbar. Während bei der auktorialen Ich-Erzählperspektive das Erzähler-Ich in einer Doppelrolle als erzählendes und erlebendes Ich auftritt, vermittelt der Ich-Erzähler bei der personalen Ich-Erzählperspektive das Geschehen allein aus seiner Sicht als unmittelbar erlebendes Ich; erzählendes und erlebendes Ich fallen also zusammen.

Je nach Erzählperspektive können in einem Erzähltext unterschiedliche **Darbietungsformen** Anwendung finden. Eine der häufigsten Formen ist der so genannte **Erzählerbericht** des auktorialen Erzählers. Hierunter versteht man all die Elemente einer Erzählung, die unmittelbar vom Erzähler selbst vermittelt bzw. ihm zugeordnet werden können. Dabei kann er z. B. ein Geschehen in einer zeitlich gerafften Form wiedergeben (Bericht i. e. S.) oder aber ausführlicher und zeitdeckender erzählen (szenische Darstellung). Zusätzlich ermöglicht der Erzählerbericht, Geschehnisse und Verhaltensweisen der Figuren zu kommentieren, allgemeine Reflexionen anzustellen, Zustände und Befindlichkeiten zu beschreiben oder zu schildern, aber auch den Leser über zeitlos gültige Werte zu belehren (Sentenzen).

Wird **Figurenrede** dargestellt, so tritt der Erzähler meistens weitgehend hinter den Figuren zurück. Möglichkeiten sind die indirekte Rede, in der der Erzähler noch vermittelnd auftaucht (»Er fragte sich, ob er wirklich diesen Freund in St. Petersburg hatte.«), die direkte Rede, die die Ich-Form im Gesprochenen belässt (»Habe ich / Hast du wirklich diesen Freund in St. Petersburg?«) oder als Zwischenform die erlebte Rede, die keine Redeeinleitung des Erzählers aufweist, jedoch die Distanz zum Erzählten durch die beibehaltene 3. Person nicht aufgibt (»Hatte er wirklich diesen Freund in St. Petersburg? Er wusste es einfach nicht mehr.«)

Gibt der Erzähler die Innensicht einer Figur wieder, so werden dem Leser auch Gefühle und Gedanken vermittelt, die den anderen handelnden Personen des Textes nicht bekannt sind. Eine besonders deutliche Form dieser Darbietungsform ist der **innere Monolog** sowie die moderne, erweiterte Form davon, der **Be-**

wusstseinsstrom (stream of consciousness), in dem dann nicht nur die Gedanken, sondern auch mehr oder weniger unbewusste Assoziationen, Erinnerungsfetzen und Emotionen wiedergegeben werden. Der Bewusstseinsstrom ist frei von grammatischen und syntaktischen Regeln und ahmt damit den freien Gang der Gedanken und Gefühle nach. Diese Form des Erzählens wird vor allem in der Literatur des 20. Jahrhunderts aktuell.

Weiterhin aufschlussreich ist die Betrachtung der Erzählhaltung: Die Erzählung kann (unabhängig von der Erzählperspektive!) einen ironischen, kritischen, wertenden ... oder neutralen Tonfall haben.

▪ Erzählform, Standort des Erzählers, Erzählperspektive (S. 70)

▪ Figuren und Figurenkonstellation

Im Rahmen der Dimensionen von Zeit und Raum wird die Handlung eines epischen Textes dadurch geführt, dass Hauptfiguren (Protagonisten) und Nebenfiguren agieren. Ihr Handeln ist geprägt von einer bestimmten **Figurenkonzeption**, die sowohl das Auftreten des einzelnen Akteurs als auch das Zusammenspiel aller am Geschehen Beteiligten umfasst. Dabei unterscheidet man einerseits **statische**, sich nicht verändernde, von **dynamischen**, sich verändernden Figuren, andererseits **Typus** (eine auf wenig verallgemeinerbare Züge konzentrierte Figur) und **Individuum** (eine Figur mit individuell ausgestaltetem Persönlichkeitsprofil). Die individuelle Gestalt einer Figur wird durch deren **Charakterisierung** bestimmt. Diese kann **direkt** erfolgen, wenn innerhalb der Erzählung die Charakterisierung einer Figur durch den Erzähler selbst (in der Außensicht) oder von anderen Figuren (in der Innensicht) vorgenommen wird, indem z. B. ihr Äußeres näher beschrieben, ihre Beziehungen zu anderen Personen dargestellt, ihr Handeln vor dem Hintergrund bestimmter Situationen thematisiert wird. Eine **indirekte** Charakterisierung liegt dort vor, wenn sich die Figuren durch Inhalt und Form ihrer eigenen Äußerungen (z. B. wörtliche Rede, Gedanken) und ihr erzähltes Verhalten selbst charakterisieren.

Das Zusammenwirken der Figuren und ihr Verhältnis zueinander bezeichnet man als **Figurenkonstellation**. Diese wird geprägt von ...

- der Art der Beziehung der Personen / Figuren zueinander je nach: Geschlecht, Alter, Verwandtschaft, Bildung, beruflicher Stellung, Herkunft / Milieu, sozialem Status, Werthaltung, Normorientierung, charakterlicher Einstellung und psychischem Verhalten (z. B. Interessen, Gefühlen, Wünschen, Bedürfnissen, Antrieben);
- der kompositorischen Konstellation der Figuren: **Parallelfiguren** (Wiederholung bestimmter Figurengruppen, z. B. auf einer anderen sozialen Ebene), **Kontrastfiguren** (z. B. bei Entgegensetzung von Lebensentwürfen).

Aus der Figurenkonstellation ergibt sich meist der zentrale **Konflikt** des epischen Textes, weshalb sie im Rahmen einer Textinterpretation in besonderem Maße berücksichtigt werden muss.

▪ Charakterisierung durch Deutung des Figurenhandelns (S. 73)

▪ Erzählerrede und Figurenrede (S. 80)

▪ Motive und Leitmotive

Als **Motiv** bezeichnet man die kleinste strukturbildende und bedeutungstragende Einheit im Werk eines Autors oder in einem Text. Eine spezielle Form ist das **Leitmotiv**, das aus der Musik entlehnt wurde. So können Farben, Stimmungen, Symbole, Personen, Sätze, Redewendungen und vieles mehr als Leitmotiv verwendet werden. Ein Leitmotiv kann als sprachliches Bild eine ordnende oder verbindende Funktion innerhalb eines Textes haben oder durch seine häufige Wiederholung die Charakteristika einer Figur, eines Ortes, eines Konflikts betonen.

▪ Räume und Schauplätze

Ein epischer Text wird auch durch die Gestaltung des Raumes bzw. Schauplatzes geprägt, in dem sich die Handlung abspielt. Bei manchen Romanen spricht man von einer **Schauplatzexposition**. Dabei spiegelt die Raum-/Schauplatzgestaltung keine reale Topographie wider. Selbst wenn das fiktive Geschehen an einem in der Realität wiederfindbaren und konkret benannten Ort spielt (z. B. Sommersitz an der Ostsee, Wohnung in Berlin etc.), dient dieser vor allem dazu, die Atmosphäre, das soziale Umfeld, das Lokalkolorit zu vermitteln, in denen die Figuren leben und handeln und das sie prägt. Der Text kann von daher ein hohes Maß an Authentizität gewinnen sowie eine Wiedererkennungs- und Identifikationsmöglichkeit für den Leser (besonders im Historischen Roman bzw. im Zeitroman). Die so entstehende fiktive Topographie einer Erzählung weist vielseitige gestalterische Funktionen auf, da sie immer in Bezug zum Handeln der Protagonisten entsteht und dieses z. B. beeinflussen, konterkarieren, motivieren kann. Im realistischen Zeit- und Gesellschaftsroman des 19. Jahrhunderts können topografische Besonderheiten **leitmotivische Funktion** innerhalb des Textes übernehmen. Die Raumgestaltung kann durchaus auch jeden realen Bezug verlieren und der Spiegelung und Vergegenständlichung innerer Zustände und Prozesse (innerseelische Topographie) dienen.

Analyse der Raum-/Schauplatzgestaltung: Konzentrieren Sie sich beim ersten Lesen der Textauszüge auf die Darstellung des Schauplatzes und dessen Ausgestaltung. Markieren Sie alle Textstellen, die Aufschlüsse über den Ort des Geschehens geben, unterstreichen Sie Schlüsselbegriffe, die zur Charakterisierung des Schauplatzes, der Atmosphäre, des sozialen Milieus beitragen. Achten Sie auf Einzelheiten und Kontraste, Farbgebung etc. Überlegen Sie, welche Beziehung zwischen dem Ort und den Figuren, die sich dort befinden, besteht.

Die zeitliche Gestaltung von Erzählungen (S. 77)

Zeit und Zeitstrukturen

Jede Handlung eines epischen Textes ereignet sich innerhalb eines bestimmten Zeitablaufs und weist damit eine bestimmte Dauer auf. Unterschieden wird dabei zwischen der **Erzählzeit**, die das Lesen bzw. Vortragen des Textes fordert, und der **erzählten Zeit**, dem Zeitraum, über den sich die erzählte Handlung erstreckt. Drei Möglichkeiten lassen sich unterscheiden:

- **Zeitdeckung** liegt vor, wenn Erzählzeit und erzählte Zeit annähernd deckungsgleich sind;
- **Zeitraffung** liegt vor, wenn die Erzählzeit kürzer ist als die erzählte Zeit;
- **Zeitdehnung** liegt vor, wenn die Erzählzeit länger ist als die erzählte Zeit.

Modernere und experimentellere Umgangsformen mit der Zeit in epischen Texten zielen z. T. auf eine Auflösung der chronologischen Struktur ab. Erreicht wird dieses vor allem in der Darstellung subjektiv empfundener Zeit, wenn etwa innerhalb des Bewusstseins einer Figur unterschiedliche Zeitebenen gleichzeitig präsent sein können (z. B. in der **erlebten Rede**, im **inneren Monolog** oder im **stream of consciousness**). Auch bei der Montagetechnik, mit deren Hilfe z. B. verschiedene Erzählperspektiven überlagert werden können, wird die lineare Zeitstruktur aufgelöst.

Sprachanalyse

Die Sprachanalyse bei epischen Texten entspricht im Wesentlichen der bei lyrischen und dramatischen Texten: Sie geht aus von einer genauen Untersuchung der Wortwahl und des Satzbaus auch mit Hilfe von klassischen rhetorischen Stilfiguren sowie eingehenden Überlegungen zu deren spezieller Funktion im jeweiligen Textzusammenhang. Für die Analyse der Sprache epischer Texte ergeben sich darüber hinaus folgende Besonderheiten:

- Beachten Sie, wie sich die **Sprache einzelner Figuren** bzw. **zwischen Figur(en) und Erzähler** (auch über unterschiedliche Figuren) unterscheidet; dies kann Aufschluss über Wertungen oder über Charakteristik geben.
- Innerhalb eines erzählenden Textes kann auch der **Sprachduktus** wechseln, beispielsweise im Zusammenhang mit einem Wechsel des Erzähltempos oder im Zusammenhang mit der Funktion eines Textabschnittes innerhalb des Kontextes.
- Achten Sie auf besondere **Wortfelder**, die zur Beschreibung oder Charakterisierung verwendet werden, z. B.: viele Begriffe aus dem technischen/medizinischen Bereich; eine Person wird besonders metaphernreich umschrieben; bestimmte Wortfelder kommen immer im Zusammenhang mit einem bestimmten Problem vor etc.
- In der Sprachanalyse eines epischen Textes werden im Vergleich zur Lyrik die klassischen rhetorischen Figuren oft eine geringere Stellung einnehmen, während Spezifika des **Satzbaus** und der **Wortwahl** wichtiger werden. Beispielsweise kann der Satzbau häufig mit dem Erzähltempo / der Emotionalität im Zusammenhang stehen.

Kurzprosa verstehen, analysieren und deuten (S. 86)

Gestaltendes Interpretieren

Neben der analytischen Herangehensweise gibt es vielfältige Möglichkeiten der kreativen und produktiven Auseinandersetzung mit literarischen Texten. Allen ist gemein, dass ihr Schwerpunkt nicht auf einer erklärenden und erläuternden Beschreibung des Textes liegt, sondern auf einem gestalterischen und künstlerischen Schreibprozess.

Beim **gestaltenden Interpretieren** liegt ein Text vor, der jedoch nicht nur als Anregung zum Schreiben dient, sondern über den Weg des kreativen Schreibens eine Interpretation, eine Deutung erfahren soll. Damit ist auch die Qualität der gestaltenden Interpretation niemals nur allein Ergebnis ihrer literarisch-künstlerischen Form, sondern abhängig von einem plausiblen und differenzierten Bezug zum Originaltext. Folgende Herangehensweise an eine gestaltende Interpretation ist empfehlenswert:

1. Analyse des Textes

Die Erstbegegnung mit dem literarischen Text, der Vorlage zur gestaltenden Interpretation, erfolgt zunächst nach »klassischem Muster« und entspricht den Regeln zur Erschließung eines Textes.

2. Entwickeln einer Deutungshypothese

Je präziser die Deutung des Originaltextes ausfällt, um so differenzierter lässt sich diese in der Gestaltungsaufgabe berücksichtigen.

- **Die Figurenkonzeption:** Häufig fordert die Aufgabenstellung im Rahmen einer gestaltenden Interpretation das Sich-Hineinversetzen in eine Figur und die Kommentierung des Geschehens aus ihrer Sicht (vgl. Arbeitsschritt 3).
- **Der zentrale Konflikt der Handlung:** Um diesen Konflikt herum lässt sich am geschicktesten die kreative Interpretation aufbauen. Dabei empfiehlt es sich, zentrale Motive und prägnante sprachliche Bilder für eine Fortbeschreibung besonders zu berücksichtigen.
- **Die Erzählhaltung:** Gerade bei modernen Texten ergibt sich durch Standort und Haltung des Erzählers oft ein perspektivisch zugespitztes oder verzerrtes Bild, etwa, wenn er den subjektiven Blickwinkel eines Protagonisten übernimmt.
- **Die Beziehung von Inhalt und Form:** Das gestaltende Interpretieren fordert in der Regel nicht die Übernahme des Stils der Vorlage. Dieser muss aber insofern beachtet werden, als etwa die Veränderung des Sprachstils einer Figur deren gesellschaftliche Position umdeuten kann.

3. Das Umsetzen der Gestaltungsaufgabe

Aufgaben zum gestaltenden Interpretieren lassen sich in zwei Hauptgruppen untergliedern:

- **Innertextliche Ergänzungen:** Hierbei handelt es sich um Fortschreibungen des Textes innerhalb des vorgegebenen Handlungsrahmens, z. B. …
  - das Füllen von Leerstellen,
  - der Wechsel der Perspektive zu einer anderen Figur,
  - die Ergänzung eines inneren Monologs …
- **Außertextliche Ergänzungen:** Die hier geforderten Texte sind in der Regel nachträgliche Kommentare zu den im Originaltext geschilderten Ereignissen. Dazu gehören etwa …
  - das Verfassen eines Tagebucheintrags oder eines Briefes,
  - die Gestaltung einer Parallelszene, eines Gegentextes,
  - die Fortsetzung der Erzählung unter veränderten Bedingungen …

Gleichnis und Parabel (S. 81)

Kürzestgeschichten (S. 87)

Anekdote (S. 88)

Roman, Erzählung, Novelle (S. 159)

Gedichte analysieren und interpretieren

▪ Umgang mit Lyrik

Gedichte unterscheiden sich von Sach- und Gebrauchstexten, sie sind aber auch anders als erzählende Prosa oder Dramentexte. Sie zeichnen sich vor anderen Texten und Sprechformen durch besondere Qualitäten aus, die sich in einem kreativen, oft ungewöhnlichen und manchmal auch gegen die Normen verstoßenden **Sprachgebrauch** äußern. Lyrische Texte gestalten die Aussagen in anderer Weise als andere Textsorten, sie lenken die Aufmerksamkeit vor allem auf die sinnliche Seite der Sprache, den Klang der Worte, die Folge der Worte in einem Sprechzusammenhang, die Verhältnisse von betonten und unbetonten Silben, die besondere Wortwahl, die Satzstruktur und die Art und Weise der Bedeutungsbildung in einer oft bildlichen, metaphorischen Darstellungsweise. Daher müssen Leser einen sinngebenden Rahmen für die Aussagen in der Regel selbst setzen, sie müssen mit sprachlich erzeugten Zeichen umgehen, die mehrfachen Sinn bilden und auf verschiedenen Ebenen Bedeutung erzeugen können (Überstrukturierung). Je nach Gedicht werden verschiedene Aspekte der **Gestaltung** und **Bedeutungsbildung** wichtig. Eine angemessene Gedichtbeschreibung und Interpretation hat die jeweils wichtigen Aspekte zu bestimmen und entsprechend zu berücksichtigen.

▪ Sprechform, -stimmung, -haltung bei der Artikulation (S. 94)

▪ Betonungen und Verse (S. 95)

▪ Betonte und unbetonte Silben

Die **Betonung bestimmter** (Wort-)**Silben** gestaltet Äußerungen und trägt zu deren Wirkung Entscheidendes bei. Bei den Redewendungen »Mit Kind und Kegel« oder »Mit Haut und Haar« werden jeweils die zweite und vierte Silbe betont, während die erste und dritte (bzw. fünfte) unbetont bleiben. Das Formelhafte und Eingängige von Wendungen dieser Art werden mit diesen Betonungen (auch Hebungen genannt) verstärkt. In lyrischen Texten werden diese Möglichkeiten gezielt genutzt, Verse mit regelmäßigen Betonungsverhältnissen gehorchen einem bestimmten **Versmaß** (Metrum). In der europäischen Literatur sind die aus der Antike stammenden Versmaße von großem Einfluss gewesen (allerdings bezeichnen diese die unterschiedliche Länge von Wortsilben im Griechischen und Lateinischen und sind bei der Übernahme auf die unterschiedlichen Betonungen im Deutschen bezogen worden).

▪ Begriffe zur Beschreibung der Lautung lyrischer Texte

Enjambement »Zeilensprung« eines Satz- und Sinnzusammenhangs über das Vers-/Strophenende hinaus: *Lust und Leid und Liebesklagen / kommen so verworren her / in dem linden Wellenschlagen*

Reim Übereinstimmung von Lauten zweier oder mehrerer Wörter, man unterscheidet Stab- (anlautende Konsonanten), Endreime (auslautende Vokale) und Assonanzen (gleichlautende Vokale):
komm kurzer kräftiger Kerl
Band – Hand *Buch – Wut*

Reimschema Darstellung der verschiedenen Endreimformen (meist) durch Kleinbuchstaben: *Paarreim (aabbcc …), Kreuzreim (abab …), umarmender Reim (abba)*

Kadenzen Form des Versendes: klingende Kadenz mit betonter und unbetonter Silbe (auch: weiblicher Reim), stumpfe Kadenz mit betonter Silbe (auch: männlicher Reim):
Aug, mein Aug, was sinkst du nieder? / Goldne Träume, kommt ihr wieder? / Weg du Traum! so gold du bist, / Hier auch Lieb und Leben ist.

Metrum Versmaß mit den Versfüßen als kleinsten Einheiten

Trochäus Zweisilbiger Versfuß: betont – unbetont
***Aug**, mein **Aug**, was **sinkst** du **nie**der?*

Jambus Zweisilbiger Versfuß: unbetont – betont
*Zum **Kampf** der **Wa**gen **und** Ge**sän**ge*

Daktylus Dreisilbiger Versfuß: betont – unbetont – unbetont
***Lei**denschaft **führt** mir die **Scha**le zum **Mun**de*

Hebungen Betonungen im Vers: Je nach Zahl der Hebungen im Vers kann etwa vom 5-hebigen oder 6-hebigen Jambus als Versmaß gesprochen werden:
– *Es strebe jeder von euch um die Wette (Blankvers: 5-hebig)*

– *Du siehst, wohin du siehst, nur Eitelkeit auf Erden (Alexandriner: 6-hebig)*

Strophe Abschnitte eines lyrischen Textes, für die die gleichen Regeln gelten. Strophenformen unterscheiden sich durch regelmäßige Versmaße und Reimschemata.

▪ Reim und Strophe (S. 96)

▪ Reim und Reimformen

Die Gestaltung lyrischer Sprache eines großen Teils von Gedichten beruht auf **Wiederholungen**. Auffallende Wiederholungen sind regelmäßige Betonungsverhältnisse und, oft mit Lyrik selbst gleichgesetzt, der Gleichklang der Worte am Ende der Zeilen, die **Endreime**. So können einsilbige Worte gleich klingen wie *Rand* und *Wand* (männlicher Reim) oder die betonte Silbe und die unbetonte: *Lieder* und *wieder* (weiblicher Reim). Die Folge der Reime in einem Gedicht kann auf verschiedene Weise gestaltet werden. Man spricht von **Paarreimen** (*aabbcc* ...), von **alternierenden Reimen** (*ababcdcd* ...) oder auch **umarmenden Reimen** (*abbacddc* ...). Wiederum wichtig ist die Frage, inwiefern diese Reimformen wirken und zur Bedeutungsbildung des Gedichts beitragen. Diese Rolle der Reimformen kann vor allem im Vergleich von unterschiedlichen Lösungen für einen Text erkannt und beschrieben werden.

▪ Das Sonett

Das aus der romanischen Tradition kommende **Sonett** hat in der deutschsprachigen Lyrik zunächst im 17. Jahrhundert (Barock) und wieder zu Beginn des 20. Jahrhunderts (Expressionismus) einen besonders großen Stellenwert erlangt. Es erfreut sich aber bis in die Gegenwart großer Beliebtheit. Die 14 Zeilen des Sonetts werden meist in **zwei Quartette** und **zwei Terzette** gegliedert und realisieren sehr oft ein typisches Reimschema. Der asymmetrische Aufbau erzeugt eine besondere, formale und inhaltliche Spannung und, so die Theorie, befördert eine eher argumentative Erörterung von Themen und Sachverhalten sowie die Reflexion von Befindlichkeiten des lyrischen Ichs.

▪ Zeilenumbrüche und Zeilensprung

Die besondere Anordnung der Sätze in einzelnen Druckzeilen und Absätzen spiegelt Form und Aussageweise eines lyrischen Textes. Sprachrhythmus, Sprechbogen und vor allem Sprechpausen können so im Druck wiedergegeben werden. Umgekehrt gibt die **Druckgestaltung** eine Sprechweise des Textes vor. Schon die Anordnung der Sätze in Zeilen kann eine besondere Wirkung erzeugen, die so auch zur Bedeutungsbildung beiträgt. Gehen Sätze oder syntaktische Einheiten über das Versende hinaus in den nächsten Vers hinein, spricht man von **Zeilensprüngen** (Enjambements).

▪ Das lyrische Ich

Wer spricht im Gedicht? Natürlich der Autor oder die Autorin, so könnte man antworten. Wie steht es aber um lyrische Texte, in denen von den Verfassern deutlich zu unterscheidende Perspektiven zum Ausdruck kommen? Zudem sind nicht alle Äußerungen unmittelbar auf die Autoren zu beziehen. So ist es methodisch sinnvoll, zunächst die Stimmen, die in einem lyrischen Text zu identifizieren sind, als eigene Größen zu behandeln. Hierfür hat sich der Begriff des **lyrischen Ichs** (oder Subjekts) durchgesetzt.

Wenn es darum geht, Gedichte in über den Text hinausgehende Zusammenhänge zu stellen, kommen die Verfasser, deren weitere Texte oder die gesellschaftlichen und kulturellen Zusammenhänge ihrer Zeit in den Blick. Dies zeigt, dass bei der Interpretation zunächst Verhältnisse in Texten für sich beschrieben werden, um dann in weitere Kontexte der Verfasser und Leser gebracht zu werden. Nicht alle möglichen Kontexte sind dabei zu berücksichtigen, es können immer nur begrenzte sein.

▪ Funktionen und Bedeutung sprachlicher Bilder

Das sprachliche Bild in den folgenden Zeilen eines Gedichts von R. Huch wird mit **metonymischen** und **metaphorischen Formulierungen** erzeugt: »Mein Herz, mein Löwe, hält seine Beute fest, / Sein Geliebtes fest in den Fängen.« Während »Herz« an die Stelle von Empfindungen und Gefühlen tritt, wird es, als »Löwe« bezeichnet, als etwas angesprochen, das seine Beute erkämpft und für sich behält: Die dem Raubtier zugeschriebene Kraft und Macht werden auf die Emotionen des lyrischen Ichs bezogen. Was zunächst wie Formulierungen eines Liebesgedichts erscheint, zeigt sich in diesem Bild ergänzt und modifiziert durch Bedeutungen, die Gewalt und Aggression andeuten. Diese Aspekte werden im weiteren Verlauf des (gegen Ende des

Zweiten Weltkriegs entstandenen) Gedichts entfaltet und münden in ein (eher politisches) Bekenntnis, das die leidvollen Erfahrungen von Verfolgung und Krieg benennt, festhält und sich gegen die verbrecherische Herrschaft des Regimes wendet: »Mein Herz hält fest seine Beute, / Dass keiner dran künstle und deute, / Dass kein Lügner schminke das Böse, / Verfluchtes vom Fluche löse.«

In dem Vers eines expressionistischen Gedichts heißt es: »Ein Kinderwagen schreit und Hunde fluchen.« Neben der metonymischen Ersetzung (Kinderwagen für Kind) ist eine **Personifizierung** der Subjekte durch die Zuordnung bestimmter Verben zu erkennen. Eine weitere Möglichkeit, sprachliche Bilder zu erzeugen, ist die **Allegorie**. Hier werden oft Personifikationen zu Handlungszusammenhängen erweitert (gelassen steigt die Nacht ans Land) oder zu gleichnishaften Situationen oder Vorgängen weiterentwickelt.

Wahl und Konstruktion sprachlicher Bilder sind immer bezogen auf den jeweiligen Sprech- und Schreibzusammenhang mit seinen individuellen, thematischen, historischen und kulturellen Aspekten.

- **Sprach-Material sammeln** (S. 107)
- **Verfahren zur Bearbeitung des produzierten Sprach-Materials** (S. 107)
- **Gedichte und Kontexte** (S. 98)
- **Gedichte und Kommentar** (S. 100)
- **Gedichtanalyse** (S. 104)
- **Motive und Thema unterscheiden** (S. 105)
- **Vergleichende Gedichtanalyse** (S. 110)

Operative Verfahren im Umgang mit Lyrik

Zur Untersuchung von Gedichten sind operative Verfahren, in denen probeweise der Text verändert wird, um die Besonderheiten der originalen Fassung besser zu erkennen und in ihrer Bedeutung zu verstehen, hilfreich. Dabei werden gezielt Unterschiede erzeugt und beobachtet.

Klangprobe: Den Text mehrfach laut lesen und dabei Betonungs- und Pausenzeichen setzen. Unterschiedliche Weisen des Vorlesens hören, vergleichen und mögliche Akzentuierungen in der Bedeutung und Wirkung beschreiben.

Ergänzungsprobe: Mögliche Untertitel und weitere Zeilen bzw. Strophen als Erweiterung des Textes ergänzen und dabei prüfen, ob und inwiefern diese Ergänzungen schlüssig sind (z. B.: »Der Winter« – Kälte einer Stadt …

Umstellprobe: Verändern des Originals durch eine andere Reihenfolge der Strophen oder Umstellungen im Satz und Beschreibung der Unterschiede zwischen den Fassungen (z. B.: »Von einer Brücke schreit vergrämt ein Hund«: vergrämt ein Hund von einer Brücke schreit / ein vergrämter Hund schreit von einer Brücke …).

Weglassprobe: Gezieltes Kürzen von Worten oder Wortgruppen (z. B.: »Von einer Brücke schreit vergrämt ein Hund / Zum Himmel … der wie alter grauer Stein / Auf fernen Häusern steht. Und wie ein Tau / Aus Teer liegt auf dem Schnee ein toter Fluss.«: Von einer Brücke schreit vergrämt ein Hund / Zum Himmel … / Und … auf dem Schnee ein toter Fluss).

Ersetzungsprobe: Ersetzen einzelner Worte oder Wortgruppen durch andere, die ähnliche oder synonyme Bedeutungen haben (z. B.: »Von einer Brücke schreit vergrämt ein Hund / Zum Himmel … der wie alter grauer Stein / Auf fernen Häusern steht.«: Von einer Brücke ruft verstimmt ein Tier / hinauf zum Gewölbe … das wie ein Felsen / Auf weiten Gebäuden ruht).

Dramen analysieren und interpretieren

▪ Merkmale des Dramas bestimmen

Dramatische Werke sind in der Regel – einer Musik-Partitur vergleichbar – **Textvorlagen** für eine **Theaterinszenierung**; sie verwirklichen sich immer erst im Augenblick ihrer Aufführung. Zu ihrer Inszenierung bedarf es im Unterschied zu rein literarischen Werken nicht nur sprachlicher, sondern auch außersprachlicher Darstellungsmittel, optischer und akustischer Medien, der Gestaltung des Bühnenraumes und Nutzung von Requisiten und Kostümen. Insofern besitzt der inszenierte Bühnentext gegenüber der literarischen Textvorlage einen Mehrwert an Informationen. Vom Schreiben des Dramas bis zu seiner Inszenierung spielen sich vielfältige Produktions- und Rezeptionsprozesse ab. Deren Träger sind Autor, Regisseur, Schauspieler und das Publikum. In arbeitsteiliger Form sind sie mit ihren Entscheidungen und ihrem Handeln an der Entstehung des Bühnestückes beteiligt und tragen so zu dessen Gelingen bei.

▪ Titel und Personenverzeichnis nutzen

Man unterscheidet im Drama **Haupt-** und **Nebentext**. Der Haupttext ist der auf der Bühne gesprochene Text, zum Nebentext gehören die Textanteile, die nicht gesprochen werden, wie z. B. Titel, Untertitel, Personenverzeichnis, Sprechernamen, Regieanweisungen etc. Diese sind für die Untersuchung des Dramas sehr aufschlussreich. Mit dem **Titel** verbindet der Zuschauer / Leser möglicherweise erste Vorstellungen und Erwartungen im Hinblick auf den Handlungsverlauf des Stückes. Mit Hilfe des **Personenverzeichnisses**, das dem gedruckten Text normalerweise vorangestellt ist oder sich im Programmheft findet, kann er sich darüber informieren, welche Figuren im Stück vorkommen und welche Rollenbesetzung der Regisseur vorgenommen hat. Die Anordnung der Figuren im Verzeichnis und (eventuell) knappe Hinweise zu ihrem Status machen vielleicht deutlich, welche Rolle sie im Stück spielen und in welcher Beziehung sie zueinander stehen.

▪ Die Exposition analysieren (S. 117)

▪ Bürgerliches Trauerspiel (S. 118)

▪ Strichfassung (S. 121)

▪ Einen Dialog analysieren

Konstitutiv für das Drama ist die **Rede**. Der Mensch im Drama, so sagt Friedrich Dürrenmatt, ist ein redender Mensch. Die Rede der Figuren kann die Handlung begleiten, sie kann aber auch selbst Handeln in der Sprache sein und dadurch andere Menschen zum Reden und Handeln veranlassen. Sie vollzieht sich entweder in der Form des **Dialogs** oder des **Monologs**. Das Gespräch ist an bestimmte situative Voraussetzungen gebunden, an Ort, Zeit und Vorgeschichte. Darüber hinaus hängt es von persönlichen Motiven, Haltungen und Absichten der Beteiligten ab. In ihm werden Inhalte thematisiert, z. B. Informationen ausgetauscht, Verabredungen getroffen, Probleme diskutiert (Inhaltsaspekt), in ihm definieren die Teilnehmer zugleich ihre Beziehungen zueinander, machen sie deutlich, wie sie zueinander stehen und was sie voneinander halten (Beziehungsaspekt). Im Gegensatz dazu ist der Monolog die Rede einer einzelnen Person. Er dient der Aussprache von Gedanken, Empfindungen und Absichten, kann aber auch zum Ort der Entscheidung bzw. der Lösung eines Konfliktes werden. Dort, wo der Mensch vereinzelt und vereinsamt, schwindet die Fähigkeit zum Gespräch, reden die Menschen – wie oft im modernen Drama – aneinander vorbei. Hier wird der Dialog monologartig.

▪ Eine Dramenszene unter unterschiedlichen Aspekten untersuchen

Den Aufbau einer Dramenszene erschließen

Unter dieser Fragestellung wird verlangt, die Binnengliederung einer Szene oder eines Ausschnittes herauszuarbeiten. Durch das Auf- oder Abtreten einer Person, durch den Wechsel des Gesprächsthemas oder durch eine deutliche Veränderung im Gesprächston ergeben sich Einschnitte, die es ermöglichen, den Text in verschiedene, mit genauer Zeilenangabe versehene Abschnitte zu unterteilen. Je nach Dramenausschnitt kann es sinnvoll sein, die Analyse des Aufbaus mit der Bearbeitung anderer Arbeitsaufträge (z. B. Inhaltszusammenfassung, Dialogführung) zu kombinieren.

Charakterisierung einer Dramenfigur

Bei der Charakterisierung einer Dramenfigur soll

ein möglichst umfassendes Bild der Figur erstellt werden, das Aussehen, persönliche Lebensumstände und soziales Umfeld, Verhaltensweisen, wichtige Eigenschaften, Selbstbild, Probleme, Ideen und Ziele umfasst, soweit das Drama bzw. der Szenenausschnitt überhaupt Informationen darüber anbietet. Je nach Drama können die Figuren individuelle, psychologisch komplexe Charaktere sein, die sich innerhalb des Dramas verändern und entwickeln, oder bewusst standardisierte, holzschnittartige Typen mit einem oder zwei prägenden Merkmalen. Da der Dramatiker seine Figuren nicht beschreiben kann, müssen durch die Aussagen der Figur über sich selbst, ihre Handlungen und die Aussagen anderer über diese Figur und unter Umständen auch über die Regieanweisungen Erkenntnisse über die Figur gewonnen werden. Allerdings ist bei der direkten wie der indirekten Charakterisierung eine gewissen Behutsamkeit bei der Interpretation geboten, da all diese Aussagen nicht objektiv sind: Die Figur kann sich selbst falsch einschätzen, sie kann auch bewusst die Unwahrheit sagen oder einen bestimmten Eindruck erwecken wollen. Umgekehrt können auch die Aussagen über die Figur durch Interessen geleitet sein oder auf Fehleinschätzungen beruhen. Für ein korrektes Interpretieren ist es daher auch hier wichtig, die eigenen Aussagen mit Zitaten aus dem Text abzusichern, sodass für den Leser die Perspektivität der Aussagen erkennbar bleibt.

Figurenkonstellation

Unter der Figurenkonstellation eines Stückes oder einer Szene versteht man, wie die Figuren der Szene zueinander stehen: Sind sie Gegenspieler, Partner, Verbündete? Gibt es eine emotionale (Sympathie, Liebe, Hass, Abneigung) oder durch Interessen geleitete Verbindung? Ist diese Verbindung ein- oder wechselseitig? Gibt es innerhalb des Textes eine Entwicklung? Auch auf der etwas abstrakteren Ebene ihrer Funktion kann man die Konstellation darstellen: Sind die Figuren Parallelfiguren, Kontrastfiguren, Stichwortgeber für die Hauptfigur etc.? Die Figurenkonstellation lässt sich anschaulich zu einer Grafik oder einem Standbild umsetzen.

Dialogführung/Gesprächsführung

Grundsätzlich muss man zwischen Monolog (Selbstgespräch – für den Zuschauer) und Dialog (als Zwiegespräch oder mit mehreren Beteiligten) unterscheiden. Ein **Monolog** kann je nach Stellung im Zusammenhang des Dramas ganz unterschiedliche Funktionen haben, z. B.:

- eine Figur drückt ihre Gefühle aus;
- eine Figur stellt sich dem Publikum vor, etwa indem sie über ihre Vorgeschichte und/oder ihre momentane (Problem-) Lage spricht;
- eine Figur gibt Auskunft über Absichten, Gedanken und Gefühle;
- eine Figur reflektiert ihre Situation oder stellt philosophisch-ethische Überlegungen an;
- eine Figur kommt im Nachdenken und Abwägen oder impulsiv zu einem Entschluss;
- ein Monolog verbindet zwei Handlungsphasen eines Dramas, ohne dass die Bühne leer bleibt, und markiert so einen Einschnitt.

Da Selbstgespräche eine unübliche Gesprächssituation darstellen, werden sie nach Möglichkeit vermieden, z. B. durch die Einführung eines Bediensteten, der als Vertrauter der Hauptfigur als Gesprächspartner dient und so die Eröffnung von persönlichen Überlegungen plausibel macht.

Konstitutiv für jedes Drama ist dagegen der **Dialog.** Die Rede der Figuren kann die Handlung begleiten, sie kann aber auch selbst sprachliches Handeln sein und dadurch andere Menschen zum Reden oder Handeln bewegen. Im Dialog tauschen die Protagonisten ihre Ansichten, Ideen, Meinungen aus, im Dialog findet sprachliches Handeln statt. Für den Dialog auf der Bühne gelten ebenfalls die Grundregeln der Kommunikation (vgl. »Sprechen und Zuhören«, S. 6 ff.). Daher sollte bei der Analyse der Gesprächsführung im Grunde vorgegangen werden wie bei der Untersuchung einer zwischenmenschlichen Kommunikation: Situation, Stellung der Gesprächspartner zueinander, Ziele des Gesprächs und sein Ablauf sind zentrale Untersuchungsgegenstände dieser Fragestellung.

- Es gibt einen situativen Rahmen zu dem Gespräch (Ort – wichtig vor allem der Grad an Öffentlichkeit –, Zeit, vorangegangene Ereignisse), der mehr oder weniger Einfluss auf den Dialog haben kann.
- Die – unterschiedliche – soziale Stellung der Dialogpartner, ihre persönliche oder familiäre Verbindung, ihr unter Umständen unterschiedliches Vorwissen, mit dem sie ins Gespräch gehen, können das Gespräch beeinflussen. Ausgehend von diesen Gesichtspunkten kann man den Dialog einteilen zwischen den Polen eines völlig symmetrischen und eines völlig asymmetrischen Gesprächs: Im

symmetrischen Dialog sind beide Protagonisten weitgehend gleichberechtigt (z. B. zwei Freundinnen im Gespräch; zwei ranggleiche Adelige), im asymmetrischen Dialog besteht ein Machtgefälle zugunsten eines der beiden Kommunikationspartner (Extrembeispiel: ein Polizeiverhör oder ein König und sein Untertan; aber auch das Gespräch von Vater und Sohn weist zumindest im 18./19. Jahrhundert eine grundsätzliche Asymmetrie zugunsten des Vaters auf).

- Jedoch muss diese von diesen Ausgangspunkten ausgehende Einschätzung der Gesprächspartner ergänzt werden durch die Untersuchung des konkreten Ablaufs des Gesprächs. Hierbei ist vor allem zu berücksichtigen, wie die Gesprächspartner sprachlich miteinander umgehen. Dabei kann durchaus ein potenziell Unterlegener sich sprachliche Gleichberechtigung und Respektierung erkämpfen, z. B. wenn er nichts mehr zu verlieren hat und keine Rücksichten mehr nimmt, d. h., es kann innerhalb eines Gespräches durchaus zu Veränderungen in der Frage der Symmetrie kommen.
- Die Verteilung der Gesprächsanteile kann einen Hinweis auf die Symmetrie oder Asymmetrie geben, muss es aber nicht (in einem Verhör kann der Beschuldigte z. B. viel reden, trotzdem ist er der Unterlegene; umgekehrt kann es aber auch die Dominanz eines Beteiligten zeigen). Eindeutig zeigt sich Asymmetrie, wenn einer der beiden die Gesprächsinhalte bestimmen oder Beginn und Ende des Gesprächs festlegen kann.
- Bei der Untersuchung des Ablaufs des Gesprächs müssen vor allem auch die Regieanweisungen berücksichtigt werden sowie die verschiedenen Wendungen des Gesprächs und die eingesetzten Gesprächstaktiken.
- Die Untersuchung des Ablaufs eines Dialogs erfordert unter Einbeziehung der Regieanweisungen eine Detailanalyse des Gesprächs. Dabei geht es nicht um eine rein inhaltliche Paraphrasierung, sondern um eine den Wendungen des Gesprächs folgende Analyse der einzelnen Sprechakte (z. B. bitten, befehlen, wünschen, appellieren, informieren, ablehnen, begründen, fordern usw.), der Reaktion der Dialogpartner aufeinander und der eingesetzten Gesprächsstrategien (z. B. vorspiegeln, verschweigen, verheimlichen, anlügen, ablenken, übergehen, abschweifen, Thema wechseln).
- Reden bedeutet – vor allem im Drama bis zum Ende des 19. Jahrhunderts – immer auch sprachliches Handeln, d. h., die Dialogpartner wollen etwas erreichen mit ihren Äußerungen, verfolgen ein Interesse, ein Ziel, welches es zu erschließen gilt. Wichtig ist daher auch die Untersuchung, inwieweit die Ziele innerhalb des Dialogs erreicht werden.

Konflikt

Kernstück des Dramas im 18. und 19. Jh. ist in der Regel der Konflikt, der Widerstreit der Meinungen und Wertvorstellungen, der Gegensatz der Charaktere oder das Gegeneinander im Handeln. Zwar spielt der Konflikt auch in anderen literarischen Texten eine Rolle, doch ist er wesensmäßig mit dem Drama verbunden. Er kann sich im Inneren einer Person abspielen, aber auch als offene Auseinandersetzung den Handlungsverlauf des Stückes prägen.

In der antiken Tragödie, die für die Neuzeit als Muster dient, muss der tragische Held meist eine Entscheidung für sein Handeln treffen, jedoch in einer letztlich ausweglosen Situation, in der er sich, welchen Weg er auch wählt, in Schuld verstrickt und am Ende von den Göttern (oder dem Schicksal) bestraft wird.

Intrige

Mit diesem Begriff ist einerseits ein hinterlistiger Plan, eine Machenschaft gemeint wie auch in erweiterter Bedeutung das die Handlung eines Dramas begründende Komplott. Diese Machenschaften werden in der Regel von der Gegenseite zur Hauptfigur absichtlich herbeigeführt, sie können aber auch ergänzt oder verstärkt werden durch sich zufällig ergebende Komplikationen. Der Konflikt des Helden wird auf der Handlungsebene oft als Spannung erzeugende Intrige entfaltet. Liegen die Verwicklungen in der Vergangenheit und werden zum Zeitpunkt der Handlung im Drama aufgedeckt, so spricht man von einem Enthüllungsdrama oder analytischem Drama (z. B. Kleist: *Der zerbrochene Krug*), finden sie auf der Bühne statt, von einem synthetischen oder Entfaltungsdrama (z. B. Schiller: *Wallenstein*, Hebbel: *Agnes Bernauer*).

Regieanweisungen

Die Regieanweisungen gehören als Anweisungen des Autors an Regisseure und Schauspieler, wie bestimmte Stellen gespielt werden sollen, zum Dramentext dazu. Für den Leser sind sie wichtige Mittel zum

Verständnis des Verhaltens der agierenden Personen. Gestik, Mimik, Sprechweise, Auf- und Abtreten, Kostüme, Nutzung von Requisiten, Gestaltung des Raumes, akustische und optische Signale können vom Autor mit ihrer Hilfe festgelegt werden. Während die Schriftsteller des 18. Jahrhunderts davon nur sparsam Gebrauch machen, versuchen naturalistische Dramatiker durch sehr detaillierte und ausführliche Regieanweisungen alles möglichst genau vorzugeben. Dennoch bleiben jenseits von Sprechtext und Regieanweisungen immer Leerstellen, die der Regisseur bzw. der Leser selbst füllen muss.

Für die Erschließung der Dialogführung ist eine Berücksichtigung der Regieanweisungen unabdingbar, da das sprachliche Handeln durch sie verdeutlicht, verstärkt oder auch konterkariert werden kann. Gängige Fragestellungen wie »*Erschließen Sie die Dialogführung unter Berücksichtigung der sprachlichen und dramaturgischen Gestaltungsmittel*« beziehen daher unter dem Begriff »dramaturgische Gestaltungsmittel« auch die Regieanweisungen mit ein.

▪ Leitfragen zur Szenenanalyse (am Beispiel »Kabale und Liebe«)

Inhaltliche Sicherung

- Welche Schwierigkeiten hatten Sie beim Lesen und Verstehen des Textes? Welche Wörter sind Ihnen unbekannt? Welche Äußerungen verstehen sie nicht? Was ist Ihnen aufgefallen?
- Welche Informationen über Figuren, Zeit, Ort und Handlung kann man dem Szenenbeispiel entnehmen? Worum geht es in der Szene?

Regieanweisungen

- Wie groß ist der Anteil an außersprachlicher Handlung? Was erfährt man über Gestik und Mimik der Figuren?
- In welcher Beziehung stehen Luise und Ferdinand zueinander?

Dialogverlauf

- Wie groß sind die Redeanteile der Figuren? Dominiert eine Figur?
- Welche Figur ergreift die Initiative? Welche beendet das Gespräch? Kann man Gesprächsphasen unterscheiden?
- Welche Konflikte prägen das Gespräch? Gibt es einen Wendepunkt?

Sprechakte

- Welche Sprechakte dominieren? Gehen Ferdinand und Luise aufeinander ein?
- Welche Absichten verfolgen sie? Lassen sich argumentative Strategien erkennen?
- Welchem Gesprächstyp könnte man die Szene zuordnen?

Sprachlich-stilistische Mittel

- Auf welchem Sprachniveau entwickelt sich das Gespräch?
- Welche Wörter werden wiederholt, welche ausgelassen? Welche Bilder werden verwendet?
- Arbeitet Schiller mit Figuren des Kontrastes bzw. der Steigerung?
- Wie sind die Sätze in den Reden der beiden Figuren gebaut?

Resultate

- Zu welchem Ergebnis führt das Gespräch zwischen Ferdinand und Luise? Gibt es eine Problemlösung?
- Welche Konsequenzen könnten sich aus dem Gespräch ergeben?

Nur bei Kenntnis des gesamten Dramas

- Wie beeinflusst die Szene den weiteren Handlungsverlauf des Stückes?
- Welche Funktion hat die Szene im Gesamtgefüge des Stückes?

▪ Konflikt und Problemlösung

Kernstück des Dramas ist in der Regel der **Konflikt**, der Widerstreit der Meinungen und Wertevorstellungen, der Gegensatz der Charaktere oder das Gegeneinander im Handlungsspiel. Zwar spielt der Konflikt auch in anderen literarischen Texten eine Rolle, doch ist er wesensmäßig mit dem Drama verbunden. Er kann sich im Inneren einer Person abspielen, aber auch als offene Auseinandersetzung den Handlungsverlauf des Stückes prägen.

Jedes Drama hat einen **Schluss**. Die Tragödie endet häufig mit dem Tod des Protagonisten; in der Komödie wird der Konflikt oft mit einem Schlage gelöst und die Handlung zu einem glücklichen Ende geführt. Dem geschlossenen Ende der klassischen Tragödie und Komödie, dem das Vertrauen auf eine fest gefügte Weltordnung eingeschrieben ist, kontrastiert im modernen Theater vielfach ein »offenes« Ende, das mögliche Problemlösungen an die Zuschauer delegiert.

▪ Programmheft (S. 134)

▪ Szenisches Interpretieren

Einen Dramentext erlesen

Setzen Sie sich in einem Kreis zusammen und lesen Sie reihum den Text der Szene, sodass jeder einen Satz bzw. eine Satzgruppe (auch Szenenbemerkungen) liest. Stellen Sie nur so viele Stühle auf, wie Figuren in der Szene vorkommen, und formieren Sie diese so, dass die Beziehung der Figuren zueinander deutlich wird. Wählen Sie einen Stuhl und lesen Sie den Text der Figur, der dieser Stuhl gehört. Ein Stuhl steht abseits, von dort werden die Szenenbemerkungen gesprochen.

Sprechhaltungen erarbeiten

Suchen Sie aus der Szene einen prägnanten Satz Ihrer Figur heraus. Überlegen Sie, in welcher Situation und Gemütslage er gesprochen wird, und erproben Sie die dazu passende Körperhaltung, Mimik und Stimmführung. Spielen Sie die Szene kurz an. Entwickeln Sie mit Ihrem Partner Körperhaltungen und Sprechweisen.

Stellungen von Dialogpartnern im Raum erarbeiten

Erproben Sie nun Stellungen und Bewegungen zueinander, bis Sie überzeugt sind: Stehen oder sitzen die Figuren, sind sie parallel zueinander oder diagonal, Rücken an Rücken oder einander abgewandt, gehen Sie im Raum, bewegen Sie sich aufeinander zu oder voneinander weg, haben Sie Körper- oder Blickkontakt, schauen Sie ins Publikum oder kehren Sie ihm den Rücken zu?

Innere Vorgänge der Figuren bewusst machen

Wählen Sie eine für die Figur markante Textstelle. Sprechen Sie in einer Art innerer Monolog an das Publikum gerichtet in Ihrer »privaten« Sprache, was Ihre Figur empfindet, bei dem, was sie laut Rollentext sagt. Dies kann auch auf Aufforderung aus dem Zuschauerkreis erfolgen, indem ein Beobachter »Halt!« ruft. Der Spieler erstarrt in seiner Bewegung und sagt, was er fühlt, denkt oder welche Absicht er hat. Eine weitere Möglichkeit besteht darin, hinter die Spielfiguren einen Schatten (eine Art Hilfs-Ich) zu stellen, der die inneren Vorgänge dieser Figur artikuliert.

▪ Standbilder (S. 16)

▪ Rollenbiografie

Wählen Sie die Ich-Form. Stellen Sie fest, was der Text über Ihre Figur sagt. Überlegen Sie, wie Sie sich in diesem Rahmen Ihre Figur genauer vorstellen. Sie können sich dabei an den folgenden Fragen orientieren und das für Sie Passende aussuchen, aber auch anderes hinzunehmen:

a) Allgemeines
Wie heißen Sie?
Wie alt sind Sie?
Welcher Nationalität sind Sie?

b) Äußeres
Wie ist Ihr Äußeres: Wie groß sind Sie, wie ist Ihr Körperbau, Ihr Gesicht, wie sind Ihre Haare?
Wie sind Sie gekleidet?
Wie bewegen Sie sich?
Wie ist Ihre Gestik und Mimik?
Wie ist Ihre Stimme, wie sprechen Sie?

c) Herkunft/Entwicklung
Wo kommen Sie her, wo sind Sie aufgewachsen?
Wer waren Ihre Eltern, und wie waren sie zu Ihnen?
Was haben Sie an ihnen gemocht, was nicht?
Hatten Sie Geschwister, und was hat es für Sie bedeutet?
Welche Erfahrungen mit der Erziehung/Schule haben Sie gemacht? Welches war das entscheidende Erlebnis Ihrer Kindheit/Jugend?

d) Alltag
Welchen Beruf haben Sie, was bedeutet er Ihnen?
Welchen Beruf hätten Sie gerne gehabt?
Wie sieht Ihr Alltag, wie sieht Ihre Freizeit aus?
Wo würden Sie gerne leben?
Wie alt möchten Sie werden?

e) Selbstbild und Verhältnis zu anderen
Was mögen Sie an sich, was nicht?
Was beschäftigt Sie am meisten?
Was ängstigt Sie vor allem, wovon träumen Sie?
Welches Verhältnis haben Sie zu Ihrem Körper, zur Sexualität?
Was bedeuten Ihnen andere, was bedeuten Ihnen Männer bzw. Frauen? Wie verhalten Sie sich zu ihnen?

Umgang mit Sachtexten

▪ Was sind Sachtexte?

Sachtexte stellen andere Anforderungen an einen Leser als fiktionale Texte. Sachtexte beziehen sich in der Regel auf bestimmte Ausschnitte der bestehenden Wirklichkeit. So informiert der Reisebericht über ein bestimmtes Land, eine Landschaft oder einen Ort; der Zeitungskommentar nimmt Stellung zu einem politischen Ereignis; die Gebrauchsanweisung für das Handy gibt Anweisungen, wie der Nutzer die eingebaute Kamera nutzen oder Apps herunterladen kann.
Sachtexte lassen sich in drei Kategorien einteilen:

- **Lehrtexte:** Hier steht die Wissensvermittlung im Vordergrund.
- **argumentierende Texte:** Der Leser soll von einer bestimmten Meinung überzeugt werden.
- **Instruktionstexte:** Es werden Anweisungen für bestimmte Handlungen gegeben.

Häufig enthält ein Sachtext Elemente aus allen drei Kategorien. Ein guter Kommentar stützt seine Argumentation auf fundiertes Wissen über ein bestimmtes Fachgebiet, eine Werbeanzeige möchte den Leser zum Kaufen anregen, wobei sie auch durch Argumentation und Information zu überzeugen versucht.

Autoren von Sachtexten können je nach Anliegen unter verschiedenen Textsorten wählen. Das Textsortenspektrum reicht von der Steuererklärung bis zum Gesetzestext, von der wissenschaftlichen Abhandlung bis zum Ratgeber, vom Schulbuchtext bis zum Zeitungskommentar.

Im Sinne eines erweiterten Textbegriffs zählen sowohl **kontinuierliche Texte** in Form von Fließtexten und **diskontinuierliche Texte**, wie z. B. Grafiken und Schaubilder als auch Hör- und Sehtexte in Gestalt von Nachrichten, Dokumentationen oder Features, zu Sachtexten.

Sachtexte verlangen vom Rezipienten dementsprechend sowohl Vorkenntnisse in bestimmten Wissensgebieten als auch Textsortenkenntnisse.

▪ Was ist eine Rezension? (S. 171)

▪ Journalistische Darstellungsformen

Die Wahl der journalistischen Darstellungsform hängt von zwei Faktoren ab: zum einen von **Form** und **Inhalt** der **Aussage**, zum anderen von der **Absicht des Journalisten** (will er informieren, unterhalten oder überzeugen?).
Es lassen sich zwei Bereiche unterteilen:

a) eher objektive Formen wie …

Nachricht: Dichte Informationsübermittlung in sachlich knapper Form. Nachrichten enthalten aktuelle Informationen über Ereignisse und Sachverhalte. Sie werden in zwei Abschnitte unterteilt: Die Einleitung (Lead) fasst das Wichtigste kurz zusammen. Hier werden die berühmten fünf »Ws« beantwortet: WER? WAS? WANN? WO? WIE? Dabei steht das Wichtigste immer am Anfang, die weniger wichtigen Details folgen. So kann jederzeit von hinten gekürzt werden. Der Meldungskörper (Body) vertieft die Informationen aus dem Lead.

Feature: Besonders im Hörfunk verbreitete Form mit stark »bildlichem« Charakter, der durch die Anordnung unterschiedlicher Stilelemente (Verbindung von Originalbeiträgen mit Kommentaren) erzeugt wird.

Reportage: Aus einer konkreten Situation gegebener, atmosphärisch dichter, lebendig geschriebener Augenzeugenbericht über ein Ereignis. Im Journalismus oft durch Fotos oder Film unterstützt.

b) eher subjektive Formen wie …

Leitartikel: Ein aktuelles Thema wird vom Chefredakteur oder einem anderen Journalisten aufgearbeitet und bewertet – der Leitartikel gibt die Tendenz des Blattes wieder und soll zur Meinungsbildung der Leser beitragen; Kommentarform.

Essay: Artikel mit hohem sprachlichen Anspruch, persönlich gefärbt

Glosse: persönliche, polemische, ironisch-spöttische Aufbereitung eines (aktuellen) Themas; überzeichneter Kommentar

Rezension: kritische Wertung / Würdigung einer künstlerischen Leistung, z. B. Buchbesprechung

Kolumne: Regelmäßig erscheinender, kommentierender Kurzartikel, der sich mit aktuellen Ereignissen auseinandersetzt und in der Regel mit einem feststehenden Titel überschrieben ist (z. B. »Zwiebelfisch« – Titel der regelmäßig erscheinenden Kolumne von Bastian Sick).

Kommentar: Stellungnahme oder Erläuterung eines Themas; der Kommentator drückt auf der Basis von Fakten und Hintergründen seine persönliche Meinung aus und bewertet Zusammenhänge und Folgen.

▪ Informationen entnehmen und verarbeiten (S. 38)

▪ Die argumentative Struktur eines Textes (S. 39)

▪ Einen diskontinuierlichen Text erschließen (S. 177)

▪ Sachtexte erschließen (S. 181)

▪ Sachtexte vergleichen

Vorarbeit für den Vergleich zweier Sachtexte ist eine detaillierte Sachtextanalyse (s. S. 181). Vor dem Hintergrund dieser Arbeitsergebnisse wird der Vergleich durchgeführt. Zentrale Fragestellung ist, wie ein Sachverhalt, ein Text, ein Film etc. in zwei Texten beurteilt wird. Vergleichspunkte:

- äußere Merkmale
- These/Gesamturteil
- Bezugspunkte, auf die der jeweilige Text eingeht (Welche Unterthemen werden jeweils angesprochen, welche nicht?)
- sprachliche und formale Gestaltung

Der Vergleich kann erfolgen in

linearer Darstellung: Man analysiert zunächst einen Text mit Blick auf die Vergleichspunkte und legt im Anschluss daran die Gemeinsamkeiten und Unterschiede bezogen auf den zweiten Text dar.

vernetzter Darstellung: Die Vergleichspunkte werden nacheinander immer bezogen auf beide Texte ausgeführt.

Im Anschluss an den Vergleich erfolgt eine eigene **Stellungnahme**, die insbesondere die Qualität und Stimmigkeit der jeweiligen Argumentation zum Gegenstand hat.

▪ Sachtexte mit Hilfe des Venn-Diagramms vergleichen

Sachtexte lassen sich auch mit Hilfe des so genannten Venn-Diagramms vergleichen. Gehen Sie dabei folgendermaßen vor:

- Schreiben Sie in den linken Kreis stichwortartig die wichtigsten Informationen aus Text 1.
- Schreiben Sie in den rechten Kreis stichwortartig die wichtigsten Informationen aus Text 2.
- Vergleichen Sie die Stichwörter beider Kreise und schreiben Sie inhaltliche Übereinstimmungen in die Schnittmenge in der Mitte.

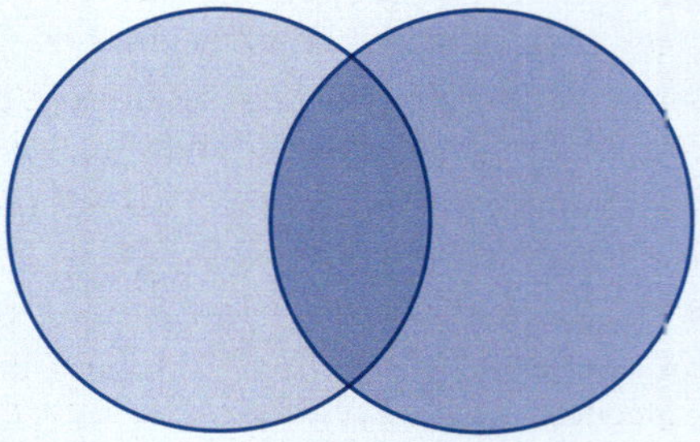

Reflexion über Sprache

▪ Die Sprache als Zeichensystem (S. 178)

▪ Standardsprache (S. 182)

▪ Sprachvarietät (S. 192)

▪ Sprachverfall (S. 199)

▪ Merkmale des Gegenwartsdeutschen

Helmut Glück und Wolfgang Werner Sauer beschreiben in ihrer Einführung »Gegenwartsdeutsch« (1997) den Zustand des Deutschen, wie er sich Anfang der 1990er-Jahre darbot:

a) Hauptsatzwortstellung im Nebensatz (nach Konjunktionen): *Obwohl das war schon immer so.*

b) Ausgliederung von Adverbien (meist Modaladverbien): *Nur: Was hat sie damit bezweckt?*

c) Morphologie der Substantive: Schwinden des Genitivs (*jemandem gedenken*), Unsicherheit bei Dativ- und Akkusativendungen; konkurrierende Pluralbildungen (*Konti/Konten/Kontos*).

d) Morphologie der Verben: Schwinden der starken Flexion; Aufkommen einer Verlaufsform (*am Lesen sein*); Schwinden des Konjunktivs I der indirekten Rede.

e) Neue Wortbildungsmuster bei Substantiven (Kurzworte mit Suffixen: *Azubi, Grufti, Prolo*; Zusammensetzungen, auch mit anderen Worten: Wohlfühlgarantie), Adjektiven (Suffixe -mäßig, -bar, -ig, -voll; Zusammensetzungen: *spülmaschinenfest, hochglanzpoliert*; Steigerung: *hochrangigster*), Verben (Anglizismen: *leasen, downloaden*; Ableitungen: *schlagzeilen, titeln*)

Seit dem Ende des Zweiten Weltkriegs hat das Deutsche verschiedene neue Varietäten in sich aufgenommen oder herausgebildet durch Flüchtlinge, Besatzer, Gastarbeiter, Touristen und Aussiedler. Auch die Jugend- und Szenesprache, die Sprache der »Betroffenheit« der 70er- und 80er-Jahre (z. B. Modalwörter: *echt, ganz, authentisch*) hinterließen und hinterlassen Spuren, ebenso wie die sog. Political Correctness (Suffixe: *-bedarf, -defizit, -philosophie, -erInnen*). Bei den Anredeformen dringen *Du, Hallo* und *Tschüs* weiter vor, Wirtschaft und Werbung schaffen eigene Konventionen (Ladennamen: *-Institut, -Atelier, … und mehr/… and more*; Präfixe: *Anti-, ultra-, Bio-*).

Auch aus der Begegnung des Westdeutschen und des Ostdeutschen erwachsen Wechselwirkungen. Doch kann wohl, bei allen Unterschieden, »von zwei deutschen Sprachen nicht die Rede sein« (S. 156). Für den Sprachgebrauch der DDR sind demnach typisch z. B. Begriffe der marxistisch-leninistischen Theorie und Praxis (Zentralorgan), Bedeutungsveränderungen (Brigade), Neuprägungen (Feinfrostgemüse) und Neubildungen (Trabbi, Winkelelement), Abkürzungen (Orwo, HO-Markt), das Präfix Inter- (Interflug) und Russizismen (Datsche). Es dürfte interessant sein zu untersuchen, inwiefern westdeutsches Sprachmaterial (»Wessizismen«) ostdeutsches (»Ossizismen«) verdrängt – in den neuen Bundesländern und in den Ländern Ost- und Ostmitteleuropas.

Lernen reflektieren und organisieren

▪ Arbeitsmappe / Portfolio

Es empfiehlt sich, zu Beginn des Schreibprozesses eine Arbeitsmappe (ein Portfolio) anzulegen, in der alle **Schreibideen** (Themenfindung, Zeitplanung, Notizen zu gelesenen Texten, Gliederung, Probetexte etc.) festgehalten werden sowie alle **Materialien** (Kopien, Exzerpte etc.) mit Angabe des Fundortes aufbewahrt werden. So kann man jederzeit auf Ideen zurückgreifen und sie in seine Arbeit einbeziehen.

Darüber hinaus wird der Arbeitsprozess dokumentiert: Welche Probleme / Schwierigkeiten etc. sind bei der Arbeit aufgetreten? Auf diese Weise kann man sein Arbeitsverhalten reflektieren.

▪ Orientierungsmöglichkeiten (S. 148)

▪ Mein Arbeitsplatz (S. 158)

▪ Mit Lernkarteien arbeiten

Die Arbeit mit **Lernkarteien** hilft, **Fachbegriffe** und **Definitionen nachhaltig zu lernen**, d. h. sie vom Kurzzeitgedächtnis ins Langzeitgedächtnis zu transportieren. Wichtige **Wissenselemente** zu ausgewählten Bereichen (z. B. Epochen, Gattungen, literaturwissenschaftliche Fachbegriffe) werden auf der **Vorderseite** einer Karteikarte notiert. Auf die **Rückseite** schreibt man die **»Lösung«**, d. h. die Erklärung bzw. Definition. Dabei kann es sich auch um kurze Exzerpte handeln. In regelmäßigen Abständen wird nun überprüft, ob man über die Wissenselemente Bescheid weiß.

Mögliche Erweiterung: **Partnerinterview**

Arbeiten Sie in einem Lerntandem. Ziehen Sie abwechselnd Karten aus der Lernkartei. Der eine Partner fordert den anderen Partner auf, den gezogenen Begriff zu erläutern.

▪ Begriffsnetzwerke bilden

Informationen müssen im Gedächtnis geordnet werden, damit sie jederzeit abrufbar sind. Begriffsnetzwerke erleichtern diesen Vorgang. Sie ordnen Sachverhalte auf verschiedenen Abstraktionsebenen an, bringen Elemente in eine Unter- bzw. Überordnungen und zeigen Verknüpfungen auf. Neue Wissenselemente lassen sich dann gezielt in die so entstandenen Hierarchien einordnen.

Beispiel:

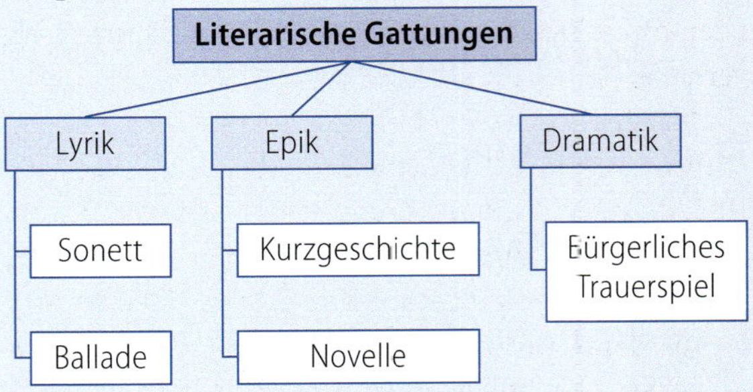

▪ Sekundärliteratur heranziehen (S. 162)

▪ Der Reflexionsbogen (S. 147)

▪ Tipps für den guten Vortrag

Die **fünf Phasen**, die schon in der antiken Rhetorik unterschieden wurden, beschreiben den Prozess von Themenstellung/-findung bis zum Halten des Referats und sind auch heute noch gültig:

1. Die **Ideen-Sammlung (inventio)** beschreibt das Sammeln von Material und dessen Aufarbeitung.
2. Die **Gliederung (dispositio)** ordnet das Material, reduziert es auf Adressatenkreis und Informationszweck hin, erbringt also die Struktur des Referats.
3. Die **Sprachgestaltung (elocutio)** leistet das Ausformulieren des Vortrags, wobei auf sach- und adressatengemäße Wortwahl zu achten ist. Hier fallen auch Entscheidungen zum begleitenden Medieneinsatz.
4. Die **Merkphase (memoria)** dient dazu, den Vortrag einzuüben. Als günstige Mittel, um nicht zu sehr am formulierten Text zu »kleben«, gelten sog. Spickzettel oder Karteikärtchen. Ein besonderes Augenmerk muss dabei einerseits der Einleitung und ersten Anrede gelten, die für die Konzentration der Zuhörer wesentlich sind, andererseits gezielten – rhetorisch ausgearbeiteten – Höhepunkten und dem Schluss, der eine pointierte Zusammenfassung und Anregungen zur Weiterbeschäftigung mit dem Thema bieten sollte.
5. Das **Probesprechen (actio)**, das vor einem Spiegel stattfinden kann, hat Lautstärke, Betonung, Pausentechnik – viele reden zu schnell – sowie

Gestik, Mimik und Haltung als Hauptaspekte. Eine gezielte Zeitkontrolle gehört ebenso dazu wie der Medien-Test.

Hier einige **Tipps,** die dem Vortrag weiter zum Erfolg verhelfen können:

- Der Einstieg in den Vortrag muss motivierend sein! Ein originelles Zitat, eine provozierende These, ein Bild- oder Karikaturimpuls oder eine Meinungsabfrage (die zum Vortragsende wiederholt werden kann) erscheinen geeignet.
- Auf dem Spickzettel nur wenige, auf Karteikärtchen nur ein Stichwort in größerer Schrift notieren! (Einsatz von Medien rot markieren, um nichts zu verpassen.)
- Rechtzeitig die Vorbereitungen am Ort des Geschehens treffen und überprüfen! (Z. B.: Ist die Folienschrift, die ich verwende, in der letzten Reihe zu entziffern?)
- Zuhörer begrüßen (Rundblick) und auch während des Vortrags Blickkontakt halten!
- Beim Vortrag ruhig auf beiden Beinen stehen und Gestik/Mimik weder übertrieben noch zu sparsam einsetzen!
- Beim Verlust des »Fadens« Wiederholen des letzten Satzes oder kurzes Zusammenfassen der letzten Aussagen!
- Zwischenfragen nicht verärgert wahrnehmen, sondern in das eigene Konzept einbauen! (»… möchte ich gern den Gedankengang zu Ende führen und komme dann auf die Frage zurück.«) Konkrete Sachfragen etwa zur Bedeutung eines Begriffs können direkt beantwortet werden. Weiterführende oder Diskussionsfragen können auf einem freien Kärtchen notiert und im Anschluss an das Referat besprochen werden.

Ein Vortrag sollte die Möglichkeit zur *Rückmeldung* (neudeutsch: *Feedback*) gezielt vorsehen. Dabei kann das Feedback zu Sachaspekten oder zur rhetorischen Gestaltung eingeholt werden. Leitthesen des Vortrags können eine inhaltsbezogene Diskussion einleiten.

▪ Tipps für die Vorbereitung von Kurzvorträgen

Ein Vortrag/Kurzvortrag (etwa fünf bis zehn Minuten) ist eine Form der mündlichen Kommunikation. Es sind folgende Aspekte zu beachten:

Anlage und Gliederung des Vortrags

- Der Vortrag sollte die vereinbarte Zeit nicht wesentlich überschreiten.
- Der Vortrag sollte übersichtlich gegliedert und geordnet sein. Er sollte einen klar definierten Anfang und ein deutlich markiertes Ende haben (z. B. durch eine deutlich formulierte Aufforderung, ein Schlussresümee usw.).
- Der Vortrag sollte nicht viel mehr als drei bis fünf unterschiedliche Gedankengänge entfalten.

Sprachliche Gestaltung des Vortrags

- Es sollte keine Schriftsprache verwendet werden und lange Gliedsatzkonstruktionen sind zu vermeiden, da die Zuhörer sonst nicht folgen können.
- Aussagen sollten durch Metaphern und Beispiele veranschaulicht werden.
- Wiederholungen, Rückverweise, Zusammenfassungen sind im Interesse der Verständlichkeit bewusst einzusetzen.

Das mündliche Vortragen

- Der Vortrag sollte möglichst frei gesprochen werden. Karteikarten mit Stichworten können als »Spickzettel« verwendet werden, um selbst nicht den »roten Faden« zu verlieren.
- Beim Vortragen ist regelmäßig Blickkontakt mit den Zuhörern zu suchen und auf eine klare und deutliche Aussprache zu achten, um Aufmerksamkeit zu wecken und zu erhalten.
- Während des Vortrages sollten keine Zwischenfragen zugelassen werden, um nicht aus dem Konzept gebracht zu werden. Zwischenfragen können nach dem Vortrag gestellt und beantwortet werden.
- Zur Unterstützung des Vortrages können in begrenztem Umfang (!) auch Folien u. Ä. genutzt werden. Achtung: Dadurch dürfen keine neuen Probleme entstehen (Folien müssen z. B. leicht lesbar, einfach und klar gestaltet sein.).

▪ Feedback

Zu jeder guten Präsentation gehört die Chance der Zuhörer, **Rückmeldungen** zum Vorgetragenen zu geben. Damit sind nicht sachbezogene Nachfragen während der oder im Anschluss an die Präsentation gemeint, sondern eine Einschätzung zu Qualität und Erfolg der Präsentation. Mit der angloamerikanischen Terminologie, die in Hochschulen und anderen Seminarkulturen vorherrscht, nennt man eine solche Rückmeldung Feedback.

Ein Feedback ist für den Präsentierenden / die Präsentierende(n) wichtig, um gezielt zu überprüfen, ob die dargebotenen Informationen in ihrem Inhalt und in der Art der Aufbereitung »angekommen« sind. Die Rückmeldung ist nicht nur geeignet, den **Erfolg der Präsentation** zu ermitteln, sondern auch eine **Lerngelegenheit** für den oder die, die präsentiert haben, als Chance sich weiterzuentwickeln.

Mögliche Instrumente zur Rückmeldung

Satzergänzung: Satzanfänge sind vorgegeben, die von den Zuhörern ergänzt werden. *(An der Präsentation hat mir gefallen, dass … / Als Optimierung kann ich mir vorstellen, dass …)*

Zielscheibe: Aspekte zur Präsentation sind in einem aufgeteilten Kreis zu finden. Beim Herausgehen oder in einer kurzen Pause werden die Tortenstücke (außen: negativ / innen: positiv) von den Zuhörern mit Punkten versehen.

Bienenkorb: Das Publikum setzt sich in Kleingruppen zusammen, kann noch Fragen entwickeln und Rückmeldungen zur Präsentation austauschen, die ein Gruppensprecher mitteilt oder schriftlich fixiert.

Blitzlicht: Jeder Zuhörer äußert sich mit einem Satz zur Präsentation.

Checkliste: Spezifische Elemente einer Präsentation werden mit einer Art Fragebogen abgefragt, z. B. mit einer Fragengruppe zu den eingesetzten Medien und deren Wirkung.

Quiz: Wesentliche Informationen aus der Präsentation werden abgefragt; in schriftlicher Form zum Beispiel mit vier Antwortmöglichkeiten als »multiple choice«.

▪ Feedback einholen – Feedback geben

Wie hole ich Feedback ein?

- Ich formuliere die Punkte, zu denen ich eine Rückmeldung haben will, möglichst präzise. *Statt:* Wie findest du meinen Text? Führt die Einleitung präzise zum Thema der Arbeit? *Statt:* Ist mein Text gut strukturiert? Kannst du die zentralen Abschnitte meines Textes benennen?
- Ich verwende die Rückmeldungen, die ich für wichtig halte.
- Ich arbeite die Rückmeldungen möglichst schnell in meinen Text ein.

Wie gebe ich Feedback?

- Ich konzentriere mich auf den Text, nicht auf die Person.
- Ich formuliere Stärken und verbesserungswürdige Aspekte.
- Ich beginne mit den Stärken des Textes.
- Ich orientiere mich – wenn möglich – an den Fragen der Person, die Feedback einholt.
- Ich formuliere mein Feedback sachlich.

▪ Feedbackverfahren

Bushaltestellen-Verfahren: Sind mein Thema und die Schwerpunktsetzung verständlich?

Suchen Sie sich einen Partner. Stellen Sie sich vor, Sie stehen an der Bushaltestelle, in drei Minuten kommt der Bus. Sie haben diese drei Minuten Zeit, Ihr Thema zu erklären.

Bitten Sie ihn anschließend, die wesentlichen Gedanken Ihrer Darstellung zu wiederholen. Hören Sie zu und prüfen Sie: Ist Ihr Denkansatz präzise oder eher schwammig?

Fragebogen-Verfahren: Habe ich meine Gedanken klar gegliedert?

Erklären Sie einer Mitschülerin / einem Mitschüler Ihre Mind-Map. Nutzen Sie folgenden Leitfaden:

- Was ist das Thema Ihres Textes?
- Was wollen Sie mit dem Text erreichen?
- Wie wollen Sie Ihren Text aufbauen? Welche Teile soll Ihr Text umfassen? Welchen Bezug haben die einzelnen Teile zu Ihrem Thema?
- Was ist für Sie noch ungeklärt? Welche Fragen sind offen?

Bitten Sie Ihren Zuhörer um ein Feedback zu folgenden Punkten:

- Hat er Ihre Ausführungen verstanden? Wenn nicht, was ist für ihn unklar?
- Wie würde er Ihre offenen Fragen beantworten?

Rhetorische Figuren und Fachbegriffe als Hilfsmittel für die Textanalyse

Fachbegriffe / rhetorische Figur	Erklärung	Beispiel
Allegorie	Sinnbild für einen abstrakten Begriff	Justitia als Frau mit verbundenen Augen, Waage und Schwert als Sinnbild für Gerechtigkeit
Alliteration	Gleichklang im betonten Anlauf, d. h. aufeinander folgende Wörter beginnen mit den gleichen Buchstaben	Milch macht müde Männer munter
Anakoluth	grammatisch fehlerhafte Satzkonstruktion	»Wo du wolle?« (SWR 3)
Anapher	Wiederholung mindestens eines Wortes am Vers- oder Satzanfang	»Es zu kämmen gegen den Strich / Es zu paaren widernatürlich / Es nackt zu scheren« (M. L. Kaschnitz: Ein Gedicht)
Anspielung	versteckter Hinweis auf eine Person oder einen Sachverhalt	
Antithese	Gegenüberstellung gegensätzlicher Aussagen	Krieg und Frieden, »was dieser heute baut, reißt jener morgen ein« (Gryphius)
Aposiope	Satzabbruch	»Ich glaube –«
Apostrophe	Form der Anrede, Abwendung vom Publikum, Hinwendung zu anderen Ansprechpartnern	Ihr Götter, steht mir bei!
Assonanz	Reim nur der Vokale, nicht der gesamten Silbe	R**o**manzen vom R**o**senkranz (Brentano)
asyndetische Reihung	Aneinanderreihung ohne Konjunktion, oft von Zusammenhanglosem	»Falschgeldprägen, Lichtausknipsen, Zähneputzen, Totschießen« (Grass: Die Blechtrommel)
Chiasmus	Die Bezugswörter zweier Verse oder Sätze stehen überkreuz	Die Kunst ist lang, und kurz ist unser Leben (Goethe: Faust I)
Ellipse	unvollständiger Satz	Wohin gehst du? – ***Nach Hause.***
Euphemismus	Untertreibung, beschönigender Ausdruck	»ein kleines Problem« statt einer »sehr schwierigen Situation«
Hyperbel	Übertreibung	blitzschnell, das dauert ja eine Ewigkeit
Inversion	Umstellung von Wörtern im Gegensatz zur üblichen Syntax (S–P–O)	Einen Krimi lese ich gern.
Ironie	Das Gegenteil dessen, was gemeint ist, wird benannt.	Ich finde es prima, dass du heute wieder zu spät in den Unterricht kommst!
Klimax	Höhepunkt, steigernde Reihung	»Heute back' ich, morgen brau' ich, übermorgen hol' ich der Königin ihr Kind« (Rumpelstilzchen)
Litotes	Verneinung des Gegenteils	»nicht hässlich« statt »schön« »nicht übel« statt »gut«
Metapher	uneigentlicher Sprachgebrauch mit Bedeutungsübertragung in der Beziehung der Ähnlichkeit; sprachliches Bild	Mauer des Schweigens, Lichter der Wahrheit, »Der Mensch ist ein Seil, geknüpft zwischen Tier und Übermensch ...« (Nietzsche)

Fachbegriffe / rhetorische Figur	Erklärung	Beispiel
Metonymie	Ersetzung eine Wortes durch ein anderes, das mit ihm in einer logischen Verbindung steht	Das Weiße Haus meldet ... statt »Der amerikanische Präsident ...«
Neologismus	Wortneuschöpfung	»schwerschwarz« (Grass: Blechtrommel)
Onomatopoesie	Lautmalerei	Grrmpf!, knistern und knastern
Oxymoron	Vereinigung zweier sich widersprechender Begriffe	bittersüß, schwarze Milch
Paradoxon	(scheinbarer) Widerspruch	Er weinte voller Freude, »elende Pracht« (Thomas Mann)
Parallelismus	Wiederholung derselben Reihenfolge von Wörtern/Satzgliedern	Heiß ist die Liebe, kalt ist der Schnee. Wie ist das Wetter, wie ist der See?
Parenthese	Einschub	»So bin ich – ein Versehen wars, weiter nichts – / Für diese rasche Tat dich um Verzeihung«
Personifikation	Vermenschlichung von Gegenständen oder Tieren	Väterchen Frost, die Sonne lacht
Pleonasmus	Überflüssige Verbindung von Wörtern mit gleicher Bedeutung	Schwarzer Rappe
Polysyndeton	Reihung mehrerer sprachlicher Elemente gleicher Kategorie, verbunden durch gleiche Konjunktion	»Und es wallet und siedet und brauset und zischt« (F. Schiller: Der Taucher)
Prämisse	Grundannahme, auf der weitere Überlegungen aufbauen	»Ich glaube an den Menschen und das heißt, ich glaube an seine Vernunft!« (Bertolt Brecht: Leben des Galilei)
Reputatio	Vorwegnahme eines möglichen Einwands, der sogleich widerlegt wird	Sie werden sagen, dass [...], aber [...]
Rhetorische Frage	Frage, auf die keine Antwort erwartet wird oder deren Antwort bereits feststeht	Möchten Sie gerne Ferien?
Slogan	zu wenigen Wörtern verkürztes Programm	»Hilfe, die ankommt.« (Malteser)
Suggestivfrage	Frage, die eine bestimmte Auslegung durch den Zuhörer nahe legt	Könnte es vielleicht sein, dass Ihnen Hausarbeiten lästig sind?
Syllogismus	logische Denkfigur, bei der aus zwei Prämissen ein Schluss gezogen wird	Stimmbänder sind notwendig, um sprechen zu können. Fische haben keine Stimmbänder. Also können Fische nicht sprechen.
Symbol	Ein konkretes Zeichen steht für ein bestimmtes Handeln oder einen bestimmten Gegenstand	Kreuz als Symbol des christlichen Glaubens, Taube als Symbol für Frieden, Stopp-Schild
Synästhesie	Vermischung verschiedener Sinneseindrücke	heiße Musik, schreiende Farben
Tautologie	Doppelaussage, mindestens zweigliedrig, oft synonym zu »Pleonasmus« gebraucht	nackt und bloß, einzig und allein, heiter und froh
Vergleich	bildhafter Hinweis auf einen anderen Bereich	Er ist schlau wie der Fuchs
Wortspiel	geistreiches Spiel mit Worten, um eine witzige Wirkung zu erreichen	»Entrüstet euch« (Wahlspruch der Friedensbewegung)

Übersicht über die Info-Kästen

Sachregister

Textsortenverzeichnis

Rezensionen

Roman (Auszüge)

Sachtexte

Songtext

Zeitungstexte/Zeitschriftentexte

Autoren- und Quellenverzeichnis

Aebli, Kurt (1955): *Gwenda, S. 67.* Aus: Küß mich einmal ordentlich. Frankfurt a. M.: Suhrkamp 1990. S. 22.

Amann, Jürg (1947): *Die Ausfahrt, S. 87.* Aus: Patagonien. Prosa. München: Piper 1985. S. 96.

Arnu, Titus: *Der will nur spielen, S. 47.* Aus: Süddeutsche Zeitung vom 6./7. März 2010. S. 2.

Berg, Sibylle (1962): *Vera sitzt auf dem Balkon, S. 72.* Aus: Ein paar Leute suchen das Glück und lachen sich tot. Leipzig: Reclam 1997.

Bernhard, Thomas (1931): *Guter Rat, S. 88.* Aus: Thomas Bernhard: Der Stimmenimmitator. Frankfurt a. M.: Suhrkamp 1978. S. 32 – 33. [R]

Bichsel, Peter (1935): *Zur Stadt Paris [Sehnsucht], S. 66; Im Spiegel, S. 70; Gerechtigkeit, S. 85.* Aus: Zur Stadt Paris. Frankfurt a. M.: Suhrkamp 1993. S. 27; 59.

Borchers, Elisabeth (1926 – 2013): *Umzug, S. 110.* Aus: Elisabeth Borchers: Gedichte. Frankfurt a. M.: Suhrkamp 1986.

Born, Julia (1954): *Don Tapscott: grown up digital (2008), S. 29.* Aus: „Gebadet in Bits" – Wie die Netzgeneration unsere Welt verändert (veröffentlicht am 15.11.2009 bei rpi-virtuell); zentrale Gedanken aus dem Werk sind in deutscher Übersetzung zitiert.

Brecht, Bertolt (1898 – 1956): *Herr Keuner und die Flut, S. 84; Das Wiedersehen, S. 84; Mühsal der Besten, S. 85.* Aus: Gesammelte Werke 12. Prosa 2. Frankfurt a. Main: Suhrkamp 1967. S. 402; 383; 377; *Die Lösung / Der Radwechsel, S. 98; Der Rauch / Tannen, S. 99.* Aus: B. Brecht: Gesammelte Werke. Bd. 10, Frankfurt a. M.: Suhrkamp 1976. S. 1009 bzw. 1012 f. [R]

Brinkmann, Rolf Dieter (1940-1975): *Selbstbildnis im Supermarkt, S. 95.* Aus: R. D. Brinkmann: Die Piloten. Köln: Kiepenheuer und Witsch 1968; *Einfaches Bild, S. 95.* Aus: R. D. Brinkmann: Westwärts 1&2. Reinbek bei Hamburg: Rowohlt Verlag 1975.

Brunke, Timo (1972): *Ich hätte einen Vogel, S. 92.* Aus: W. Hogekamp und B. Böttcher (Hrsg.): Poetry Clips. Die deutschsprachige Spoken Poetry Szene in 21 Clips auf DVD. Berlin: lingua video – spoken word berlin 2005.

Buber, Martin (1878 – 1965): *Das vergebliche Suchen, S. 84.* Aus: Die Erzählungen der Chassidim. Zürich: Manesse. 1949. S. 837.

Buchholz, Sandra und Manuel: *»Es ist fast unheimlich« / »Ich kaufe mir jeden Monat ein Game«, S. 45.* Aus: Süddeutsche Zeitung vom 6./7. März 2010. S. 2.

Campe: Joachim: *Uwe Timm – Die Entdeckung der Currywurst, S. 172.* Aus: »Kopfjäger Erinnerung«. In: Frankfurter Rundschau vom 23.11.1993

Dausend, Peter: *Vollpfosten unter sich, S. 199.* Aus: Die ZEIT Nr. 28, 04. Juli 2013.

Denkler, Markus; Dorothee Meer: *Die deutsche Sprache baumelt völlig orientierungslos vor sich hin – Die »Verlotterung« der deutschen Sprache und die Sprachwissenschaft, S. 195.* Aus: Frischwärts und unkaputtbar. Sprachverfall oder Sprachwandel im Deutschen. Hrsg. v. Markus Denkler, Susanne Günthner, Wolgang Imo, Jürgen Macha, Dorothee Meer, Benjamin Stoltenburg, Elvira Topalovic. Münster: Aschendorff Verlag GmbH & Co. KG 2008. S. 13 – 35. Hier: S. 15 – 18.

Einzmann, Nadja (1974): *Da kann ich nicht nein sagen, S. 67; Etwas zu erzählen?, S. 89.* Aus: Da kann ich nicht nein sagen. Frankfurt / M.: Fischer 2001.

Falkner, Gerhard (1951): *Aldi Bumm Baldi, S. 105.* Aus: »Ein Gedicht von mir«. Lyrikerinnen und Lyriker der Gegenwart stellen sich vor. Hrsg. von Dirk von Petersdorff. Stuttgart: Reclam 2012.

Földes, Csaba: *Die deutsche Standardsprache: Fiktion oder Wirklichkeit?, S. 183.* Aus: Die deutsche Sprache und ihre Architektur. Aspekte von Vielfalt, Variabilität und Regionalität: varia-tionstheoretische Überlegungen. In: Studia Linguistica XXIV (Acta Universitatis Wrati-slaviensis No. 2743). Worclaw 2005. S. 37 – 39.

Gesing, Fritz: *Gewürzte Wurst, S. 171.* Aus: Die Zeit vom 12.11.1993; http://www.zeit.de/1993/46/Gewuerzte-Wurst?page=all, aufgerufen am 30.05.2010

Göttert, Karl-Heinz: *Dauerbrenner Anglizismen, S. 196.* Aus: Göttert, Karl-Heinz: Deutsch. Biografie einer Sprache. Berlin: Ullstein Buchverlage GmbH ²2010. S. 358 – 362; *Regionales Hochdeutsch, S. 185.* Aus: Göttert, Karl-Heinz: Alles außer Hochdeutsch. Ein Streifzug durch unsere Dialekte. Berlin: Ullstein Buchverlage GmbH 2011. S. 281 – 287.

Grasser, Urs: *Surfen macht schlau, S. 39 und S. 41.* Aus: Frankfurter Allgemeine Sonntagszeitung vom 25.01.2009. Nr. 4. S. 13.

Hahn, Ulla (1946): *Bekanntschaft, S. 97.* Aus: U. Hahn: Liebesgedichte. Stuttgart: Deutsche Verlagsanstalt 1993. S. 50.

Haufs, Rolf (1935 – 2013): *Beim Betrachten alter Fotografien, S. 100.* Aus: R. Haufs: Felderland. Gedichte Hanser: München 1986.

Höllerer, Walter (1922 – 2003): *Die kurze Form der Prosa, S. 78.* Aus: Akzente 9. 1962. S. 226 – 245.

Hohler, Franz (1943): *Ein erschreckender Anblick, S. 72.* Aus: Ein eigenartiger Tag. Lesebuch. Darmstadt und Neuwied: Luchterhand 1983. S. 90.

Hubrich, Sarah: *Was Jugendliche von Sperren im Internet halten, S. 48.* Aus: http://www.derwesten.de/politik/was-jugendliche-von-sperren-im-internet-halten-id4726281.html (04.06.2011); aufgerufen am 14.06.2013

Johannsen, Joachim: *Sieben Thesen zu »Kabale und Liebe«, S. 132.* In: Programmheft zur Düsseldorfer Inszenierung, 1977.

Jürgensmeier, Susanne und Nina: *»Sind das alles Legastheniker?«; »Den iPod nehme ich mit ins Bett«, S. 46.* Aus: Süddeutsche Zeitung vom 6./7. März 2010. S. 2.

Kafka, Franz (1883 – 1924): *Eisenbahnunglück im Tunnel [Eisenbahreisende], S. 83.* Aus: Gesammelte Werke. Hochzeitsvorbereitungen auf dem Lande und andere Prosa aus dem Nachlass. Frankfurt/ M.: Fischer 1976. S. 54; *Der Aufbruch / Gibs auf!, S. 83;* Aus: Sämtliche Erzählungen. Hrsg. von Paul Raabe. Frankfurt / M.: Fischer 1981. S. 358; 321.

Kemper, Svenja: *Zu alt um Gleichaltrige zu verstehen, S. 190.* Aus: Kölner Stadt-Anzeiger, 19. Januar 2012. S. 38.

Kirsch, Sarah (1935 – 2013): *Im Sommer, S. 109.* Aus: S. Kirsch: Rückenwind. Berlin: Aufbau Verlag 1977. © DVA [R]

Knopf, Jan: *Brecht und der 17. Juni 1953, S. 99.* Aus: J. Knopf: Brecht-Handbuch. Lyrik, Prosa, Schriften. Eine Ästhetik der Widersprüche. Stuttgart: Metzlersche Verlagsbuchhandlung. S. 201.

Kotthoff, Helga: *Anglizismen sind das neue Imponier-Deutsch, S. 201.* Aus: http://www.zeit.de/wissen/2011-11/anglizismen-wissenschafts sprache; aufgerufen am 20.09.2013.

Kroker, Michael: *Twitter gewinnt bei Jugendlichen hinzu – aber Facebook weiterhin klare Nummer 1, S. 61.* Aus: http://blog.wiwo.de/look-at-it/2013/05/23/twitter-gewinnt-bei-jugendlichen-hinzu-aber-facebook-weiterhin-klare-nummer-1/, aufgerufen am 23.05.2013

Kronauer, Brigitte (1940): *Porträt Nr. 5. Ehepaar Dortwang, S. 77.* Aus: Neue deutsche Literatur 41. 1993. H. 1. S. 42 – 45. [R]

Kunert, Günter (1929): *Berlin beizeiten, S. 106.* Aus: G. Kunert: Berlin beizeiten. Gedichte. © Hanser 1987; *Ein Blättchen im Karton, S. 105.* Aus: Frankfurter Allgemeine Zeitung 2.10.2009, S. 4; *Straßen, S. 110.* Aus: G. Kunert: Warnung vor Spiegeln. Hanser: München 1970.

Ladnar, Ulrike: *Erzählen – Lena Brücker und der Ich-Erzähler, S. 162.* Aus: Die Entdeckung der Currywurst. Erarbeitet von Ulrike Ladnar. (LiteraNova. Unterrichtsmodelle mit Kopiervor-lagen. Hrsg. v. Helmut Flad) Berlin: Cornelsen 2006. S. 35.

Lentz, Michael (1964): *deine roten schuhe, S. 104.* Aus: M. Lentz: Offene Unruh: 100 Liebesgedichte. Frankfurt a. M.: S. Fischer Verlag 2010.

Müller, Wilhelm (1792–1827): *Der Lindenbaum, S. 93.* Aus: Motivgleiche Gedichte. Hrsg. von Andreas Siekmann. Stuttgart: Reclam 2003. S. 37.

Neuhaus, Stefan: *Grundriss der Literaturwissenschaft, S. 86.* Tübingen und Basel: Francke 2003. S. 51 f.

Reinig, Christa (1926–2008): *Robinson, S. 109.* Aus: C. Reinig: Die Steine von Finisterre. Stierstadt/Düsseldorf: Eremiten-Presse 1984.

Reza, Yasmina (1959): *Drei Mal Leben, S. 19, S. 20 f., S. 32.* Aus: Yasmina Reza: Stücke II. Aus dem Französischen von Eugen Helmlé, Frank Heibert und Hinrich Schmidt-Henkel. Konstanz: Libelle Verlag 2000. S. 13–14, S. 44–45, S. 67–68, S. 19–20.

Rilke, Rainer Maria (1875–1926): *Archaischer Torso Apollos / Der Panther, S. 96.* Aus: R. M. Rilke: Sämtliche Werke hrsg. von E. Zinn. Frankfurt a. M.: Insel Verlag 1975.

Runge, Doris (1943): *mit blick auf den kölner dom, S. 102.* Aus: D. Runge: Wintergrün. Gedichte. Stuttgart: Deutsche Verlags-Anstalt 1991.

Safranski, Rüdiger (1945): *Karl Eugen, der Herzog von Württemberg, S. 127.* Aus: Schiller oder Die Erfindung des deutschen Idealismus. München: dtv 2007. S. 25 ff.. © Carl Hanser Verlag, Wien 2004.

Sanchis, Juli: *Anglizismen auf der Zunge, S. 198.* Aus: museumsmagazin. man spricht deutsch. Hrsg. v. Scleiner und Partner. Freiburg 2008.

Schiller, Friedrich (1759–1805): *Kabale und Liebe, 1. Akt, 4. Szene, S. 120; 5. Akt, Letzte Szene, S. 129; 1. Akt, 1. Szene, S. 116; 2. Akt, 6. Szene, S. 136.* Aus: Kabale und Liebe. Stuttgart: Reclam 1977.

Schirach, Ferdinand von (1964): *Die Kunst des Weglassens. Warum das iPad die Zukunft des Lesens ist, S. 51.* Aus: Der SPIEGEL 15/2010. S. 118f.

Schirrmacher, Frank (1959): *Das Internet vermanscht unser Hirn. Interview mit Ulrich Machold und Michael Paustian, S. 53.* Aus: www.bild.de/BILD/politik (veröffentlicht am 20.11.2009)

Schmid, Katja: *Sprache im Internet, S. 30.* Aus: www.wissen.de/sprache-im-internet; aufgerufen am 10.08.2013

Schmidt, Dr. Jan-Hinrik: *Die Generation der per-SMS-Schlussmacher?, S. 29.* Aus: http://www.schmidtmitdete.de/archives/488, aufgerufen am 14.04.2010.

Schnitzler, Arthur (1862–1932): *Die grüne Krawatte, S. 79.* Aus: Das erzählerische Werk. Bd. 2. Frankfurt/ M.: Fischer 1977. S. 274 f.

Schnurre, Wolfdietrich (1929–1989): *Kritik und Waffe. Zur Problematik der Kurzgeschichte, S. 78.* Aus: Deutsche Rundschau 87. 1961. H. 1. S. 61–66.

Schröder, Lothar: *Germanistenstreit. »Kiezdeutsch ist kein Dialekt«, S. 206.* Aus: http://www.rp-online.de/kultur/kiezdeutsch-ist-kein-dialekt-1.2801115 (22.04.2012); aufgerufen am 10.08.2013

Steinböck, Isabell: *Die Auswirkungen brutaler Games. Professor Christian Pfeiffer stellt Forschungsergebnisse vor, S. 42.* Aus: Aus: http://actiongames-adenturegames.suite101.de/article.cfm/gewaltttig_durch_computerspiele, aufgerufen am 24.05.2010

Strauß, Botho (1944): *Mikado, S. 73.* Aus: Mikado. München: Hanser 2006. S. 5 ff.

Theobaldy, Jürgen (1944): *Schnee im Büro, S. 109.* Aus: J. Theobaldy: Zweiter Klasse. Berlin: Rotbuch 1976.

Timm, Uwe (1940): *Am Beispiel meines Bruders, S. 168.* Aus: Am Beispiel meines Bruders. Köln: Kiepenheuer & Witsch 2003. S. 9–13; *Die Entdeckung der Currywurst, S. 143, S. 148, S. 151, S. 152, S. 156, S. 160, S. 165.* Aus: Die Entdeckung der Currywurst. Novelle. Köln: Kiepenheuer& Witsch 1993; *Über das Schreiben, S. 146.* Aus: Uwe Timm Lesebuch: Die Stimme beim Schreiben. Hrsg. v. Martin Hielscher. München: Deutscher Taschenbuch Verlag 2005. S. 9.

Topalović, Elvira / Elspaß, Stephan: *Die deutsche Sprache – ein Irrgarten?, S. 175.* Aus: Die deutsche Sprache – ein Irrgarten? Ein linguistischer Wegweiser durch die Zwiebelfisch-Kolumnen. In: Hrsg. v. Markus Denkler, Susanne Günthner, Wolfgang Imo, Jürgen Macha, Dorothee Meer, Benjamin Stoltenburg, Elvira Topalović: Frischwärts und unkaputtbar. Sprachverfall oder Sprachwandel im Deutschen. Münster: Aschendorff Verlag GmbH & Co. KG 2008. S. 37–57.

Tucholsky, Kurt (1890–1935): *Frauen sind eitel. Männer? Nie –!, S. 68.* Aus: Gesammelte Werke. Hrsg. von Mary-Gerold Tucholsky und Fritz J. Raddatz. Bd. 6. Reinbek: Rowohlt 1975. S. 250

Vogg, Elena: *Bürgerlichkeit im Umbruch, S. 126.* Aus: Studien zum deutschsprachigen Drama 1750–1800. Hrsg. von Helmut Koopmann. Tübingen: Max Niemeyer Verlag 1993. S. 53 ff.

Walser, Robert (1878–1956): *Spiegelung, S. 71.* Aus: Gesamtausgabe in 10 Bänden. Hrsg. von Jochen Greven. Genf und Hamburg: Helmut Kossodo 1966. © Suhrkamp Verlag, Frankfurt a. M.

Wiese, Heike: *Die besondere Dynamik von Kiezdeutsch, S. 178.* Aus: Kiezdeutsch. Ein neuer Dialekt entsteht. München: Verlag C. H. Beck oHG 2012.

Wilpert, Gero von: *Sachwörterbuch der Literatur: Tragik, S. 131.* Stuttgart: Kröner Verlag 1969. S. 116 ff.

Wise Guys: *Nonverbale Kommunikation, S. 12* Aus: http://www.magistrix.de/lyrics/Wise%20Guys/Nonverbale-Kommunikation-252377.html, aufgerufen am 10.06.2010; © Edition WISE GUYS, Köln

Wiseman, Raymond: *Der Inhalt ist egal, S. 58.* Aus: Frankfurter Allgemeine Sonntagszeitung, 18.11.2007. Nr. 46. S. V16.

Witz, Harald: *Die Entdeckung der Currywurst – Der Film, S. 168.* Aus: http://www.moviemaze.de/filme/2623/die-entdeckung-der-currywurst.html#ixzz0h6RyVXzb, aufgerufen am 30.05.2010; Copyright by MovieMaze.de: Die Entdeckung der Currywurst – Film, Kino, DVD

[R] Die so gekennzeichneten Autoren haben Einspruch gegen die Umsetzung ihrer Texte nach der Rechtschreibreform erhoben.

Texte ohne Verfasserangabe und Texte unbekannter Verfasser

Axiome, S. 7. Nach: Paul Watzlawick et alii: Menschliche Kommunikation. Formen, Störungen, Paradoxien. 10. Aufl. Bern [u.a.]: Huber 2000. S. 53, 56, 61, 68 und 70.

Biografisches zu Uwe Timm, S. 146. Aus: Uwe Timm Lesebuch: Die Stimme beim Schreiben. Hrsg. v. Martin Hielscher. München: Deutscher Taschenbuch Verlag 2005. (Buchrückseite); Tina Rausch aus: www.tina-rausch.de, aufgerufen am 11.10.2013

Boy meets girl, S. 133. Aus: http://www.schaubühne.de/de_DE/program/repertoire/391149, aufgerufen am 19.05.2010

Computerspiele – Gefahr wird überschätzt, S. 42. Aus: ZDF vom 17.03.2005. Zitiert nach: http://winfuture.de/news,19528.html, aufgerufen am 28.09.2013

Der historische Hintergrund der Novelle »Die Entdeckung der Currywurst« von Uwe Timm, S. 145. Aus: http://www.ndr.de/kultur/geschichte/kriegsende106.html, aufgerufen am 30.05.2010

Der pyramidale Aufbau des Dramas nach Gustav Freytag, S. 131. Nach: http://wiki.zum.de/Datei:Regeldrama_Aristoteles.jpg, aufgerufen am 19.05.2010

Dialäkt. Us der alemannische Wikipedia, der freie Dialäkt-Enzyklopedy, S. 184. Aus: http://als.wikipedia.org/wiki/Dialekt; aufgerufen am 10.08.2013

Die Fünf Phasen einer Mediation, S. 26. Aus: Appel, Oliver et alii: Die fünf Phasen einer Media-tion. Zitiert nach: Mediation, Streitschlichtung in der Schule. Hrsg. Institut für schulische Fortbildung und psychologische Beratung des Landes Rheinland-Pfalz; http://ifb.bildung-rp.de/fileadmin/user_upload/ifb.bildung-rp.de/Downloadbereich/Gewalt/Mediation-Streitschlichtung-IFB.PDF, aufgerufen am 10.06.2010

»Ein entsetzliches Schicksal hat die Sprache unsrer Herzen verwirrt.«, S. 133. Aus: http://www.deutschestheater.de/spielplan/spielplan/kabale_und_liebe/, aufgerufen am 19.05.2010

Facebook – Nein danke, S. 60. Aus: WAZ.de; http://www.derwesten.de/zeusmedienwelten/zeus/fuer-schueler/zeus-regional/essen/facebook-nein-danke-id6590359.html#1819179623; aufgerufen am 26.07.2013

Gedichtanfänge, S. 103. a) Hermann Hesse: Stufen. Aus: Gesammelte Dichtungen. Frankfurt a.M.: Suhrkamp 1952; b) Rainer Maria Rilke: Abschied. Aus: Sämtliche Werke hrsg. von E. Zinn. Frankfurt a. M.: Insel Verlag 1975; c) Erich Kästner: Sachliche Romanze. Aus: Gesammelte Schriften für Erwachsene. München: Droemer Knaur 1969; d) René Descartes: Meditation. Aus: Philosophische Schriften in einem Band. Hamburg: Felix Meiner Verlag 1996; e) Ulla Hahn: [Für ihn] Vorgeschrieben. Aus: Liebesgedichte. Stuttgart: Deutsche Verlagsanstalt 1993.

Großbritannien: Internetnutzung als Schulfach, S. 50. Aus: dslspion.de, aufgerufen am 24.05.2010

Inhaltsangabe zu »Kabale und Liebe«, S. 112. Aus: http://www.kabale-und-liebe.de/inhaltsangabe.php, aufgerufen am 19.05.2010

JIM-Jugendstudie: Vertrauen in Facebook schrumpft, S. 62. Aus: www.spiegel.de/netzwelt/web/jim-studie-2012-jugendliche-misstrauen-facebook-a-870309.html, aufgerufen am 10.08.2013

Jugendsprache. Voll normal? Megasupergeil!, S. 188. Aus: http://www.focus.de/schule/lernen/lernatlas/rechtschreibung/jugendsprache-voll-normal-megasupergeil_aid_633304.html (3.06.2011), aufgerufen am 20.09.2013

»Kabale und Liebe« auf der Schaubühne in Berlin, S. 114. Aus: http://www.schaubühne.de/de_DE/program/repertoire/391149, aufgerufen am 19.05.2010

Man spricht Deutsch, S. 197. Laviva. Februar 2013. Aus: Ralf Grauel und Jan Schwochow: Deutschland verstehen. Ein Lese-, Lern- und Anschaubuch. Berlin: Gestalten Verlag 2012.

Medienbeschäftigung in der Freizeit, S. 37. Aus: JIM 2012, http://www.mpfs.de, aufgerufen am 25.07.2013

Medien. Massenkommunikation. Neue Medien, S. 36. Aus: DIE ZEIT. Das Lexikon in 20 Bänden. Hamburg 2005.

Mit dem gereckten Daumen direkt in Teufels Küche, S. 18. Aus: SpiegelOnline (2006); http://www.spiegel.de/reise/fernweh/0,1518,418229,00.html, aufgerufen am 30.03.2010

Neue Medien, S. 36. Aus: http://de.wikipedia.org/wiki/Neue_Medien, aufgerufen am 05.04.2010

Plädoyer einer Professorin. Kiezdeutsch rockt, ischwör!, S. 204. Aus: http://www.spiegel.de/unispiegel/wunderbar/professorin-heike-wiese-verteidigt-den-jugendslang-kiezdeutsch-a-824386-druck.html (29.03.2012), aufgerufen am 20.09.2013

Pressestimmen zu U. Timms »Die Entdeckung der Currywurst«, S. 168. Aus: http://www.autoren-bibliothek.de/titel.cfm?dtvnr=19127&zeige_pressestimmen=1, aufgerufen am 30.05.2010

Spinn ich oder spinnen die?, S. 179. Aus: Grafik »Werkzeug zur Analyse kulturspezifischer Nachrichten: das Kommunikationsquadrat«. Aus: Kollermann, Nicole: Spinn ich oder spin-nen die? Über den konstruktiven Umgang mit interkulturellen Irritationen. In: Interkulturel-le Kommunikation: Methoden, Modelle, Beispiele. Hrsg. v. Dagmar Kumbier, Friedemann Schulz von Thun. Hamburg: Rowohlt Taschenbuch Verlag 42010. S. 73 – 90. S. 88.

Uwe Timm: »Es ist ja eigentlich eine Liebesgeschichte« – Ein Interview mit Uwe Timm, S. 144. Interview von Ruth Kastner. Aus: Hamburger Abendblatt vom 28.10.2003; http://www.abendblatt.de/kultur-live/article651110/Eine-Stadt-liest-ein-Buch.html, aufgerufen am 30.05.2010

Wolfs- und Giraffensprache, S. 23. Aus: Marshall B. Rosenberg: Zitiert nach: http://www.gfk-training.com/unterschiedewolfs-giraffensprache.htm, aufgerufen am 14.04.2010

Zitate, S. 6. Aus: Samy Molcho: Umarme mich, aber rühr mich nicht an, Körpersprache der Beziehungen. Von Nähe und Distanz. Ariston 2009; Josef Tutsch: http://www.tu-chemnitz.de/phil/leo/rahmen.php?seite=r_wiss/tutsch_gestik.php, 19. 04. 2006.

Zitate, S. 174. »Saach ens, wo es dann minge Ware! De stund doch he.« »Nä, dat wor he nit. He es jo nix. Dat wor bestemp em Kümpchenshoff.« Aus: Resch, Helga / Bungter, Tobias: Sprachführer Kölsch. Mit einer CD. Gesprochen von Tommy Engel. Köln: Verlag Kiepenheuer & Witsch 2004; »Isch kann misch gut bewegen, wa? Ischwöre. Egal, was für ein Hiphopmusik isch höre, ey, mein Körper drinne tanzt voll, lan.« Aus: Heike Wiese: Kiezdeutsch. Ein neuer Dialekt entsteht. München: Verlag C. H. Beck oHG 2012. S. 11.

Bildquellenverzeichnis

Illustrationen: Grauert, Christiane, Milwaukee/WI; **6:** Picture-Alliance GmbH, Frankfurt/M. (dpa); **10:** Bundesagentur für Arbeit, Nürnberg; **11:** Lindzus, Helmut; **12:** Picture-Alliance GmbH, Frankfurt/M. (dpa); **14 o. l.:** Corbis, Düsseldorf (© Mardini); **14 o. r.:** mauritius images GmbH, Mittenwald (Danita Delimont); **14 u. l.:** mauritius images GmbH, Mittenwald (Cultura); **14 u. r.:** phototothek.net GbR, Radevormwald (Thomas Koehler); **15:** Lindzus, Helmut; **15:** Lindzus, Helmut; **17 o. l.:** mauritius images GmbH, Mittenwald (Image Source); **17 o. m.:** Picture-Alliance GmbH, Frankfurt/M. (OKAPIA KG / Chris Müller); **17 o. r.:** mauritius images GmbH, Mittenwald (Urs Kuester); **17 u. l.:** mauritius images GmbH, Mittenwald (Cultura); **17 u. r.:** vario images, Bonn; **19, 22 o.:** Lindzus, Helmut; **22 u.:** laif, Köln (Monier Louis); 23 l.: Picture-Alliance GmbH, Frankfurt/M. (Woodfall / Photoshot); **23 r.:** Getty Images, München (© 2010 Keli Hoskins); **25:** laif, Köln (De Malglaive Etienne); **30:** mauritius images GmbH, Mittenwald (Wolfgang Weinhäupl); **40:** Picture-Alliance GmbH, Frankfurt/M. (PHOTOPQR/LA NOUVELLE REPUBLIQUE/ERIC POLLET); **41:** Semmler, Thomas, Lünen; **42:** © die-bildbeschaffer.de, Hamburg (imagebroker); **45:** Fabian, Michael, Hannover; **46:** Mester, Gerhard, Wiesbaden; **47:** Picture-Alliance GmbH, Frankfurt/M. (Frank Kleefeldt); **59:** Schöningh Verlag, Paderborn (Günter Schlottmann); **65:** aus: Gescheidt, Alfred: Gesicht in Fingerabdruck / © Photography Annual 1972; **66:** Suhrkamp Verlag GmbH & Co. KG, Berlin; **68:** alamy images, Abingdon/Oxfordshire (© Peter Horree / VG Bild-Kunst, Bonn 2013); **74:** © die-bildbeschaffer.de, Hamburg (mauritius images); **76:** plainpicture, Hamburg; **79:** IMAGNO brandstaetter images GmbH, Wien (ullstein bild, Berlin); **81:** bpk – Bildagentur für Kunst, Kultur und Geschichte, Berlin (Hermann Buresch); **83:** Schöningh Verlag, Paderborn (Veronika Wypior); **84:** Schöningh Verlag, Paderborn; **87:** Artothek, Weilheim (© Joseph S. Martin); **88:** Cinetext Bildarchiv, Frankfurt am Main; **90:** plainpicture, Hamburg (Design Pics); **92:** Lingua-Video.com Medien GmbH, Bonn (aus: Poetry Clips – Die deutschsprachige Spoken Poetry Szene in 21 Clips auf DVD. Hrsg. Wolf Hogekamp und Bas Böttcher); **94:** Rixe, Dieter, Braunschweig; **95:** CHROMORANGE Photostock, Stephanskirchen (F. Röder); **96:** Bridgeman Art Library Ltd. Berlin, (Giraudon); **97:** Roggenthin, Peter, Nürnberg; **98:** ullstein bild, Berlin (Granger Collection); **100 l.:** Süddeutsche Zeitung Photo, München; **100 o. m.:** Studio Schmidt-Lohmann, Hannover; **100 o. r.:** epd-bild, Frankfurt am Main (Jens Schulze); **100 u. m.:** Druwe & Polastri, Cremlingen/Weddel; **100 u. r.:** ZB (A. Landner); **102:** © die-bildbeschaffer.de, Hamburg (alamy); **104:** Druwe & Polastri, Cremlingen/Weddel; **106:** Picture-Alliance GmbH, Frankfurt/M. (ZB); **109:** INTERFOTO, München (Bildarchiv, Hansmann); **113:** SLUB/Deutsche Fotothek, Dresden (Deutsche Fotothek / Christa Franz); **115 o.:** Picture-Alliance GmbH, Frankfurt/M. (APA); **115 u.:** Declair, Arno, Berlin; **117:** Dashuber, Thomas, München; **119:** SLUB/Deutsche Fotothek, Dresden (Deutsche Fotothek / Christa Franz); **133:** Declair, Arno, Berlin (Deutsches Theater, Berlin); **134:** Declair, Arno, Berlin; **137:** Picture-Alliance GmbH, Frankfurt/M.; **141:** ddp images GmbH, Hamburg; **143:** Deutscher Taschenbuch Verlag GmbH & Co. KG, München; **145:** ullstein bild, Berlin (dpa); **146:** ullstein bild, Berlin (Schleyer); **151:** Morgenpost Verlag GmbH, Hamburg (Hamburger Morgenpost vom 3.6.1997); **166 – 168 o.:** Cinetext Bildarchiv, Frankfurt am Main (Schwarz-Weiss Film); **168 u.:** Verlag Kiepenheuer & Witsch GmbH & Co. KG, Köln (© 2003); **175:** Diogenes Verlag AG, Zürich; **177 o. l.:** fotolia.com, New York (© Christian Kipka); **177 o. r.:** fotolia.com, New York (© KamikazeKatze); **177 u. m.:** fotolia.com, New York (© saschi79); **177 u. r.:** Panther Media GmbH (panthermedia.net), München (Karsten Robbert); **178:** Universität Potsdam (Prof. Dr. Heike Wiese); **179:** Rowohlt Verlag GmbH, Reinbek bei Hamburg © 2006 / Interkulturelle Kommunikation: Methoden, Modelle, Beispiele. Hrsg. v. Dagmar Kumbier, Friedemann Schulz v. Thun; **182:** Picture-Alliance GmbH, Frankfurt/M. (dpa / Frank Rumpenhorst); **183:** Diogenes Verlag AG, Zürich; **184 l.:** Bibliographisches Institut & F.A. Brockhaus AG, Mannheim; **184 r.:** aus: WernerKönig: Dtv-Atlas zur deutschen Sprache, München: Dt. Taschenbuch-Verl., 1978; **188:** Picture-Alliance GmbH, Frankfurt/M.; **189:** Visum Foto GmbH, Hamburg (Manfred Witt); **194:** toonpool.com, Berlin; **197:** Golden Section Graphics GmbH; **198:** aus: Harca/Juli Sanchis I Aguado; **199:** Nach: INSTITUT FÜR DEMOSKOPIE ALLENSBACH; **200:** Gottscheber, Pepsch, München; **201:** Assmann, Hermann, Bremen; **207:** Baaske Cartoons, Müllheim (Thomas Plassmann).

Trotz intensiver Bemühungen ist es uns in einigen Fällen nicht gelungen, die Rechteinhaber zu ermitteln. Wir möchten diese bitten, sich mit dem Verlag in Verbindung zu setzen.